当代中国政府概论

An Introduction to Contemporary Chinese Government

鲁　敏 主编

韦长伟　张　涛　鲁　威 副主编

天津出版传媒集团

天津人民出版社

图书在版编目（ＣＩＰ）数据

当代中国政府概论/鲁敏主编. -- 天津：天津人民出版社，2019.1

经典教材教参系列

ISBN 978-7-201-14310-1

Ⅰ.①当… Ⅱ.①鲁… Ⅲ.①国家行政机关—行政管理—中国—教材 Ⅳ.①D630.1

中国版本图书馆 CIP 数据核字（2018）第 282848 号

当代中国政府概论
DANGDAI ZHONGGUO ZHENGFU GAILUN

出　　版	天津人民出版社	
出 版 人	刘　庆	
地　　址	天津市和平区西康路35号康岳大厦	
邮政编码	300051	
邮购电话	（022）23332469	
网　　址	http://www.tjrmcbs.com	
电子信箱	tjrmcbs@126.com	
责任编辑	林　雨	
装帧设计	明轩文化·王烨	
印　　刷	高教社（天津）印务有限公司	
经　　销	新华书店	
开　　本	787毫米×1092毫米 1/16	
印　　张	27.25	
插　　页	2	
字　　数	350千字	
版次印次	2019年1月第1版　2019年1月第1次印刷	
定　　价	78.00元	

前　言

多数研究成果都是研究者站在特定的角度,用一定的方法,对自然和社会的解释。当代中国政府与政治同样如此。研究者通过构建理论体系,创新归纳方式,将这一社会现象进行总结、归纳和解释。但任何一种研究都只能无限地接近客观事物本身,却无法完整确切地还原其本来面目。正如老子所言:"道可道,非常道;名可名,非常名。"当代中国政府与政治纷繁复杂,这种复杂性至少与下列因素相关:超大国家形态、独特的历史文化所形成的政治基因、处于快速变迁的经济社会转型期、全球化进程中多重外部因素的影响等。正因如此,用任何一种方法、一个视角来勾勒当代中国政府与政治都可能挂一漏万。编者无意将这一"庞然大物"勾勒得完整细致,但在长期的教学实践中,面对众多本科生甚至研究生的困惑,编者不敢推卸责任,尝试着尽力勾画当代中国政府与政治的大致轮廓。为了达到这一目的,本书在构建基本框架时,注重按照以下三个步骤执行。

首先立足于宏观,总体把握,即从整体上分析当代中国政府的权力来源、权力主体的基本结构和相互关系。一般而言,政府需要采用某种方式,在社会中汲取合法性,形成自己合法的权力来源,现代政府基本是采用选举的方式。当代中国政府是通过选举人民代表,由人民代表组织国家政权,统一管理国家事务。人民代表大会制度是中国政府获得民意的基础,组织国家政权的基本途径。同时,中国共产党以其独特的历史贡献成为中国社会的领导力量,执政党同样需要在党内通过一定的程序和方式获得认同,遴选精英,形成领导集团。在国家层面,这两种方式如何操作? 两种方式又是如何有效耦合起来? 两种途径形成的国家机构在宏观政治层面上如何进行权力架构? 中央和地方政府的关系是如何互动的? 这都是本部分需要回答的问题。

其次是注重微观,分类解剖。即根据政府的构成要素,对当代中国政府进行剖析,形成政府职能、权责、组织、人事、法治等若干断面,从这些断面来观察和分析当代中国政府的特征。现代政府是一个具有明确职能设定、组织结构、权责配置、运行规则、人事制度和财政保障的有机体系。分类剖析当代政府的构成要素，有助于更准确地把握其基本特征，将这个庞然大物具体化、微观化、清晰化。当然，受制于本书的篇章限制，本部分不可能最大限度地将中国政府所有的构成要素都一一解剖，只是选择其中最具有代表性的一些构成要素进行分析。且有些构成要素(如政府公共财政)本身就是一门独立的专业和研究领域，涉及的内容非常广泛，本书暂不分析。

最后是注重过程，动态分析。任何实际运行的政府都不仅是一种体制，而且是一个过程。与相对静态的权力结构和政府要素相比，过程分析明显具有动态性。政府过程是政府实际运作的基本环节和工作程序。从理论上讲，现代政府是化解社会矛盾、平衡利益冲突、实现政治目标的工具。因而，它需要从社会中"听"到各种各样的声音，并通过独特的方式对这些声音进行审查和处理，寻求响应社会诉求的"最大公约数"。之后，还需要将"最大公约数"上升为国家政策和制度，并通过有效的实施来反馈社会的要求。这样，政府过程就应当包括"意见表达""意见综合""决策"和"施政"等基本环节，同时还包括"政务信息传输"和"政务监督"两个辅助环节。用政府过程的方法分析当代中国政府，可以看到不同于其他视角的、更为鲜活更具动感的画面。

基于此，本书将从三个大的模块来分析当代中国政府。第一个模块称为"权力结构篇"。着重介绍当代中国政府的权力来源、中央政府的权力结构和纵向政府之间的关系，从宏观上理解中国政府权力的合法性、中央政府的权力构造、纵向政府之间的关系等。第二个模块称为"政府要素篇"。着重介绍职能、权责、人事、组织、法治等现代政府基本构成要素的中国特征，从这些特定的切面来分析当代中国政府。第三个模块称为"政府过程篇"。用现代政府运行的过程理论来解释当代中国政府的运行模式，从政府政策的形成、执行、反馈和监督等若干环节来观察和分析当代中国政府。

本书由华北理工大学和中国矿业大学的老师共同完成。鲁敏提出全书的总体思路，在编写小组成员讨论同意的基础上确定了篇章结构。各章节的具体分工是：鲁敏撰写绪论和第一章、二章、三章、四章，韦长伟撰写第九章、十章、十一章、十二章，张涛撰写第六章、七章、八章，鲁威撰写第五章。

目　录

第二篇　政府要素篇

绪　论

一、研究对象

　　对于一个学科而言,最首要的问题是确定一个单独属于本学科的研究领域,明确其研究对象。[①]当代中国政府与政治的研究对象是当代中国政府,是以特定历史环境中为实现当代中国的历史使命而存在的政府权力结构、构成要素和运行过程作为研究对象。任何政府不能脱离特定的政治时代,并必然成为实现政治目标的重要工具。从这个意义上讲,当代中国政府与政治是政治学与行政学在当代中国的交集和投射,是将政治学和行政学综合运用分析解释中国现象,指导政府实践的一门学科。

　　由于视角和方法不同,已有的研究成果各具特色。同时,研究者对它的称谓存在差异性,这些具有差异性的称谓有政府理论、政府过程、政府与行政、政治与行政、政府制度、政府体制等。它们从不同的角度抓住最具特色的一面理解和分析当代中国政府,取得了丰硕的成果。但相对于超大国家、且极具复杂性的中国而言,这些研究成果不是太多,而是太少。"横看成岭侧成峰",用不同的视角和分析方法来观察中国政府,看到的东西就会存在一定的差异,并在结论上呈现出互补性。而且"不论是政府体制的研究,还是政府过程的研究,它们'加工'的'材料'是一样的,都是发生或存在于政府与政治领域里的各种各样的事件、关系、变化、规范、程序等,但由于核心概念的明显区别,决定了它们'选材'的角度和'加工'的方法是完全不一样的"[②]。因而,无论从理论上还是从实践上看,多角度地研究当代中国政府具有必要性。

---

① 朱光磊主编:《现代政府理论》,高等教育出版社,2006 年,第 1 页。

② 朱光磊:《当代中国政府过程》(第三版),天津人民出版社,2008 年,第 15 页。

即便是归纳方式上的变通也能丰富现代政府理论，为人们开拓新的视野。此外，编者在长期的教学实践中发现并总结了一些初学者对于当代中国政府的疑问和困惑，这些都是本书关注的重点。基于此，本书尝试另辟他途，重新构建体系，勾勒出当代中国政府的基本框架和运行模式。

二、政府

政府是本书的核心概念，但这一词汇的指涉范围在不同语境下存在较大的差异。一般而言，政府的内涵可以从广义和狭义两个方面来理解。

一是狭义的政府，主要是与立法和司法相对应的行政。法国启蒙思想家孟德斯鸠在总结前人的基础上提出了分权和制衡的思想，其巨著《论法的精神》被称为"理性的法典"。在他看来，缺乏制衡的权力将会造成权力的滥用，从而将来自公民的权力变成奴役公民的工具。实现"以权力制约权力"的关键在于将国家权力划分为三种：立法权、有关国际法事项的行政权力和有关民政法规事项的行政权力。[①]独立战争后的美国实践了这些启蒙思想，根据美国 1787 年联邦宪法规定，联邦的权力由国会、总统和联邦法院分掌。其中国会掌握立法权，联邦法院执掌司法权，总统领导的联邦政府执掌行政权。这样，狭义的政府就是执掌行政权力的国家机关。另外，狭义的政府侧重于国家意志的执行。古德诺是"政治行政二分法"的倡导者之一。在他看来，政治是国家意志的表达，行政是国家意志的执行。前者通过政党活动、投票选举、民意表达等方式形成政府的政策，后者通过政府的活动将政策付诸实施。[②]总之，狭义的政府着重强调"执行的政府"，指的是那些具体从事政策执行的行政机构。就中国而言，狭义的政府是指从中央到地方的各级人民政府及其组成部门、直属机构和派出机构之和。

二是广义的政府，是所有执掌公共权力的机构的总和。在现代意义上的国家没有建立起来以前，政府就是与"民"相对应的"官"。随着国家机构的分化，这种意义上的政府就是指掌握公共权力，推动国家机器运转的各种机构之和。在一般场合，民众所指的政府更偏重于这一含义。广义的政府在不同类型的国家中有不同的表现方式：

---

① ［法］孟德斯鸠：《论法的精神》（上册），张雁深译，商务印书馆，1961 年，第 153~159 页。

② 参见王乐夫、倪星主编：《公共行政学》，高等教育出版社，2016 年。

在竞争性政党的国家中,公共权力的运行与政党存在一定的联系。政党在实际的政治运作中对政治的影响能力存在强弱之分,如英国政党对议会和政府的控制能力强于美国,但即便是后者,政党对政府的影响能力也是显而易见的。因而广义的政府是指执政党加上立法、行政和司法等国家机关。在实践中,政党通过竞选的方式上台执掌政权,通过各种方式影响立法、行政和司法,将自己的政治观点和主张渗透到政策制定的过程当中。如在英国,执政党通过每五年一次的大选上台,由执政党的党魁出任首相。英国的政党属于强党体制,无论是议会中还是政府中的党员都会受到本政党的制约,政党能够将自己的政治主张通过各种方式转化为政策并推行下去。尽管政党并没有以国家机构的身份出现,而且政府官员也不以党的身份参与政府活动,但事实上政党具备较强的、影响政治和推动国家机器运转的能量。

在一党制中,执政党都具有不可替代的作用。国家以法律的形式规定了执政党在国家政治生活中的主导地位,党的领袖居于国家权力的核心。党通过特定的方式影响甚至直接决定立法、行政和司法的权力关系和运行模式。党实际上处于整个权力结构的中枢地位,成为广义政府的核心所在。

在一些全民信教的国家中,广义的政府等于国家机构加上宗教领袖集团。①由于宗教的深厚影响力,宗教集团的权威高于一般国家机构,政府也需要借助于宗教力量获得合法性。宗教集团能够通过各种方式将教徒安置到国家机构当中。尤其是在政教合一的模式中,一些国家的宗教领袖就是国家元首,国家法律遵从宗教教义,成为处理社会事务的准则。这样,宗教集团成为国家权力的实际拥有者,广义的政府自然包括宗教领袖集团。

在当代中国,中国共产党以其独特的历史贡献成为执政党。党通过政治、思想和组织等多方式、多途径实现对社会生活的领导,掌握大政方针和重大事项的决策权,在国家权力结构中居于核心地位。在具体的政策方面,党综合各方面意见,通过人大将自己的主张上升为国家意志,并交给政府执行。党是国家机构运行的实际推动力量,探讨当代中国政府是不能离开执政党这一核心的。从这个意义上讲,本书中研究的政府应该是广义的政府,包括执政党和国家机构之和。

需要着重强调的是,本书研究的对象是"广义的政府",但并不是所有出现政府的地方都是这种内涵,部分地方所指涉的政府是与党相对应的狭义

---

① 朱光磊主编:《现代政府理论》,高等教育出版社,2006年,第4页。

的政府,具体情况需要结合上下文语境来理解。

三、政治

政治是人类很早就探讨的命题。中国大约在三千年前就出现了"政治"一词。《尚书》中有"道洽政治,泽润生民",《周礼》中有"政治禁令",《管子》中有"政治不悔",这些都体现了古代中国人对政治的理解。在古希腊,柏拉图和亚里士多德很早就开始了对政治的探讨和研究,并形成了《理想国》《政治学》等巨著。千百年来,历代思想家和政治家都曾对政治这一概念进行过阐释。他们的观点千差万别,甚至风格迥异,但都体现了他们站在特定时代、从不同角度对这一命题的深入思考。从总体来看,他们的主要观点可以归纳为以下类型:

第一是道德政治观,认为政治是符合某种道德观念的社会价值追求。道德政治观往往从某种理想的社会状态出发,阐释实现这种社会状态所需要的人与人、人与社会的关系,从而得出与这种良好社会状态相对应的政治理念和实现方式。但它忽视了现实政治中最本质的利益冲突和阶级矛盾,不能揭示政治最本质的内涵。例如,中国儒家思想创始人孔子说:"政者,正也。子帅以正,孰敢不正?"在他看来,当治理者用规范正义的思想言传身教,天下自然大治。因而政治就是治理者用符合社会价值规范的行为方式严格要求自己,从而确保天下安定的行为方式。与东方的孔子相对应的是古希腊的柏拉图和亚里士多德。柏拉图在《理想国》中阐释了一个理想的城邦,包括基本原则、基本制度和生活方式等,并将城邦整体的和谐、统一和强盛作为理想城邦的精神追求。理想国要求个人应具有美德,包括智慧、勇敢、节制和正义"四主德"。亚里士多德则认为,所有的学科都是为了实现某种善意,而政治学则是研究城邦"至善"的科学。[1]

第二是权力政治观,认为政治是对权力的追求和运用。权力政治观将权力归为政治活动的中心,注重从现实状况出发把握政治。但这一解释只注重了表象的东西,没有把握政治活动的本质。权力是政治活动中的关键因素,但不应该是全部内容。例如,中国古代法家学派主张为政之道在于权力的运用,强调国君驾驭臣子属下推行政令的关键在于应用"术数"。《管子·明法

---

① 参见徐大同主编:《西方政治思想史》,天津教育出版社,2008年,第36~59页。

解》云:"主无术数,则群臣易欺之。"为了确保政权的稳定和政令的畅通,君王要牢牢把控权柄,不能"籍人以其所操"。《管子·任法》集中论述了"法、术、权、势"相结合的观点,全面反映了法家注重强化专制君权,强调通过对权力的运用达到君主政治目标的基本思想。在西方,16世纪的意大利思想家马基雅维利认为,国家政治的根本问题是统治权,统治者的目标是夺取和保持权力。君主可以运用法律治理国家,但法律是建立在权力的基础上,离开权力的法律将一无所用。君主在使用政治权术的时候,不应当受到任何道德的约束,可以采取各种方式实现自己的政治目标。

第三是超自然的政治观,认为政治是一种超自然的力量的体现和外化。这种观点往往将政治神秘化,通过鼓吹"君权神授"获取政治的合法性,实现对民众的精神控制。例如,中国古代西汉时期的董仲舒所鼓吹的"天人感应"学说,强调"天子受命于天,天下受命于天子",将皇权对天下的控制归于上天的意志,从而奠定了皇权的合法性。西方中世纪的托马斯·阿奎那认为,国家是上帝的产物,奴役制度是上帝对人之罪孽的惩罚。上帝创造了等级制度,并规定了世俗统治者对社会生活的控制权。①

第四是管理主义的政治观,认为政治就是一种社会管理活动。这种观点虽然看到了国家行为中存在的管理属性,但忽视了其中的统治性。例如,中国近代民主革命先行者孙中山曾说道,浅而言之,政就是众人之事,治就是管理,管理众人之事,便是政治。②美国政治学家G.庞顿和P.吉尔等认为,政治活动可以被认为是与对人的集体生活的管理联系在一起的。③

总体看来,不同的思想家和研究者站在不同的历史角度,对政治的概念和内涵进行了阐释,揭示了政治这一社会现象中部分断面的某些特征,产生了一些具有启发价值的思想。但由于特定历史时代的限制,他们都存在一定的局限性。

马克思创立了辩证唯物主义和历史唯物主义理论,成为人类思想史和社会科学发展史上的一次革命。他从阶级、国家和社会等基本概念出发,深刻地揭示了政治的基本内涵、表现形式和本质特征,构建了马克思主义政治学的完整体系。马克思主义政治学体系高度抽象、内容宏大、牵涉面广。从政

① 参见徐大同主编:《西方政治思想史》,天津教育出版社,2008年,第102~104页。
② 《孙中山选集》(下),人民出版社,2011年,第661页。
③ 转引自王浦劬:《政治学基础》,北京大学出版社,1995年,第5页。

治的内涵出发,这一体系包含的基本观点体现在以下方面:

1.利益是政治命题的起点

在社会中,人们通过生产生活结成各种各样的社会关系,并通过这种关系获得满足自身需求的各种利益,实现自己的生存和发展,因而利益的背后是各种复杂的社会关系。同时,各种复杂的社会关系决定了社会成员之间的利益是多元化、多向度的,既可能存在交叉重合,相互依存,又可能存在矛盾、冲突和对抗。一些矛盾和冲突可以通过个体之间的协商或者制度化的程序得到处理,但还有一些矛盾和冲突超越了常规力量的处理能力,表现为,特定社会群体成员的利益与全体社会成员的共同利益存在冲突,或者一部分特定社会群体成员与另一部分社会群体成员之间产生的非常规性矛盾和冲突。在这种情况下,人们不得不通过形成强制性的权威力量加以解决。由此可见,群体间的利益所引发的矛盾和冲突成为政治问题的起点,利益是形成政治关系的原始动机,政治成为满足人类利益要求的特殊途径。

2.阶级是政治活动的基础

阶级分化是历史的必然产物,是人类社会发展中的一个阶段,也是"任何国家构成所必须具备的条件"①。"所谓阶级,就是这样一些集团,由于它们在一定社会经济结构中所处的地位不同,其中一个集团能够占有另一个集团的劳动。"②可见,阶级之间是存在"占有"关系的。因而,只要有阶级存在,就必然存在经济利益的矛盾,也就必然存在集团间利益的冲突和对抗。在阶级社会,政治活动虽然表现形式千变万化,但都是围绕集团间的对抗产生的。虽然一定社会中存在某些政治活动看似与阶级属性无关,但其本质上还是阶级问题的体现,或者是从阶级问题衍生出来的,最终都体现了鲜明的阶级属性。正如马克思所言:"一切阶级斗争都是政治斗争。"③

3.国家政权是政治运作的平台和工具

国家自产生以来,就被人们视为一种神秘的力量。在马克思看来,国家是阶级矛盾不可调和的产物和表现。原始社会没有国家。私有制的产生导致阶级分化,从而出现了阶级之间的矛盾和冲突。为了防止这种矛盾和冲突演变成撕裂整个社会的力量,保持社会的相对稳定,国家产生了。所以国家是

① 王沪宁主编:《政治的逻辑》,上海人民出版社,2004 年,第 64 页。
② 《列宁选集》(第四卷),人民出版社,1972 年,第 10 页。
③ 《马克思恩格斯全集》(第 1 卷),人民出版社,1972 年,第 260 页。

一种"从社会中产生但又自居于社会之上并且日益同社会相脱离的力量"①。国家政权是国家的实际表现形态,是国家力量的直接代理者。国家力量要通过一个看得见、摸得着的平台发挥作用,国家政权就充当了国家力量的运作平台。具体到现实中,国家政权是由多种多样的国家机关组成,"构成这种权力的,不仅有武装的人,而且还有物质的附属物"②。每一种国家机关都是政权力量在特定领域中的具体表现,成为实现政治有效运作的工具。

4.政党和社会团体是政治活动的主体

政党和社会团体是阶级斗争发展到一定历史阶段的产物。"在以阶级划分为基础的社会中,敌对阶级之间的斗争(发展到一定的阶段)势必变成政治斗争。各阶级政治斗争的最严整、最完全和最明显的表现就是各政党的斗争。"③在严酷的阶级斗争中,各阶级需要通过遴选本阶级的精英来组织力量,发动群众,掌握策略。政党和社会团体就是他们选拔出来的精英。政党和社会团体通过明确的纲领表达自己的政治诉求,集合本阶级的意志;通过有效的整合汲取政治资源,形成政治力量;通过严格的纪律形成战斗力,确保政治目标的达成。可见,政党和政治团体是政治活动的具体操作者。

归纳起来,政治就是一定的阶级、阶层等社会集团,为了维护自身的利益,通过组建政党或者其他社会团体,取得或者影响国家政权,并运用政权力量处理社会关系,统治、管理社会生活所进行的各种活动。

四、对"当代"的界定

之所以强调"当代",是因为任何政府和政治都是特定历史时期的产物。无论从组织形态、权力结构,还是政府要素、政府过程来看,政府都具有一定的历史动态性。当代中国政府虽然在某些方面传承了历史的基因,但更多地表现出时代性特征。因而,准确性的时间界定是必要的。

简要回顾中国政府发展的历史轨迹不难发现,应该将当代中国政府规定为改革开放以后的政府。一是当代中国政府所依托的宪法基础是1982年的宪法(以下简称"八二宪法")。宪法规定了国家政治生活的基本秩序,是一切国家机关的机构设置、权力构架和运行机制的基础。"八二宪法"与中国的

① 《马克思恩格斯全集》(第4卷),人民出版社,1972年,第166页。

② 同上,第167页。

③ 《列宁全集》(第10卷),人民出版社,1958年,第58页。

改革开放在时间上基本一致,并且此后一直持续稳定地发挥作用,成为政治生活的重要依据。二是从历史上看,改革开放以后,中国的政治生活走向了新的运行状态。它不同于改革开放前的计划经济管理模式,更有别于"文化大革命"时期的非正常状态。当然,在研究当代中国政府与政治的同时,我们不可能也不应该忽视历史基因的传承。研究当代并不意味着无视历史,因而纵向的比较和必要的历史回忆是应该秉承的客观精神。

思考题:

1.广义的政府在不同类型的国家中有哪些不同的表现方式?

2.马克思主义政治观的基本观点。

3.我国当代政府与政治的研究范围。

第一篇　权力结构篇

　　政府是国家权力的具体承载者，但不同国家的政府在权力结构上有区别，这与一国的选举制度、政党制度、国家政体、中央地方关系等多重因素相关。从总体上把握国家的权力结构，坚持先整体后局部原则，符合认知规律和科学精神。对于当代中国政府而言，国家的权力结构从三个大的方面体现出来，即政府权力的来源、中央政府的权力架构和纵向政府间关系。本篇正是采取这种基本逻辑进行的论述。

　　宪法规定了党在国家政治生活中的领导地位、国家政权的组织形式、国家的结构、政府机构的设置和政府活动的基本原则。由于中国共产党在国家政治生活中的领导地位，政府的权力形成需要与党内的权力形成保持同步和协调。因而，当代中国政府权力的形成过程具有政党主导、注重协商、贤能政治、竞争激烈、同步换届、"党"早于"政"、依法依规、程序复杂等基本特征。政府权力形成以后，将会从横向和纵向两个方面体现相互关系。横向体现为党、政、军、法等各个国家机关之间的关系。在中央政府，这被形象地归纳为以中共中央为核心的"7+1+2体系"。纵向主要体现为中央和地方政府之间的关系。归纳起来，影响这种关系的因素包括官员激励和管理方式、财政体制、职能分工和监控方式。新中国成立以后，这种关系不断发生变迁，可以从不同的角度对当代中国政府中央和地方之间的关系进行归纳。

第一章　宪法、选举和政府权力的形成

第一节　宪　　法

宪法不是普通的法律,而是规定国家政治制度的根本大法。一方面,宪法规定了国家政权的组织原则、权力关系和运行方式,确立了国家政治生活的基本规则;另一方面,宪法明确了公民的权利,并赋予公民制约政府的权力,从而规定了现代政府权力运行的方式和边界。在现代政治生活中,宪法成为政府活动的基本约束力量。当然,现实的政府不是宪法条文的简单复制,而是"活"的政府。它要在高度复杂的社会生活中灵活应对,与时俱进。现实中的政府与宪法可能存在"偏离"的问题,但无论如何,宪法的基本精神是其永远需要遵循的规则。因而,研究现代政府和政治不能离开对宪法的考察。

一、宪法

(一)"宪法"的由来

"宪法"一词出现得很早。在中国古代,宪法指的是管理国家的规范和普通的法令典章等。如《国语》曾云:"赏善罚恶,国之宪法",《管子》中有"故能出号令,明宪法矣",《康熙字典》提道:"悬法示人曰宪",这其中的"宪法"或"宪"都是这种意思。

古代西方也在较早的历史时期出现了"宪法"一词。如亚里士多德曾经编撰的《一百五十八国宪法》一书,收集了希腊等国家的宪法。但这些宪法并非现代意义上的国家根本制度,而是一些国家各种法律制度的集合。但相对而言,古代希腊和罗马在部分场合中提到的宪法已经开始具有或者接近现代宪法构成要素的基本特征。如在古希腊,亚里士多德所谈论的"雅典宪法",指的就是关于国家机构的组织和权力关系的法律制度。在古罗马,法律规定行政长官不得随意变更关于国家根本组织机构的设置。如确需变更,必须有保民官司的参与才能有效。这些都是今天宪法所具有的基本特征。

近代西方的宪法(英文为 constitution)源于拉丁文的 constitutio 一词,该词原意为组织、规定的意思。直到 1215 年,英国约翰王在与贵族的战斗中失败,被迫签订城下之盟《大宪章》(The Great Charter),规定国王在征税、战争和司法等重要问题上要受到贵族控制的议会的限制,并形成了"王在议会"的代议制雏形。自此,英国的代议制被欧美国家普遍认同和仿效。"constitution"这个被英国人称为代议制的英文词汇逐步流行,并在含义上逐渐地演变为支撑这种制度的基石——宪法。

现代意义上的宪法是资产阶级革命的产物。英国的"光荣革命"是人类历史上民主制度对专制制度的伟大胜利,也促成了最早的宪法的产生。但英国的宪法是不成文的宪法,它是由一系列限制王权、保障公民基本权利的宪法性法律和宪法惯例、司法判例共同构成。它包括 1215 年的《大宪章》,1628年的《权利请愿书》、1679 年的《人身保护法》、1701 年的《王位继承法》、1911年的《国会法》、1918 年的《国民参政法》、1928 年的《男女平等选举法》等。美国是人类历史上最早出现成文宪法的国家。自 1787 年美利坚合众国宪法(Constitution of the United States)通过以后,世界各国纷纷效仿,目前世界上绝大多数国家都有成文宪法。从形式上看,世界上的宪法分为成文宪法和非成文宪法两种形式。成文宪法指的是狭义宪法,一般通过制定规范的法典,明确政府机构设置、权力关系、体制机制等根本原则以及公民的基本权利和义务。不成文宪法指的是广义的宪法,一般没有统一明确的宪法法典,而是将涉及国家的政体、政府机构的职权、基本活动准则及公民基本权利等若干规范性文件集合起来,统称为宪法性法律。①

---

①　王春英:《当代中国政府》,河南人民出版社,2004 年,第 2 页。

（二）宪法的特性

宪法是国家的根本大法,具有普通法律无法比拟的超越性。正因为如此,宪法才能成为现代国家政治生活的根本原则,成为社会秩序的主导者。如果进一步分析,可以从以下角度来认识:

1.至上性

从法理上讲,宪法是全体公民根本意志的最集中、最权威的体现,一切国家和社会生活都必须以宪法为依据。不言而喻,宪法是至高无上的。

宪法的至上性首先体现在任何个人或者组织都不能拥有超越宪法之上的权威。宪法强调制度,而不是权威,强调其在社会秩序中的基础地位。在思想家和宪政学家看来,只有建立在特定制度基础上的社会秩序才是稳定有序的,才能实现对公民权的保护;相反,如果将社会秩序寄托于少数人的权威,既可能受到权威的主观性和随意性影响,又可能因为权威的更替而陷入动荡局面。

其次,宪法的至上性表现在其他的法律制度都必须以宪法为依据,否则无效。日本宪法规定:"本宪法为国家最高法规,凡与本宪法相违反的法律、命令、诏敕及有关国务的其他行为之全部或一部,一律无效。"在美国,联邦最高法院在宪法生效不久(1803 年 2 月)就在"马伯里诉麦迪逊案"的判决中庄严宣告:"宪法高于立法机关制定的任何法律","宪法是最高法","违反宪法的法律无效"。①我国宪法明确规定,宪法具有最高的法律效力,一切法律、行政法规和地方性法规都不得同宪法相抵触。

最后,宪法的至上性还表现为宪法的制定和修改都需要坚持特殊严格的程序和标准。除极少数实行不成文宪法的几个国家外,世界各国都规定了比制定普通法律更加严格的制定和修改宪法的程序。这主要表现为,对提出修宪动议、通过宪法或宪法修正案规定了更严格的资格和比例要求。世界各国在普通法律上一般采取简单多数原则,即经立法机关全体成员 1/2 以上或出席成员 1/2 以上赞同即可制定或修改,但对于宪法则要求高得多。虽然各国不一,但大多数国家都要求只有经过制宪机关全体成员 2/3 以上多数赞同才能生效。

---

① Gerald Gunther, *Constitutional Law——Cases and Materials*, The Foundation Press Inc, 1980, pp. 10–12.

2.原则性

宪法是整个社会秩序的基础，因而宪法的规定需要覆盖社会生活的方方面面。然而，宪法并非卷帙浩繁的法律汇编，宪法的寥寥数语与庞杂的社会生活形成了巨大的反差。要实现对整个社会生活的全面指导，宪法的规定只能是原则性的。

一是，宪法所浸润的抽象精神大象无形，成为国家生活的指导原则。在不多的篇幅中，宪法透着一系列抽象的精神，这些精神包括人民主权、限权政府、民主政体、公民基本权利的不可剥夺性等。这些精神与各种巧妙的制度安排结合起来，在有形无形之间刻画了现代公民气质，构成了现代社会的精神要义。普遍的理念和原则性的制度被安排渗透到社会生活的方方面面，成为制定其他法律，处理社会矛盾和冲突的基本原则，奠定了宪法长盛不衰的统帅地位。

二是，宪法的具体规定都是原则性的问题。审视宪法，可以看出它所规定的内容主要有：一是主权的整体归属问题，即社会的本源性权利是属于全体社会成员所固有；二是法权在国家和个体之间的划分问题，即哪些权利归社会成员保留，哪些权力委托给国家机关行使，以及委托的方式；三是国家机构之间的权力配置问题，即政权的组织形式、国家机构之间的权力关系等；四是权利与权力之间的关系，即社会个体行使权利与国家行使权力之间的关系。可见，宪法并不纠结于微观性的具体问题。

原则性使得宪法成为极具生命力和适应性的"活着的宪法"。美国的宪法成型于18世纪，历经两百多年的历史而风采依然，仍是指导美国社会生活的坚强基石，正是得益于这种超脱。在处理原则性较强的制度安排与不断变化的社会民情之间的关系上，美国的宪政设计者们颇具匠心，为未来的发展变化留足了弹性空间。美国的宪法条文规定在原则上极富弹性，用语宽泛模糊，为后来的宪法解释留下了充分的空间，使不同群体都能在宪法中寻找到满足自身利益的资源，从而不至于走上推翻宪法的极端道路。从这个意义上讲，巧妙的"原则性"赋予了美国宪法适应未来变化的生存能力。

3.民主性

宪法是民主化的产物，也是现代民主的守卫者。从本质上讲，民主是一种价值理念，实现民主的路径和方式具有多样性，但民主的本质是唯一的。无论是在理念上还是形式上，宪法都是人类追求民主的见证。

宪法精神与民主实质是相通的，宪法是特定历史社会中实现民主的支柱和载体。美国思想家潘恩说过："一国的宪法不是政府的决议，而是建立其政府的人民的决议"[①]；没有实质的民主，就不会有宪法，那些形式上的宪法文件只是束之高阁的摆设。当今世界各国的宪法，一般都以这样或者那样的方式体现人民主权：法国宪法第 3 条规定："国家主权属于人民，由人民通过其代表和通过公民投票的方式行使国家主权。"日本宪法在序言中宣布："主权属于国民"；意大利宪法第 1 条规定："主权属于人民，人民在宪法所规定的形式和范围内行使主权"。俄罗斯宪法第 3 条确认："联邦主权的体现者和权力的唯一源泉是其多民族的人。人民直接地并通过国家权力机关和地方自治机关行使自己的权力。公决和自由选举是人民权力的最高的直接表现。"我国宪法第 2 条确认了人民主权原则，并规定了人民行使主权的形式："中华人民共和国的一切权力属于人民。人民行使国家权力的机关是全国人民代表大会和地方各级人民代表大会。人民依照法律规定，通过各种途径和形式，管理国家事务，管理经济和文化事业，管理社会事务。"

二、新中国成立后宪法的形成历史

中华人民共和国成立至今，先后制定和颁布了 4 部宪法。它们分别是：1954 年 9 月 20 日第一届全国人民代表大会第一次会议通过的《中华人民共和国宪法》，简称"五四宪法"；1975 年 1 月 13 日第四届全国人民代表大会第一次会议通过的"七五宪法"；1978 年 3 月 5 日第五届全国人民代表大会第一次会议通过的"七八宪法"；1982 年 12 月 4 日第五届全国人民代表大会第五次会议通过的"八二宪法"。

（一）"五四宪法"

新中国即将成立之际，在中国共产党的倡导下，1949 年 9 月 21 日，中国人民政治协商会议第一届全体会议在北京召开。参加这次会议的有各民主党派、团体、无党派民主人士和特邀代表 662 人。会议上经过充分的民主讨论，代表一致通过了《中国人民政治协商会议共同纲领》（简称"共同纲领"）。"共同纲领"是中国共产党、各民主党派和其他社会团体广泛合作建设新中

---

① 《潘恩选集》，商务印书馆，1981 年，第 146 页。

国的政治基础。从 1949 年 9 月到 1954 年 9 月这段时间里,由于没有宪法,"共同纲领"实际上承担了临时宪法的功能。

新中国成立后的头五年,国家总体上处于过渡时期。其间逐步实现了国家的社会主义工业化,逐步完成了对农业、手工业和资本主义工商业的社会主义改造。我国人民在过去几年内已经胜利地进行了抗美援朝、土地制度改革、镇压反革命运动、恢复国民经济等大规模的斗争。全国的政治经济形势发生了较大的变化,中华人民共和国初期承担临时宪法功能的"共同纲领"已经不能完全适应快速变化形势的需要了,制定一部新的宪法被提上议事日程。根据中共中央的建议,中央人民政府委员会于 1953 年 1 月决定成立以毛泽东同志为首的宪法起草委员会,着手宪法的起草准备工作。

1954 年的宪法是在充分酝酿讨论的基础上形成草案的。尤其是在全民讨论环节,历经三个多月,共计 1.5 亿人参加,共提出 118420 条修改和补充意见。①随后,1954 年 9 月 20 日,中华人民共和国第一届全国人民代表大会第一次会议以无记名投票的方式进行表决,庄严地通过这部宪法。

"五四宪法"由序言、4 章 106 条组成。从基本内容上看,"五四宪法"以"共同纲领"为基础,又发展了"共同纲领"。通过比较不难看出,"五四宪法"在下列方面继承了"共同纲领":在国家性质上,"五四宪法"坚持了人民民主专政的国家性质,规定"中华人民共和国是工人阶级领导的、以工农联盟为基础的人民民主国家";在政权组织形式上,"五四宪法"规定"中华人民共和国的一切权力属于人民,人民行使权力的机关是全国人民代表大会和地方各级人民代表大会";在公民的权利和义务上,公民享有言论、出版、集会、结社、通讯、人身、居住、迁徙、宗教信仰和游行示威等自由权利。在经济政策上,"五四宪法"肯定了当时存在的多种经济成分的合理性,以及国营经济的社会主义性质和在国民经济中的领导地位。在外交政策上,"五四宪法"仍然将独立自主的和平外交政策作为主要原则。

"五四宪法"同时发展了"共同纲领"。首先表现在结构体系上,"五四宪法"由序言及总纲,国家机构,公民的基本权利和义务,国旗、国徽、首都等 4 章 106 条构成,显得更为合理、紧凑;其次,表现在内容上,"五四宪法"根据政治经济形势的发展取消了一些过时的规定,增加了新的内容。如 1954 年

---

① 中国法院网:"1.5 亿人次历时 3 个月讨论提出 100 多万条意见 五四宪法至今仍闪烁耀眼光芒",http://www.chinacourt.org/article/detail/2014/12/id/1495327.shtml.

土地改革基本完成,取消了关于土地改革的规定;鉴于全国人大的设立,取消了关于中国人民政治协商会议全体会议执行全国人大职权的条款;重新构建了国家各机构之间的权力关系,增设了国务院、国家主席等建制,取消了中央人民政府委员会机构的设定。再者,根据新中国建设的基本形势,重新确立了指导原则和操作方式。如确立了"一化三改"原则,即国家通过社会主义工业化,对农业、手工业和资本主义工商业的社会主义改造,逐步消灭剥削制度,建立社会主义社会。针对社会主义改造的问题提出了不同的过渡步骤和方法。

值得一提的是,"五四宪法"汲取了中国立宪史上和世界宪法惯例中的一些优秀基因。例如,法律面前人人平等、司法独立原则、人民权利等。当然,由于历史的原因,特别是当时正在进行的社会主义改造,包括合作化、人民公社化等大规模社会运动,1957 年反右派运动、1959 年"反右倾"斗争、1964年"四清"运动等使宪法规定的公民基本权利形同虚设,宪法在国家政治生活中的基本功能受到极大的冲击, 这部新中国成立以后的首部宪法逐渐失去"合法性",淡出人们的视线。[1]

(二)"七五宪法"

"文化大革命"时期,极左的思想和高度的个人崇拜在党内迅速发展,国家正常的经济建设活动受到了极大的冲击,民主政治生活被破坏,党政军合一的革委会取代了各级政权机关成为实际权力的控制者。在这种历史背景下,1975 年 1 月 17 日第四届全国人大通过了一部新的宪法,通称"七五宪法"。

"七五宪法"共有 30 条,由序言、总纲和具体制度三部分构成,承袭了1954 年宪法的基本结构。"七五宪法"对国家的机构设置和权力关系进行了调整,规定:"全国人民代表大会是在中国共产党领导下的最高国家权力机关";取消了国家主席的建制;在军权上规定:"中国人民解放军和民兵是中国共产党领导的工农子弟兵,是各族人民的武装力量",中国共产党中央委员会主席统率全国武装力量。在中央政府的规定上,没有明确国务院各部委的机构的设置。在司法机关,"七五宪法"取消了检察院的机构设置,规定检察机关的职权由各级公安机关行使,"检察和审理案件,都必须实行群众路线。对

---

① 　周永坤:《中国宪法的变迁——历史与未来》,《江苏社会科学》,2000 年第 3 期。

于重大的反革命刑事案件,要发动群众讨论批判"。

在地方政府的设置上,"七五宪法"规定了我国的地方行政区划分为省、直辖市,地区、市、县和人民公社、镇三级;规定了民族区域自治制度;明确了地方各级人民代表大会是地方各级国家权力机关,地方各级革命委员会是地方各级人民代表大会的常设机关,同时还是地方各级人民政府。地方各级革命委员会由本级人民代表大会选举和罢免,并报上级国家机关批准。农村人民公社是政社合一的组织。在任期上规定,省、直辖市的人民代表大会每届任期 5 年,地区、市、县的人民代表大会每届任期 3 年,农村人民公社和镇的人民代表大会每届任期 2 年。

从总体上看,"七五宪法"是"文化大革命"的产物,是国家政治生活在非正常状态下的产物。"七五宪法"并没有提交全民讨论,它是秘密通过的。①相对于"五四宪法"而言,"七五宪法"是一种倒退。首先,"七五宪法"取消"公民在法律面前一律平等"的宪政精神。它取消了公民在经济、政治、文化方面的物质保障权,取消人民的科研、文艺创造和其他文化活动的自由。其次,"七五宪法"错误地将"阶级斗争"作为整个社会主义历史阶段的基本路线。在其序言中,它明确强调在社会主义的整个历史阶段中将始终存在着社会主义与资本主义的路线斗争,解决这些矛盾只能依靠无产阶级专政下的继续革命。最后,"七五宪法"抛弃了民主与法治的精神原则,将一套极左的行为方式合法化,加剧了当时社会动荡的秩序。如强调"全国人民代表大会是在中国共产党领导下的最高国家权力机关",实际上为政党组织凌驾于权力机关之上提供了合法性,助长了党政不分,以党代政。将地方革委会放在权力系统的中枢位置,助长了"文革"中"大鸣、大放、大字报"之风。

(三)"七八宪法"

1976 年 10 月,"四人帮"倒台,国家政治生活逐渐向正常化转变。为了消除"四人帮"在国家政权中的流毒和影响,重新制定宪法成为一项重要任务。1978 年 3 月在第五次全国人民代表大会上通过了一部新宪法,通称"七八宪法"。

在中央国家机构和权力关系上,"七八宪法"规定全国人民代表大会是最

---

① 参见张学仁、陈宁生:《二十世纪之中国宪政》,武汉大学出版社,2002 年。

高国家权力机关,每届任期5年,每年举行一次会议,必要时可以提前或延期。全国人民代表大会常务委员会是大会的常设机关,可以设立若干专门委员会。国务院是最高国家权力机关的执行机关,是最高国家行政机关。国务院由总理、副总理若干人、各部部长和各委员会主任组成。最高人民法院行使审判权,最高人民检察院行使检察权。"七八宪法"没有恢复国家主席建制,规定中国共产党中央委员会主席统率国家武装力量。

在地方政府设置上,"七八宪法"规定全国分为省、自治区、直辖市,自治州、县、自治县、市,人民公社、镇等三级政府。省、直辖市、县、设区的市的人民代表大会的代表,由下一级的人民代表大会通过无记名间接投票方式选举产生;不设区的市、市辖区、人民公社、镇的人民代表大会的代表,通过无记名投票方式直接选举产生。省、直辖市的人民代表大会每届任期5年,县、市、市辖区的人民代表大会每届任期3年,人民公社、镇的人民代表大会每届任期2年。"七八宪法"规定,地方各级革命委员会,是地方各级人民代表大会的执行机关,是地方各级国家行政机关。地方各级革命委员会对本级人民代表大会和上一级国家行政机关负责并报告工作,接受国务院统一领导。

"七八宪法"是在急剧变化的国内政治秩序中拟定的宪法。由于当时对重大问题,尤其是对"文化大革命"的性质问题没有准确界定,导致宪法将两个具有矛盾性的目标放在一起。一方面,它试图清算"四人帮"流毒;另一方面,又要"巩固'文化大革命'"。因而,"七八宪法"注定是一部具有较大争议和矛盾的宪法。从积极的角度来看,"七八宪法"部分恢复了"五四宪法"对人权的规定。虽然没有"五四宪法"那样全面和具体,但"七八宪法"改变了"七五宪法"先规定公民义务,后规定公民基本权利的做法,在总体上恢复了"五四宪法"有关公民权利和义务的规定。"七八宪法"赋予了公民对公共权力机构的申诉权和控告权,恢复了"五四宪法"中的优良条款,如公开审判制度、人民陪审制度、被告人获得辩护制度等。从消极的角度来看,"七八宪法"不仅正面肯定了"文化大革命",而且依然坚持"以阶级斗争为纲"的提法,没有恢复"公民在法律上一律平等",没有纠正和取消一些极"左"的行为方式,如大鸣、大放、大字报、大辩论等。直到1980年该宪法第二次修正,才取消原宪法第45条中公民"有运用大鸣、大放、大辩论、大字报的权利"的规定。

（四）"八二宪法"

党的十一届三中全会以后，党和国家的工作重心向以经济建设为中心转移，国家的政治、经济和社会发展出现了新的变化。同时，党的十一届六中全会通过了《关于建国以来党的若干历史问题的决议》，党的十二大作出了《关于全面开创社会主义现代化建设新局面的决议》，这一系列文件精神对中华人民共和国成立以来三十多年的社会主义革命和建设历程进行了深刻总结，对一系列存在争议的历史问题作出了客观评价。在发展道路上，党和国家科学判断了当前的世界局势和历史任务，果断地停止了"以阶级斗争为纲"的基本路线，形成了新的执政理念。在这种历史背景下，"七八宪法"已经难以适应新时期政治经济社会发展的客观需要。1980 年 8 月 18 日，邓小平在中央政治局扩大会议上发表讲话指出："要使我们的宪法更加完备、周密、准确，能够切实保证人民真正享有管理国家各级组织和各项企业事业的权利，享有充分的公民权利，要使各民族真正实行民族区域自治，要改善各级人民代表大会制度，等等。关于不允许权力过分集中的原则，也将在宪法上表现出来。"①由此，制定新的适应时代要求的宪法被提上议事日程。

"八二宪法"的制定是在"文化大革命"之后，改革开放初期较为宽松的社会环境中进行的，其过程也就自然显得比较民主。在程序上，宪法的制定过程先后经历了广泛征求地方政府和代表专家的意见、拟定讨论稿初稿、正式提出讨论稿、反复补充修改、交由全国人大常委会全体会议通过、交付全国人民代表大会讨论和再次修改等若干程序，最后提交全国人大第五次会议表决通过，时间长达两年多（1980 年 9 月—1982 年 12 月）。总体来看，"八二宪法"的每个条款都是字斟句酌，反复推敲，非常慎重，既注重以前的几部宪法，尤其是"五四宪法"中的优秀传统，又力求避免它们当中过时和错误的东西，增加了具有时代气息的内容。最终于 1982 年 12 月 4 日，在第五届全国人大第五次会议上与会代表以无记名方式投票表决，以超过 2/3 多数票通过了新的宪法，通称"八二宪法"。

在序言中，"八二宪法"将"在无产阶级专政下继续革命"，"以阶级斗争

---

① 中国人大网："走向法治时代的伟大宣言"，http://www.npc.gov.cn/npc/zgrdzz/2014-12/27/content_1891694.htm.

为纲"等"文革"话语彻底删除,明确了现阶段国家的根本任务是集中力量进行社会主义现代化建设,从指导思想上明确了国家工作重心的转移。宪法重新规定了"公民在法律面前一律平等",规定了公民的人身自由、住宅不受侵犯,公民的人格尊严不受侵犯,确认了公民对任何国家机关及其工作人员有提出批评、建议、申诉、控告以及检举的权利。将"公民的权利和义务"一章置于"国家机构"之前,以突出公民权利在宪法中的地位,体现了国家权力由人民授权产生这一政治逻辑。

新宪法注意理顺了党和国家之间的关系。宪法正文中不再直接出现"中国共产党",将国务院总理的提名权由中共中央改为国家主席。废除了此前由中共中央军委主席统率军队的规定,设立中华人民共和国中央军事委员会,体现了将党务机构从国家机构中分离出来的基本思想。"八二宪法"规定,全国人大常委会委员长、国家主席、国务院总理、最高人民法院院长和最高人民检察院检察长,连续任职不得超过两届,从而克服了干部职务终身制的缺陷。"八二宪法"还规定了全国人大常委会组成人员不得担任国家行政机关、检察机关和审判机关的职务。

总体来看,"八二宪法"是中国处于历史转折关头制定的一部宪法。它顺应了历史的客观需要,总结了中国社会主义革命和建设的历史经验,正如彭真所言,"八二宪法""继承和发展了'五四宪法'的原则,充分总结我国社会主义发展的丰富经验,也吸取国际经验;既考虑到当前的现实,又有发展的前景,是一部有中国特色的,适应新的历史时期社会主义现代化建设需要,长期稳定的新宪法"①。"八二宪法"具有新中国政治发展进程重要里程碑的意义,它将人民当家做主作为根本旨向,将党的领导、人民当家做主和依法治国巧妙结合起来,初步形成了社会主义民主政治制度体系,并成为此后几十年的国家经济社会快速发展的制度支持。

三、宪法对当代政府的基本规定

宪法规定了国家的根本政治制度,规定了政府的组织形式、权力关系和运行方式,这些都是当代中国政府必须遵循的基本原则。

---

① 《彭真文选》(1941—1990),人民出版社,1991年,第439页。

（一）中国共产党在国家政治生活中的领导地位

宪法用一定的篇幅阐释了中国共产党在国家政治生活中领导地位的历史性、现实性和必然性，具体表现为宪法总结了中国共产党对新中国建立的功绩。"一九四九年，以毛泽东主席为领袖的中国共产党领导中国各族人民，在经历了长期的艰难曲折的武装斗争和其他形式的斗争以后，终于推翻了帝国主义、封建主义和官僚资本主义的统治，取得了新民主主义革命的伟大胜利，建立了中华人民共和国。"总结了中国共产党对革命和现代化建设的贡献。"中国新民主主义革命的胜利和社会主义事业的成就，是中国共产党领导中国各族人民，在马克思列宁主义、毛泽东思想的指引下，坚持真理，修正错误，战胜许多艰难险阻而取得的。"宪法指出，中国共产党在国家政治生活中的领导地位是历史的选择，也是未来国家建设应当坚持的。"国家的根本任务是，沿着中国特色社会主义道路，集中力量进行社会主义现代化建设。中国各族人民将继续在中国共产党领导下，在马克思列宁主义、毛泽东思想、邓小平理论、'三个代表'重要思想、科学发展观、习近平新时代中国特色社会主义思想的指引下，坚持人民民主专政，坚持社会主义道路，坚持改革开放，不断完善社会主义的各项制度，发展社会主义市场经济，发展社会主义民主，健全社会主义法治，贯彻新发展理念，自力更生，艰苦奋斗，逐步实现工业、农业、国防和科学技术的现代化，推动物质文明、政治文明、精神文明、社会文明、生态文明协调发展，把我国建设成为富强民主文明和谐美丽的社会主义现代化强国，实现中华民族伟大复兴。"

（二）人民代表大会制度的政权组织形式

宪法规定，中华人民共和国一切权力属于人民。"人民依照法律规定，通过各种途径和形式，管理国家事务，管理经济和文化事业，管理社会事务。"人民行使国家权力的方式是代议制，即通过直接或者间接选举选出各级人民代表，组建全国人民代表大会和地方各级人民代表大会。人民代表大会是国家权力机关，在国家权力结构中处于核心地位，其他国家权力机关的权力来源于人民代表大会，并向其负责，受其监督。

全国人民代表大会的代表每届任期 5 年，每年由全国人民代表大会常务委员会召集举行一次会议。在每届之初选举中华人民共和国主席、副主席；根据中华人民共和国主席的提名，决定国务院总理的人选；根据国务院总理的提名，决定国务院副总理、国务委员、各部部长、各委员会主任、审计长、秘书长的人选；选举中央军事委员会主席；根据中央军事委员会主席的提名，决定中央军事委员会其他组成人员的人选；选举最高人民法院院长、最高人民检察院检察长。同时，有权罢免上述人员。

(三)国家的结构形式

国家的结构形式是指一个国家内部整体与组成部分之间、中央权力机关和地方权力机关之间关系的构成方式，体现了权力在纵向政府间的分配和运作模式。一般而言，国家的结构形式与一国的历史传统、文化传承以及特定历史阶段在政治经济制度上的选择都存在一定的关系。

中国有几千年大一统的中央集权制，民众对统一集中的中央权力有较强的心理认同。中国共产党是在严酷斗争环境中成长起来的政党，具有严明的纪律性，强大的动员能力和统一战斗力，这些都是中国采取单一制国家结构的基础条件。在民族构成方面，汉族占到整个国家人口的百分之九十以上，少数民族占的比例很少。基于此，新中国成立以来，我国一直采用单一制的国家结构形式，表现在宪法第110条规定："全国地方各级人民政府都是国务院统一领导下的国家行政机关，都服从国务院。"

但我国是一个由56个民族构成的多民族国家，各个民族都有一定的历史传统和现实发展状况，尊重民族差异和促进区域均衡发展也是不容忽视的问题。因而，在单一制结构形式的基础上，我国实施民族区域自治制度。宪法第三条规定："各少数民族聚居的地方实行区域自治，设立自治机关，行使自治权。各民族自治地方都是中华人民共和国不可分离的部分。各民族都有使用和发展自己的语言文字的自由，都有保持或者改革自己的风俗习惯的自由。"

此外，实行"一国两制"是和平解决香港、澳门问题，并最终实现中国完整统一的最佳方式，但它在国家结构形式上提出了新问题。为了给上述问题留下弹性空间，宪法第31条规定："国家在必要时得设立特别行政区。在特别行政区内实行的制度按照具体情况由全国人民代表大会以法律规定。"

（四）政府机构的设置

宪法对中央层面的机构设置作了规定。宪法规定，中华人民共和国的国家元首是中华人民共和国主席，国家主席和副主席均由全国人民代表大会选举产生，每届任期同全国人民代表大会每届任期相同。在国家主席缺位时，由副主席继任；国家主席和副主席都缺位时，由全国人民代表大会补选产生，在补选之前由全国人大常委会委员长暂时代理主席职务。

中华人民共和国国务院是最高国家行政机关。国务院实行总理负责制，各部、各委员会实行部长、主任负责制。国务院的组织由相关法律规定。国务院每届任期同全国人民代表大会每届任期相同。总理、副总理、国务委员连续任职不得超过两届。总理领导国务院的工作，副总理、国务委员协助总理工作。总理、副总理、国务委员、秘书长组成国务院常务会议。总理召集和主持国务院常务会议和国务院全体会议。国务院各部部长、各委员会主任负责本部门的工作。

中华人民共和国中央军事委员会领导全国武装力量。中央军事委员会由主席、副主席、委员等组成，实行主席负责制。中央军事委员会主席对全国人民代表大会和全国人民代表大会常务委员会负责。中央军事委员会每届任期同全国人民代表大会每届任期相同。

最高人民法院是最高审判机关，最高人民检察院是最高检察机关。最高人民法院和最高人民检察院对全国人民代表大会和全国人民代表大会常务委员会负责。人民法院和检察院均独立行使权力，不受行政机关、社会团体和个人的干涉。人民法院、人民检察院和公安机关办理刑事案件，应当分工负责，互相配合、互相制约，以保证准确有效地执行法律。

宪法还对纵向政府的机构设置作了规定。宪法规定，省、直辖市，县、市、市辖区，乡、民族乡、镇设立人民代表大会和人民政府等三级政府。地方各级人民代表大会和地方各级人民政府的组织由相关法律规定。地方各级人民代表大会是地方国家权力机关，县级以上的地方各级人民代表大会设立常务委员会。省、直辖市、设区的市的人民代表大会代表由下一级的人民代表大会选举；县、不设区的市、市辖区、乡、民族乡、镇的人民代表大会代表由选民直接选举。城市和农村按居民居住地区设立的居民委员会或者村民委员会是基层群众性自治组织。居民委员会、村民委员会的主任、副主任和委员由居民选举。居民委员会、村民委员会同基层政权的相互关系由法律规定。

(五)政府组织活动的基本原则

1.责任政府原则

责任政府是指国家机关在行使法律赋予的权力时应当向相应的主体负责，接受相应主体的监督和制约，并通过这种连续的责任关系最终向民众负责。责任制是现代政府的基本原则。现行宪法从多个方面体现了责任政府的原则。

宪法规定，人民代表大会制是根本政治制度。人民代表由人民选举，要对人民负责，受人民监督。国务院、中央军事委员会、最高司法机关等都由全国人大选举产生，必须对其负责，并自觉接受监督。下级机关要接受上级机关的指导和监督，并对上级机关负责，接受其监督。在具体的表述上，宪法在11项具体条款中强调"责任""负责"等词。如宪法第27条规定：一切国家机关实行精简的原则，实行工作责任制，实行工作人员的培训和考核制度，不断提高工作质量和工作效率，反对官僚主义。第69条规定：全国人民代表大会常务委员会对全国人民代表大会负责并报告工作。第86条规定：国务院实行总理负责制。各部、各委员会实行部长、主任负责制。第92条规定：国务院对全国人民代表大会负责并报告工作；在全国人民代表大会闭会期间，对全国人民代表大会常务委员会负责并报告工作。可见，现行宪法通过多层次的责任关系强化了国家机关的责任意识，建立了各个国家机关对公众负责的完整责任链条。

2.法治原则

法治是现代国家治理的基石，也是现代政府运行必须坚持的基本原则。随着社会主义市场经济的不断完善，法治意识更加深入人心。1999年九届全国人大第二次会议通过了宪法修正案，在第5条中增加一款："中华人民共和国实行依法治国，建设社会主义法治国家。"这就在宪法上正式确立了法治原则。通观现行宪法，强调"依法""合法""法治""法制""法律"等词汇的地方多达一百多处。如现行宪法第5条规定："国家维护社会主义法制的统一和尊严"，"一切法律、行政法规和地方性法规都不得同宪法相抵触"，"一切国家机关和武装力量、各政党和各社会团体、各企业事业组织都必须遵守宪法和法律"，"一切违反宪法和法律的行为，必须予以追究"。第13条规定："公民的合法的私有财产不受侵犯"，"国家依照法律规定保护公民的私有财产权和继承权"，"国家为了公共利益的需要，可以依照法律规定对公民的私有财产实行征收或者征用并给予补偿"等。现阶段，对于各级政府而言，"法治"不能简单等同于"法制"。法治更强调一种治理社会的理念、原则和方法，实现法治的难点在于对法治精神的追求。

3.保护公民权利原则

"宪法就是一张写着人民权利的纸。"①除了从限制政府权力的角度实现对公民权利的保护外，宪法一般直接从多方面明示公民的权利，这些都构成了现代政府施政的内容和政府权力运行的边界。现行宪法充分借鉴国内外经验，重新调整了公民的基本权利体系，将公民的基本权利归纳为 19 条 27 项，成为历次宪法中内容最多的。从总体来看，大致可分为平等权、自由权、受益权和参政权四种。

平等权就是公民在法律上完全平等，无论是受到保护抑或是惩处，都能与他人一样同等对待。宪法第 33 条规定："中华人民共和国公民在法律面前一律平等。"

自由权是宪法直接赋予公民在一些问题上自主选择、不受约束的权利，这些方面主要体现在：人身自由、言论自由、出版自由、集会结社自由、游行示威自由及宗教信仰自由。国家在这些方面不得加以侵犯和干涉。宪法第 35 条规定："中华人民共和国公民有言论、出版、集会、结社、游行、示威的自由。"第 36 条规定："中华人民共和国公民有宗教信仰自由。"第 37 条规定："中华人民共和国公民的人身自由不受侵犯。"

受益权是指公民具有从社会中获得物质利益，精神帮助和社会救助的权利。受益权包括劳动、休息、退休、社会保障、受到教育，在出现困难时受到救济等。宪法第 42 条规定："中华人民共和国公民有劳动的权利和义务。国家通过各种途径，创造劳动就业条件，加强劳动保护，改善劳动条件，并在发展生产的基础上，提高劳动报酬和福利待遇。"第 45 条规定："中华人民共和国公民在年老、疾病或者丧失劳动能力的情况下，有从国家和社会获得物质帮助的权利。国家发展为公民享受这些权利所需要的社会保险、社会救济和医疗卫生事业。"

参政权是公民参加国家政治生活的权利，包括选举、被选举权，对国家机关的监督权以及遭受侵犯时得到赔偿的权利。如第 34 条规定："中华人民

---

① 《列宁全集》(第 12 卷)，人民出版社，1987 年，第 50 页。

共和国年满十八周岁的公民,不分民族、种族、性别、职业、家庭出身、宗教信仰、教育程度、财产状况、居住期限,都有选举权和被选举权;但是依照法律被剥夺政治权利的人除外。"第 41 条规定:"中华人民共和国公民对于任何国家机关和国家工作人员,有提出批评和建议的权利;对于任何国家机关和国家工作人员的违法失职行为,有向有关国家机关提出申诉、控告或者检举的权利,但是不得捏造或者歪曲事实进行诬告陷害。"

除此之外,宪法还专门规定了对特定的群体如老人、妇女、儿童及归侨侨眷的各种权利。

第二节　人民代表大会制度

从来源来看,政府的权力是民众的让渡,因而只有通过合法的程序和途径获得人民的授权,政府的权力基础才是坚实可靠的。人民代表大会制度是当代中国政府获取合法权力的重要制度基础,有必要从人民代表大会制度的角度理解当代中国政府的权力形成过程。

一、人民代表大会的性质和作用

1.性质

共和制是一种与君主制相对应的政体。它是指通过选举的方式产生国家权力机关和国家元首,并通过规律的任期制实现有序更替的政体形式。在古希腊时期,出现过直接民主共和制,所有拥有权力的公民一人一票,共同投票决定城邦的重大事项,但这是建立在区域和人数都非常有限的前提下。对于现代国家而言,广袤的国土、众多的人口和多样化的社会分工决定采取这种直接民主共和制是不现实的。现代国家只能采取间接的民主形式,也就是代议制民主。在密尔看来,只有公众通过选举的方式遴选出他们信任的代表替他们行使管理国家的权力,才是理想的政府形式,因而"一个完善政府的理想类型一定是代议制政府了"[1]。

人民代表大会制是一种代议制民主共和制。宪法规定,中华人民共和国

---

① [英]J.S.密尔:《代议制政府》,汪瑄译,商务印书馆,1982 年,第 52 页。

的一切权力属于人民,人民是一切权力的基础和本源,政府的权力是人民的共同让渡。人民行使权力的方式是通过合法的选举将自己的权力委托给人民代表,由人民代表集中选举国家领导人,组建国家机关,并监督国家机关的运行和公共权力的行使。这其中,人民代表集中行使国家权力的机关正是人民代表大会。正如宪法所规定的,人民行使国家权力的机关是全国人民代表大会和地方各级人民代表大会。因而,人民代表大会是一种政体,是当代中国的最高权力机关,也是人民选举出来的代表履行人民委托的管理国家事务的集中场所。

2.作用

具体来看,人民代表大会在国家政治生活中的作用体现在:

(1)人民代表大会是政府权力合法化的源泉。现代政府只有得到公众的授权才会被尊重和服从,而要想获得公众的普遍承认,只有借助于两种方式:一种是直接选举。就是公众直接投票选举产生政府,将自己的权力委托给信得过的政党或者个人,由他组建政府,对选民负责。另一种是间接选举。就是公众通过选举的方式将自己的权力委托给代表,由代表集中讨论并最终选择某个政党或者个人组建政府,对公众负责。相比较而言,直接选举中委托代理关系是一次性的,简单明了,但操作的基本条件和要求很高;间接选举易于操作,却存在多重委托代理关系。但两者都体现了人民是权力的本源,政府只有得到人民的授权方合法的基本原则。由于历史传统和现实国情,当代中国选择了人民代表大会制度的间接选举方式,具有选举权的民众选举产生人民代表,人民代表选举产生各级政府机关,政府机关具备民意基础,其权威自然具有合法性。

(2)人民代表大会是听取民意的重要渠道。一般而言,人民代表是各行业、各地方的民众选举出来的,他们代表不同行业、不同地域民众的意见和心声。作为人大代表,他们应当深入到民众中去,听取民众的声音,掌握民众的需求,传递民众的愿望。人大代表一般应具有较高的政治素养和政策意识,善于把握经济社会变化发展的基本趋势,并将这种趋势和民众的基本要求有机结合起来,形成关注热点,引导政策议程,提出有价值的议案。因而,人民代表大会是各级政府机关听取民众心声和意见,并将那些具有较大认同度的民意转化为政策主张的重要渠道。

(3)人民代表大会是实现政治整合的基本组织形式。中国幅员辽阔、人口众多、区域差异很大。要想在这样复杂的大国中实现政治稳定和平稳发展,必须要有各种政治整合的组织形式,人民代表大会是其中之一。人民代表大会吸纳了不同阶层、不同行业、不同地域、不同民族的精英,他们从不同的角度观察理解社会生活中存在的问题和基层民众的政治需求,并将这些需求带入国家层面进行比较、归纳,寻找解决这些问题的"最大公约数"。可见,人民代表大会是各阶层利益博弈的平台,也是政府将分散在不同层面的政治诉求集中整合的重要形式。

二、人大代表的选举和权力

人大代表的选举是整个人民代表大会制度的基础环节,也是社会主义民主制度能否得到落实的关键因素,这一过程是非常复杂的。人大代表的选举分为直接选举和间接选举。一般来看,直接选举要经历设立选举组织机构、划分选区、登记选民、确定候选人、宣传介绍候选人、差额投票选举、确定当选等基本环节。间接选举程序相对简单些,不需要进行选区划分和选民登记,基本程序包括设立主持机关、提出候选人、确立正式候选人、选举、确定当选、审查代表资格等。其中需要把握三个关键点:

1.选举方式

根据选举法规定,人大代表分为直接选举和间接选举。其中县乡两级人大代表实行直接选举,也就是由辖区的民众集中起来直接投票,差额选举候选人;设区的市(自治州)的人大代表、省级人大代表和全国人大代表实行间接选举,也就是由下一级人民代表大会选举产生上一级人大代表。(如图1-1)

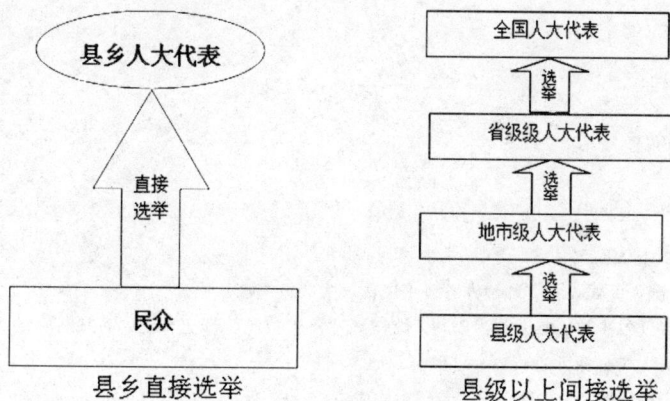

图 1-1　选举方式上的差异

第一章

2.代表提名和正式代表的构成

我国选举法规定,代表候选人在事先划分的选区中提名产生,各政党、人民团体可以联合或单独推荐代表候选人,选民 10 人以上联名也可以推荐代表候选人。[①]选举委员会将各政党、人民团体和选民提名的候选人进行汇总,并在选举 15 日前公布。代表选举一律为差额选举。在实践中,由于需要在数目较多的、具有被选举权的公民中确定候选人,并且要考虑到候选人的代表性和相关政治因素,照顾到整个候选人群体的性别、学历、年龄、职业等因素的比例关系。因而候选人的确定过程一般是在政党的主导下反复协商形成的, 其中各级政府中当政的主要领导人和选举组织者起着最为关键的作用。

选举过程中需要充分平衡正式代表的年龄、民族、职业、性别等相关因素,也就是上述因素在整个代表群体中需要保持一定的比例关系,不能过多或者过少。如分析十二届全国人大代表的构成可以发现,少数民族代表 409名,占代表总数的 13.69%,全国 55 个少数民族都有本民族的代表[②];来自一线的工人、农民代表 401 名,占代表总数的 13.42%,比十一届提高了 5.18 个百分点, 其中进城务工农民的代表数量大幅增加;专业技术人员代表 610名, 占代表总数的 20.42%,提高了 1.2 个百分点;党政领导干部代表 1042名,占代表总数的 34.88%,降低了 6.93 个百分点。妇女代表有 699 名,占代表总数的 23.4%,比十一届提高了 2.07 个百分点。从年龄上看,"80 后"代表74 名,还有 2 名"90 后"代表。年龄最小的代表年仅 20 岁。[③]

---

① 《全国人民代表大会和地方各级人民代表大会选举法》,第 29 条。

② 为保证各少数民族的政治权利,法律规定各少数民族都应有适当名额的全国人大代表,少数民族全国人大代表通常要达到 12%以上。

③ 中国新闻网:"十二届全国人大代表构成特色分析",http://www.chinanews.com/gn/2013/02-27/4601813.shtml。

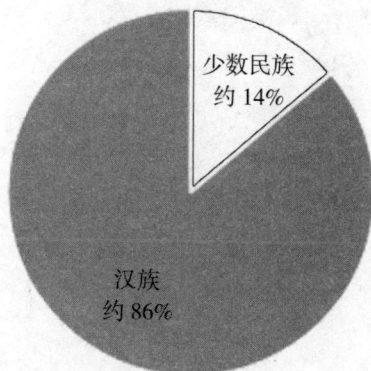

少数民族
约 14%

汉族
约 86%

□ 少数民族　■ 汉族

图1-2　第十二届全国人大代表民族比例

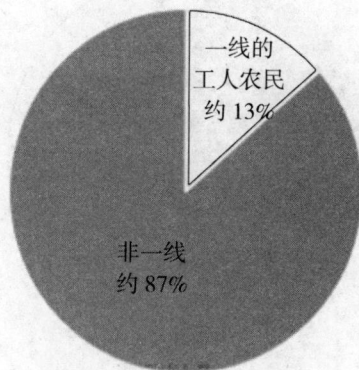

一线的
工人农民
约 13%

非一线
约 87%

□ 一线的工人农民　■ 非一线

图1-3　第十二届全国人大代表一线工人农民比例

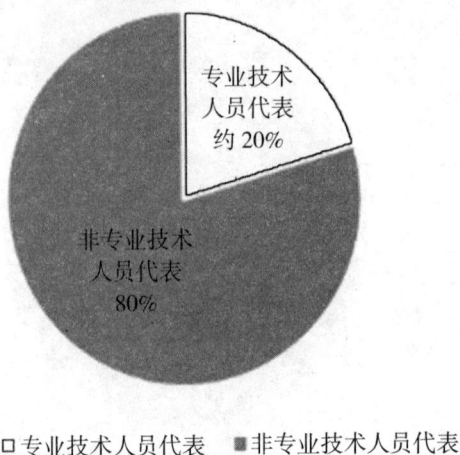

图 1-4 第十二届全国人大代表专业技术人员代表比例

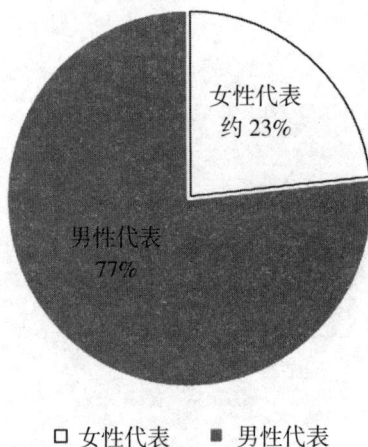

图 1-5 第十二届全国人大代表性别比例

从地域来看,全国人大代表由省、自治区、直辖市人大和解放军选举产生。2010年十一届全国人大三次会议通过了修改后的选举法,明确实行城乡按相同人口比例选举人大代表这一重要原则。每一届全国人大代表代表了相同的城乡人口数。经过测算,十二届全国人大代表总共2987名,在全国平均的结果是城乡约每67万人分配1名代表名额。根据各省(区)的人口总数,山东省最多,占175席,其次是河南172席;西藏总人口较少,代表只有

20 席,台湾省最少,占 13 席。①香港选出代表 36 名,澳门选出代表 12 名。

表 1-1　第十二届全国人大代表部分省(区、市)代表数

省(区、市)	北京	河北	浙江	上海	湖北	广东	海南	宁夏	辽宁	贵州
人数	55	126	96	59	118	161	25	21	102	73

　　由于有些代表是上述多重因素的结合,如某代表可能是女性、少数民族,同时还是一线工人,那么增加或者减少一位这样的代表就涉及多重因素的比例变化。而为了保持这种比例在较小的区间内浮动,候选人的选择问题就成为一个较为复杂的问题了。这种情况无论是在全国还是各级地方人大代表的选举中都存在。此外,在一些特殊的民族自治地区,还要根据本地各种民族的比例来适度调整候选人的相关因素,注意兼顾特殊,保持平衡。

　　3.人大代表的权力

　　为了充分发挥人大代表参政议政的作用,宪法和相关法律赋予了人大代表履行职责所享有的特定的行为权力,这些权力包括会议期间的权力、闭会期间的权力和履行代表职务的保障权力。

　　根据宪法和相关法律规定,人大代表在会议期间享有提出议案、建议、批评和意见的权力,提出询问和质询的权力,参加议题审议的权力,行使选举权和表决权,行使罢免权。在闭会期间行使视察和调查的权力。除各级人大机关统一组织的调查和视察活动外,人大代表还可以根据自己关注点就有关经济和社会问题进行调查研究,掌握社情民意,提高参政议政水平。

　　人大代表还享有人身特别保护权和发言表决免究权。宪法和相关法律规定,非经法定的特别程序,不得剥夺人大代表的人身自由。县以上各级人大代表,非经本级人民代表大会主席团许可,在本级人民代表大会闭会期间,非经本级人大常委会许可,不受逮捕或者刑事审判。发言表决免究权是指,代表在人民代表大会会议上的发言和表决不受法律追究。任何组织和个人都不得针对代表在会议上的发言和表态进行法律上的追究和处理,但代表在闭会期间的言论不在免责范围之内。

　　此外,人大代表还享有获得必要的物质保障权。相关法律规定,任何单位和个人都不得阻挠代表参加和列席有关会议。代表在执行代表职务时,应该按正常出勤对待,享受正常出勤的工资和福利待遇。同时,各级政府要保

----

　　①　百度:"十二届全国人大代表人数编辑",http://baike.baidu.com/link?url=UzSVG8shyvs2kD-JlOVQfBPRSwiOzHqjQBGEJIiH9CcIp10SvF9ZjDq-n7CSiYg0qgtigq6fGVbwhkLog0uVi6K。

证人大代表必要的活动经费,将代表活动费用单独列入本级财政预算,保障代表履行职责时必要的物质支持。

三、人民代表大会与部分国家机关的形成

根据宪法的规定,国家行政机关、监察机关、审判机关、检察机关都由人民代表大会产生,对它负责,受它监督。这样,各级人民代表大会形成以后,将会在其第一次会议上通过选举产生人大常委会组成成员、"一府两院"主要组成人员等。对于全国人民代表大会而言,在第一次会议上将选举产生人大常委会委员长、副委员长、秘书长、委员;选举国家主席、副主席,决定国务院总理的人选;决定国务院副总理、国务委员、各部部长、各委员会主任、中国人民银行行长、审计长、国务院秘书长的人选;选举中央军委主席,决定中央军事委员会其他成员的人选;选举国家监察委员会主任;选举最高人民法院院长;选举最高人民检察院检察长;表决通过全国人大专门委员会组成人员的人选名单。

全国人民代表大会与部分国家机关的关系从下图可以看出:

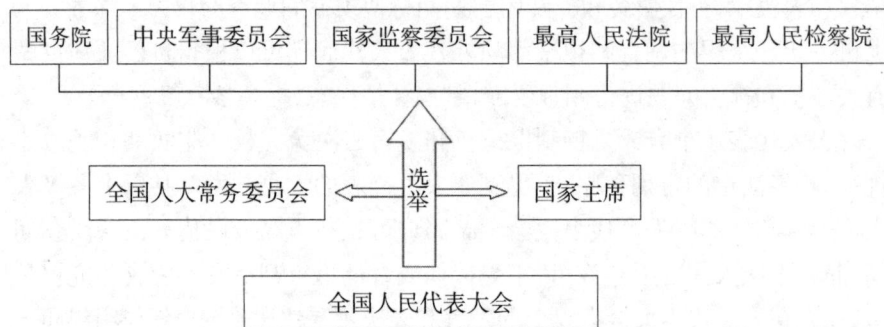

图1-6　全国人民代表大会与部分国家机关的形成

当然,"一府两院"等相关国家机关的人选实际上在党内已经充分酝酿,并且形成了较为集中的意志,一般实行等额选举。比如,2013年3月15日,十二届全国人大一次会议举行第五次全体会议,决定国务院总理的人选,以及中央军事委员会副主席和委员的人选,并选举最高人民法院院长和最高人民检察院检察长。与国家主席的候选人提名方式不同,国务院总理和中央军委副主席、委员的人选,不是由大会主席团提名,而是由国家主席、中央军委主席分别提名。然后根据提名,经代表团酝酿之后,确定国务院总理和中

央军委副主席的人选。

第三节 中国共产党代表大会制度

在当代中国政府与政治中，中国共产党掌握了核心的政府权力，扮演了政治决策的核心角色，中国共产党内权力的形成机制是探讨广义政府权力形成的关键环节。

一、中国共产党在政治生活中的绝对领导地位

政党是现代政治生活和政府活动中不可或缺的重要角色。正如美国政治学者谢茨施耐德所言："政党的兴起无疑是现代政府最显著的标志之一。事实上，政党扮演了政府特别是民主政府缔造者的重要角色。"[1]现代政党出现在 17 世纪的英国资产阶级革命以后，英国议会在"皇位继承权"的问题上分化为两个大的派别，形成了英国早期辉格党和托利党。此后，美国、法国等都出现了现代意义的政党。早期的政党大多是在议会内，基于某种政治观点的争执而分化形成的。随着议会制、普选制等现代民主制度的发展，政党开始将自身的触角伸向社会的基层角落，从议会内走向议会外。

20 世纪以后，发展中国家形成的政党基本属于议会外生型政党。这些政党大多是在担负民族独立和解放的历史任务中产生和发展起来的。为了完成历史交给的任务，他们需要建立高度组织化的政治体系，通过严明的纪律约束党员，将政党打造成为能够适应恶劣斗争环境的坚强战斗堡垒。也正是在严酷政治斗争中的卓越表现，这些政党在民族国家建立以后顺其自然成为国家政治生活的领导力量，中国共产党就是这种类型的政党。

回顾中国近代历史不难看出，中国共产党在国家生活中处于绝对领导地位有其历史必然性。中国共产党是在 20 世纪初期国家处于严重社会危机的历史关头建立的，并且在其后几十年的民族危亡的斗争历史中表现突出，最终通过武装斗争夺取政权，建立新中国。从总体来看，中国共产党的领导地位不仅仅是建立在强悍武力的基础上，其执政合法性体现在以下方面：

---

① ［美］E.E.谢茨施耐德：《政党政府》，莱茵哈特出版社，1942 年，第 1 页。

一是善于通过卓有成效的方针政策赢得民众的支持。政策供给是现代政党的重要功能,也是政党取胜的关键因素。毛泽东早在 1948 年就曾经强调过,政策和策略是党的生命。中国共产党在不同的历史时期能够抓住民众的核心诉求,创造性地制定各种方针政策,进而赢得民众的支持。新民主主义革命时期党的土改政策就是例证。土地问题是中国农民关注的核心利益问题,因而"土地革命问题是中国的资产阶级民权革命中的中心问题"①。1928 年 7 月,党的六大就通过了《土地问题决议案》,指出革命斗争的主要目标就是要推翻地主的封建式的剥削和统治,提出"没收一切地主阶级的土地"的口号。此后,中国共产党一直坚持贯彻这一策略。在整个新民主主义革命时期,土地改革点燃了亿万中国农民的希望之火,让广大民众在心理的天平上倾向于共产党,为后来的抗日战争和解放战争胜利奠定了坚实的群众基础和物质基础。

中国共产党还善于在历史变革的重要关头把握社会发展的脉搏,创造性地重构路线、方针、政策,获得民众的历史认同。1978 年以后,民众对国内不正常的政治斗争日渐厌倦,对基本物质生活的需求逐步上升为主流,中国共产党及时调整了战略发展的方向,提出了改革开放和"以经济建设为中心"的基本战略方针,开启了中国发展的新的历史征程,又一次通过卓越的经济发展成效赢得了民心,巩固了执政地位。

二是通过建立一套动员型的政治体制和政党社会关系,将党组织的触角伸向最基层的工作单元,增强凝聚力。民主集中制是中国共产党的基本组织原则。民主集中制强调的是将民主基础上的集中和集中指导下的民主相结合。从理论上讲,民主担负了听取多方意见的平台,而集中成为组织战斗力的基础,艺术性平衡两者的关系可以将组织的功效发挥到最佳状态。在实践中,这一原则更倾向于集中,高度的集中化和行政化原则更有利于动员组织资源,应对非常之困境。

除此以外,中国共产党注重将党的组织体系置于最基层的行政工作单元,强化了党对整个社会资源的调动能力。这一工作体制与中国共产党长期面临的险恶政治斗争高度相关。1927 年 9 月,毛泽东总结南昌和秋收起义的相继失败,面对血的教训,在著名的红军三湾改编中,确定将"支部建在连上"。在连队设党支部,在优秀士兵中发展党员,在班排设党小组,在连以上

---

① 《中国现代史参考资料》,高等教育出版社,1988 年,第 69 页。

设党代表并担任党组织书记。在部队建起严整的党组织体系,为党全面建设和掌握部队提供了可靠的组织保证。后来,这一制度不仅成为军队建设的基本原则,也成为中国共产党建立地方政权中的基本原则。党组织建立了"纵向到边,横向到底"的组织体系,同各级行政组织、居民自治组织和单位组织紧密结合在一起。通过建立动员型的政党社会关系,极大地提升了党组织动员社会资源的能力,将党的各种主张政策灌输到一般民众中去,大大增强了组织的凝聚力。当然,这种体制是一种斗争性体制,在相对缓和的外在压力中,各级党组织很容易滋生官僚主义、特权观念和长官意志,这是需要高度关注的。

三是注重通过建立一套完整的意识形态体系增强合法性。意识形态是特定社会中的政治主体对世界及其秩序的整体性反映与判断。中国共产党一直非常重视马克思主义主流意识形态的宣传、传播和普及,并以此增强自身在政治上的主动性。

首先,注重对普通民众的宣传教育。1921 年中国共产党成立之初,党的领袖李大钊、陈独秀、毛泽东等人就直接宣传和参与大众化教育,走到田间地头和工厂车间等工农一线,提高广大民众对马克思主义思想体系的认识。在工作精力和经费十分有限的情况下,创办《新青年》《劳动周刊》《工人周刊》《向导》等来宣传马克思主义。为保证宣传教育的正确方向,"中国共产党第一个决议"就曾作了专门性的规定:"一切书籍、日报、标语和传单的出版工作,均应受中央执行委员会或临时中央执行委员会的监督",任何出版物,无论是中央的或地方的,"均不得刊登违背党的原则、政策和决议的文章"。①

其次,通过整党整风等一系列党内运动和群众运动确保马克思主义意识形态的正统地位。1942 年,毛泽东在全党范围内发起的整风运动就是为了彻底清算党内长期占统治地位的错误思想路线及其表现形式——主观主义、宗派主义和党八股。党内的整风运动巩固了马克思主义的正统地位,更重要的是这一斗争形势不断向党外延伸,通过一系列群众运动打击阶级敌人,夯实群众基础,维护政治上的合法性。新中国成立以后的"三反""五反""四清"等运动对于新生政权的巩固具有一定的意义。

中国共产党在国家政治生活中的领导地位有其历史的必然性,也是当

---

① 中共中央纪律检查委员会办公厅:《中国共产党党风廉政建设文献选编:1921—2000》(第一卷),中国方正出版社,2001 年,第 1~2 页。

代中国的现实选择。当代中国正处于经济社会的转型期,旧有的社会秩序被动摇了,而新秩序的建立还需要经历一定的过程。公众对政治生活的参与意识不断增强,社会转型过程累积了大量的社会矛盾和利益冲突,这些都需要一个强有力的领导核心来维系和推动。正如亨廷顿在分析发展中国家政治状况时所指出的那样:"一个现代化中政治体系的安定,取决于其政党的力量。"①中国共产党具有强有力的组织纪律性,能够成为经济社会转型中的领导核心。当然,历史和现实选择了中国共产党,但并不意味着党可以无视自身建设中存在的诸多问题。加强党的领导要注重改善党的领导,要根据经济社会发展的形势不断优化党政关系,夯实群众基础,保持党组织的先进性和战斗力,改善党的领导方式,将党对政治生活的领导重点体现在政治上、思想上和组织上。

二、中国共产党的组织状况和管理模式

中国共产党是一个庞大的组织。据中共中央组织部党内统计数据显示,截至 2016 年年底,中国共产党党员总数为 8944.7 万名,比上年净增 68.8 万名,年增幅为 0.8%。其中女党员 2298.2 万名,占 25.7%。全国共设立基层党组织 451.8 万个,比上年增加 10.5 万个,增幅为 2.4%。②

显然,如此庞大的组织需要科学的管理。通过有效的方式集中党内意志,遴选政治精英,汲取党内认同是这个大党面对的重大课题。在这个问题上,党章做出了原则性规定。党章规定,党员个人服从党的组织,少数服从多数,下级组织服从上级组织,全党各个组织和全体党员服从党的全国代表大会和中央委员会。党内通过无记名投票的方式选举产生党的各级代表大会的代表。各级委员会候选人名单要由党组织和选举人充分酝酿讨论。可以直接采用候选人数多于应选人数的差额选举办法进行正式选举,也可以先采用差额选举办法进行预选,产生候选人名单,然后进行正式选举。

也就是,各级党组织在充分酝酿协商的基础上通过选举党代表,由党代

① [美]塞缪尔·亨廷顿:《变革社会中的政治秩序》,李盛平、杨玉生等译,华夏出版社,1988 年,第 396 页。

② 南方日报:"中共党员总数 8944.7 万名",http://www.southcn.com/nfdaily/nis-soft/wwwroot/site1/nfrb/html/2017-07/01/content_7649512.htm.

表集中行使党员的权力,选举产生各级委员会、常委会、书记等,作为各级党组织的权力机关和日常执行机关。其中,党的最高领导机关是党的全国代表大会和它所产生的中央委员会。党的全国代表大会由普通党员选举产生的党员代表所组成。一般情况下,党的全国代表大会的召开是由前一届中央委员会提议,同时它还决定全国代表大会的名额和选举办法、程序。党的全国代表大会的代表来自于各省、自治区、直辖市、中央国家机关、解放军和武警等单位,由他们分别召开党代会选举产生。每届大会的代表人数在两千名左右。其中,党的十九大共选出全国代表 2287 名。

表 1-2 党的十九大部分单位党代表人数

来源	中央直属机关	中央国家机关	央企系统	解放军	武警部队	山东	贵州	天津	吉林
党代表人数	109	186	53	253	50	76	39	46	37
来源	江苏	上海	新疆	海南	河北	湖北	广西	北京	西藏
党代表人数	71	73	43	26	63	63	48	63	29

三、党员代表大会代表的选举和职责

根据党章的规定,党员代表大会代表的产生程序是:

(1)各选举单位根据上级党组织分配的代表名额和相关要求,采取自下而上、自上而下、充分酝酿协商的方式组织所属党组织的提名,形成代表候选人推荐名单。提名过程中,一般需要按照多于代表 30% 以上的比例提出候选人推荐人人选名单,并与上级党组织选举组织者充分沟通协商删减。最终,将按照多于代表 20% 以上的差额比例提出代表候选人初步人选名单。

(2)选举单位对代表候选人初步人选进行考察。主要考察他们是否具备代表条件,以及他们的思想政治素质和在重大政治原则问题上的表现。考察中,要广泛征求所在单位党内外群众意见,充分听取他们所在单位党组织以及纪检、监察等有关方面意见。在此基础上,写出考核材料并填报候选人初步人选登记表。

(3)选举单位召开党的委员会全体会议(工委会议、党组会议),在充分讨论的基础上,确定代表候选人预备人选名单,并报上级党组织审查。同时,代表候选人预备人选要在一定范围内进行公示。

(4)选举单位召开党的代表大会或党代表会议(工委扩大会议)进行选举,代表候选人一般应多于应选名额的10%。可以先采用差额选举的办法进行预选,产生候选人名单,然后采用等额选举办法进行正式选举;也可以不进行预选,直接采用差额选举办法进行正式选举。选出的代表,上报召开代表大会的党的委员会审批。①

党代表实行任期制,党代表每届任期与同级党代表大会当届届期相同。在任期间,党代表的权力和职责包括以下内容:

(1)在同级党代表大会召开期间参与听取和审查党的委员会、纪律检查委员会的报告;

(2)在同级党代表大会召开期间参与讨论和决定有关重大问题;

(3)在同级党代表大会上行使表决权、选举权,有被选举权;

(4)了解同级党的委员会、纪律检查委员会以及所在选举单位党组织贯彻执行党的决议、决定的情况;

(5)向同级党代表大会或者同级党的委员会就经济建设、政治建设、文化建设、社会建设和党的建设的重大问题提出意见和建议;

(6)对同级党的委员会、纪律检查委员会及其成员进行监督;

(7)参加同级党代表大会或者同级党的委员会组织的活动;

(8)受同级党代表大会或者同级党的委员会的委托,完成有关工作。

四、党员代表大会与部分中央机关的形成

党代会是同级党组织的最高权力机关。党代会形成以后,将根据相关程序选举产生委员会、纪律检查委员会等,并通过它们产生常委、书记等职位。具体到中央层面,党的全国代表大会产生中央委员会和中央纪律检查委员会。之后,由中央委员会选举产生中央政治局及其常务委员会、中央委员会总书记、中央军事委员会等,由中央纪律检查委员会选举产生中央纪委常委和书记、副书记等。(见图1-7)

---

① 《党代表大会代表的产生》(二),《党建研究》,2012年第3期。

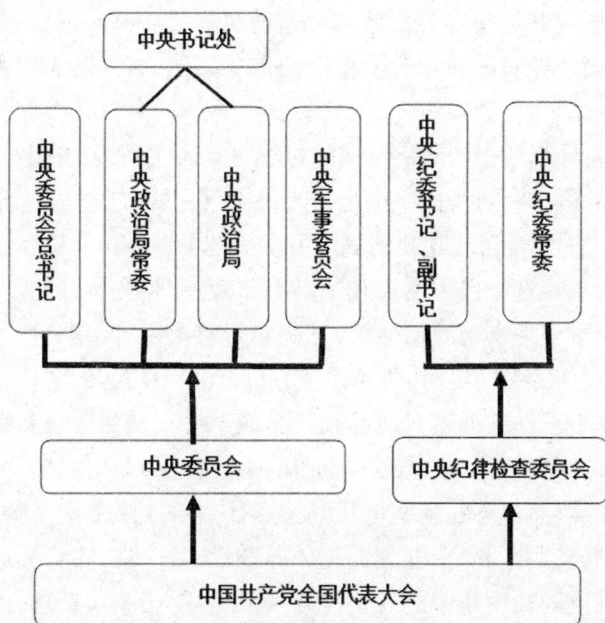

图 1-7　全国党代会与部分中央机关的形成

第四节　当代中国政府权力形成的基本特征

一、政党主导，注重协商

历史的发展规律决定了中国共产党的优先权力和优越地位。在中国，正是在中国共产党的领导下，通过武装斗争夺取政权，才奠定了新中国政府的权力基础。执政后的共产党将通过政治领导、思想领导和组织领导实现对国家政治生活的全面管控，自然会主导包括组织人事、权力关系、选举过程等在内的政府形成的核心内容。

党对政府权力形成过程的主导可以从人大代表和党代表选举的各个环节看出来。在人大代表选举的过程中，各级党组织直接掌握了从选区的划分办法、选民登记办法、代表候选人的提出和确定程序、投票选举程序等各个环节,在党代表的选举过程中,各级党组织掌握了选举规则的制定、名额分配、候选人的确定和选举等若干环节。通过对相关环节的把控,党组织能够将忠于信仰、德才兼备的骨干分子输送到重要岗位,成为各级政府机关的核心角色。

当然,党主导当代中国政府形成的过程也是民主协商的过程。现代政治理论认为,选举民主和协商民主都是实现民主目标的重要模式。从理论上分析,选举民主与代议制、政党政治高度相关,它以平等竞争和程序正义为主要价值取向。实现选举民主需要几个基本要素:一是竞争性的定期选举,二是公民能自由平等地参与政治生活,三是实行票决制,四是坚持少数服从多数的原则。协商民主是以公共协商为核心价值的民主政治形式,倡导在一定的政治共同体中行动者通过对话、沟通、商谈、妥协、交易等协商性的方式实现政治民主。其基本要素包括参与主体的平等性、参与方式的协商性、协商过程的公开性、协商程序的制度化,以及协商结果的共识性。①选举民主和协商民主各有利弊,刚柔相济,互为补充。周期性的选举民主将公民的选择权集中在政党提供的高度集中的几个候选人上,容易衍生出贿选、虚报选票数等选举舞弊现象,选举并不能解决所有的政治问题。相反,协商民主在包容各方、平等探讨和理性交流中增进了共识,达成多方妥协和认可的目标,使得现代民主更具弹性和张力,对千篇一律且冷漠刻板的选举民主形成有效的补充。

当代中国政府形成的过程是选举民主与协商民主相结合的过程,但后者在其中的比重显然更大。一方面,从代表的产生到各级权力机关的形成都要经过公开的选举,没有通过选举产生的政府权力,无论在法律上,还是在民众心目中,都是不具有合法性的;另一方面,在投票选举前往往都要充分协商,尽可能取得多方的一致。而且,正如研究者所言,在当代中国政府的形成过程中,"不是只看重党派之间桌面上表决的结果,而是更看重会前执政党与参政党之间一系列的研讨、协商以及会上的反复讨论"②。协商和选举都是政府形成中的重要环节,但两者各有侧重。协商的过程本身就是统一思想

①　邱家军:《选举民主与协商民主技术路线的沿革及协同——中国民主政治发展路径:选举与协商学术研讨会综述》,《人大研究》2008年第3期。

②　梁琴、钟德涛:《中外政党制度比较》,商务印书馆,2000年,第181页。

认识、寻找多方交集的过程。能否得到公众的认可,并顺利通过选举,也是协商中需要考虑的重要内容,多方政治力量在协商达成妥协以后,被推荐者一般都能顺利通过选举,因而政府形成之前的协商比正式的选举更重要,更关键。协商注重政府实际权力的实质归属,而选举更侧重于形式上的确认。

协商的主体根据实际情况各有不同,但各级党组织中的"关键行动者"一定居于核心地位。例如,在基层党代表的酝酿中,基层党组织的主要负责人、基层政工干部、基层组织中的广大党员就是协商主体;在各级政府换届选举中,上级党组织的主要负责人和组织部门负责人、本级党组织的核心负责人、本级组织人大政协中部分德高望重的前辈就是协商的主体。当然,政府的政治活动是复杂的,协商本质上就是各种具有政治能量的主体博弈和妥协的过程,因而,在一定政治生态中具有政治能量的主体都可能成为协商的对象。

二、贤能政治,竞争激烈

一国的政治能否凝聚人心,一国的政府是否具有执行力,其关键是能否将一批优秀者选拔到关键岗位上。选贤任能是治国理政的重大课题。无论是在中国古代还是西方,都强调贤能政治的重要性。《礼记》中谈道:"大道之行也,天下为公。选贤与能,讲信修睦。"[1]柏拉图在《理想国》中曾为贤能政治辩护:"最好的政治制度中,政治领导人因有卓越的能力做出知情的、在道德上站得住脚的政治决断而被选出,并被授权统治这一共同体。"[2]

当代中国的贤能政治特征明显。加拿大学者贝淡宁曾在多种场合提到中国贤能政治的优势明显。在他看来,党员干部只有经过极其严格的竞争和选拔过程,并取得优异成绩者,才可能上升到政府的高层。培养的过程是多方面的,包括品德的修养、执政能力的提升、宏观视野的拓展。各级政府的领导者不用在争夺选票上花费更多的时间和金钱,而是将这些投入到能力和才干的提升上。[3]风险投资家李世默日前在《耶鲁全球》刊文指出,中国共产党取得的巨大成就与其发展出的一套培训、考验和选拔国家领导人的机制

---

① 《礼记·礼运》。
② 贝淡宁:《贤能政治是个好东西》,《当代世界》,2012 年第 8 期。
③ 参见贝淡宁:《贤能政治是个好东西》,《当代世界》,2012 年第 8 期。

高度相关。中国的选贤任能机制在很多方面克服了西方主流选举制度的弊端，将一批社会精英输送到各级政府的关键岗位上，成为推动中国快速发展的动力源。

当代中国，党员干部从普通岗位走上领导岗位，需要经过时间的考验和实践的锤炼。在一位干部的职业生涯中，从积累基层经验到进入高层领导序列，一般要经过二三十年的工作历练。几乎所有的高层领导者都是在相关领域独当一面，顺利适应并且成为具有丰富管理经验的成功者。他们可能出身于任何行业，如工人、技术员、医生、士兵、记者、老师，成长路径千差万别，但共同之处在于他们在本职岗位上有着卓越的表现和优秀的业绩。

以 2012 年党的十八大选举产生的中共中央总书记习近平为例，他从中国最基层一级——大队支部书记起步，又在中国在高层军事指挥机构——中央军委办公厅担任过秘书。走上领导岗位以后，先后担任县委副书记、县委书记、地级市的副市长、市委书记，再到福建、浙江、上海等几个省、直辖市担任一把手。在地方久经历练后才晋升国家级领导，任国家副主席，再到党的总书记、国家主席。他至少经历了 16 次大的工作调整，在步入国家领导层面以前治理过的地区人口累计超过 1.5 亿，从参加工作到走上最高国家领导人岗位用了四十多年时间（1969—2012 年）。从公开的简历可以看出，2012年党的十八大诞生的新一届领导集体中每一个成员都是这样一步一个台阶走上来的，七位常委曾任职的地方占到了中国版图的一大半。

与贤能政治相伴的是异常激烈的竞争机制。当代中国是金字塔式的干部结构，由塔底到塔顶的干部越来越少。根据国家公务员局的统计，截至2012 年年底，全国公务员总数为 78.9 万人，而县处级以上的干部只有六十多万人，厅局级只有五十多万人，省部级干部只有三千多人。一般而言，领导干部都要从基层做起，然后逐级晋升，从普通办事工作人员中脱颖而出，并最终走上正部级领导岗位，这种干部晋升的概率只有万分之四。在"晋升锦标赛"的体制下，各级干部之间竞争的激烈程度超乎想象。众多平行的官员之间开展竞争，比拼的是政绩、能力、学历和隐性社会资源等各种因素的综合，一个人的胜出可能意味着十多个人的落败，而落败者很可能将在现在的台阶上止步不前，直到退休。

三、同步换届,"党"早于"政"

根据宪法、政府组织法和党章的规定,当代中国党委和政府都实行任期限制。中央和地方各级党委和政府都是五年一届,基本同步。以中央层面的党政届别为例,党的十一届三中全会国家政治生活步入正常状态后,党委和政府换届都走向规律化,其中,党的全国代表大会经历过八届(届别和起始时间见下表 1-3),全国人大会同样经历过八次换届(届别和起始时间见下表 1-4)。

表 1-3 第十一届三中全会后党的全国代表大会界别和起始时间

中国共产全国代表大会届别	十二大	十三大	十四大	十五大	十六大	十七大	十八大	十九大
起始时间	1982 年 9 月	1987 年 10 月	1992 年 10 月	1997 年 9 月	2002 年 11 月	2007 年 10 月	2012 年 11 月	2017 年 10 月

表 1-4 第十一届三中全会后全国人民代表大会届别和起始时间

全国人民代表大会届别	六届	七届	八届	九届	十届	十一届	十二届	十三届
起始时间	1983 年 6 月	1988 年 3 月	1993 年 3 月	1998 年 3 月	2003 年 3 月	2008 年 3 月	2013 年 3 月	2018 年 3 月

比较全国党代会和人代会的届别和起始时间可以看出,党政都是五年一届。全国党代会换届一般是头年 9 月到 11 月之间,而全国人代会换届一般在次年 3 月份左右,极少情况下往后顺延,全国党代会换届时间基本比人代会换届早半年左右。

同步换届是实现党政关系协调,保证党对政府活动实施有效领导的关键环节。在当代中国政府中,党在政治生活中处于核心地位,党通过组织方式实现对政治生活的领导,因而当党委班子在进行新旧更替的时候,同级政府班子必然面临人事上的调整,因为政府班子中的核心组成人员一般都在同级党委中处于重要位置。而且一般情况下,党委班子的总体结构和排序确定以后,其他国家机关中的主要组成人员基本能够确定,也就是党委班子的基本框架为其他国家机关的人事构成奠定了基础,这也是党组织换届略早于政府组织换届的原因。

四、依法依规，程序复杂

当代中国政府的形成都是建立在规范制度的基础上。党的各级组织换届的制度基础是《中国共产党章程》《党政领导干部选拔任用工作条例》等一系列党内文件和制度。各级政府换届的制度基础是《宪法》《选举法》《中华人民共和国中央人民政府组织法》《中华人民共和国地方各级人民代表大会和地方各级人民政府组织法》以及不同地方制定的、与政府组织相关的制度文件等。

各级组织需要在相关制度的指导下严格遵从科学的程序组建政府。既要保证政府组建的过程符合法律制度的基本精神，又要在制度没有覆盖的空白地带主动创造，形成严密科学的规则程序，保证选举结果的合理性。

以基层党组织的换届选举为例说明这一过程（表 1-5 罗列出这一过程中涉及的相关程序步骤），不难看出，即便是基层党组织的换届过程和程序，也是严格而复杂的。

表 1-5　基层党组织换届选举的基本程序[①]

步骤	主持人	主要程序	相关细节
1	本届委员会	呈报基层党组织换届选举请示，并成立换届选举筹备小组	①召开党的基层委员会全体会议，做出换届选举的决定，研究换届选举的有关事宜。②向上级党组织呈报关于召开党员大会进行换届选举的请示。③征求本单位党组意见，成立换届选举筹备小组，并报上级党组织同意。
2	本届委员会	确定候选人预备人选，上报审批	①召开委员会全体会议，根据上级的要求，结合本单位的实际情况，研究召开党员大会的筹备事项，拟定下一届委员会委员候选人初步人选名单。②召开委员会扩大会议(扩大至下级基层党组织负责人，党支部可扩大至党小组长)，讨论委员会全体会议的决定，确定候选人初步人选名单。③下级基层党组织召开党员大会，对候选人初步人选进行酝酿讨论，根据大多数党员的意见，向上级党组织上报本级党组织的意见或建议。④委员会根据大多数党员或党组织的意见，确定委员候选人预备人选名单，上报上级党组织审批。

①　部分资料来自于百度百科："换届选举"，http://baike.baidu.com。

右上角：续表

3	换届选举筹备小组	做好会前相关准备工作	①起草有关会议文件资料：起草本届党委工作报告(包括纪检工作报告、党费收缴使用情况报告)，拟定选举办法(草案)、候选人情况介绍材料、具体日期安排、会议议程以及监票人、计票人名单，印制选票。
			②召开委员会或委员会扩大会议，讨论并修改工作报告、选举办法(草案)；研究确定换届的日期、议程等有关事项；将有关材料呈报上级党组织，征得上级党组织同意。
			③确定会议地点，布置会议厅(室)，包括主席台正中悬挂党旗(可悬挂党徽，党徽两侧各插5面红旗)、主席台上方会议名称横幅、主席台就座人员名签、音响设备(试听《国际歌》等有关歌曲)、投标箱和记票板、对会议过程可能出现的各种情况(如二次投票等)的处理预案。
			④发出会议通知(包括上级党组织参加会议人员)。
4	换届选举筹备小组	召开党员大会，选举产生新的委员会	①清点并宣布到会人数，确认会议有效；宣布开会(全体起立，奏《国际歌》第一段)；致开幕词；宣布会议议程。
			②书记向大会作本届委员会工作报告，宣读上级党组织关于委员会候选人的批复，介绍候选人的情况(可采取候选人自我介绍等形式)。
			③会中分组讨论工作报告、选举办法，提出修改意见，酝酿讨论候选人，讨论或推荐监票人、计票人；委员会收集讨论情况，修改选举办法，确定候选人、监票人、记票人名单；逐项宣布并通过(采用举手通过方式)选举办法、监票人和记票人名单，宣布正式候选人名单。
			④选举： a.总监票人带领监票人确认有选举权党员人数，发放选票，登记发出票数； b.党员填写选票； c.检查票箱，总监票人带领监票人、记票人投票，上届党委成员及主席台就座人员投票，党员按顺序投票； d.清点选票，公布投票情况，包括发出票数、回收票数、有效票数、无效票数。 e.计票，总监票人宣布计票结果，包括候选人、另选人的得票情况(以得票数为序)。
			⑤会议主持人宣布当选委员名单(按姓氏笔画排列)，当选委员(或委员代表)发言，到会上级领导发言，宣布会议结束。

右侧竖排：第一章

续表

5	换届选举筹备小组	召开委员会全体会议,选举书记、副书记,委员分工。	①召开纪委第一次全体会议,选举纪委书记、副书记;向党委第一次会议报告。召开党委第一次全体会议,选举党委书记、副书记,委员工作分工,通过纪委第一次全体会议选举结果报告。
			②上报党员大会及委员会第一次全体会议情况及选举结果,上级党组织备案、审批;公布上级党组织的批复(可印发通知)。
			③做好落选人的思想工作。
			④党员大会及委员会第一次全体会议文件、资料归档。

思考题:

1.宪法对中国政府的基本规定体现在哪些方面?

2.简述在宪法规定中中国政府组织活动的基本原则。

3.中国各级人大代表的产生方式和权力。

4.中国共产党的中央机关是怎样形成的?

5.试论当代中国政府权力形成的基本特征。

第二章 中央政府的权力结构和党政关系

当代中国中央政府的权力结构可以形象地比拟为以中共中央为核心的"7+1+2体系"①。"7"即为七大领导班子,分别为中共中央委员会(包括由它产生的中央政治局、中央政治局常委会和中央书记处)、中央纪律检查委员会、全国人民代表大会及其常委会、国务院、国家监察委员会、中央军事委员会和中国人民政治协商会议全国委员会等。"1"为国家主席。"2"为最高人民法院和最高人民检察院。这些机构可以从属性上划分为"党""政""军""法"等四个方面。

第一节 "党"的方面

中国共产党在当代中国政治结构中的领导地位是历史形成的。成为执政党以后,党通过政治、组织和思想等方式实现对国家的领导。中国共产党组织严密、体系庞大,直接深入基层,成为整个政府活动的核心因素和中间力量。一般而言,政党都有严格的组织体系和管理制度,政党通过它来凝聚人心,整合力量,实现意志。中国共产党是一个拥有八千多万党员的庞大群体,党必须通过一定的组织形态将党员整合起来,并通过他们发挥作用。

党的中央组织是党的最高领导机关。党章规定,党的中央组织包括党的全国代表大会以及由它产生的中央委员会、中央政治局、中央政治局常务委员会、中央书记处、中央纪律检查委员会、中央军事委员会。

---

① 朱光磊:《当代中国政府过程》(第三版),天津人民出版社,2008年,第23页。

一、党的全国代表大会

党的全国代表大会和它所产生的中央委员会是党的最高领导机关。党的全国代表大会代表由党的地方组织通过间接选举产生，由中央委员会召集，一般每五年召开一次会议。中央委员会认为有必要，或者有三分之一以上的省一级组织提出要求，全国代表大会可以提前举行；如无非常情况，不得延期举行。全国代表大会代表的名额和选举办法，由中央委员会决定。党章规定，党的全国代表大会的职权包括听取和审查中央委员会的报告、审查中央纪律检查委员会的报告、讨论并决定党的重大问题、修改党的章程、选举中央委员会、选举中央纪律检查委员会。

鉴于党的两次全国代表大会之间有较长的间隔时间，而这一期间可能存在一些需要讨论的重大问题，因而党的中央委员会在认为有必要的时候可以召集党的全国代表会议。党的全国代表会议的职权是讨论和决定重大问题，调整和增选中央委员会、中央纪律检查委员会的部分成员。调整和增选中央委员及候补中央委员的数额，不得超过党的全国代表大会选出的中央委员及候补中央委员各自总数的五分之一。

一般而言，全国代表大会党代表大约在两千人左右，下表（表2-1）反映了十二大以来党的全国代表大会代表人数及其所代表的党员人数。

表 2-1　十二大以来全国代表大会代表人数及其所代表党员数

届别	全国党员人数（万人）	全国代表大会人数（人）
十二大	3965	1690
十三大	4600	1936
十四大	5100	1989
十五大	5900	2074
十六大	6600	2134
十七大	7336.3	2213
十八大	8200	2270
十九大	8900	2287

党的全国代表大会选举产生中央委员会委员和候补委员，由中央委员会行使全国代表大会闭会以后的领导权。

二、中央委员会

党的中央委员会是全国代表大会闭会期间党的最高领导机关，由党的全国代表大会选举产生，一般每届任期 5 年，与党的全国代表大会的任期相同。党章规定，中央委员会委员和候补委员必须有 5 年以上的党龄。中央委员会委员和候补委员的名额，由党的全国代表大会决定。中央委员会委员出缺，由中央委员会候补委员按照得票多少依次递补。在全国代表大会闭会期间，中央委员会执行全国代表大会的决议，领导党的全部工作，对外代表中国共产党。中央委员会全体会议由中央政治局召集，每年至少举行一次。中央政治局向中央委员会全体会议报告工作，接受监督。

从实际工作机制来看，中央委员会基本每年要举行一到两次会议，一般称为"中共×届×中全会"。其中，×届一中全会主要选举产生新一届中央领导机构，最后一次全会是为下一届全国代表大会做准备。其他全会则结合当时的形势重点商讨一两个重大问题（表 2–2 显示了第十二至十八届中央历次全会时间和主题）。

表 2–2　第十二至十八届中央历次全会时间和主题

届别	全会	时间	主题
十二届	一	1982.9	产生新一届中央领导机构
	二	1983.10	通过关于整党的决定
	三	1984.10	通过关于经济体制改革的决定
	四	1985.9	决定召开党的全国代表会议
	五	1985.9	增选中央领导机构成员
	六	1986.9	做出关于加强精神文明建设的决定
	七	1987.10	为十三大作准备
十三届	一	1987.11	产生新一届中央领导机构
	二	1988.3	决定国家机构领导人员推荐人选
	三	1988.9	研究经济问题
	四	1989.6	分析政治形势；调整中央领导机构
	五	1989.11	研究治理整顿和邓小平同志辞职
	六	1990.3	研究加强党和人民群众联系的问题
	七	1990.12	审议十年规划和"八五"计划草案
	八	1991.11	研究农村问题和确定召开十四大
	九	1992.10	为十四大作准备

续表

十四届	一	1992.10	产生新一届中央领导机构
	二	1993.3	审议调整"八五"计划若干指标和机构改革等问题
	三	1993.11	审议建立社会主义市场经济体制若干问题的决定
	四	1994.9	分析形势和党的状况等
	五	1995.9	审议"九五"计划和2010年远景目标的建议
	六	1996.10	通过关于加强精神文明建设若干重要问题的决议
	七	1997.8	为十五大作准备
十五届	一	1997.9	产生新一届中央领导机构
	二	1998.2	国务院机构改革问题
	三	1998.10	通过关于农业和农村工作若干重大问题的决定
	四	1999.9	通过关于国有企业改革和发展若干问题的决定
	五	2000.10	审议"十五"计划的建议
	六	2001.9	讨论加强和改进党的作风建设等问题
	七	2002.11	为十六大作准备
十六届	一	2002.11	产生新一届中央领导机构
	二	2003.2	通过关于深化行政管理体制和机构改革的意见
	三	2003.10	通过完善市场经济体制若干问题的决定和修改宪法的意见
	四	2004.9	通过关于加强党的执政能力建设的决定
	五	2005.10	审议"十一五"规划的建议
	六	2006.10	通过关于构建社会主义和谐社会若干重大问题的决定
	七	2007.10	为十七大作准备
十七届	一	2007.10	产生新一届中央领导机构
	二	2008.2	通过关于深化行政体制改革的意见和国务院机构改革方案
	三	2008.10	通过关于推进农村改革发展若干重大问题的决定
	四	2009.9	通过关于加强和改进新形势下党的建设若干重大问题的决定
	五	2010.10	审议"十二五"规划的建议
	六	2011.10	通过关于深化文化体制改革、推动社会主义文化大发展大繁荣若干重大问题的决定
	七	2012.9	为十八大作准备
十八届	一	2012.11	产生新一届中央领导机构
	二	2013.2	通过国务院机构改革和职能转变方案
	三	2013.11	通过关于全面深化改革若干重大问题的决定
	四	2014.10	通过关于全面推进依法治国若干重大问题的决定
	五	2015.10	审议"十三五"规划的建议
	六	2016.10	研究全面从严治党重大问题,制定新形势下党内政治生活若干准则
	七	2017.10	为十九大作准备
十九届	一	2017.10	产生新一届中央领导机构
	二	2018.1	通过《中共中央关于修改宪法部分内容的建议》

第二章

大致算来,中央委员会有委员二百名左右,候补委员一百五十名左右,一般是党中央及其他国家机关领导,国家部委和省级地方党政主要领导,少数国企、金融机构和科研院所主要负责人等。以党的十八大为例,共计205名中央委员,171名中央候补委员,合计376名。大多数来自中央机构、国务院系统和中央直属机构,其中大约一百五十名是省级地方党政主要负责人,18名来自国企和金融机构,9名来自科研院校。

新一届中央委员会成立以后,将选举产生中央政治局、中央政治局常务委员会和中央委员会总书记。

中央政治局及其常务委员会是中央委员会的常设机构,在中央委员会全体会议闭会期间行使中央委员会的职权。中央政治局及其常务委员会是党中央的实际权力中心,是中国最重要的决策机构。中央政治局常委分别担任党和国家的重要领导职位,一般包括党中央、国务院、全国人大、全国政协、中央纪律检查委员会等党和国家机关的主要负责人。中央政治局委员不仅包括上述常委,还包括其他一些在中央机关和部分地方担任重要领导职务的关键人员。

中央委员会总书记是党中央组织的最高领导人和全面负责人。总书记由选举产生,任期与党的全国代表大会一致,5年一届。总书记负责召集中央政治局会议和中央政治局常委会议,主持中央书记处工作,处于核心地位。这种权力关系如下图(图2-1)。

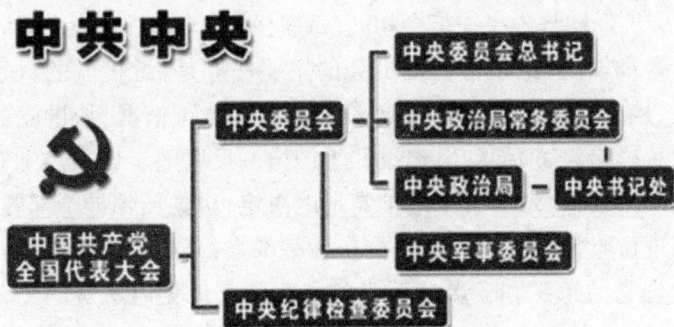

图2-1 中共中央权力结构图

表2-3反映了党的十二大以来中央委员会、中央政治局和政治局常委的人数。

表 2-3　党的十二大以来中央委员会、中央政治局和政治局常委人数

	十二届	十三届	十四届	十五届	十六届	十七届	十八届	十九届
中央委员	210	175	189	193	198	204	205	204
中央候补委员	138	110	130	151	158	167	171	172
中央政治局	25	17	20	22	24	25	25	25
中央政治局常委	6	5	7	7	9	9	7	7
中央委员会总书记	胡耀邦	赵紫阳	江泽民	江泽民	胡锦涛	胡锦涛	习近平	习近平

三、中央纪律检查委员会

中央纪律检查委员会由党的全国代表大会选举产生。从这个意义上讲，它是在中央委员会的领导下由全体党员授权，对党的中央组织以及各级地方组织的纪律执行情况进行检查督导的监督机关。

1949 年 11 月，中央纪律检查委员会根据中共中央的决定设立。1955 年 3 月中国共产党全国代表会议决定设立中央监察委员会，代替中央纪律检查委员会。"文化大革命"开始后，党的纪律检查机关被冲击，党的九大正式取消纪律检查机关。1978 年 12 月，党的十一届三中全会决定重新设立中央纪律检查委员会，在中央委员会的领导下进行工作。1993 年 2 月，根据中共中央、国务院的决定，监察部与中央纪律检查委员会机关合署办公。中央纪律检查委员会的任期与中央委员会相同，每届任期 5 年。

根据党章规定，纪律检查委员会的主要任务是：维护党的章程和其他党内法规，检查党的路线、方针、政策和决议的执行情况，协助党的委员会推进全面从严治党、加强党风建设和组织协调反腐败工作。经常对党员进行遵守纪律的教育，做出关于维护党纪的决定；对党员领导干部履行职责、行使权力进行监督受理处置党员群众检举举报，开展谈话提醒、约谈函询；检查和处理党的组织和党员违反党的章程和其他党内法规的比较重要或复杂的案件，决定或取消对这些案件中的党员的处分；进行问责或提出责任追究的建议；受理党员的控告和申诉；保障党员的权利。

中央纪律检查委员会要选举产生常务委员会和书记、副书记，并报党的中央委员会批准。一般情况下，中央纪律检查委员会书记由中央政治局常委兼任。

四、其他中央领导机关

中央军事委员会由中央委员会选举产生，它是党的最高军事领导机关，是实现党领导国家政治生活的重要保障。"八二宪法"规定了设立中华人民共和国中央军事委员会的制度，这样，中共中央军事委员会和中华人民共和国中央军事委员会分别设立，为了保证军事指挥权的集中和有效，两个机构实际是一套班子，两块牌子。从形式上讲，先由党的中央委员会决定选举产生中央军事委员会，再在其后的全国人民代表大会中经过选举确认，建立中华人民共和国中央军事委员会。一般而言，中共中央总书记同时担任中央军事委员会主席。

中央书记处是中央政治局和它的常务委员会的办事机构。书记处成员由中央政治局常务委员会提名，中央委员会全体会议通过。中央委员会总书记主持中央书记处的工作。一般情况下，书记处设书记若干人。排名第一的书记由政治局常委兼任，两到三位是政治局委员兼任，书记处书记都是党和国家机关的主要负责人。他们既相互协商，共同讨论具有全局性的重大问题，又分工负责，快速处理一个系统或若干方面的具体事务。以党的十八大为例，除中央总书记和一名政治局常委外，中央书记处书记包括中央组织部部长、中央宣传部部长、中央办公厅主任、政协副主席（1名）、中央纪律检查委员会副书记（1名），中央政府系统重要组成人员（1名）。

此外，为了充分发挥党中央的领导作用，提高运行效率，中央还设立了若干处理具体事务的部门，这些部门包括：中央组织部、中央宣传部、中央统战部、中央全面依法治国委员会、中央审计委员会、中央教育工作领导小组、中央和国家机关工作委员会、中央党校（国家行政学院）、中央党史和文献研究院等。

五、中国共产党组织的纵向延伸

1.党的地方组织

中国共产党的地方组织基本上与各级地方政府保持对应，是指与省、自治区、直辖市，设区的市（自治州），县（旗）、自治县、不设区的市和市辖区等地方政府相对应的党组织。

地方党组织的权力结构和运行模式与中央党组织大体类似。最高领导机关是党的地方各级代表大会,每5年举行一次换届选举,由同级党委召集、组织。

党章规定,党的地方各级代表大会的职权是:听取和审查同级委员会的报告;审查同级纪律检查委员会的报告;讨论本地区范围内的重大问题并作出决议;选举同级党的委员会,选举同级党的纪律检查委员会。

地方各级党委书记及常委会是各级地方的领导核心。从形式上讲,党的地方各级代表大会选举产生党的地方各级委员会,再由党的地方各级委员会选举产生地方党委常委和书记、副书记等实际权力。从实质上看,地方党委常委、书记、副书记等重要职位一般事先都由上级党委根据一定的选拔标准在充分考察、酝酿和讨论后做出决定,党的地方各级委员会的选举过程更多的是形式上的确认。

党的地方各级代表大会选举产生地方各级纪律检查委员会,并通过地方各级纪律检查委员会全体会议选举常务委员会和书记、副书记,并由同级党的委员会通过,报上级党的委员会批准。

党的地方各级组织同样设立党务机关、职能部门和事业单位。这些部门主要受同级党委的领导,在业务上接受上级"归口"部门的指导。这些部门的设置基本类似,一般包括组织部、宣传部、统战部、政法委、财经工作领导小组、党校等。

2.中国共产党的基层组织

党章规定,企业、农村、机关、学校、科研院所、街道社区、社会组织、人民解放军连队和其他基层单位,凡是有正式党员三人以上的,都应当成立党的基层组织。截至2016年年底,党的基层组织达到451.8万个。党的基层组织,根据工作需要和党员人数,经上级党组织批准,分别设立党的基层委员会、总支部委员会、支部委员会。基层委员会由党员大会或代表大会选举产生,总支部委员会和支部委员会由党员大会选举产生,提出委员候选人要广泛征求党员和群众的意见。

党的基层委员会、总支部委员会、支部委员会,每届任期3年至5年。基层委员会、总支部委员会、支部委员会的书记、副书记选举产生后,应报上级党组织批准。

需要注意的是,党的基层组织并不包括党组。党组不是在中国共产党的组织体系当中,而是在中央和地方国家机关、人民团体、经济组织、文化组织和其他非党组织的领导机关中成立的中国共产党组织。具体来说,党组是在人大系统、政府系统、政协系统、群团系统等领导机关中设立的,如常见的全国人大常委会党组、国务院党组、某省交通厅党组等。其主要任务是负责贯彻执行党的路线、方针、政策;加强对单位党的建设的领导,履行全面从严治党责任;讨论和决定本单位的重大问题;做好干部管理工作;讨论和决定基层党组织设置调整和发展党员、处分党员等重要事项;团结党外干部和群众,完成党和国家交给的任务;指导机关和直属单位党组织的工作。

第二节　"政"的方面

一、全国人民代表大会及其常委会

全国人民代表大会是最高国家权力机关,具有最高立法权、最高任免权、最高决定权和监督权。全国人大同西方国家的议会在性质上不完全一样,但它们是对应机构,这可以从公开报道的两者之间的互动交流中看出。

1.人大代表的产生

全国人民代表大会的代表由省级单位(包括香港、澳门特别行政区,台湾省等)、中国人民解放军等政治单元根据差额、间接选举的方式选举产生。全国人大代表一般不超过 3000 名,各省名额的分配由上一届全国人大常委会根据宪法和选举法规定, 综合考虑各选举单位人口总数以及农村城市人口比例关系,少数民族、人民解放军、归国华侨和香港、澳门、台湾代表的特殊性等多重因素决定。[①]

2.运行方式

全国人民代表大会实行任期制,5 年一届。从近十年来看,每年都在 3 月举行一次会议[②],基本上与全国政协会议同步进行,形成比较稳定且具有中国特色的"两会机制"。人大会议期间的主要议程是:审议政府工作报告及计划报告、预算报告;审议人大常委会工作报告;审议最高人民法院、最高人民

---

① 参见朱光磊:《当代中国政府过程》(第三版),天津人民出版社,2008 年,第 28~29 页。

② 近些年比较稳定,一般都是 3 月 5 日到 15 日。

检察院工作报告;同时就民众关切的热点问题提出议案,建言献策。

主席团会议是全国人民代表大会的领导机构。主席团成员经过预备会从本届人大代表中选举出来。全国人民代表大会主席团一般包括下列人员:党和国家领导人、各民主党派中央、全国工商联负责人和无党派爱国人士,中央党、政、军机关有关负责人和人民团体负责人,经济特区代表,港澳地区代表,军队武警部队代表,经济、科技、教育、文化、卫生、体育、宗教、华侨等各方面代表,劳动模范,少数民族代表以及各代表团负责人。一般情况下,由全国人大常委会提出主席团名单草案,交付各代表团审议。全国人大常委会委员长根据代表团审议的意见提出调整意见,提交预备会议审议,最后提交全国人民代表大会选举通过。

主席团形成以后,由全国人大常委会委员长主持第一次主席团会议,推选主席团常务主席(一般 20 人左右),以及主席团和秘书长等。以后主席团的会议就由常务主席召集主持,由他们协商决定代表大会的议程和一些具体问题。

全国人民代表大会的一般性代表主要通过参加全体会议和代表团会议来表达意见、主张权力。代表大会期间一般包括若干次全体会议和代表团会议,两者通常交叉进行。全体会议由主席团推选的轮值主席主持,主要是听取重大问题的报告,就重大的人事任免如各中央国家机关的组成人员,重大的决议如政府报告、五年规划等举手表决。在通常年份(换届年除外),全国人大举行 4 次全体会议,这 4 次会议分别是开幕式(听取政府工作报告),听取全国人大常委会工作报告和两院工作报告,闭幕式。

代表团会议是人大代表充分讨论各种事项的重要平台,一般按照地域划分,如北京代表团、河南代表团等。十二届全国人民代表大会共分 35 个代表团,包括 31 个省、自治区、直辖市,港、澳、台、解放军。代表团成立之后,要举行全体会议,推选团长和副团长。按照惯例,团长一般由各省、区、市党委书记或人大常委会主任担任,副团长一般由人大常委会主任或副主任担任,他们都是人大代表。团长要负责召集和主持全团会议,副团长协助工作。代表团会议包括全体会议和小组会议两种形式。根据观察,代表团举行全体会议,一般会事先确定发言顺序和角度。而小组会议是自由发言,选题相对自主,容易产生辩论。①这样,在小组会议上各人大代表可以就专门问题进行探讨,也可以就某项问题提出自己的主张,发表意见。他们的发言可能经过媒体公开以后,成为公众关注的焦点,也可能转化成为下一阶段政府决策的关注点。

全国人民代表大会期间,中央国家机关的组成人员可以列席代表团会议,听取人大代表意见。一些国务院重要部门负责人还将出席各种会议,直面人大代表和媒体的关切,成为社会舆论高度关注的对象。

3.全国人大常委会

全国人民代表大会常务委员会(简称全国人大常委会)是全国人民代表大会的常设权力机构,在全国人大闭会期间,行使国家最高权力。从1954年至今,全国人大常委会的职权范围得到了一定程度的强化。到20世纪80年代,中国逐步形成了"一院两层"的立法结构组织模式。②图2-2为全国人民代表大会、全国人大常委会及其内部机构设置的组织结构和关系。

之所以强化全国人大常委会的职权,原因包括以下方面:一是全国人大代表普遍都是兼职,这固然有利于人大代表体会民意、联系选民,但其主要精力仍是本职工作,难以全身心投入人大工作;二是人大代表名额三千多名。美国3亿多人口总量,但其参众两院人数合计为545人,英国六千多万的人口总量,但其下议院议员就有650人。中国3000名的人大代表平均到13亿多的全国总量中,代表数不是偏多而是偏少。但即便如此,3000人的规模在议事过程中又显得规模过大,难以充分有效地审议重大事项。基于此,当代中国逐步形成了强化人大常委会的权威,使其职业化、小型化,成为全国人民代表大会的常设机构和日常管理机关。

全国人大常委会与其他国家机关实行"不相容原则",也就是不得担任国家行政机关、审判机关和检察机关的领导职务。这样有利于常委会委员独立地行使权力,加强对一府两院的监督,同时有利于保证他们专职从事立法和审议重大事项的时间。全国人大常委会由委员长一人、副委员长若干人、秘书长一人和委员若干人组成,由全国人大根据主席团的提名选举产生。宪法规定,全国人大常委会委员长、副委员长连续任职不得超过两届。全国人

---

① 新京报:"全国人大代表团是如何划分的?",http://www.bjnews.com.cn/feature/2013/03/02/250587.html.

② 朱光磊:《当代中国政府过程》(第三版),天津人民出版社,2008年,第31页。

大常委会的组成人员中应有一定比例的少数民族、民主党派及妇女代表。

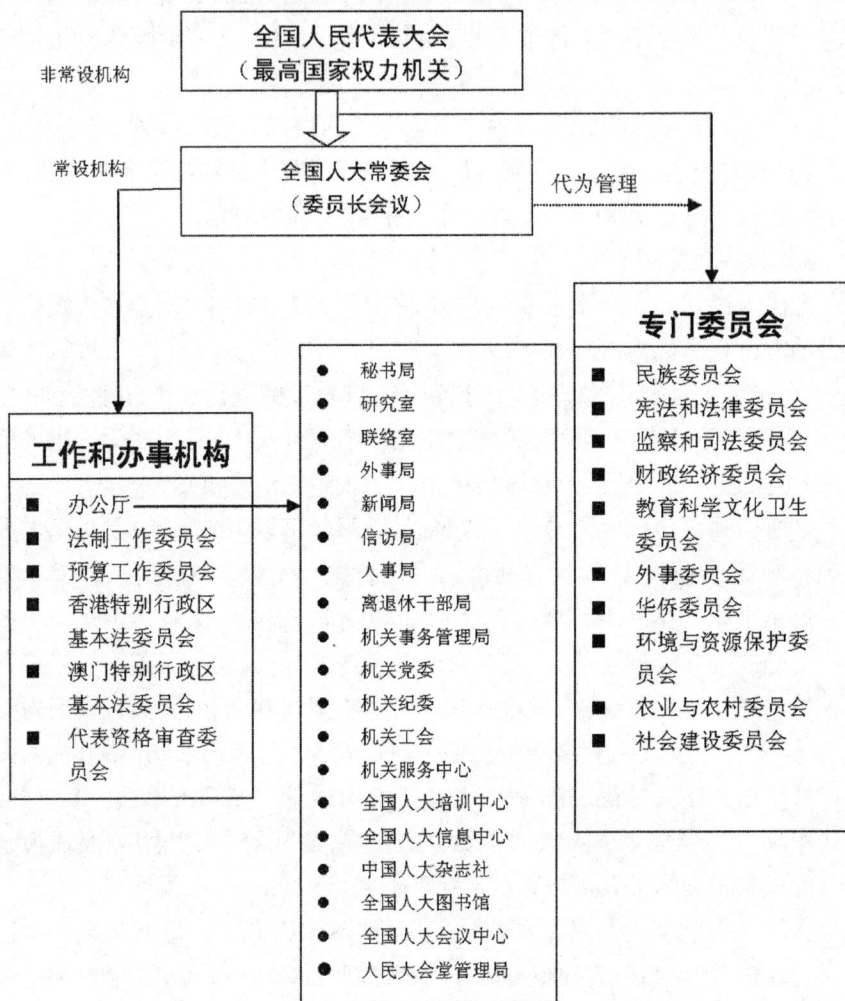

第二章

图2-2 全国人民代表大会组织结构

在具体运行机制上，委员长会议是全国人大常委会日常工作的领导核心，负责处理全国人大常委会的重要日常工作，包括决定常委会每次会议的会期，拟定会议议程草案；对向常委会提出的议案，决定交由有关的专门委员会审议或者提请常委会全体会议审议；指导和协调各专门委员会的日常工作；处理常委会其他重要日常工作等。除此以外，全国人大常委会还设置了一些工作部门和办事机构，负责处理和安排一些具体事务，这些包括法制工作委员会,主要职责是受委员长会议委托,从事立法、修法、废止法律等方面研究工作和常委会安排的其他工作。预算工作委员会,主要职责是受委员长会议委托或批准,从事政府预算、部门预算和重大建设项目资金使用的审查,起草有关法律草案,协助全国人大财经委的相关工作等。代表资格审查委员会,主要职责是审查各选举单位新选或补选的人大代表的资格,并向常委会提出审查报告。香港特别行政区基本法委员会和澳门特别行政区基本法委员会,主要职责是解释基本法,并对修改法的相关问题进行研究和提供咨询意见。

4.人大专门委员会

世界上各国议会都在议会中设立了各种专门委员会。这是因为,在国家管理事务日益复杂且专业分工高度发达的情况下,专门委员会可以更为集中且专业化地处理议会立法活动过程中遇到的技术性问题。我国 1982 年宪法明文规定,全国人大设立民族委员会、法律委员会、财政经济委员会、教育科学文化卫生委员会、外事委员会、华侨委员会和其他需要设立的专门委员会。专门委员会并不是权力机关,而是在全国人大领导下从事特定专门任务的机构。在全国人民代表大会闭会期间,各专门委员会受全国人民代表大会常委会的领导。此后,随着经济社会发展的需要,经过全国人大的同意,专门委员会不断发展完善,目前共有十个专门委员会。它们分别是民族委员会、监察和司法委员会、宪法和法律委员会、财政经济委员会、教育科学文化卫生委员会、外事委员会、华侨委员会、环境与资源保护委员会、农业与农村委员会、社会建设委员会。

专门委员会由主任委员、副主任委员若干人和委员若干人组成。相关的人选由全国人大主席团在代表中提名,大会通过。在全国人大闭会期间,全国人大常委会可以补充任命专门委员会的个别副主任委员和部分委员,由委员长会议提名,常委会会议通过。各专门委员会在工作需要的基础上,可以任命专家若干人为顾问,顾问可以列席专门委员会会议,发表意见。

我国宪法规定专门委员会的主要任务是,在全国人大和全国人大常委会领导下,研究、审议和拟订有关议案、法案和质询案。通过专门委员会的活动,向全国人大或全国人大常委会提出报告或建议,为全国人大及其常委会的决策提供参考。

第二章

二、中华人民共和国主席

国家元首是一国对内对外的最高代表。一般而言,各国都有国家元首,他们是国家的最高代表和象征。根据国家元首的产生,国家分为君主制和共和制。在君主制的国家中,国家元首世袭,如欧洲国家中的英国、荷兰、比利时、瑞典、丹麦、挪威、西班牙、亚洲的日本、泰国、沙特、约旦等国家。在不同的国家,他们被称为国王、女王、苏丹、皇帝等。世袭的国家元首在大多数情况下已经不再拥有实际的权力,属于"虚位元首",他们统而不治,只是名义上的最高代表和国家象征。而在少数二元君主制国家,如约旦、摩洛哥等国,国王仍拥有重大的决策和任免权,在政治生活中发挥着重要作用。目前全世界只有极个别国家仍然实行君主专制,君主拥有完整的立法、重大决策和人事任命权等,如文莱。

在共和制的国家中,国家元首一般由选举产生,但在选举的方式上各有差别。在一些国家,国家元首由全民选举,如美国、法国、俄罗斯等总统制的国家,这种国家元首一般都拥有实际的权力。在有些国家,国家元首由议会,或者联邦议会和州议会联合选举产生。在议会内阁制的国家,国家的实际权力控制在议会及其产生的内阁手中,国家元首只是虚位元首,没有实际权力。

中华人民共和国主席是国家元首。[①]尽管我国宪法并没有明确规定国家主席是国家元首的条款,但从官方媒体的报道以及外交活动主动的对等接待规则可以看出。宪法对国家主席的任职资格作了明确的规定。宪法规定,有选举权和被选举权的年满 45 周岁的中华人民共和国公民可以被选为中华人民共和国主席、副主席。同时规定,国家主席、副主席由全国人民代表大会主席团提名,全国人大全体会议按照无记名投票的方式选举产生,选票须过半数才能通过。国家主席缺位时,由副主席递补;副主席缺位时,由全国人大补选;补选前,由全国人大常委会委员长代理。

根据宪法,国家主席拥有对内对外多方面的权力。对内的权力包括根据全国人民代表大会的决定和全国人民代表大会常务委员会的决定,公布法律、提名和任免重要人事、授予国家的勋章和荣誉称号、发布特赦令、宣布进

---

① 一些学者,如朱光磊认为,国家元首是由国家主席和全国人大常委会共同组成的集体国家元首制,参见朱光磊:《当代中国政府过程》(第三版),天津人民出版社,2008 年,第 32~33 页。

入紧急状态、宣布战争状态、发布动员令。对外权力包括代表中华人民共和国，进行国事活动接受外国使节；根据全国人民代表大会常务委员会的决定，派遣和召回驻外全权代表，批准和废除同外国缔结的条约和重要协定等。

三、国务院及其组成部门

1.国务院的地位

宪法规定，中华人民共和国国务院是中央人民政府，是最高国家权力机关的执行机关，是最高国家行政机关。这一规定具有双重含义。一方面，作为最高国家权力机关的执行机关，国务院从属于全国人民代表大会及其常务委员会。国务院由全国人大选举产生，对全国人大负责，向其报告工作，并接受全国人大的领导和监督。具体来看，国务院负责贯彻执行全国人大及其常委会通过的宪法、法律和有关的决议。如每年全国"两会"期间，国务院总理需要向全国人大作政府工作报告，接受全国人大的审议。国务院及其所属部门在全国人大闭会期间必须就某些重大事项经常向全国人大常委会报告，并接受全国人大常委会的审查监督。而全国人大常委会有权撤销国务院制定的同宪法、法律相抵触的行政法规、决定和命令。另一方面，国务院在整个行政机关中处于最高地位，统一领导国务院各部委和全国性的行政工作，统一领导地方各级政府的工作。

2.国务院的形成和运行

宪法规定了国务院的产生过程。国务院总理由国家主席提名，全国人大通过，国家主席任免。副总理、国务委员、各部部长、各委员会主任、审计长、秘书长的人选由总理提名，全国人大决定，国家主席任免。同时，在全国人大闭会期间，根据总理的提名，全国人大常委会有权决定部长、委员会主任、审计长、秘书长的人选，由国家主席任免。

按照现行宪法和国务院组织法的规定，国务院与全国人大的任期一致，每届5年，总理、副总理和国务委员连任不得超过两届。国务院实行总理负责制。总理领导国务院的工作，副总理、国务委员协助总理工作，各部部长、各委员会主任负责各部委的工作。

国务院的工作主要通过国务院常务会议和国务院全体会议进行。国务院常务会议由总理、副总理、国务委员、国务院秘书长组成，由总理召集和主持，主要讨论决定国务院工作中的重大问题。一般情况下，每月2~4次。根据需要可安排有关部门、单位负责人列席会议。表 2-4 列举了 2016 年 1 月至 2 月国务院常务会议情况。

表 2-4　2016 年 1—2 月国务院常务会议情况

序列	时间	主持人	主要内容
1	2016-01-06	李克强	决定完善激励和问责机制，部署新设一批跨境电子商务综合试验区。
2	2016-01-13	李克强	决定再推出一批简政放权改革措施，确定完善高新技术企业认定办法。
3	2016-01-22	李克强	部署推进新型城镇化，确定进一步化解钢铁煤炭行业过剩产能的措施。
4	2016-01-27	李克强	确定金融支持工业增效升级的措施，决定推动《中国制造 2025》与"互联网+"融合发展,决定清理规范一批政府性基金收费项目，部署全面加强农村留守儿童关爱保护。
5	2016-02-04	李克强	部署建设双创基地发展众创空间，决定实施新一轮农村电网改造升级工程。
6	2016-02-14	李克强	部署推动医药产业创新升级，决定开展服务贸易创新发展试点。
7	2016-02-17	李克强	听取 2015 年全国两会建议提案办理工作汇报,确定支持科技成果转移转化的政策措施。
8	2016-02-24	李克强	确定进一步支持新能源汽车产业的措施，部署加强文物保护和合理利用。
9	2016-03-18	李克强	部署落实《政府工作报告》责任分工,部署全面推开营改增试点。
10	2016-03-30	李克强	决定新设一批国家自主创新示范区，部署推进上海加快建设科技创新中心，通过《成渝城市群发展规划》，通过《中华人民共和国国防交通法(草案)》。

国务院全体会议由全体国务院组成人员参加,由总理召集和主持。讨论决定国务院工作中的重大事项,一般每半年召开一次,根据需要可安排有关部门、单位负责人列席会议。表 2-5 列举了 2010 年以来国务院全体会议情况。

表 2-5　2010 年以来国务院全体会议情况

	时间	主持人	主要内容
1	2010-01-19	温家宝	讨论《政府工作报告》(征求意见稿)。
2	2011-01-18	温家宝	讨论《政府工作报告》(征求意见稿)和《"十二五"规划纲要(草案)》。
3	2012-01-31	温家宝	讨论《政府工作报告》(征求意见稿)。
4	2012-03-28	温家宝	任命梁振英为香港特别行政区第四任行政长官。

续表

5	2013-03-21	李克强	宣布国务院领导分工和国务院机构设置,讨论通过了《国务院工作规则》。
6	2014-01-23	李克强	讨论《政府工作报告》(征求意见稿)。
7	2014-09-17	李克强	决定任命崔世安为澳门特别行政区第四任行政长官
8	2015-01-19	李克强	讨论《政府工作报告》(征求意见稿)。
9	2016-01-22	李克强	讨论《政府工作报告》(征求意见稿)和《"十三五"规划纲要(草案)》(征求意见稿)。

对比上表不难看出,国务院常务会议的频率远大于国务院全体会议。国务院全体会议多侧重于宏观重大事项,研判重大形势和重要政策。而国务院常务会议侧重于具体政策的制定和实施,更注重微观层面的问题。

3.国务院的权限

作为最高级别政府的国务院担负着全面实施国家的内政外交等多方面的行政职能,拥有极其广泛的权力。现行宪法列举了国务院的18项权力,大致可以归纳为以下四个方面:

(1)行政立法权。面对复杂多变的社会生活,国务院要将全国人大的意志主张和决定付诸实施,必须具有能够根据客观实际,在尊重宪法和基本法律的前提下,制定具有普遍约束力的规范性文件。具体而言,体现在三个方面:一是宪法规定的由国务院履行行政管理权限的具体事项。二是接受全国人大或者常委会授权而制定具有高于行政法规的法律文件。三是为了执行法律需要,制定更为细致的、具有操作性的规范性文本。

(2)行政领导和管理权。国务院作为最高行政机关,统一领导各部委的工作,统一领导地方各级行政组织的工作。同时,负责处理多方面重要的管理性事务。这些事务从内容上可以分为经济、政治、文化和社会事务,从性质上可以区分为管理型事务和服务型事务,从对象上可以分为自身管理事务、对社会和市场的管理事务、对外事务等,从过程上可以分为决策性事务、组织性事务、协调性事务和控制性事务等。

(3)提案权。宪法规定国务院有权向全国人大及其常委会提出与其职权相关的提案。这些提案不仅包括诸如国民经济和社会发展规划及执行情况,国家预算及预算执行情况等须由全国人大常委会批难和废除的条约和重要协定,行政机构改革计划等,而且包括大量的法律议案,如推动制定新法律,将行政法规修改完善上升为法律以及修改和废止现行法律等多方面事项。

1979 年以来,全国人大及其常委会所立法律中,由国务院提案的约占 70%。①

（4）行政监督权。国务院作为最高行政机关,负有对地方政府行为的监督权力。这种监督权表现在:一是国务院可以撤销国务院各部委和地方各级人民政府制定的与宪法、法律以及国务院的行政法规相冲突的、不适当的行政规章,有权对各部委同地方部门规章之间的冲突做出裁决。二是国务院通过各种监督措施监督各部委和各级地方政府对法律法规、政策及国务院颁布的决议和命令的执行情况,有权调查和处理他们的违法违纪行为。

4.国务院的部门设置

为了更加专业化地管理社会事务,国务院分设若干机构。根据机构的性质及其与上下机构之间的关系,分为国务院办公厅、组成部门、直属特设机构、直属机构、办事机构、直属事业单位、部委管理的国家局、议事协调机构单设的办事机构等八类。②

（1）国务院办公厅。国务院办公厅是国务院的日常办公机构。它是在国务院秘书长领导下协助国务院领导处理国务院的日常工作。国务院办公厅设 9 个内设机构,包括秘书一、二、三局,国务院应急管理办公室,督查室,电子政务办公室,人事司,行政司,财务室等。

（2）国务院组成部门。国务院的组成部门在西方国家政府中称"内阁",它们是国务院机构的主体,在国务院的领导下在管辖的领域中行使权力,管理具体事务。国务院组成部门的负责人由总理提名,全国人大或者常委会通过,国家主席任免。2018 年机构改革以后,国务院组成部门共有 26 个,分别是外交部、国防部、国家发展和改革委员会、教育部、科学技术部、工业和信息化部、国家民族事务委员会、公安部、国家安全部、民政部、司法部、财政部、人力资源和社会保障部、自然资源部、生态环境部、住房和城乡建设部、交通运输部、水利部、农业农村部、商务部、文化和旅游部、国家卫生健康委员会、中国人民银行、审计署、退役军人事务部、应急管理部。

---

① 新华网:"国务院立法",http://news.xinhuanet.com/ziliao/2003-08/21/content_1038060_1.htm。

② 中国机构编制网:"中华人民共和国国务院",http://www.scopsr.gov.cn/zlzx/jggk/gwyjg/。

组成部门 (26个)	外交部	国防部	国家发展和改革委员会
	教育部	科学技术部	工业和信息化部
	公安部	国家安全部	国家民族事务委员会
	民政部	司法部	财政部
	人力资源和社会保障部	自然资源部	生态环境部
	住房和城乡建设部	交通运输部	水利部
	农业农村部	商务部	文化和旅游部
	国家卫生健康委员会	中国人民银行	审计署
	退役军人事务部	应急管理部	

图 2-3　国务院组成部门

（3）国务院直属特设机构。2013 年国务院机构改革后，国务院的直属特设机构只有一个，就是国务院国有资产监督管理委员会。2018 年国务院机构再次进行重大调整，但未涉及这一机构。国务院授权国有资产监督管理委员会代表国家履行出资人职责。具体地说，国资委的主要职能是依照《中华人民共和国公司法》等法律和行政法规的规定履行出资人职责，指导推进国有企业改革和重组；代表国家向部分大型企业派出监事会；通过法定程序对企业负责人进行任免、考核并根据其经营业绩进行奖惩；通过统计、稽核对所管国有资产的保值增值情况进行监管；拟订国有资产管理的法律、行政法规和制定规章制度，依法对地方国有资产管理进行指导和监督；承办国务院交办的其他事项。根据党中央决定，国有资产监督管理委员会成立党委，履行党中央规定的职责。国有资产监督管理委员会的监管范围是中央所属企业(不含金融类企业)的国有资产。

（4）国务院直属机构。国务院直属机构是国务院根据工作需要设定的，专门管理某一方面业务的行政机构。国务院直属机构归国务院直接领导，其行政负责人由国务院常务会议决定，总理任免。与国务院组成部门相比，直属机构的地位和影响能力相对低一些，部分机构为副部级单位，如国家统计局、国家机关事务管理局等。当然，随着经济社会发展的需要，部分直属机构所管辖的事务的重要性上升，可能上升为国务院组成部门。如 2008 年国家环境保护总局改为国家环保部，由国务院直属机构上升为国务院组成部门。2018 年机构改革以后，国务院直属机构共 10 个，分别是：中华人民共和国海关总署、国家市场监督管理总局、国家体育总局、国家国际发展合作署、国务院参事室、国家税务总局、国家广播电视总局、国家统计局、国家医疗保障局、国家机关事务管理局。

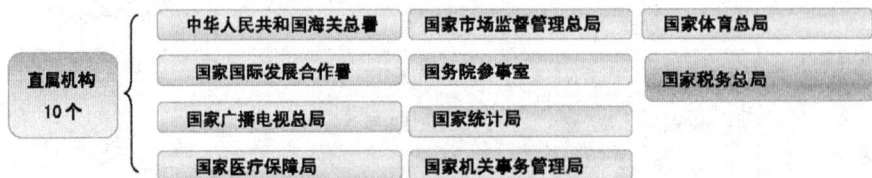

图 2-4　国务院直属机构

（5）国务院办事机构。国务院办事机构是根据《国务院行政机构设置和编制管理条例》设立的正部级国务院部门，承担相关专门职责，主要职责是协助总理办理相关事务，负责某一方面的调查研究和组织协调工作，因此不具有独立的行政主体资格。国务院办事机构都是正部级，其行政首长由国务院总理任免。2018 年机构改革以后，国务院办事机构共 2 个，分别是国务院港澳事务办公室、国务院研究室。

（6）国务院直属事业单位。为增进社会福利，满足社会文化、教育、科学、卫生等方面需要，国务院设立直属事业单位，处理特定的事项。它们不属于国家行政序列，但经国务院授权，其中一些单位能够行使一定的行政职能。2018 年机构改革以后，国务院直属事业单位共 9 个，分别是新华通讯社、中国社会科学院、国务院发展研究中心、中国气象局、中国证券监督管理委员会、中国科学院、中国工程院、中央广播电视总台、中国银行保险监督管理委员会。

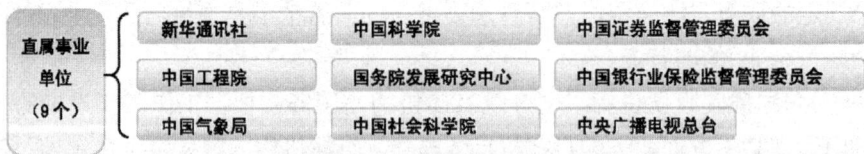

图 2-5　国务院直属事业单位

（7）部委管理的国家局。国家局是具有行政管理职能的机构。与上述机构最大的区别在于，国家局不归国务院直接领导，而由相关的部委领导。但国家局又不是相关部委的内设机构，而是相对独立的机构。国家局在向上请示工作时，应该先向主管部委请示，在得到主管部委同意后，再由主管部委向上转呈。国家局一般是副部级单位，行政首长一般由其主管部委的副职兼任。2018 年机构改革以后,国家局总共 16 个,设置情况及所属部委如下(见图 2-6)。

部委管理的国家局(16 个)

国家林业和草原局（由自然资源部管理）	国家移民管理局（由公安部管理）
国家知识产权局（由国家市场监督管理局管理）	国家信访局（由国务院办公厅管理）
国家粮食和物资储备局（由国家发展和改革委员会管理）	国家能源局（由国家发展和改革委员会管理）
国家国防科技工业局（由工业和信息化部管理）	国家烟草专卖局（由工业和信息化部管理）
国家中医药管理局（由国家卫生健康委员会管理）	国家铁路局（由交通运输部管理）
中国民用航空局（由交通运输部管理）	国家邮政局（由交通运输部管理）
国家外汇管理局（由中国人民银行管理）	国家文物局（由文化和旅游部管理）
国家煤矿安全监察局（应急管理部）	国家药品监督管理局（由国家市场监督管理总局管理）

图 2-6　国家局设置情况及其所属部委

　　(8)国务院议事协调机构。议事协调机构是国务院为解决跨部门、跨地区的综合协调性问题,或者临时性、突发性事件而设置的机构。这些机构一般不是实体机构,其主要负责人一般由国务院组成人员兼任。由于是临时性的非实体机构,部分协调机构可能将办公机构设在与需要处理的事务关联最紧密的部门。如全国爱国卫生运动委员会,它负责统一领导、统筹协调公共环境卫生、防病治病、病媒生物防治(除"四害")、健康教育工作,其具体工作由卫计委承担。也有一部分协调机构在相当长的时间里存续,并且需要专门的办公场所和工作人员,其设立、撤销和合并需要经过正规的程序,由国务院机构编制管理机关提出方案,报国务院决定。如 2018 年机构改革以后,国务院扶贫开发领导小组办公室就是作为单设的议事协调机构存在。

四、国家监察委员会

　　宪法规定,国家监察委员会与国务院、最高人民法院、最高人民检察院一样,均由全国人大产生,负责全国监察工作。

　　1.国家监察委员会的试点及确立

　　2016 年 11 月,国家监察体制改革大幕正式拉开。改革以北京、山西、浙江三省市为首批试点,为全国其他地区提供可复制可推广的经验。改革方案确定整合中华人民共和国监察部、国家预防腐败局、最高人民检察院反贪污贿赂局、最高人民检察院反渎职侵权局等机关,组建国家监察机关,负责对所有行使公权力的工作人员进行监察，调查职务违法和职务犯罪，开展廉政建设和反腐败工作，依法治理公权腐败。经过长期酝酿和充分准备，2018年2月25日，省、市、县三级监委会全部成立；最高检反贪部门人员转隶全部完成；查处贪污贿赂、失职渎职以及预防职务犯罪等反腐败相关职责整合至监察委员会，国家监察体制改革迈过关键性节点。2018年3月23日，中华人民共和国国家监察委员会正式揭牌成立。

2.国家监察委员会的性质及监察职责

国家监察委员会主任由全国人民代表大会选举，副主任、委员则由国家监察委员会主任提请全国人大常委会任免。国家监察委员会主任任期与全国人大保持一致，连任不得超过两届。宪法修正案第123条规定，中华人民共和国各级监察委员会是国家的监察机关。与此同时，监察法第三条规定，各级监察委员会是行使国家监察职能的专责机关。因此，监察委员会是反腐败工作机构，其需要向人大常委会作专项工作报告。监察机关的职责是监督、调查、处置。

（1）监督。监察机关对公职人员依法履职、秉公用权、廉洁从政从业及道德操守情况进行监督检查。

（2）调查。监察机关对涉嫌贪污贿赂、滥用职权、玩忽职守、权力寻租、利益输送、徇私舞弊以及浪费国家资财等职务违法和职务犯罪进行调查。

（3）处置。监察机关依据相关法律对违法的公职人员做出政务处分决定；对在行使职权中存在的问题提出监察建议；对履行职责不力、失职失责的领导人员进行问责；对涉嫌职务犯罪的，将调查结果移送检察机关依法提起公诉。

派出的监察机构根据授权，依法对有关机关、组织和单位、行政区域的公职人员进行监督，提出监察建议；按照管理权限对涉嫌职务违法的公职人员依法进行调查、处置，并做出政务处分决定。

3.国家监察委员会的监察范围

《中华人民共和国监察法》第三章对于监察委员会的监察范围做出了详细的规定：监察机关按照管理权限对下列公职人员进行监察：

（1）中国共产党的机关、人大机关、行政机关、政协机关、监察机关、审判机关、检察机关、民主党派和工商联机关的公务员及参照《中华人民共和国公务员法》管理的人员。

（2）法律、法规授权或者受国家机关依法委托管理公共事务的组织中从事公务的人员。

（3）国有企业管理人员。

（4）公办的教育、科研、文化、医疗卫生、体育等单位中从事管理的人员。

（5）基层群众性自治组织中从事集体事务管理的人员。

（6）其他依法履行公职的人员。

上级监察机关可以办理下一级监察机关管辖范围内的监察事项，必要时也可以办理所辖各级监察机关管辖范围内的监察事项；监察机关之间对监察事项有争议的，由其共同的上级监察机关确定；上级监察机关可以将其所管辖的监察事项指定下级监察机关管辖，也可以将下级监察机关有管辖权的监察事项指定给其他监察机关管辖；监察机关认为所管辖的监察事项重大、复杂，需要由上级监察机关管辖的，可以请求移送上级监察机关管辖。

五、中国人民政治协商会议全国委员会

人民政协是中国共产党领导下各政党、各人民团体和社会各方面代表进行政治协商的重要机关。基于历史渊源和现实作用的考虑，将全国政协放在与全国人大、国家主席、国务院并列的国家权力结构的"政"的方面进行归类。[①]

全国政协在国家权力机构中的地位形成有一定的历史渊源。1949 年 9 月 21 日，中国人民政治协商会议第一次全体会议在北京召开。这次会议通过了具有临时宪法功能的《中国人民政治协商会议共同纲领》，并通过了《中国人民政治协商会议组织法》。在选举产生以毛泽东为主席的中央人民政府的同时，选举产生了政协全国委员会，确定了全国政协在国家政治生活中的重要地位。此后，虽然全国政协经历过"文化大革命"十年的"封门时期"，但在1978 年随着整个政治生活正常化，全国政协得到了恢复和发展。[②]

人民政协分为全国委员会和地方委员会。地方委员会对全国委员会的决议，下级委员会对上级委员会的决议都有遵守和履行的义务。人民政协中全国委员会和地方委员会以及上级委员会和下级委员会的关系是指导关系。全国政协由中共、各民主党派、无党派人士、人民团体、各少数民族、台湾同胞、港澳同胞和归国侨胞以及特邀人士等组成。地方政协参照全国政协的组成，根据各地的情况决定。政协全国委员会的参加单位、委员名额以及相

---

① 朱光磊：《当代中国政府过程》（第三版），天津人民出版社，2008 年，第 35 页。

② 滕文生主编：《建设有中国特色的社会主义民主政治》，人民出版社，1994 年，119 页。

关人选,由上届全国政协常委会协商决定。全国政协设主席一名,副主席和秘书长若干。主席主持常委会的工作,副主席、秘书长协助主席工作。基于分工和专业化原则,全国政协设立若干专门委员会,作为全会闭会期间委员会活动的工作机构。目前,政协全国委员会下设十个专门委员会,分别是提案委员会、经济委员会、农业和农村委员会、人口资源环境委员会、教科卫体委员会、社会和法制委员会、民族和宗教委员会、港澳台侨委员会、外事委员会、文化文史和学习委员会。

政协每届任期 5 年,如遇特殊情况,经常委会以全体组成人员三分之二以上的多数通过,可以延长。政协全国委员会每年召开一次全体会议,一般在每年 3 月,与全国人大基本同步,并称为“两会机制”。

全国政协的主要职能表现为:一是政治协商。政治协商就是对国家和地方的大政方针以及政治经济文化社会生活中的重大问题进行决策前的协商。政治协商的主要形式包括:政协全国委员会全体会议、常务委员会议、主席会议、常务委员专题座谈会、各专门委员会会议,以及根据特定时期的需要召开的各党派、无党派民主人士、人民团体、少数民族人士、各界爱国人士代表参加的协商座谈会。二是民主监督。主要是对宪法、法律和法规的实施,重大方针政策的贯彻执行,以及国家机关工作人员的执行,进行建议和批评。民主监督的主要形式是:通过政协全国委员会全体会议、常务委员会议、主席会议向中共中央、全国人大、国务院提出的建议案,各专门委员会提出的建议和有关报告,各委员的提案、举报等,参加中共中央、国务院组织的各种调查和视察活动等。三是参政议政。参政议政是政治协商和民主监督的拓展与延伸。其主要形式是选择人民群众关心的、对经济社会发展具有重要现实意义的课题进行调查和研究,并向国家机关提出建设性意见。

第三节　“军”和“法”的方面

一、“军”的方面

“党与军队同舟共济是政府过程的一大特色,军队对政治的影响不可忽视。"①当代中国军队的最高领导机构是中央军委。从 1982 年开始,中央军委在形式上有中共中央军事委员会和中华人民共和国中央军事委员会之分。但这两个机构的组成人员完全相同,中央军委是中国众多"一个班子,两块牌子"的机构中地位最高的一个。

中央军委的形成有着严格的制度安排。从党的角度来看,中共中央军事委员会的组成人员由中共中央委员会选举产生。从国家的角度来看,中央军事委员会主席由全国人民代表大会选举产生,之后,全国人民代表大会再根据中央军事委员会主席的提名决定中央军事委员会其他组成人员人选。中央军委的任期与全国人大保持一致,5 年一届,但宪法对中央军委组成人员的连任没有明确限制。

中央军事委员会领导全国武装力量,由主席、副主席、委员组成,实行主席负责制。军委主席对于军委职权范围内的事项拥有最终决定权,全军必须服从。

实际上,在国务院组成部门中存在国防部这一机构,其职能只是管理国防建设事业,可以认为是中央军委为了加强与中央政府之间的沟通联系而派驻到中央政府中的代表机构。从实际的权力运作来看,中央军委是独立于国家行政机关之外的。它和它领导的全国武装力量一方面要服从党中央的绝对领导,体现"党指挥枪"的根本原则;另一方面又是由全国人大选举产生,体现国家意志及其"人民子弟兵"的属性,它属于国家机构的一个重要组成部分。

二、"法"的方面

司法机关是国家权力结构中的重要构成。根据宪法及相关法律的规定,中国的中央司法系统由最高人民法院和最高人民检察院组成。最高人民法院是国家的审判机关,最高人民检察院是国家的法律监督机关和公诉机关,两者都在各自的职权范围内独立地行使国家的审判权和检察权。从规格上看,这两个机关的级别相当于国家级副职,但它们和国务院一样,都是由全国人大选举产生,并对它负责的独立国家机关。它们与国务院并称为"一府

---

① 胡伟:《政府过程》,浙江人民出版社,1998 年,第 135 页。

两院",在国家权力结构中占有重要的地位。

1.最高人民法院

最高人民法院是国家的最高审判机关,由全国人大选举产生,向它负责并报告工作,接受监督。最高人民法院院长的任期与全国人大一致,连任不超过两届。在职权上,最高人民法院依法行使国家的最高审判权,并监督地方各级人民法院和专门法院的工作。具体而言,其职权包括:

(1)审判权。最高人民法院审理全国性、具有重大影响的民事、刑事和行政诉讼案件;二审高级人民法院、专门人民法院判决和裁定不服的上诉案件和抗诉案件;审理最高人民检察院提出的抗诉案件。

(2)监督权。最高人民法院拥有监督地方各级人民法院以及专门法院工作的职责,可以对他们审判中的错误提审或指令下级法院再审。

(3)死刑核准权。刑事诉讼法规定,中级人民法院判处死刑的一审案件,被告人不上诉的,应由高级人民法院复核后,报最高人民法院核准;高级人民法院判处死刑的一审案件被告人不上诉的,以及判处死刑的二审案件,都应报最高人民法院核准。

(4)进行司法解释。有权对于人民法院在审判过程中具体应用的法律、法令进行解释。

(5)参与立法权。最高人民法院有权向全国人大及其常委会提出法律议案,参与全国人大及其常委会的立法。

从整体上看,中国法院分为普通法院和专门法院。普通法院按行政区域分为四级,即最高人民法院、高级人民法院、中级人民法院和基层人民法院。其中,高级人民法院设在省、自治区、直辖市一级;中级人民法院一般设在省、自治区辖市(地级市)和自治州所辖的地级市,或者在直辖市内;基层人民法院设在县、自治县、县级市和市辖区。专门人民法院是按照特定组织和特殊案件设立的专门性法院。目前中国设立的专门法院有军事法院、铁路运输法院、海事法院和森林法院等。其设立情况由全国人大常委会根据需要确定。中国法院体系的组织结构如图 2-7 所示。

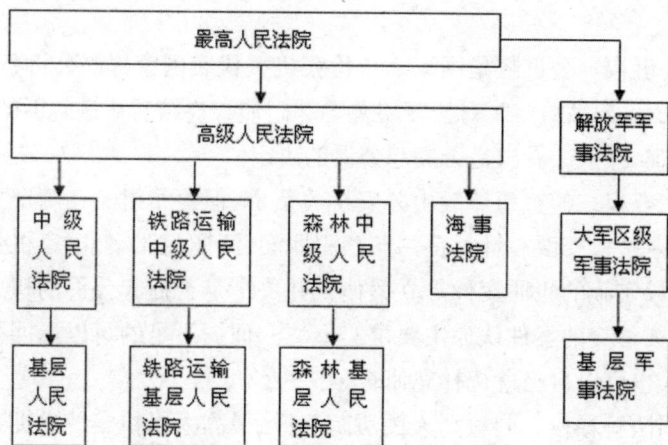

图 2-7　中国法院体系组织结构

2.最高人民检察院

宪法规定:中华人民共和国人民检察院是国家的法律监督机关。最高人民检察院是国家的最高检察机关。它的主要职责是:对全国性的,具有重大影响性的刑事案件向最高人民法院提起公诉;对各级人民法院的判决和裁定有权提出抗诉。最高人民检察院检察长由全国人大选举产生,对其负责并报告工作,接受监督。其任期与全国人大一致,5 年一届,连续任职不得超过两届。与法院系统不同,检察系统实行"双重领导",也就是既要接受同级人大的领导和监督,又要接受上级检察院的领导。因而最高人民检察院统一领导地方各级人民检察院及专门人民检察院的工作,上级人民检察院领导下级人民检察院的工作。

中国检察院的职权较为庞杂,主要表现在以下五个方面:

(1)法律监督权。各级人民检察院的法律监督权包括立案监督、侦查监督、审判监督和执行监督。立案监督主要是针对公安系统的,具体表现为针对公安机关应当立案而未立案的情况提出纠正违法意见。侦查监督指人民检察院依法对侦查机关的侦查活动是否合法进行的监督。此处的侦查机关不仅包括公安机关,还包括某种情况下行使侦查权的国家安全机关、监狱、军队保卫部门以及人民检察院的侦查部门。审判监督主要是针对人民法院审判工作,最高院或者上级检察院对于已经发生法律效力的判决和裁定,如果发现确有错误,有权按照审判监督程序提出抗诉。执行监督主要指检察院对刑事判决执行的监督,包括对执行死刑的临场监督,以及对监狱执行情况的监督。

(2)公诉权。公诉权是国家赋予检察机关代表国家提起公诉、追究犯罪的专有权力。人民检察院对公安机关等部门侦查终结后移送起诉的案件,有权进行审查,并依法做出是否提起公诉的决定。

(3)侦查权。侦查权一般由公安机关负责,但检察机关在两个方面拥有侦查权。一是检察院有针对贪污贿赂犯罪案、渎职犯罪案、国家机关工作人员利用职权实施的犯罪案件等立案侦查并决定是否提起公诉的权力,二是对公安机关移交的案件认为主要事实不清、证据不足的可以退回公安机关补充侦查,也可以自己进行补充侦查。

(4)司法解释权。同最高人民法院一样,最高人民检察院也拥有就检察工作中具体适用的法律问题进行解释的权力。

(5)参与立法权。最高人民检察院有权向全国人大及其常委会提出法律议案,参与全国人大及其常委会的立法。

从构成体系来看,检察院与法院是对应设置的,两者的管辖权(级别管辖和地域管辖)基本重合。检察系统分为最高人民检察院、地方各级人民检察院和专门人民检察院。地方各级人民检察院分为三级:一是省级人民检察院,主要是省、自治区、直辖市等省级人民检察院;二是地级人民检察院,主要是省、自治区、直辖市人民检察院分院,自治州和省辖市的人民检察院;三是基层检察院,主要是县、市、自治县和市辖区人民检察院。专门人民检察院是在特定的组织系统内设置的检察机关,以其专属的管辖权和所保护的特定社会关系而有别于其他检察机关,其设置、组织和职权由全国人民代表大会常务委员会另行规定。目前,我国设立军事检察院和铁路运输检察院两个序列的专门人民检察院。军事检察院是设在中国人民解放军军事系统内部的专门法律监督机关。按照地区设置和系统设置相结合的原则,军事检察院设置分为三级,即中国人民解放军军事检察院,大军区、空军、海军军事检察院,地区军事检察院、空军军一级军事检察院和海军舰队军事检察院。铁路运输检察院是国家设置在铁路运输系统的检察机构。铁路运输检察院由铁路运输检察分院、基层铁路运输检察院组成,由所在的省、自治区、直辖市人民检察院领导。

第四节　党政关系

政党政治是现代政治的基本构成因素。当今世界绝大多数国家都有政党组织,并由政党组织和执掌政权。从西方国家政党政治的一般形式来看,它们大都是通过竞争性的选举产生执政的,并通过执政的组织政权,行使国家各种政治权力。它们的党政关系与中国有截然不同的表现形式。"中国共产党是执政党,但又不是一般意义上的执政党,而是在国家政权和社会生活中居于领导地位的执政党。"①党政关系在中国政治生活中具有独特性,成为中国政治的主要问题与政治体制改革的核心问题。

一、党政关系是当代中国政治的重要问题

中国共产党在国家政治生活中的领导地位是历史形成的。执掌政权以后,中国共产党需要将自己的政治纲领付诸实施。组建政府,制定符合党的基本意志的法律制度,通过有效的方式方法推动这些制度的落实,在执政中实现自己的领导。

从具体方式上看,执政党的执政体现在内、外两个大的方面。一是从内部进入政权体系。通过任命政府官员,控制议会多数,将忠于党组织的核心力量推荐到各种重要岗位上,成为国家权力机器的直接控制者。一些人身处立法岗位,从最基础的立法环节开始,将执政党的主张上升为国家意志;一些人在执行部门,在执行国家意志的过程中体现本党的执政理念。二是从外部控制和领导"政"。这在不同的国家有不同的表现形式。在中国,表现为执政党通过对应各级政府及其部门设立党委、党组和党支部等机构,对政府行为进行有效的指导、监督。同时,根据属性将政府事务划归为不同的"口",通过"归口管理",也即是党委常委分管政府某一方面事务的方式,将政府的具体工作纳入党委日常运作中。

在上述运作中,执政党与政府错综复杂的关系就是党政关系。党政关系

---

① 朱光磊、周振超:《"党政关系规范化"与党的执政能力建设》,《中国党政干部论坛》,2005年第1期。

可以理解为对执政党与政府之间的互动所进行的归纳，是国家为了实现统治、管理和服务目标，通过一定的国家基本制度对这两种权力进行架构所形成的相互关系。如果再从更高的层次来看，党政关系本质上是执政党在国家政治生活中的角色定位问题。一般而言，政府这个概念有狭义和广义之分。这样，党政关系也随着政府这个概念的指涉而有所变化。广义的党政关系是指执政党与立法、行政和司法等国家机构之间的关系，而狭义的党政关系是指执政党与作为国家权力机关的执行机关即政府之间的关系。在西方典型国家中，各个政党轮流执政，而且执政党与政府之间的关系有着较为明晰的界限，党政关系相对简单直白。中国共产党是在国家政治生活中居于领导地位的政党，不同于西方典型国家的执政党，而且中国经历了从计划经济向市场经济转型的历史进程，党政关系经历了较大的变化。

简单回顾历史不难发现，中国的党政关系经历过两个大的历史阶段。新中国成立后的头 30 年，党和政府几乎完全合二为一，可以归纳为：合一型党政关系；改革开放后 30 年，党政关系经历了渐进调整，党和政府在职能上有所分工，在运作上注重协调，呈现出新的活力。这一阶段的党政关系可以归纳为：嵌入型党政关系。①

在合一型的党政关系中，党以治理主体的角色直接介入政府过程。党政是高度融合的。党在国家政治生活中既是决策者，又是执行者；既要关注宏观战略，又要注重微观战术；掌握了从意见表达到意见综合、决策执行、监督控制等全部过程。高度融合的党政关系的直接后果就是党政不分，以党代政。应该说，合一型党政关系是特定历史时代的产物。无论在革命战争年代还是计划经济时期，中国共产党都是以革命党的思维方式来治理国家。以党统政能够最大限度地汲取各种资源适应严酷的斗争环境，有效应对各种威胁。合一型党政关系虽然能够有效应对严酷的政治斗争环节，集中掌控各种资源应对危机，但却在发挥微观主体的积极性，激励它们投入经济建设和社会发展方面显得能力不足。从本质上讲，政党是政治属性浓厚的主体，其组织方式和运作模式更适应政治革命和斗争等场域，在经济发展和社会建设等领域优势不明显。当国家步入平稳发展和常态化治理的历史时期，政党动员式的组织模式和管理方式需要做出必要的调整，尤其是要注重发挥其他主体在相关专业领域中的知识和信息优势，更加注重用专业知识和管理技

---

① 刘杰：《党政关系的历史变迁与国家治理逻辑的变革》，《社会科学》，2011 年第 12 期。

术实现推进经济和社会发展的目标。

改革开放以后,国家的战略重心做出了调整,以经济建设为中心成为全党全国的大局。为适应这一需要,合一型党政关系开始转型。1980 年 8 月至 9 月,在五届人大三次会议上邓小平提出,中央一部分主要领导同志不兼任政府职务,可以集中精力管党,管路线、方针、政策。1986 年,邓小平进一步阐述了要规范党政关系的思想:"党政要分开,这涉及政治体制改革。党委如何领导?应该只管大事,不能管小事。党委不要设经济管理部门,那些部门的工作应该由政府去管……要通过改革,处理好法治和人治的关系,处理好党和政府的关系。党的领导地位是不能动摇的,但党要善于领导,党政需要分开,这个问题要提上议事日程。"①

从 20 世纪 80 年代开始,党政关系调整成为政治生活中的关键问题。为此,党中央进行了卓有成效的探索。总体来看,这一实践中的核心成果表现为:

其一,党和政府之间有着较为明确的角色划分。党不再成为经济和社会事务的直接管理者,党超越具体实际问题,成为领导者角色。党通过政治、思想和组织等方式实现对政府的领导。具体而言,一是党转变为战略思考者。它充分研判发展趋势,并通过制定大政方针指导经济社会发展。二是党成为组织指挥者。党选拔优秀的管理者进入政府的核心关键岗位,将党的大政方针转化为政府的具体操作政策,并付诸实施。三是党担任监督控制者。党掌握了各级纪律检查和监督部门,通过有效的监控手段,保证政府及其工作人员的有效施政,防止权力跑偏。

其二,注重引导党政关系走向规范化。具体而言,一是明确规定任何组织和个人不得凌驾于宪法与法律之上,要求党必须在宪法和法律的范围内活动,注意树立国家法律的权威性。二是规定地方党委第一书记不再兼任政府主要负责人,并且强调政府的行政首长在各级行政机关中处于核心地位,拥有决策权和领导权,实行行政首长负责制。三是在具体行政工作上政府决策由各级政府自行发布,不再由各级党委以党的文件形式加以发布。

其三,明确党在国家政治生活中"总揽全局、协调各方"的地位,注意形成结构分明、互动有序、协调统一的党政关系。从政治的角度而言,坚持党在国家政治生活中领导地位的关键是在制度上确立党"总揽全局、协调各方"

---

① 《邓小平文选》(第三卷),人民出版社,1993 年,第 177 页。

的工作安排;从法律的角度来看,处理党政关系的关键就是要坚持"依法治国"原则。这样,实现合理党政关系的关键在于"强调党的领导和国家管理在制度上的耦合性、在功能上的协调性、在政治过程上的统一性"①。

当前,社会比较稳定,各级领导干部对理顺党政关系、加强党内民主和推进行政法治等问题都有较高的认识。在实践层面,党政关系从职能分开到履职方式上的分开已经有较大的进步。但就如何在党政职能分开的基础上建立新型的党政关系,并通过有效的制度保障它们之间的规范化运行等问题上,还需要进一步探索。正如邓小平指出的那样,"改革的内容,首先要党政分开,解决党如何善于领导的问题。这是关键,要放在第一位"②。在当代中国,党政关系仍然是改革和发展中不可避免的重要命题。

二、传统的合一型党政关系中的问题

在传统的合一型党政关系中,党的意志虽然能够被完整地贯彻到社会生活中去,但党政之间缺乏清晰的界限,不能在职能、方法和政府过程等各个层面上发挥各自的优势和特点,党政关系存在以党代政、党政不分的弊端。具体表现为:

一是党难以集中精力处理关键问题,全面陷入事务主义。在党委统管一切的指导下,党管了很多不该管的事情。比如党直接插手过多的行政事务,导致一些群众到上级党委相关部门上访,不仅破坏了党的威信,损害了党的形象,而且需要各级组织腾出大量的时间和精力处理相关问题,影响了党履行其最核心的职能。

二是导致党过度集权,无法实现有效的制约。各级党组织将直接用传统的政治动员方式组织、指挥人大、政府、政协的工作,将各级政府权力操控在自己手中,这样的结果自然是党的权力过大,无所不能。权力过大且集中很容易带来腐败。以党代政、党政不分的最后结果势必是党的权力过大,成为各种力量的寻租对象,极容易滑向腐败的深渊。

三是政府功能退化,全面沦为党组织的附庸。由于各级党组织包揽了一切具体事务,结果就会出现这样的情形:一方面党组织疲于奔命,另一方面

---

①　林尚立:《党政关系建设的制度安排》,《学习时报》,2002 年 5 月 27 日。

②　《邓小平文选》(第三卷),人民出版社,1993 年,第 177 页。

政权组织无所事事;一方面党组织忙于各种决策,另一方面政府组织忙于请示和汇报;一方面党组织虽有决策权却并不完全了解实际情况,另一方面直接的执行者身处一线却无权决策。党组织越权干了很多政府的事情,政权机关只能沦为一个办事机构,政府组织由于得不到锻炼而逐渐出现功能退化。

四是可能诱发政出多门,党政矛盾。为了保证对政府的领导和控制,党的各级机关和组织设置了与政府及其部门对口的机构,而双方之间的职能很难清楚地界定。由于政出多门,双方在运行中不可避免地出现各种冲突和问题。实际工作中,各级党组织同政府组织的主要负责人之间很容易因为工作问题闹矛盾,党政之间的冲突成为中国现实政治的一大特色。这事实上就是党政职能模糊,党政不分带来的必然结果。

五是机构重叠,加重财政负担。由于党政职能和工作任务之间存在巨大的重叠度,在机构上必然存在两套班子并行的状态。大量重叠机构势必会增加财政的供给负担,它们之间相互扯皮所产生的内耗和效率低下同样会加重财政负担。

正如邓小平所指出的:"从党和国家的领导制度、干部制度方面来说,主要的弊端就是官僚主义现象,权力过分集中的现象,家长制现象,干部领导职务终身制现象和形形色色的特权现象……权力过分集中的现象,就是在加强党的一元化领导的口号下,不适当地、不加分析地把一切权力集中于党委,党委的权力又往往集中于几个书记,特别是集中于第一书记,什么事都要第一书记挂帅、拍板。党的一元化领导,往往因此而变成个人领导。"①改革开放以来,虽然党政关系发生了一些变化,这种现状有一定的改观,但并没有完全去除。尤其是在少数地方政府层面,其中的问题甚至可以说还相当严重地存在。如何进一步改进党政关系,仍然需要理论和实践的深入探索。

三、优化党政关系应当坚持的基本原则

1.加强党的领导原则

中国共产党在国家政治生活中的领导地位是历史的产物,也是现实的要求,这是不容置疑的。优化党政关系不是弱化党在国家政治生活中的领导地位,而是通过转变领导方式和工作模式来加强这一地位。从一般意义上

---

① 《邓小平文选》(第二卷),人民出版社,1994年,第327~330页。

讲,领导是一个相对抽象的政治性概念,而执政是一个相对具体的法律性概念。在国家政治生活步入常态化以后,大众在心理上更加习惯于法律意义上的执政概念,依法运作的政府不仅更易为大众所接受,而且运作起来更简便易行。这样,加强党的领导关键是处理好领导和执政的关系,要注意通过执政实现党的领导。①通过显性化、具体化的执政行为体现党的意志和主张,从职能、载体和政府过程等不同的方面体现党政之间的差别。

2.依法治国原则

坚持依法治国就是要健全法律体系,强化法律在国家治理中的地位和作用,夯实党政关系的法律基础,从而使党政关系获得充分的法律保障。具体而言,一是要保证党和国家的活动都是在宪法规定的框架内。宪法是国家的根本大法,党对宪法的遵从,既保证了党对国家领导的合法性,也为其他组织做出了良好榜样。相反,一旦失去了宪法和法律的权威,权力也就会失去规范和约束,党政关系必然扭曲。二是健全法律制度体系,推进党政关系的制度化和法律化。制度化是政治现代化发展的一个重要标志。推进党政关系的制度化,关键是使相关制度具有相应的法律支撑,使之拥有有效的政治与法律效力。可以说,没有健全的法律体系,也就不可能确立健康的党政关系。

3.有限政府原则

现代政府都是有限政府。有限性并不否认政府存在的价值,政府的存在是必然的,但政府天然存在自利和扩张的倾向。"人类能受到的任何种类和任何程度的害恶都可能被他们的政府加在他们身上;而社会存在所能有的好处,则不能超出政府的构成与这种好处的获得相一致而得到进一步的实现。"②政府的有限性还在于任何主体都没有全知全能的理性和优势,它只是在一定社会生活中占有一定信息和知识,在有些领域中,它需要借助于其他主体的信息和知识实现目标。坚持有限政府原则首先要求党政之间各有分工和侧重,不要贪大求洋,要注意将自己的资源集中在关键的领域和环节,注重"有所为有所不为"。

---

① 朱光磊、周振超:《"党政关系规范化"与党的执政能力建设》,《党政干部论坛》,2005年第1期。

② [英]密尔:《代议制政府》,汪瑄译,商务印书馆,1982年,第17页。

四、党政关系中需要关注的几个问题

1.注意发挥党内民主

充分发挥党内民主，就会集思广益，制定出好政策，能够有效防范权力运行走向极端化；反之，如果党内是不民主的，甚至是专制的，决策就是根据少数人的意志来做，很容易造成决策失误。发挥党内民主关键在于解决两个基本问题，一是党内重大决策的民主化，二是党内日常管理工作的体系化。各级党委、政府中出现的许多问题很大程度上是由于党内民主气氛不浓，重大决策权集中于个别领导导致的。由于党内监督机制的不健全，党的一元化领导很容易演变成个人领导，导致以个人领导取代集体领导，形成决策失误。另外，目前党内领导组织之间的关系，如书记办公会与党委常委会、党委会与党委常委会、第一书记与书记办公会等关系，虽有比较明确的组织规范和责任分工，但在实际运行中却没有充分发挥各自的优势和特点，没有整合为一个有机的、高度制度化的日常领导和管理体系。尤其是当面对重大问题时，易出现为图一时之快而将已有的工作机制弃之不用的现象。为此，必须努力建立一套制度化的、常规化的党的日常管理工作体系，以此推动党政关系的规范化和合理化。

2.注意党政在职能和政府过程中的分工

党应当以"总揽全局、协调各方"为原则形成制度安排。这样，党在政治生活中应当着眼于宏观的、间接的领导，而不是微观的、直接的、具体的执行。在国家的具体政治生活中，人大、政府和司法分别执掌国家的立法、行政和司法权力，党处于这些权力的核心地位。党和它们不应当是控制和被控制的关系，而应当通过政治影响、思想宣传和组织人事推荐等方式间接将党的主张和策略渗透到这些国家机关的具体执政行为中。

从政府过程的角度来看，党的领导主要集中在意见综合、决策阶段和监督控制等环节中。在鼓励和支持社会各方面主体充分发表意见的基础上，党要在意见综合中发挥主导作用。在国家大政方针的确定上，要充分发挥引导作用，但不能代替国家权力机关的直接决策。在执行环节，党不能直接施政，而要在监督控制环节发挥关键作用，为国家政策的实施提供组织和纪律保证。

3.注意充分发挥人大的作用

"党政关系规范化的一个重要方向，就是要实现从通过领导体现执政，向通过执政实现领导的转变。而要实现这种转变,必须寻找一个逻辑起点。这就是理顺党和人大的关系,更好地更恰当地发挥人大的作用。"①具体而言,党不要直接用指令方针代替国家的法律制度,而要通过法定的程序,将党的主张和建议上升为具有普遍约束力的法律制度。这样做,既可以树立依法治国的基本理念,又能防止少数人将个人意志凌驾于党纪国法之上,还能够通过人大的规范运作凝聚党心民心。

4.改革渐进性问题

渐进式地推进国家治理改革是政治领域变革的基本方式,也是改革开放40年来我国政治生活稳定发展的基本经验。在中国的政治发展进程中,要注重经济改革在整个改革中的基础性地位,根据经济发展和社会进步的步伐来调整国家治理的重心。同时,注重整个社会大系统中相关要素的协同演进,重视政治改革与社会环境之间的对称互动,防止单兵突进、急功冒进。

思考题:

1.简述中央政府权力结构的"7+1+2"模式。

2.简述中国共产党的各级组织体系。

3.什么是党政关系?谈谈你对我国党政关系重要性的认识。

4.结合实际谈谈我国传统(合一型)党政关系中存在的问题。

5.论述优化党政关系应当坚持的基本原则和注意的问题。

---

① 朱光磊、周振超:《"党政关系规范化"与党的执政能力建设》,《党政干部论坛》,2005年第1期。

第三章　地方政府和纵向政府关系

　　世界上稍大一点的国家都设置了地方政府，以便更有效地管理和服务一定区域中的民众。由于不同的国家历史渊源、政治传统和现实情况各有差异，一国在选择、确立或改变其国家结构形式时，都需要采取十分审慎的态度，因为这一行动将不仅直接关系到整个国家的政治架构和行政管理方式，而且会对国家的未来走向构成重大影响。中国历史上的秦王朝在统一中国以后，曾就建立分封制还是郡县制展开了激烈的辩论，最终秦始皇坚持"不立寸土之封"，使单一制国家结构形式在中国得以确立，大一统的集权管理模式在此后两千多年的中国历史中成为主流。同样，美利坚合众国在立国之初曾经就建立联邦制还是邦联制而展开激烈论战，最终，以汉密尔顿为核心的联邦党人占据优势，美国在建立强大的联邦和注重州权的保护两个方面寻找到了平衡，这种国家结构成为美国此后两百多年国家稳定发展的重要政治基础。世界上没有放之四海而皆准的纵向政府关系，只有秉持实事求是的态度和科学的精神，从本国历史传统和现实政治出发，适应特定历史时期经济社会发展的需要，注重相关要素的平衡，才能实现纵向政府之间的稳定和谐。

第一节　　地方政府的构成

　　历史中我国的地方政府不断变迁。新中国成立以后，我国行政区划的变化经历了四个基本阶段。第一阶段（1949—1954 年），地方政府设置为大区、省、县、乡四级体制，沿袭了解放战争时期军政合一的管理模式。全国共分东北、华北、西北、华东、中南、西南等 6 个大行政区，简称大区。大区是中央人民政府的派出机关，同时还是地方最高政权机关。每个大区管辖若干个省、市和区。第二阶段(1954—1966年),我国撤销了大行政区的建制,地方政府实行省、县、乡(人民公社)三级体制。全国划分为若干省、自治区、直辖市,省、自治区下辖自治州(盟)、县、自治县和市,县、自治县下辖乡、民族乡、镇,自治州下辖县、自治县、市等。其中,1958年人民公社制度取代了乡镇建制。人民公社实行"政社合一",既是农村集体经济组织,又是基层政权组织。第三阶段(1966—1976年),由于受到"文化大革命"的冲击,地方各级政府和行政区划走向混乱。第四阶段(1976年至今),地方政府机关实行省、县、乡三级制和省、市、县、乡四级制同时并存的局面。这一阶段,"地区"作为省级政府的派出机关被虚化,不再是一级行政实体机关。同时,从1983年开始,一些地方陆续推出了"市管县"体制,地市级政府取代原来的"地区"成为实体机关。我国逐步从省、县、乡三级体制向省、市、县、乡四级体制演进。

一、省级政府

元朝实行的行省制度是现代省级行政区的开端,行省一般下辖路、府、州,再往下面是县。此后,虽然行省的界址不断调整变化,但这一基本制度被沿袭下来,成为区划制度的重要组成部分。当代中国大陆地区的省级行政单位分为省、自治区和直辖市三种类型,其中省23个,自治区5个,直辖市4个。

从性质来看,省级政府是本省(自治区、直辖市)权力机关的执行机关,实施本省(自治区、直辖市)权力机关制定的各项法律制度,同时还是最高地方行政机关,负责执行国务院颁布的各种法律法规和政令。根据地方组织法,省、自治区、直辖市的人民政府分别由省长、副省长,自治区主席、副主席,直辖市市长、副市长和秘书长、厅长、局长、委员会主任等组成。正、副省长,自治区正、副主席,直辖市正、副市长由省级人民代表大会选举产生。省级人民政府同样实行行政首长负责制,由省长、自治区主席或者直辖市市长主持工作。任期与本级人民代表大会的任期一致,每届任期5年。在运作上,省级政府会议分为全体会议和常务会议。全体会议由省级政府全体成员组成,常务会议分别由省长、副省长(自治区主席、副主席,直辖市市长、副市长)和秘书长组成。

省级人民政府所设的部门一般包括厅、委、局等,它们大多数与国务院相关部门对口设立,如各省、自治区设立的教育厅,直辖市设立的教育局(教育委员会)就是与国家教育部对口的管理教育事务的机构。当然,各省级政府可以根据本省的需要适当设立部分非常规化的机构。一般情况下,省级政府统一领导其所设立的机构,同时这些机构也接受国务院主管部门的领导或者指导。在这种运作模式中,上述机构可能受到两个方面力量的影响。一方面受到省级政府(俗称"块块")的管理和约束,另一方面受到国务院主管部门(俗称"条条")的领导或者指导。于是省级政府所设的机构很容易成为"条块矛盾"直接碰撞的焦点。

中国的省域较大,部分省的版图和人口甚至超过欧洲中等国家,庞大的经济体量和人口规模使省级政府拥有较大的回旋空间。这样,省级政府除了执行中央政府的政策指令外,还拥有较大的自主权限。具体来看,除了中央政府拥有的外交和国防权力之外,其他的权力形态在省级政府中基本存在。归纳起来,省级政府的权力包括以下方面:

一是立法和制令权。省级政府可以根据法律和国务院的行政法规,制定行政规章,还可以根据本省的实际发布行政决定和命令。省级政府的立法行为同样遵循严格的程序,一般包括起草、草案送审、审议、签发和公布等基本程序。行政规章正式公布后,必须向国务院和本级人大常委会备案。行政规章不得同国务院和本级人大常委会制定的法规或者规章相冲突,否则,可能被国务院或者省级人大改变或者撤销。

二是行政领导权。省级政府领导所属机构和下级人民政府的工作,这种领导具体体现在财政支持、人事建议、政策指导等方式上。

三是行政执行权。省级政府执行省级人民代表大会及其常务委员会的决议,执行国务院制定的法律制度和政策命令,执行国民经济和社会发展规划以及财政预算案。同时,还要完成国务院及其所属部门交办的具体任务。

四是行政管理权。省级政府要管理本行政区域内的经济、教育、科学、文化、卫生、体育事业、城乡建设事业和财政、民政、公安、民族事务、司法行政、监察、计划生育等行政工作。同时保护公民和社会组织的财产权,维护社会的秩序,保证公民的各项权利,维护少数民族的各项权利等。

五是行政监督权。省级政府有权改变或者撤销所属各工作部门不适当的命令、指示和下级政府不适当的决定、命令,有权对本级以及下级国家行政机关工作人员进行考核和奖惩。

第三章

二、地市级政府

（一）中国城市的级别

中国的城市众多。截至2015年，中国大陆（不含港澳台）约有661个城市，其中4个直辖市，293个地级市和364个县级市。由于行政关系、管辖人口和经济体量等的不同，城市及其主要领导干部的行政级别存在差异。总体来看，根据行政级别将这些城市从上到下分为正省级、副省级、地市级、县级等。

（1）正省级市：4个直辖市，包括北京、上海、天津和重庆。直辖市与省政府处于一个级别，其正职如市长、人大常委会主任、政协主席是正部级。在一般情况下，其市委书记由中央政治局委员兼任，是副国家级，但这并不影响城市其他职位行政领导的级别。直辖市四大班子（党委、政府、人大、政协）的副职领导均为副部级。

（2）副省级市：副省级市正式施行于1994年，其前身为计划单列市，其党政机关主要领导的行政级别为副省级。副省级城市仍为省辖市，由所在省的省委、省政府领导。副省级市的市委书记、市人大常委会主任、市长、市政协主席均为副部级干部，一般不由省委任命而由中央组织部直接任命。上述四个职务的副职行政级别为正厅级，其他行政机关干部级别也比同等职务的普通地级市"高出半格"。目前副省级城市有15个，依次是哈尔滨、长春、沈阳、大连、济南、青岛、南京、杭州、宁波、厦门、武汉、广州、深圳、西安、成都等。副省级市虽同属于省辖市，但副省级市人民政府所拥有的权限大于普通地级市。

（3）地级市：从广义的角度来看，地级市应该包括上述的副省级城市，但如果细分，两者在政治地位、管理权限上存在一定的差距。另外还需要注意的是，有少数地级市在部分特殊时期少数领导（主要是市委书记）可能高配，由副省级的省委领导兼任，如河北省唐山市2006年到2010年间其市委书记由省委常委兼任。但这并不改变整个城市绝大多数党政干部的行政级别，因此还是归为地级市，不属于上述的副省级城市。全国目前地级市共有278个。以河北省为例，共有地级市11个，分别为石家庄、唐山、邯郸、秦皇岛、保定、张家口、承德、廊坊、沧州、衡水、邢台。地级市依照行政区划可分为以下三种情况:第一种情况是既设市辖区,又管辖县、自治县、旗、自治旗,直(代)管县级市。这种类型占绝大多数;第二种情况是只设市辖区,不管辖县、自治县、旗、自治旗,亦不直(代)管县级市,如内蒙古自治区乌海市下辖3个县级行政区,分别为海勃湾区、乌达区和海南区;第三种情况是既不设市辖区,也不管辖县、自治县、旗、自治旗,不直(代)管县级市。如广东省中山市下辖24个镇街(其中18个镇、6个街道)。

(4)县级市:属于县级行政区,一般由地级行政区管辖,地位与县、区(市辖区)相同。宪法所指的"不设区(市辖区)的市",主要指县级市,但也包括上述地级市中的第三种情况。省直管市(也可称为省直辖县级市)是县级市中存在的一种特殊情况。它是直接接受省、自治区、直辖市政府领导的县级市,不由地级行政单位(如地级市)代管,如湖北省的仙桃市、潜江市、天门市均属于省直管市。这种情况在县级市中占少数。根据统计,截至2013年9月,省级行政单位直管县级行政单位共计29个,在全国364个县级市中不到十分之一。县级市一般是县处级,而省直管市较为特殊,多数情况下是副地市级。

(二)地市级政府的历史形成

本部分所谈的地级市是一个广义的概念,包括上面谈到的副省级城市,是上述城市中第二种和第三种情况的综合。地市级政府在当代中国的形成经过了一定的历史过程。大多数省级政府所辖区域过于辽阔,为了便于管理,省级人民政府就在其辖区内设置了派出机构,即地区行政专员公署,简称行署,代表省人民政府指导所管辖的县以及县级市的工作。从新中国成立初期到1975年,这种状况一直持续。1975年的宪法中断了这种管理模式,1978年新的宪法又重新规定省级政府机关可以设立行署作为自己的派出机构,1982年宪法继承了这一规定。但从1983年起,一些经济较为发达的地方推行了市管县体制以后,全国大多数行署效仿这一做法。地区行政公署不断减少,地市级政府不断增加,地市级政府逐步成为一级完整的政府存在于当代中国政府的纵向架构中。

我国宪法将行政层级规定为四级管理体制:中央—省级—县级—乡级,但现实演变为五级管理体制:中央—省级—地市级—县级—乡级。因而,在地市级政府的存在及其合法性研究上,存在一定的争议。但我国的"市管县"

体制是历史演化的产物,存在其自然合理性。市管县演变体现在下面几个途径上:一是地市合并,即地区行署与该行署驻地的地级市合并,建立新的地级市人民政府以领导周围各县。合并之前,地区行署只管县而不管城区,市只管城区而不管县。地市合并以后,两套班子合二为一,减少了行政成本,同时有利于统筹市政和县政,推动城乡之间的协同发展。这种情况在 20 世纪 80 年代和 90 年代初较多。如唐山市 1983 年实行地市合并,撤销唐山地区行政公署,将原来唐山市所辖的 10 个县划归为唐山市领导。二是撤地立市。即将原来的地区撤销,地区所驻的县级市升级为地级市,领导原先地区管辖的若干县。如黄冈市就是如此。1995 年,撤销黄冈地区和其所驻黄州市,设立黄冈市,治所驻黄州,同时将黄州市改为黄州区。三是划县入市,即该市原先并不管理县,由于城市扩容和统筹城乡发展的需要,将周围一些县划入其管辖范围,建立市管县体制。如武汉、长沙等就是这种类型。

(三)地市级政府的权力和机构

地级市政府是地级市人大的执行机关,又是地方的行政机关。一方面,它由本级人大选举产生,对本级人大负责并接受其领导和监督;另一方面,它必须接受上级政府的领导和监督, 执行中央政府和省级政府的相关决定和命令。从对下的关系来看,地级市政府承担着管理城市、领导下属各区县各项工作、统筹辖区城乡协同发展的的功能。综合来看,地级市政府正好处于中国纵向政府的中间环节,上有中央政府、省级政府,下有县级政府和乡镇政府。地级市政府连接宏观和微观,承上启下,需要将中央和省级政府的相对宏观的政策指令与本区域的实际相结合,进行具体决策和执行,在"吃透上情"和"摸准下情"中找到最佳结合点。

从具体权力来看,地级市政府与省级政府基本相同,只不过在职权大小和覆盖管辖范围上缩小了而已。一般情况来看,中国的地级市政府管辖了若干县市区,辖区人口从几百万到上千万不等,经济体量和人口数量都较为可观。地级市的权力大体上也可以归纳为五个方面,即制令权、行政领导权、行政执行权、行政监督权、行政管理权。

从组成来看,地级市政府包括市长、副市长、秘书长、局长、委员会主任等,任期与地方人大保持一致,每届 5 年。从形式上看,市长、副市长由本级人大选举产生,政府其他组成人员,由市长提名,本级人大常委会决定。地级市政府的机构设置与省级政府基本保持一致。

三、县级政府

县级政府是中国历史发展中最稳定的一级政权组织。秦朝统一天下以后就推行郡县制，早在那时县就作为一级政府组织存在。虽然历史不断变迁，但作为一级政权组织的县却一直存续，并始终成为国家权力架构中的关键环节。而且据考究，当代中国有相当数量的县与当时的县在管辖地域上没有多大变化。可见，县级政府历史悠久。

不仅如此，县级政府还是最完整的基层政府。无论从机构设置、权责配置还是职能设定来看，县级政府与最高级的中央政府几乎完全对应。除了少数职能，如国防、外交等，县级政府拥有与中央政府基本等同的职能，可以说是"麻雀虽小，五脏俱全"。而自县级政府再往下看，乡镇政府基本不能算是一级完整的政府，在相当数量的职能和机构设置上它是残缺的。这就决定县级政府是中国权力结构中的基本单元，是具有完整治理能力的基层政府。

县级政府还是连接城乡，统筹城乡协同发展的关键层次和核心部位。中国的农村基本在县级政权管辖的范围内，这样，县级政府有很大一部分职能是农政，关系到农村发展和稳定问题。对于中国这样一个历史上的农业大国，县政的治理事关天下稳定。对于当代中国而言，县级政府在统筹城乡协调发展上具有无可替代的作用。

中国的县级政府表现方式多样，主要有县、自治县、旗、自治旗、县级市、市辖区，以及特区林区政府等。其中，县一般是指农业农村工作占较大比重的行政区域；自治县、旗、自治旗等是少数民族聚居的地方县级行政单位；县级市是指具有较大经济规模和城市人口的县级政府，一般是在我国20世纪80年代以后，部分工业化和城市化发展较快的县级政府通过"撤县立市"的方式建立起来的；市辖区是指以城市工作为内容的县级行政组织，大城市和发达地区的市辖区以管辖街道为主；特区是工矿企业特别集中的县一级行政区划，林区政府是以林业生产为主的县级政府。截至2013年，我国县级行政区划单位为2853个，其中市辖区872个、县级市368个、县1442个、自治县117个、旗49个、自治旗3个、特区1个、林区1个。[1]

---

[1]　中华人民共和国民政部："民政部发布2013年社会服务发展统计公报"，http://www.mca.gov.cn/article/zwgk/mzyw/201406/20140600654488.shtml。

从法律地位来看,县级政府是县级人大的执行机关,同时又是国家的行政机关。一方面,它作为县级人大的执行机关,由本级人大选举产生,对本级人大负责,并接受其领导和监督。另一方面,它作为地方的国家行政机关,直接接受上一级政府的领导和监督,成为上面各级行政机关决定命令的直接落实者。在辖区内,县级政府承担着对乡镇政府的领导工作,对街道等派出机构的指导工作。

根据地方组织法的规定,县、自治县、不设区的市、市辖区的人民政府分别由县长、副县长,市长、副市长,区长、副区长和局长、科长等组成。县级政府在机构设置上与省、市政府基本对应,设有数量较大的职能机关、办事机构、直属单位和派出机构等。这些机构一般成为局、办、委等,如财政局、公安局、能源办、开发办、发改委等。与之相对应,这些部门的主要负责人一般称为局长、主任等。与中央和省、市的相关机构比较,县级政府更侧重于具体执行。从法律地位、工作内容和上下级关系的角度来区分,这些部门可以归纳为这样几类:

一是政务和事务性的管理机构。这类机构占大多数,它们一般拥有特定的职能,具有较强的能动性、审批权限或者执法权力,在县级政府中处于较为重要的地位。如发改委、教育局、公安局、民政局、人事局、财政局、国土资源局、卫计委、建设局、交通局、商务局等。如果再细分,这些部门还存在地位高低、权力大小之分。也正因为如此,即便是级别没有得到提升,但如果能够从一个不太重要、权力和控制资源较小的局调任到更重要些、权力和控制资源更多一些的局就成为干部受到重用的表现,这也成为县级政府主要领导者激励下属的重要手段。

二是县级政府的直属办事机构。这类机构主要是从属于县级政府,以督导、协调、检查为主要工作任务,为县级政府领导机关提供各种服务。这类机构主要包括县政府办、金融办、法制办、财贸办等。这类机构的相关工作人员都在县级政府的主要领导身边工作,较易受到领导的关注和重视,获得升迁的概率相对大一些。

三是其他直属机构。这类机构主要是专门从事某一方面特定业务工作,与县级政府联系的紧密性相对较小,如气象局、邮政局。在县级政府中,这类部门属于"冷门"。

总体来看,由于直接面对公众,并且是从中央到省、市政府决策的具体落实者,县级政府成为当代中国各种矛盾和问题的集中点和压力区,在自身建设上面临着诸多的问题。具体来看,财政负担困难、服务意识缺乏、执行效率低下、协同能力严重不足等与县级政府面临的各种急难险重任务严重不相符,县级政府面临着非常急迫的改革创新任务。

四、乡镇政府

乡镇政府是中国最基层的政府,它们直接面对民众和各种社会组织,行使管理和服务社会的各种职能。农村税费改革以后,虽然一些研究者对乡镇存在的价值提出一些质疑和争议,但也有一些研究者从政治需求、社会要求和法律规定等角度出发,认为乡镇仍具有一定的现实价值。短时间内,乡镇应当进行改革,即通过职能归位,保证财事权统一,逐步建立"正向问责"制度来推进乡镇建设,而不是简单地一撤了事。①

"乡制"始建于西周,已有三千余年的历史。新中国成立以后,乡镇政权的变迁可以分为三个大的时期。第一阶段是从 1949 年到 1958 年。新中国成立后,全国实行县、区、乡三级人民代表会议。这一时期的区相当于现在的乡镇,乡是区下面的一级政权组织。1954 年的宪法和地方组织法首次明确规定乡镇是我国最基层的政权组织,村一级退出政权体系。于是,1957 年农村开始撤区并乡,区不再作为县以下的一级政权组织存在,乡镇成为我国最基层的政权组织。第二阶段是从 1958 年到 1982 年。1958 年初全国农村已基本实现了人民公社化。人民公社实行政社合一体制,公社兼有国家行政管理和集体经济经营管理双重职能。原有的乡镇党委改称公社党委。第三阶段是从 1982 年至今的乡政村治时期。1982 年的宪法规定乡、民族乡、镇设立人民代表大会和人民政府,农村按居住地设立的村民委员会是基层群众性自治组织,从此确立起"乡政村治"体制模式。乡镇重新成为我国最基层的政权组织,而村一级则通过村民选举产生村民委员会实行自治。

截至 2014 年年底, 我国乡镇数量为 32683 个, 其中乡 12282 个,镇20401 个。②随着城市化的快速发展以及行政区划的不断调整,特别是近年来多个地方不断推进的"撤乡并镇",乡镇数量在总体上呈现出较大的降幅。相对于 2002 年乡镇总数 39240 个, 近 12 年我国减少的乡镇数为 6547 个,减

① 陈盛伟、史建民:《撤销乡镇政府诸观点述评》,《理论前沿》,2006 年第 11 期。

② 中华人民共和国国家统计局:http://www.stats.gov.cn/。

少的幅度为 16.7%。

乡镇机构比较简单,可以分为三大部分。第一部分是党委、人大、政府三大领导机构及其办事机构。它们是乡镇政府的核心机关和办事部门。除了乡镇党委班子成员,政府乡镇长和副乡镇长、乡镇人大主席等领导人员以外,还设置有相关机构,主要包括乡镇党政办公室、工业办公室、农业办公室、民政司法办公室、文教卫生办公室、计划生育办公室、城镇规划与建设办公室等。第二部分是县政府职能部门在乡镇的常设派出机构,如工商、公安、司法、国土、财政、林业、畜牧站等机构,俗称"七站八所"。这些机构中一部分已经完全实行了垂直管理,人财物完全不受乡镇节制,乡镇对其没有实质性的指挥和调动权力,一部分由于同乡镇工作结合较为紧密而接受乡镇的影响。第三部分是县相关部门或者机构的非常设机构。一些县级相关部门或者机构从工作需要出发,在部分乡镇设置了派出机构,负责若干乡镇或者某一片区的工作。如法院在某一片区设置的乡镇法庭,税务部门设置的国税分局、地税分局,信用社、农业银行营业所、邮政所、供电所等在一些乡镇设置的分支机构等。它们基本不受到乡镇政府的制约和影响,只是根据工作的需要与乡镇政府保持一定的联系。

2004 年"中央一号文件"要求全国在 2005 年年底结束征收农业税的历史。农村税费改革之后,乡镇财政压力增大,部分乡镇入不敷出。财政的巨大压力加重了其行为的失范,使乡镇政府存在的合法性受到质疑。而且,随着中国整体上的市场化改革,强调市场"看不见的手"的调节作用成为人们较为普遍的认识。乡镇政府中长期存在的"七站八所"和涉农机构大大增加了市场运行的交易成本,过高的行政成本成为民间草根经济运行的负担。再者,一些计划经济遗留下来的职能如催粮催款,春种秋播,动员式的农田水利建设等被撤销,乡镇正在逐步演变为一个职能不明、定位不准、只是充当县级政府"防火墙"功能的派出机构。

应该说,现阶段乡镇机构设置和运行机制存在较为突出的问题,如机构设置不够科学,乡镇政权基础被弱化;人才配置不合理,乡镇机构为民服务的意识不强;经费设备短缺,乡镇机构履行职能的能力不足等,但乡镇并非没有存在的意义。乡镇政权是中国几千年基层政权的历史传承,也是中国现代社会稳定的基础。目前我国城镇化率刚超过 55%,农村人口还占了较大比重。面对庞大而且素质参差的农村人口,仅靠一个县级政府来管理是远远不够的。乡镇政府工作繁重,方法细微,内容繁杂,是农村社会稳定的基石,是

"国家"与乡村民间社会的平衡器。乡镇有其存在的价值,但现阶段需要大幅度改进。就其职能而言,乡镇要定位为加强科技农技服务,搞好司法援助、基层调解和社会稳定,组织开展公益事业和基础设施建设,落实村民自治和保障农民人权等管理和服务工作。就方式上讲,要合理配置财权和事权,提高乡镇为民服务的能力;要整合乡镇机构,改革工作方式,进一步强化乡镇政府的政权基础;要合理配置人才,提高干部素质,提升基层公务员的整体水平。

第二节　纵向政府间关系

不同层级的地方政府并不是孤立地存在着。它一方面需要维护整个国家的统一意志,承担上级政府交付的各种职责,接受上级政府的领导或者指导;另一方面,它需要充分考虑本区域民众的诉求和现实状况,同时将自己的意志和主张分解到下级政府。在这一过程中,一级地方政府必然与上下级政府之间生成复杂的关系,这种关系统称为纵向政府间关系。

纵向政府间关系历来是中国这样的超大国家形态中的重大问题, 也是最难处理的问题之一。新中国成立以后,毛泽东就曾在《论十大关系》的讲话中指出:"现在几十只手插到地方, 使地方的事情不好办……各部门不好向省委、省人民委员会下命令,就同省、市的厅局联成一线,天天发命令。这些命令虽然中央不知道,国务院不知道,但都说是中央来的,给地方压力很大。这种情况必须纠正。"[1]邓小平也曾经对纵向政府关系中的权力过分集中、机构臃肿、效率低下等问题进行批判,并对权力的集中与分散问题做出了科学论断。[2]可见,这一问题的复杂性与关联性。

一、纵向政府间关系的变迁

新中国成立以后,中国纵向政府间关系发生了较大的变化,这种变化与市场经济的转型高度关联。根据纵向关系的基本特征,可以将其划分为两个基本阶段:第一个阶段与计划经济体制基本重合,大体从 20 世纪 50 年代初

---

[1] 《毛泽东文集》(第七卷),人民出版社,1999 年,第 31 页。

[2] 《邓小平文选》(第二卷),人民出版社,1994 年,第 140~153 页。

到 70 年代末;第二阶段与改革开放基本同步,从 20 世纪 80 年代初至今。

在计划经济时期,为了解决旧中国一盘散沙的局面,实现有效的政治整合,国家通过高度集中的政治体制、一元化的意识形态领导和公有制的经济管理模式,将权力渗透到社会生活的角角落落。典型的情况表现为新中国成立后对生产资料私有制的社会主义改造。1952 年 9 月以后,党中央正式提出了"一化三改"的过渡时期总路线,开启了对农业、手工业和资本主义工商业的社会主义改造。到 1956 年年底,全国绝大部分地区基本上完成了对生产资料私有制的社会主义改造,这一任务基本完成。与"一大二公"的经济基础相对应的是控制思维较为严重的政治体制和思想意识形态,当然,这也与当时复杂的国际国内环境高度相关。其中,纵向政府关系中的控制思维和一体化模式同样存在。

在计划经济时期,地方政府处于中央政府的统一指挥和领导之下,"全国一盘棋",下级服从上级、地方服从中央是纵向政府间关系的基本准则。由于中国幅员辽阔,区域之间差异较大,中央不可能全面监控地方政府的各种行为。但在计划经济条件下,地方政府基本没有独立的经济利益,它几乎不会因为追求独立的经济利益而不执行或者变相执行中央政策。地方政府只是充当了中央政府的执行者,行为模式和执行方式被限制在较为狭小的框架内,自主性和创新精神严重不足,多样性缺乏。因此,这一时期的地方政府基本上是没有独立经济利益的忠实执行者,具有明显的"依附性人格"特征。从纵向政府间关系来看,行为同质化、利益一致性、关系一体化是这一阶段的基本特征。

也正是由于计划经济时期纵向政府间关系的控制思维和一体化模式束缚了地方政府的手脚,国家的经济活动和社会生活中出现了不同程度的低效。这从毛泽东 1956 年《论十大关系》的论述可以看出:"中央和地方的关系也是一个矛盾。解决这个矛盾,目前要注意的是,应当在巩固中央统一领导的前提下,扩大一点地方的权力,给地方更多的独立性,让地方办更多的事情。"[①]此后一段时间,中央政府也曾经试探性地进行了局部性的改革和调整,如国务院 1958 年的放权,20 世纪 60 年代前期曾在部分行业和领域中试办了一批托拉斯,但这些局部试验都收效甚微,并没有对当时纵向政府间关系的基本模式产生影响。

---

① 《毛泽东文集》(第七卷),人民出版社,1999 年,第 31 页。

20 世纪 80 年代初,我国开启了市场化转型的历史进程。受到国际国内政治环境和经济发展形势变化的影响,国家开始进行战略调整,以经济建设为中心任务,实行改革开放。为了激发地方政府发展经济的积极性,中央通过一系列的举措打破沉闷的局面。这些措施包括:

一是中央政府大幅度放权,简化相关审批。如赋予地方政府,包括固定资产投资项目审批权、对外贸易和外汇管理权、物价管理权、物资分配权、旅游事类的外联权和签证通知权、工资调整权等权力①,同时在政治上赋予省级政府和部分地方政府立法权。

二是通过财政包干制(后来的分税制)让地方政府成为拥有独立经济利益的主体。财政管理体制由计划经济时期的"统收统支"转变为形式各异的"包干制"。地方政府在拥有独立的财权后,行为方式势必发生变化。一方面,它会根据制度环境的变化自主理性决策,追求财政收益的最大化;另一方面,地方政府拥有独立的财政支配权,它动员财力资源谋求自身利益最大化的能力大大提升。

三是赋予了地方政府管理地方企业的自主权。如 1979 年中央工作会议后,国家经委和财政部在反复研究的基础上拟定了《关于扩大国营工业企业经营管理自主权的若干规定》《关于国营企业实行利润留成的规定》等 5 个扩权文件。这些制度及其后续的相关措施在扩大企业自主权的同时,赋予了地方政府盘活本地经济资源的能力。

四是在干部的管理上由"下管两级"变为"下管一级"。1984 年,中央决定各级党委对干部的管理由原来的"下管两级"调整为"下管一级"。"下管一级"赋予了各级地方政府一定的人事权,使其能够自主决定下一级干部的职务,自主选拔忠于本级政府的下级政府人选,并通过这些忠实的骨干将本级政府的战略意图有效贯彻下去。

总体看来,在向市场化转型的过程中,一系列的政策措施催生了地方政府角色的重大变化。地方政府不再是上级政府政策的忠实执行者和"依附性人格"角色,一方面它受制于上级政府的权威和制度规定,需要从形式上与上级政府保持基本一致;另一方面它在执行上级政策和命令时将会把自己的利益(包括经济的和政治的)放在重要的位置考虑。地方政府成为"私心渐浓"的"非独立化人格"角色,表现出主体地位的非独立性、思想动机的矛盾

---

① 赵成根:《转型期的中央和地方》,《战略与管理》,2000 年第 3 期。

性和角色影响的非协调性。①角色的转变必然带来纵向政府间关系的变化。纵向政府间关系不再是"铁板一块"的行为同质化、利益一致化和关系一体化,冲突、博弈成为地方政府利益独立化以后纵向政府间关系变化的新趋势。

二、影响当代纵向政府关系的关键因素

(一)官员激励和管理方式

官员是一级政府中最具影响力的主体。从结果来看,政府的行为选择可以认为是少数核心政府官员复杂聚合的结果。从政府过程来看,官员能够影响公众和媒体的关注点,能够影响政府议程,能够影响公众的意见表达,官员在意见综合中起主导作用,并且是决策的核心力量。特别是在官位高度稀缺并成为重要的激励手段,且制度约束力不够强的社会里,官员的主观能动性、弹性空间和动员各种资源的能力都相对较大,对官员的激励和管理方式更成为影响地方政府角色,并塑造纵向政府间关系的关键因素。

(二)财政体制

财政是政府履行职能的前提,也是行政权力有效运行的基础性资源。首先,财政体制影响地方政府的独立性。一般而言,缺乏独立财政地位的政府不是一级完整的政府。如果没有财政独立性,地方政府只是充当一个简单的执行者角色,不具有理性决策的动机和能力。其次,财政资源的分配赋予了不同层级政府的财力,形成了它们之间的力量对比和依赖关系。通常情况下,财政资源充裕的地方政府底气更足,更具独立性。相反,缺乏足够财力资源支持的地方政府不得不求助于上一级甚至中央政府,形成依附关系。最后,财政中的转移支付具有灵活性和相时性,成为调节地方政府行为的重要手段,也是影响纵向政府关系的重要因素。

---

① 鲁敏:《转型期地方政府的角色定位与行为调适研究》,天津人民出版社,2013年,第73~77页。

(三)职能分工

政府职能是政府的职责和功能。不同层级的政府在国家和社会生活中所处的地位和比较优势有差异,其职责功能必然不同,因而纵向政府间存在职能分工。但纵向政府间职能分工既是自然演化和比较优势的结果,也有人为划分痕迹。"不同的国家,不同的执政党,甚至执政党和政府主要领导人不同的性格特点和思维方式,都可能对政府职责的配置产生直接的影响。"[①]职能分工事实上确定了不同层级政府的权力内容和实现方式,也隐含地规定了政府在执行政策和完成职能过程中的相互关系。不同层级的政府在实现国家整体职能过程中的相互配合和协调都是构造它们之间关系的重要线条。

(四)监控方式

政府是公共权力的拥有者,对其予以最严厉的监控是现代政府的基本原则。从理论上讲,地方各级政府都会受到来自本级权力机关、司法机关、上下级政府和地方公众等多重主体的监督控制。但在不同的政治体制中,由于地方政府的直接授权主体各有差异,总有一个是其最核心的监控主体。也就是,在不同的国家中上述拥有对地方政府监控能力的主体存在能力上的差序。在一些直接授权来自于上级政府的国家中,上级政府的监控能力是最强大的;而在一些直接授权来自于地方权力机关的国家中,上级政府的监控能力相对弱些,而地方权力机关的监控能力强些。这种差异会投射到纵向政府间关系中,成为影响纵向政府间关系的重要因素。

---

① 朱光磊等:《现代政府理论》,高等教育出版社,2006年,第93页。

第三节　当代纵向政府关系的四种归纳

一、"职责同构"说

该理论由学者朱光磊、张志红提出,主要是从纵向政府间的职能、职责和机构设置角度做出的归纳。[1]

对比西方国家的职责体系和机构设置可以发现,当代中国纵向政府间存在"职责同构"现象。"职责同构"是指不同层级的政府在纵向间职责配置和政府机构设置上的高度一致。这是对中国中央与地方关系,特别是五级政府纵向职责配置状况的一种解释。在这一模式下,政府纵向的职责配置和机构设置表现为典型的"上下对口,左右对齐",也即五级政府管理的工作大体一样,机构设置大体一样,并由一个个条条"串"起来,形成条块交叉结构。

"职责同构"的主要表现形式有:①在五个层次的政府职责安排和机构设置方面表现为基本同构和"上下一般粗"。如上至中央有国防部,小到乡镇有武装部。每到征兵季,从上至下层层负责,如同搞运动一样。②党的组织系统和人民团体的组织系统也基本上是"职责同构"的。各级政权机构都有党组织和人民团体的组织机构,部分机构的设置显得多余和浪费。③中央政府和一级政区政府主要是"出政策",具体的政府职责,包括公共服务职责的实现,主要靠市、县、乡三级政府,一定程度上存在着上下脱节、政务信息传输失真等问题。④改革以来,"职责同构"的政府经济管理体系(比如人民银行系统)陆续有所调整,但政法和社会管理职能部门的"职责同构"的特征基本没有改变。

"职责同构"的局限性主要表现为:①五级政府管理几乎一样的事情,必然造成一项具体职责条条管、块块也管的格局,必然导致条块矛盾无法解决,不利于有效组织政府管理活动。②每一级政府,每一个地方政府都是"全能"政府,不仅阻碍着社会结构的进一步分化和整合,而且政府权力"集分反复",增加了政府运行成本,降低了政府信誉。③"职责同构"还会导致深度的

---

[1]　朱光磊、张志红:《"职责同构"批判》,《北京大学学报》(哲学社会科学版),2005年第1期。

机构和编制改革无从下手，不仅是建立"政绩"指挥体系的重要体制基础，也是滋生官僚主义的重要土壤。④"全能"的地方政府，既有方便居民与地方政府相联系的一面，也有衍生出历久弥新"父母官"意识的一面。

"职责同构"与计划经济管理体制的惯性思维方式高度相关。现在，经济管理部门的"职责同构"已经开始消融，而社会管理领域在旧体制下形成的"职责同构"依然存在，并成为当前体制改革的重要课题。只有打破"职责同构"模式，合理配置各级政府职责，才可能使政府职能转变、行政体制改革和理顺条块关系等工作同步推进；要在打破"职责同构"的基础上，倡导建立"伙伴型政府间关系"，科学规划中央与地方的关系，以全面推动政府发展。①

二、"条块关系"说

研究者们对条块关系关注已久，较早从政府管理的角度对这一问题系统阐述的研究者有马力宏、周振超等。

"条块"是我国行政管理实践中对政府纵横交错的组织结构及其关系的一种形象的说法。"条条"，指的是从中央到地方各级政府中专门从事某一方面业务的职能部门；"块块"，则指的是各个层级政府。条块关系则是不同的政府组织在条块结构的基础上形成的各种关系。

条块关系的形成与行政组织结构的天然形态相关。一般情况下，行政组织都是层级制和职能制相结合的。层级制是将政府组织划分为不同的层级，各层级的职能性质大体相同，但管辖范围却逐渐缩小。根据国家疆域和人口，大多数国家都分 3~5 级政府，每一个上级政府都管辖若干个下级政府，呈现出金字塔形态。层级制有利于权力集中和统一指挥。职能制是根据专业分工将不同的业务交给不同的专业部门，实现组织横向上的切割，各职能部门专司其职，相对独立。优点是注重分工和专业化管理。组织分化成纵向的层级政府和横向的职能部门，且两者之间相互关联相互作用，条块关系就产生了。从这个角度来看，只要是实行层级制和职能制相结合的国家，就不可避免地存在条块关系的问题，但这一问题是否突出甚至转化为条块矛盾，并成为影响纵向政府间关系的关键因素，还与其他因素相关。

条块矛盾与政府体制中的两个基本因素相关：单一制的国家结构和政

---

① 朱光磊："'职责同构'批判"，http://www.sinoss.net/2010/0313/19427.html。

府相对集权的模式。国家结构是指国家以何种方式处理它的整体与部分关系,也就是中央和地方之间相互关系问题。国家结构主要有单一制和复合制(联邦制)两种基本形式。国家结构形式对纵向政府间关系存在直接影响。一般来说,在单一制国家的政府结构形式中,各地方行使的权力来源于中央授权,地方的自主权或自治权是由国家整体通过宪法授予的,上级政府对下级政府具有天然的法理上的优势。而复合制(联邦制)国家中,各个联邦成员先于联邦国家存在。联邦成员单位把各自的部分权力让给联邦政府,同时又保留了部分管理内部事务的权力,联邦成员与联邦政府在地位上相对平等。因此,条块矛盾多出现于单一制国家中。不仅如此,条块矛盾还与政府的集权和分权模式相关。当政府集权时,即便是联邦制国家,纵向政府间也呈现出紧密联系的状态(如苏联);而即便是单一制国家(如日本),如果地方政府的自治程度较高,纵向政府间保持相对独立的状态,条块矛盾也不突出。①综合起来,条块矛盾较多地存在于中央集权或相对集权的单一制国家中,当代中国就属于这种情况。

从形式上讲,条块关系主要是上级职能部门(条条)与下级地方政府(块块)之间的关系,但却并不限于上述这样一种情况。它还包括垂直管理的"条条"与"块块"之间的关系,上级政府的"块块"与下级部门"条条"之间的关系,上下级部门的"条条"之间的关系,同级部门"条条"之间的关系,政府与本级"条条"之间的关系等。②

条块矛盾本质上是纵向政府间利益冲突的表现。在现实的政府运行中,上级政府对下级政府的领导或者业务指导有相当比例是通过上级政府的职能部门来实现的。这样,纵向政府间的冲突就顺理成章地转变为上级政府的职能部门(条条)和下级政府(块块)之间的矛盾。而且,按照中国的行政级别设定,一般情况下上级政府的职能部门与下级政府的级别是相同的。但上级政府的职能部门代表上级政府而居于高位,且在实施领导或者业务指导的过程中一般是从部门利益的角度出发,将自己所在的职能部门强调得过重,难以从地方政府的客观情况考虑,于是条块矛盾就不断发酵。

条块矛盾的冲突导致中央政府在调控中出现"一收就死,一放就乱"的恶性循环。这种逻辑表现为:中国政府体制脱胎于计划经济,"条条"权力过

① 马力宏:《论政府管理中的条块关系》,《政治学研究》,1998年第4期。

② 周振超:《当代中国政府"条块"关系研究》,天津人民出版社,2009年,第45~59页。

分集中,"块块"被压抑。典型的情况是,许多中央部门掌握着立项目、定指标、分钱物的权力,不可避免地形成中央部门和省级政府的条块分割,进而严重损害了省级政府的统一协调能力。在这种情况下,地方政府的积极性不能得到充分释放,地方发展步入低效和低水平循环,创新能力缺乏。于是,中央政府从激发地方积极性的角度出发下放权力,赋予"块块"更多的自主权。一旦获得自主权,地方各级政府就会极力向上级政府部门争项目、争资金。为了争取更大的发展机会,部分地方政府甚至阳奉阴违,搞各种各样的对策,面对上级政策时奉行有利就照办、无利就搁置的做法。这种情况愈演愈烈,致使一些对全国大局不利的行为屡禁不止,如盲目扩大地方基建规模,滥用税收优惠政策,搞封锁市场的经济割据等等。各地争先效仿,这些行为一旦泛滥势必严重削弱中央政府的权威,甚至侵蚀国家的合法性。于是,中央政府又不得不重新收回权力,通过"条条"制约"块块",从而步入下一个循环。

条块矛盾的存在体现了当代中国尚未找到平衡中央和地方各级政府之间利益的机制。在面对具体问题时,中央和地方各级政府往往从各自的角度出发自行其是,纵向政府间缺乏促进利益共容和协调的机制,只能通过强硬的管控措施强行达成一致, 但这种表面的一致背后暗藏着尚未化解的矛盾和冲突。

三、"压力型体制"说

"压力型体制"是由荣敬本等人提出的概念,主要探讨在各级政府对下负责的政治机制尚未建立的情况下, 纵向政府间如何建立自上而下的压力机制并催生效率。压力型体制反映了纵向政府间存在的压力关系和激励机制。

压力型体制是指"一级政治组织(县、乡)为了实现经济赶超,完成上级下达的各项指标而采取的数量化任务分解的管理方式和物质化的评价体系"[1]。从一定意义上讲,压力型体制是将纵向干部的考核机制和纵向任务的分解机制结合起来,形成自上而下的压力,通过每一层级的主要领导,甚至每一位干部的努力保障完成国家整体战略的工作机制。从本质上看,压力型体制可以理解为中国计划经济中的动员体制在现代化和市场化压力下的延

---

① 荣敬本等:《从压力型体制向民主合作体制的转变》,中央编译出版社,1998 年,第 28 页。

续,是经济转轨过程的产物。

一些研究者对压力型体制进行了补充,他们认为构成这一体制的要素包括三个机制:①数量化的任务分解机制。在接到上级政府下达的经济发展指标和任务后,下级党委和政府对它们进行量化分解,同时以签订责任书的形式逐级自上而下地落实到下级组织以及个人,要求其在规定的时间内完成。②各部门共同参与的问题解决机制。体现为两种表现方式:一种是各级党委、政府所属各部门的工作要围绕本级的工作计划和工作重点进行安排;另一种是在面临来自上级的临时性任务或工作时,各部门要抽调人员或者整个部门一起行动。③物质化的多层次评价体系。对于完成指标任务的组织和个人,除了采用授予称号这样的传统奖励方式外,还增加了包括晋升、提资、奖金等物质奖励。在惩罚上,对少数重要任务实行的是"一票否决"制,即一旦某项任务没有达标就触及红线,不能获得任何先进称号和奖励。[①]

实际上,自 20 世纪 80 年代市场化转型以来,尽管国家的施政理念和工作重点已经有所调整,但压力型体制的纵向政府运行机制没有发生根本性变化,只不过是在压力的工作内容和结构上有所改变。不难看出,从改革开放初期一直到 21 世纪初,压力型体制的工作内容主要集中在经济领域,而自 21 世纪初期随着科学发展观、和谐社会、服务型政府建设等相关理念的提出,施压的工作内容不仅包括经济领域,还包括社会管理领域,如生态环境问题、社会稳定问题、公共服务和民生福利问题等,压力型体制关注的内容更加多样化,压力更重。从压力结构上看,前一个阶段的压力主要是来自于上级政府,随着地方民众不断增长的多样化需求,以及平级政府之间你争我赶的竞争态势,地方政府面对的压力不仅来自于上级政府,而是面临了多方面、多层次的重压。

从当代中国的实践来看,压力型体制具有一定的积极性。它将整个国家在特定历史时期的战略任务放到最高的层面上落实,为动员多层级的纵向政府争取这些战略目标的实现起到了巨大的推动作用。另外,它能聚集地方政府占有的各种资源,让各级政府将有限的战略资源投入到制约经济社会发展的瓶颈处。但压力型体制显然不是常规化治理的工作模式和机制,其本质上还是运动式治理。从更长的历史视角来看,这种工作机制的持久运行会带来一些问题,表现在:一是它让整个执政系统将注意力高度集中在部分领

---

① 杨雪冬:《压力型体制:一个概念的简明史》,《社会科学》,2012 年 11 月。

域,导致那些不在上级政府施压的工作范围之内,但却关系地方民众切身利益的事情很容易被忽视。二是在压力过大的情况下,部分不能按时完成规定任务的地方政府可能采取某些极端的方式来完成任务,这些方式包括暴力施政、虚报浮夸、恶意串通等,这些行为无疑会损害社会公平正义,破坏市场秩序,侵蚀党和政府的执政基础。三是助长政府"一窝蜂"式的运动式治理,使得政府常规化的治理模式难以形成,破坏规范行政的基础。

四、"考核替代型监控"说

监控也是纵向政府关系的一个重要方面。对于市场化改革以来的纵向政府监控问题,用"考核替代型监控"来归纳较为合适。

市场化转型以来,中央政府通过一系列分权放权释放了微观层面的活力,这些措施包括向地方政府的行政性放权。在获得包括财政体制、干部管理和地方经济社会管理等多方面的权限后,地方政府掌握了大量的资源,独立的利益结构形成。地方政府不再是中央政府的依附者和简单执行者,而是作为关键行动者开始充分运用手中掌控的资源谋求最大政治利益和经济收益。但中央政府的权威依旧存在,地方政府依然需要至少从形式上保持忠诚,由此,地方政府实际上演变为"非独立化人格"角色。[①]而中央政府一方面需要通过分权的方式激发地方政府发展地方经济的积极性,另一方面又必须保持监控,防止地方政府越轨。为了简化这种复杂的控制模式,同时激励地方政府发展经济,中央政府建立了一套以主要经济指标为中心,兼顾意识形态忠诚度和其他社会发展指标(社会稳定、计划生育等)的考评体系,并以这种考评体系作为地方官员的晋升依据,形成了一套对地方政府的考核系统。我们将这种纵向政府间的监控模式简称为考核替代型监控。[②]

考核替代型监控是用周期性的考核替代对地方政府的日常行为监控。一般情况下,地方政府因其特殊的地位和广泛的事权而应受到来自民众、上级政府和市场主体等多主体、多角度和多重内容的监督和控制。但在经济社

---

① 鲁敏:《转型期地方政府的角色的定位与行为调适研究》,天津人民出版社,2013 年 10 月,第72~78 页。

② 鲁敏:《考核替代型监控:转型期纵向政府监控机制的解读》,《中共浙江省委党校学报》,2013 年第 5 期。

会转型期的大背景下,各项制度建设相对滞后,需要简化对地方政府的日常监控,这样可以节约监控成本。为适应这种时代要求,考核替代型监控应时而生。这种监控模式不是对地方政府全方位多层次的适时监控和调节,而是一种简化的监控机制。一方面,它将对地方政府的日常行为监控通过阶段性考核简化为一次性监控,大大降低了监控的频率,节约了监控的成本;另一方面,考核替代型监控将多重监控内容简化为以经济建设指标为中心的相对单一的内容,大大降低了监控内容的繁杂性。

虽然考核替代型监控可能具有单一性和片面性,不能实现对地方政府全方位、多层次的适时监控和调节,但从转型期的实践来看,这种监控总体上是有效的。但"考核替代型监控"毕竟是特定历史时期的产物,其历史局限性是非常明显的。随着经济社会的发展,考核替代型监控的弊端不断暴露出来。最明显的弊端就是地方政府行为的不规范。考核替代型监控注重的是结果,而不注重具体的行政过程。这就意味着地方政府只要能完成规定的经济任务、社会稳定等刚性指标,它在辖区内是"自由的",其非规范性行为由于得不到其他权力的及时制约和相对人的有效诉讼而习以为常。并且,每一个上级政府都将面对众多的下级政府,在市场化转型的初期,各项规则制度和监控机制没有细化规范化以前,上级政府势必难以腾挪出更多的时间和精力来审查和纠正下级政府的具体行政行为。这种监控驱使上级政府只关注地方政府与考核结果相关的少数行为,而难以全面监控地方政府日常行为。更进一步,考核替代型监控诱发了经济发展、社会管理和民生建设的不均衡,诱发了地方政府的违纪和腐败。由于纵向政府的关注点在以经济建设为中心的少数几个指标上,结果必然导致地方政府在高度关注经济发展的同时,忽视了社会管理和民生建设等相关指标,带来社会不均衡发展。而部分地方政府在不能完成上级下达的各种经济指标的情况下,不得不玩起了"数字游戏",虚报浮夸,欺上瞒下。也有少数地方为了实现发展战略,不惜与民争利,违反中央政府的相关政策,逆风而上,上演"违规强拆""违法用地""违规上项目"等闹剧。更有甚者,地方政府关键行动者投机于粗线条的监控留下的空白地带,利用手中权力大搞腐败,中饱私囊,给地方经济社会发展带来不好的影响。

"考核替代型监控"是特定历史时期的产物。在政治经济的现实基础出现变化的情境下,这种社会存在形式的弊端就会自动显示出来,进入自我否定的历史轨道中。当其内在矛盾转化为一定社会时期的主要矛盾时,它就必然成为经济社会向更高层次发展的阻力。一旦它所具有的历史局限性完全表现出来,它就会被更高的社会形式所代替。随着经济社会转型的深入,它粗线条监控诱发地方政府权力的异化就会成为社会不和谐的音符。从实践来看,这种监控模式所带来的各种社会问题是明显的,它已成为地方政府权力异化和角色消极的重要原因,成为公共权力响应市场化潮流的阻碍,日益受到民众的诟病和指责,成为深化政治体制改革的重要环节。

下一阶段,纵向监控方式应当是制度化监控。党的十八大报告提出:"要把制度建设摆在突出位置,充分发挥我国社会主义政治制度优越性,积极借鉴人类政治文明有益成果,绝不照搬西方政治制度模式。"制度建设成为今后一段时期政治和行政体制改革的重要支撑点。制度化监控是用相对完善的制度实现对地方政府行为的监控。制度设计者需要将监控制度作为一项独立的制度集合明示出来,而不是模糊地融合在纵向考核机制当中。总体来看,与考核替代型监控相比,制度化监控具有以下基本特征:

一是纵向政府间的监控制度更加明确和完整,规格更高,监控机制更加复杂。制度化监控中的制度应当是完整的制度集合,系统、明确且便于执行,包含宪法的相关条款、基本法律和具体政策中的监控内容。制度化监控中的监控制度总体上具有较高的法律规格,部分制度以基本法律制度的形式出现,成为确定中央地方基本关系和约束地方政府行为的依据;也有部分制度是具体政策中的附件条款,成为地方政府未有效执行相关政策的反制措施。与此同时,对地方政府的监控机制更为复杂而全方位。监控地方政府将成为中央政府一项专门的工作任务,而不是督促其完成相关经济指标的"备用手段"。中央政府需要建立较为完善的监控组织体系,直接观测、评价地方政府的日常行为,为实现对地方政府的全面监控提供基础数据。

二是建立纵向关系调处的专门机构和运行机制。制度化监控更加注重用制度规范上下级之间的矛盾和冲突。在中央地方关系调处中,可以引入价值中立的第三方,授予其裁判的权力,并通过科学的运行机制保障权力的公正运行,这样做不仅必要,而且可行。

三是更加注重将民众的诉求纳入对地方政府的监控中。从干部的管理和晋升机制来看,地方政府的官员主要来自于上级政府的任命,虽然其最终责任主体都指向了公众,但毫无疑问,其直接的责任主体仍是上级政府。制度化监控需要逐渐增加民众诉求对地方政府监控的权重,应当符合制度变迁的基本规律和渐进改革的基本策略。

思考题：

1.简述我国地方政府的构成。

2.简述我国省级政府的基本组成及权力。

3.中国城市的级别有哪些？

4.分析影响当代纵向政府关系的关键因素。

5.试结合实际，谈谈你对当代纵向政府间关系几种归纳的理解。

第二章

第二篇　政府要素篇

　　政府是一个组织,更是一个特殊的公共组织。因而一方面,政府同一般组织一样具有职能、权责、人事、机构、制度等完整要素;另一方面,政府的这些构成要素具有独特性。解剖构成政府的相关要素,将其置于放大镜下仔细观察,分析它们的基本特征、表现方式、运行机制以及在当代中国的特殊性,有助于更加深入地理解政府。限于篇幅,本书不能对所有政府的构成要素进行一一解构,只是选取职能、权责、人事、组织和法治等若干断面进行分析。

第四章 政府职能

第一节 政府职能概述

　　政府职能是行政学和政治学研究的主要问题之一。一直以来,政府职能在学术界颇有争论。以 1976 年诺贝尔经济学奖获得者米尔顿·弗里德曼为代表的新自由主义反对国家过多的干预社会生活,而凯恩斯主义则认为,自由将导致社会的危机,政府的积极干预是避免经济社会动荡的有效途径,两者在政府职能上代表截然不同的倾向。近年来随着我国社会主义市场经济的深入推进,无论是理论界还是实践者都在政府基本职能上达成了共识,他们普遍认为社会主义市场经济条件下政府职能主要集中在经济调节、市场监管、社会管理和公共服务四个方面。[①]

一、政府职能概述

(一)政府职能的含义

　　职能,是指一定的人员或者组织所承担的职责和具有的功能。政府职能是指在国家宪法框架下, 政府根据国家和社会的发展需要, 依法对国家政治、经济和社会事务进行管理过程中所承担的职责和具有的功能。此外,政府职能还包括以下三个层面的意思:

[①]　参见温家宝:《政府工作报告》(2004)。

第一,政府需要在国家宪法和其他法律体系的框架下从事活动,依法行政是政府职能设定所必须遵循的基本准则。

第二,政府职能的内容涉及国家事物的方方面面,如政治、经济、教育、国防、科技、社会管理、公共安全等。从内容构成来看,政府职能和国家职能的内涵相同,但政府职能的外延都要比国家职能相应部分的外延窄,因此,它不可能完全替代国家职能。

第三,政府职能的实施者主要是政府机构,但是一些事业单位、人民自治组织、民间机构虽然不属于政府机构行列,但是基于国家法律法规授权,可以在授权范围内承担一定的政府职能。

(二)政府职能的特点

政府作为执行国家意志的机构,其活动有其自身的特点。它是各种要素相互作用、对立统一的结合体。

1.阶级性与公共性相统一

"国家是从控制阶级对立的需要中产生的,由于它同时又是在这些阶级的冲突中产生的,所以,它照例是最强大的、在经济上占统治地位的阶级的国家,这个阶级借助于国家而在政治上也能成为占统治地位的阶级,因而获得了镇压和剥削被压迫阶级的新手段。"①国家的实质是占统治地位的阶级实现其阶级统治的机器,国家的产生具有鲜明的阶级性,因此作为国家权力代理机构的政府,也打上了深深的阶级烙印,其维护统治阶级利益的属性是不言而喻的。尽管政府职能具有鲜明的阶级性,但无论何种性质的政府,都必须管理好国家的事务,承担社会管理的基本职能,维护好人民群众的整体利益。只有维护好人民群众的整体利益,想方设法解决好社会建设和发展中存在的突出矛盾,让广大人民群众安居乐业,才能将阶级矛盾最小化,将社会矛盾控制在可控的范围内,不至于危及统治阶级的统治地位。因此,政府职能又具有公共性。

2.差异性和系统性相统一

由于政府的主客体、层级以及面临的主要矛盾的不同,从中央到地方各层级的政府职能侧重点有一定的差异。但是政府职能不是孤立存在的,而是

---

① 《马克思恩格斯选集》(第四卷),人民出版社,1985年,第272页。

各要素相互联系、相互渗透、相互作用的一个有机体系。中央政府职能需要获得地方政府的支持才能得到有效贯彻，地方政府职能的实现又需要中央政府的有力保障才能得以完成。各地方政府职能存在地域差异、要素差异、人文差异，有时候需要彼此相互配合、协调、沟通才能共同协调发展，因此政府职能是差异性和系统性相统一的有机体系。

3.稳定性和动态性相统一

在一定的历史时期内，政府所承担的职责和功能应该是稳定的。但由于政治、经济、文化的不断发展，行政内外部环境因素总是不断变化的。当各种变化累积到一定程度时，政府所要面对的发展战略和管理目标就需要适当调整，行政职能的内容、侧重点、作用方式等要素也要不断地调整和完善，"学者们对政府职能的变迁进行了研究。他们认为，不同的政治经济体制、不同经济发展阶段的政府职能是不同的"[①]。"即使实行相同经济制度的国家或者同一国家的不同发展阶段，其政府职能也是不一样的。"[②]因此，从较长的历史视角来看，行政职能又具有动态的特点。

二、政府职能的内容

政府职能按照不同的标准可以划分为不同的职能类型。从国家的阶级本质来看，可以划分为奴隶制国家的政府职能、封建制国家的政府职能、资本主义国家的政府职能、社会主义国家的政府职能；从表现出的性质来划分，可以划分为统治性职能、保卫性职能、管理性职能、服务性职能；从作用的领域来划分，可以划分为经济职能、政治职能、文化职能、社会职能；从运行的方式来划分，可以划分为计划职能、组织职能、指挥职能、协调职能、控制职能。一般而言，从作用的领域和运行的方式来考察政府职能更为普遍。

（一）政府的基本职能

基本职能是从静态的角度来考察政府的作用领域和基本内容，一般划分为政治职能、经济职能、文化职能、社会职能四个方面。

---

① 《马克思恩格斯全集》（第4卷），人民出版社，1972年，第53页。
② 《马克思恩格斯全集》（第13卷），人民出版社，1972年，第41页。

1.政治职能

国家是阶级矛盾不可调和的产物,政府是国家意志的执行机构,因此政府时刻承担着维护统治阶级的统治和保卫国家内外安全的职责。维护统治阶级的统治不仅是要有效防范和打击敌对势力、分裂组织和破坏分子,更重要的是要做好建立健全各项民主制度和体系,保障公民的合法权益和民主权利。同时,将民主与专政结合起来,保卫国家内外安全。一方面是指对外保卫国家的领土完整和主权神圣不可侵犯,反对霸权主义、维护世界和平和促进地区繁荣稳定,为本国的经济发展和对外交流创造有利的外部环境;另一方面要依法坚决打击危害公民生命财产安全、扰乱社会正常生产生活秩序和危害国家治安的违法行为,维护国家法律的严肃性和社会的公平正义,做到法律面前人人平等。

2.经济职能

经济职能是政府承担的、组织国家进行社会化大生产,调节经济金融秩序,促进经济结构调整等所具备的功能。自从有了国家,政府就在不同程度上调节着国家的经济活动。新中国成立后,我国进行了社会主义改造,通过平等协商、公私合营、和平赎买等方式将一些民族资产、城市手工业收归国有,但是受限于高度集中的政治体制,逐渐出现了以政代企、政企不分的僵化经济模式,不适应社会生产力的发展要求。当前我国处在全面深化社会主义市场经济体制的关键时期,要逐渐转变思路,加大对外开放的力度,加强对外交流的深度和广度,不断增强政府对市场经济干预的成熟度,从过去的计划管理向市场管理、微观管理向宏观管理、直接管理向间接管理过渡,真正做到国家调节政策、政策作用市场、市场引导企业的作用传导机制,形成更加成熟的政策引导和市场选择的社会主义市场经济体制。

3.文化职能

文化职能,是指政府为了塑造和弘扬社会核心价值理念,提高国家文化竞争力,促进国家战略目标向前发展而依法对国家的科学教育、文化宣传、新闻广播、文艺影视等社会文化事业进行管理的职能。当今世界的竞争是综合国力的竞争,不仅体现在以科学技术进步为代表的传统创新动力源上,更体现在以文化创新为代表的软实力的竞争上,现在世界各国都将制定和实施本国文化发展战略作为国家战略的一项重要内容。一方面,文化是一种价值观念的传递,以美国为首的西方势力凭借其超强的经济实力、媒介公关能力和文化穿透能力,自觉或不自觉地推销自己的思维理念和普世价值观念,以便在思想上、文化上影响或同化其他国家或者民族的思维方式和传统文化;另一方面,文化也是一种商品和产业,要通过积极实施文化走出去战略,大力发展文化产业,提高文化企业和文化产品的国际竞争力。

4.社会职能

社会职能,是指政府承担的社会管理、社会服务和社会保障的职能,凡是致力于改善民生,加强社会全面保障的各类事业和公益政策,都属于社会职能的内容。它与前述三项行政职能相互交错,并不能完全割裂开。例如,建立社会保障体制属于政府的社会职能,但是它需要国家的政策支持(政治职能),需要较大量、较持续国家资金的投入(经济职能)。社会职能总是与一定社会的发展阶段保持适应和调整的,如随着经济社会的发展,社会保障成为民众日益关注的内容,也自然成为我国政府高度重视的社会职能。政府的社会职能体现其社会责任,内容繁杂,包括涉及居民基本生活的药品食品安全、公共物品的保障、社会资源的合理利用、环境保护和生态和谐、人口素质的提高等。

(二)政府的运行职能

如果说上述政府的四项基本职能是静态的考察行政的作用领域,那么运行职能就是从动态的角度考察政府运作方式。1916年,法国人亨利·法约尔(Henry Fayol)在其出版的《工业管理和一般管理》中提出了"五职能理论",即行政过程的运行取决于五大职能要素:计划、组织、指挥、协调、控制。本书从计划、组织、领导、控制四个方面阐释了政府的运行职能。

1.计划职能

计划是政府活动实施前制定方案的环节,它主要包括两个主要要点:第一,确定政府活动的目标,即政府活动最终要达到一种什么样的结果或者目的;第二,制定政府活动的程序、节点、要素,即为完成政府目标需要完成哪些程序,有哪些重要的步骤或者标志性的节点,需要配备哪些资源和相关数量,需要与哪些部门沟通协调或者调用哪些相关人力资源等。一个好的计划是科学行政的前提,它能引导不同部门和单位围绕公共管理的中心目标,规范管理行为、提高资源的利用效率,提高行政效率,取得更大的协同效应。

第四章

表 4-1　计划的类型

分类原则	计划类型
按照计划的时间长短划分	长期计划 中期计划 短期计划
按照计划的范围划分	综合计划 局部计划 项目计划
按照计划的约束力划分	指令性计划 指导性计划

第四章

政府的计划职能按照不同的划分标准可以分为很多种计划：

（1）按照计划期的时间长短可以划分为长期计划、中期计划和短期计划。一般来说，人们习惯于把1年或者1年以下的计划说成短期计划；1年以上到5年的计划称为中期计划；而5年以上的计划称为长期计划。当然，这种划分方法不是绝对的，例如，国家的航天事业是一项充满风险的、长期的事业，它需要几代人的努力，因此一个航天项目的短期实施计划可能需要5年，而一个小的服装加工厂，由于市场变化快，它的短期计划可能仅仅需要两个月。

（2）按照计划的对象范围可以划分为综合计划、局部计划和项目计划。综合计划是组织整体的目标，涵盖的范围广、时间长、贯穿始终的计划内容；局部计划是综合计划的一个子计划，包括有限范围内的各个政府职能部门针对总目标制定的、与整体计划相适应的部门计划；项目计划是政府各部门的要素计划，即为了配合政府部门计划的实施，部门内部各组成要素的工作计划。

（3）按照计划的约束力可以分为指令性计划和指导性计划。指令性计划是上级主管部门下达的、具有行政约束力的计划，指令性计划一经下达，各级计划执行单位必须遵照执行，而且要尽一切努力必须完成；指导性计划是上级主管部门下达的、具有参考作用的计划，各单位可以根据自己的实际情况选择是否执行，或者选择其他更可行的计划。

2.组织职能

组织职能是根据预先制定的政府计划，设计合理的组织结构，明确组织结构内各部门、各职位之间的隶属关系和权责关系，制定相应的管理章程，并合理地配备行政资源，以期能够结成一个有机整体，以最小的成本代价（时间、资源、人力等等）来共同实现政府目标的过程。组织的设置是以政府计划为依据的,根据目标任务的分解和职能的分工,在政府内部划分出许多不同权力和职责的责任体系、机构和岗位,并围绕这些责任体系来共同运作,它的设立有以下几个要点:

(1) 政府的组织职能是以解决政府目标任务的复杂性和个人能力的有限性之间的矛盾为目标的。面对外部因素的复杂多变,仅靠个人或者一个部门很难预测、发现和解决发展中存在的问题,更谈不上实现政府计划,因此,组织职能的基本任务是充分发挥政府组织体系的群体作用,集思广益、群策群力。

(2)政府组织的设置必须合理,既不能重复、臃肿,也不能缺失。政府机构的重复、臃肿必然导致效率低下,人浮于事,成本太高,计划难以实现;政府机构的缺失必然导致计划难以同步推进,目标同样难以实现。科学设置组织体系的目标是发挥整体大于部分之和的优势,使有限的资源(人力、物力)形成合力,发挥最大的综合效应。

(3)组织职能所指的不仅仅是一个静态的组织,更重要的是一个动态的过程。设置合理的组织结构和配备合理的资源仅仅是实现组织职能的一小步,能够用一定的章程和规范促使这些组织结构和资源向着既定的目标流动,或者联合行动,充分发挥出组织效率才是实现组织职能的一大步。在这个过程中,因为一些分级目标的逐步实现,可能需要及时调整个别组织结构和功能,以便更好为下一个组织过程服务。

(4) 组织结构的设立通常遵循以下几个步骤进行:①分解行政计划目标,将任务计划分解成一系列各不相同又相互联系的具体工作任务。②把相近的工作归为一类,建立相应的部门。③各部门设立岗位和岗位工作目标,建立工作章程。④确定权责关系,确定各部门之间或者部门内部各职位之间的横向协同关系和纵向领导关系。⑤通过行政机构的运行来不断修改和完善组织结构。

(5)组织的设立通常需要遵循的原则:①权责一致原则。在赋予某个政府机构或者某个行政岗位一定责任的同时,一定要赋予它相对应的权力,做到权责一致。②精简与高效原则。精简即机构精简,机构的层次不要太多、相同级别的管理幅度不能太大;高效即人员精干,一个工作岗位上最多只安排一个人来完成工作任务,人员太多会使效率低下。③统一指挥原则。即是无论什么工作,一个岗位只接受一个上级部门或者上级岗位的指挥和命令,其他的上级或者相同级别的意见只作为参考而不是命令。④执行与监督分离原则。即执行人员(工作人员)和监督人员(考核人员)在组织上分开,避免二者因组织上趋于一致而使监督流于形式。⑤稳定性和弹性结构原则。政府的日常事务需要有一定的延续性,因此行政机构需要有一定的稳定性,但随着经济社会的发展,现行的机构或岗位可能不一定适应未来发展的需要,保持政府结构或职位具有一定的弹性是有必要的。

3.领导职能

领导是领导者利用组织赋予的职权和自身的影响力去指挥和激励他人,通过合理协调和配置资源来共同实现行政目标的过程。政府领导职能的主体是领导者,客体是组织和组织资源,作用方式是领导者的指挥和协调的能力。在实施领导活动中,领导者领导能力的好坏却是有差别的。好的领导者可以把组织效率成倍放大,起到事半功倍的效果,坏的领导者让组织效率低下,人心涣散,事倍而功半,甚至难以完成行政目标。

不同层次的政府领导者所需要具备的领导能力是有差异的。一般而言,高层的政府领导需要具备更强的宏观判断和战略决策能力,而基层政府领导者更侧重于具体问题的执行,对操作能力要求更高(见图4–1)。

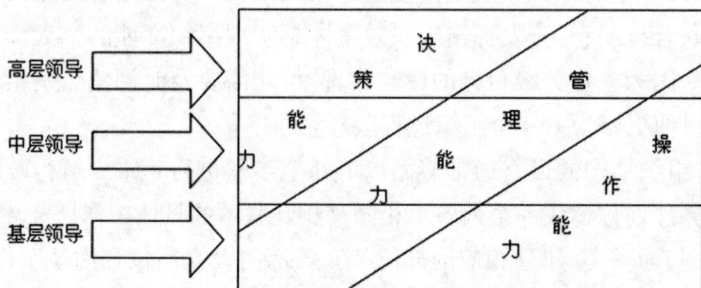

图4–1　各层次政府领导能力要求结构图

沟通是实现领导职能的重要方式。沟通的关键作用表现在它可以有效统一思想,协调行动,建立良好的组织内部人际关系,减少内耗,发挥出组织的协同效应。但是沟通也存在很多影响沟通效果的障碍,譬如语言障碍产生的理解偏差,地位差异产生的交流障碍,环节太多产生的信息损耗,沟通渠道产生的信息障碍等。因此,领导过程中要实现有效的沟通,提高指挥和协调的效率,需要注意以下三点:

(1)沟通要内容确切。即沟通要做好事前准备,要言之有物,有针对性,语言逻辑清晰,内容确切,尽量通俗化、具体化和数量化;要尽量避免笼统含混的语言,尽量不要讲空话、套话。

(2)建立畅通的沟通渠道,形成沟通常规。沟通包括正式沟通和非正式沟通,无论哪种沟通都要有畅通的渠道才能相互获取需要的信息,正式沟通的渠道很多,如定期会议、报表、书面报告等,非正式沟通也有很多形式,如电话、短信、个别交谈等。

(3)沟通要有诚意,取得相互信任和建立感情。沟通不仅是表达,也要注意倾听、观察和建立感情联系。倾听是在搜集信息的过程,观察是在辨别真伪、去粗存精,建立感情是协调立场和统一行为。

4.控制职能

控制就是检查政府工作是否按照既定的计划、标准和方式在进行,发现错误,立刻分析原因并协调和纠正,以确保政府目标的最终实现。控制是一个动态的,贯穿于政府的整个过程。控制职能和计划职能是联系较紧密的,一方面,控制是以计划为基础的,按照计划所指明的方向实施的控制;另一方面,计划在控制过程中起着度量衡的作用,控制就是要检查某个节点上的各项实施指标与计划指标是否一致,一致表明政府过程无误,不一致说明某方面出现了问题,需要立即查明原因、纠正偏差。政府控制职能的手段非常多,主要可以总结为五个方面:

(1)政策与法规控制。政策与法规是有力的控制手段,有利于限定部门或者个人的主观判断。法规是法律条文,是必须遵守并且不能逾越的底线,逾越法规底线就要受到法律法规的惩罚;政策是行政决策层对行政过程的一种政策指导。

(2)目标评价控制。按照预先制订的计划,可以组织专家对政府的阶段性目标或者总体目标进行评价,看是否在主要指标上达到或者完成预先制订的计划,对于按时完成计划的进行一定的奖惩,对于未能按时完成计划的给予相应的惩罚或者采取一定的激励措施,以达到更好实施下一阶段的政府过程的目的。

(3)人力资源控制。如果政府领导能够有效控制体系内部员工的非期望行为和态度,政府组织的效率就会大大提高,这就是人力资源控制的目标。它包括两个方面的内容,一是人事选择,二是人事训练。人事选择的主要问题是任用谁、提拔谁和调动谁的问题,将合适的人选聘到合适的岗位上,充分发挥个人能力和尊重个人价值就能够给组织带来巨大的效益。人事训练是对选拔的人进行合理的技术和业务方面的技能培训,或者组织和文化的培训,使其能够较快适应岗位角色或者认同组织目标文化。

(4)财务控制。财务控制,是指通过一定的财务手段(如财务预算、内部审计、盈亏平衡计算等)对政府进行控制的活动。财务控制的目的是防止错误地分配资源,同时及时提供财政信息反馈。财务控制是比较有效的手段,因为人的活动或者政府组织的活动都是以经济为基础的活动,经济条件受到控制,政府活动也将受到一定程度的限制。

(5)政府组织控制。政府组织控制包括权力结构控制和信息渠道控制。权力结构控制要求建立合理的组织结构并且合理划分权利责任,只有实现权责一致才能有效地工作并且相互合作;信息渠道控制要求各级管理者知道,在自己责任范围内的工作进展情况、人员的行为和态度,以及它们与组织目标的偏离情况,从而确保对自己负责范围的控制。

三、政府职能的研究意义

(一)政府职能是政府管理活动科学化的重要基础

政府职能是国家依法行政所具备的权利和义务的具体表现,政府的各项职能都有其存在的现实基础和法理依据,各项政府职能之间也存在着内在的逻辑关系和相互制约关系。研究政府的具体职能能使我们更清楚、更科学地认识和把握政府的内在规律,不仅从宏观的角度,也要从微观的角度把握好政府活动各阶段所产生的实际影响,防止政府活动的相关环节出现问题,影响政府过程的整体效果,甚至给国家经济建设和社会各项事业带来不可估量的重大损失。因此,研究政府职能是提高政府管理效果,实现科学行政的重要基础。

(二)政府职能是建立政府组织的重要依据

从组织学的角度来看,政府组织的建立必须依据政府职能来科学设置,政府组织是实施政府职能的有效载体。政府职能的重要程度和实现方式决定了政府组织的数量、规模、层次以及运行方式。因此,科学研究和确定政府职能是建立结构合理、功能齐全的政府组织体系的前提。政府组织体系形成的过程就是根据科学原则将各项政府职能划分给政府各部门、各层次的过程。只有依据政府职能去分析组织的结构问题，才能清楚认识到哪些机构是必要的，哪些机构是多余的，也才能明确政府组织体系的设置规模、所处地位、运行方式和权责配置。

(三)政府职能是政府活动效果的检验指标

实现政府绩效考核的方法很多。但在公共管理过程中，政府是否切实履行了既定的行政职能，以及履行行政职能后是否达到了预定的行政效益，是最基本的衡量标准。尽管政府职能的实现受到诸如国家政治制度、权力的组织形式、人员基本素质、社会文化状况、财务状况等因素影响，但是最基本的决定因素还是取决于政府职能的健全和政府组织的执行力度。良善的政府活动应该是政府职能得到有效实施，并取得预定的经济社会效益的过程。

(四)政府职能转变是政府体制改革的关键

随着经济社会等行政环境的变化，政府职能也应该进行相应改革和调整。如从计划经济向市场经济过渡，政府对经济管理无论是在内容还是方式上都有较大的调整，同时在部分社会管理职能上，如社会保障和城乡医疗的方面有较大的扩张。政府职能的转变是政府体制改革的重要内容和关键环节。当前，我国要继续推进政府体制改革，推进国家治理体系和治理能力现代化，其中建立和完善适应市场经济体制的政府职能是重中之重。

第二节　政府职能理论的历史发展

近代以来，我国行政管理科学的发展大大落后于西方，政府职能理论也不例外。因而，在对政府职能理论的梳理时，本书以西方研究成果为主。

一、政府职能理论的产生

在古代，行政和国家、政治是分不开的，行政就是国家的政治，与一般老百姓没什么关系,孔子曾经说过:"不在其位,不谋其政"①,意思是说,政治、行政是国家和当局者的事情,一般的老百姓不用去想,更不用去讨论。

古希腊哲学家亚里士多德在其《政治学》一书中提出了政体的三要素说,将城邦的职能分为"议事机能""行政机能"和"审判机能",这是最早涉及对政治权力分工的理论讨论。

近代启蒙运动以来,西方资产阶级政治家丰富和发展了政治和政府的理论。英国的约翰·洛克认为,人类建构国家的目的是为了弥补自然状态的不足,因为自然状态缺少明确的法律,个人财产得不到保障,为了解决财产纷争,人们就订立契约,大家都赋予权利给某个公共代理人,这个公共代理人的主要任务就是保护委托人的财产。作为政治组织的国家只是人们自发地建构并用来处理其内部事务的一个外在的工具。洛克的思想隐含了对市民社会与国家关系的某种认识,社会与国家的界限得到了明确,政治社会的权力不再来自神授,而是来自民意。其后不久,法国的孟德斯鸠提出了著名的"三权分立"思想,主张立法权和行政权相分离,限制政府权力,防止腐败以及对私人权利的侵犯。这些思想理论的出现逐渐将国家、政治、政府、立法、司法等一些名词的含义和理论范畴清晰地呈现出来。

西方资产阶级革命胜利后,三权分立作为政府的基本组织原则被西方社会广泛采纳。三权分立最初的目的是分割政府权力,防止政府权力过大而侵犯个人权利,但是又出现了另一个极端的现象——国家权力划分的不合理。这一问题引发了一系列经济社会发展的失衡,于是合理划分国家权力、合理定位政府职能成为美国社会的迫切需要。美国学者威尔逊在其1887年发表的《行政学研究》中谈到了行政学的内容,论证了建立和发展行政学的必要性,探讨了行政与政治的关系、行政与宪法的关系、政策效率、公共生产力等。这一具有历史地位的名篇被认为是公共行政学的开山之作。

其后,古德诺在《政治与行政》一书中定义了行政与政治的不同作用,阐明了两者的区别。他认为,政治是国家意志的表达,而行政是这种意志的执行②(见表4-2)。在对政府职能进行分析的基础上,他建议对政府机构进行整合,确立新的权力分立和制衡原则。同时,他也关注立法部门与行政部门的职能以及这两者之间的平衡。

---

① 《论语·伯泰》。

② [美]F.J.古德诺:《政治与行政》,王元译,华夏出版社,1987年,第10页。

表 4-2 古德诺政治和行政二分法的内容比较

职能	功能主体	功能内容
政治功能 （表达国家意志）	立法机关	订立符合国家意志的法律
	制宪的权力机构	有关的政府权责 个人的基本权利
	执行首长下级执行机关	被授权表达国家立法机构不便于表达的国家意志
行政 （执行国家意志）	司法机构	执行司法程序
	行政机构	行驶国家行政权力和管理功能
	监管机构	对公共管理过程进行监督

1933 年的资本主义世界出现了经济大萧条，罗斯福新政开创了行政学研究对政治的回归，政治与行政的二分法不再受到人们的普遍推崇，公共行政开始远离"中立"而靠向"政治"。与这种趋势相反的是，对公共行政学、政府职能理论的研究却越来越区别于政治学和其他的学科，以一种独立的学科体系呈现出来。

二、西方国家政府职能理论的演绎和发展

虽然早期西方国家关于政府职能的探讨并不是独立且明晰地呈现出来，但却一直伴随着资本主义的发展而混杂在经济学、政治学或者其他管理理论中。综观西方国家政府职能理论的发展历史，主要围绕着自由主义和政府干涉主义这两个主要理论来展开，它们相互交替、相互过渡，最终相互融合、趋于统一。西方国家政府职能理论的发展大体可总结为五个重要阶段，分别是从 15 世纪到 17 世纪末的重商主义行政职能理论，从 18 世纪到 20 世纪 20 年代的古典自由主义行政职能理论，从 20 世纪 30 年代到 20 世纪 70 年代的凯恩斯主义行政职能理论，20 世纪 70 年代出现的新自由主义行政职能理论和 20 世纪 90 年代出现的新凯恩斯主义行政职能理论。

（一）干涉主义政府职能理论（a_1）——重商主义

重商主义行政职能理论最早产生于 15 世纪的意大利，后来在西欧各国蔓延开来，尤以英国的重商主义理论发展得最为成熟。重商主义政府职能理论是伴随着农本经济的瓦解和资本主义生产方式的出现而产生的。资本主义的生产方式虽然与当时的封建君主制度间存在着根本性的矛盾，但是它

又必须借助于封建君主势力来发展自己的实力，因为国家政策能够直接帮助工商业资产阶级在世界市场上展开竞争，而以王朝为代表的民族国家开支日增，需要商业资本积累的财富给予保障，这种资本主义与封建君主的联合，就导致重商主义应运而生。重商主义可以分为早期重商主义和晚期重商主义两个阶段，两个阶段的界线通常定位于 16 世纪中叶。早期重商主义又被称为"货币主义"或"硬币主义"，奉行"多卖少买"的原则，主张严格限制金银输出，像守财奴一样死守着自己的钱袋；晚期重商主义又被称为贸易差额论，允许金银输出，发展工场手工业生产，鼓励本国产品出口，大力发展对外贸易。

作为历史上最早对资本主义生产方式和市场经济制度进行理论探讨的学说，重商主义也提出了国家干预经济的主张。归纳起来，重商主义思想包括以下基本内容：第一，重商主义者认为，货币、金银等贵重金属是社会财富的主要形态，财富即货币，货币即财富，货币的多寡应被视为衡量一国经济实力、富裕程度的主要标准；第二，财富的源泉，除了开采金银矿外，就是对外贸易。只有遵循多卖少买、多收入少支出的原则，积极开展对外贸易流通，才能使财富不断增加，国家富强，人民富裕；第三，重商主义极力主张政府对国家经济尤其是对外贸易领域实行干预，制定保护工商业的政策，以保证整个国民经济活动符合扩大出口和货币输入的要求。重商主义是早期政府干预的行政职能理论，它反映了早期资本主义试图通过联合政治势力来加强和巩固自己实力的美好愿景，但是由于封建君主制度的日益腐败和僵化，它对国家的经济生活的干预持续加深，对国家的政治生活和个人自由的限制也犹如桎梏一般愈加严厉，从而引发了资产阶级对行政干预理论的严重质疑。

（二）自由主义政府职能理论（b_1）——古典自由主义

古典自由主义政治哲学理论代表人物有洛克、边沁和孟德斯鸠，他们分别从社会契约论、功利论和自然法的哲学基础上阐释了有限政府的思想，他们认为，政府的权力是人们为了保证自己以及他人的权利不受非法伤害而自愿让渡给政府的。既然政府的权力是人民赋予的，那么它在实施时也就是有限的而不是无限的，主张政府实行不干涉政策，给予个人和企业最大限度的自由放任，政府职能应该被界定为"只是为了人民的和平、安全和公众福利"①。如果说洛克等学者是从政治哲学的角度破除了封建君主专制主义的障碍,亚当·斯密则从经济生活的角度全面阐述了自由放任的政府职能思想。

1776 年 3 月,亚当·斯密出版了《国民财富的性质和原因的研究》(简称《国富论》)一书,在这部经典著作中,他以"经济人"假设为基础,认为人是理性的, 在经济活动中总是为自己打算, 以追求个人经济利益的最大化为目标,而自由竞争的市场恰恰能够符合人类利己本性的自然秩序。因此,在市场自由竞争的条件下, 个人的经济行为可以自动达成社会利益的实现,"看不见的手"在这个利益协调的过程中发挥了重要的作用。"(他)通常既不打算促进公共的利益, 也不知道他自己是在什么程度上促进那种利益……他所盘算的也只是自己的利益。在这场合,像在其他许多场合一样,他受着一只看不见的手的指导,去尽力达到一个并非他本意想要达到的目的。"②在亚当·斯密思想里,市场是富有效率的,并且具有自我调节的能力,政府不应当以自己的干涉行动来破坏市场的自由秩序。斯密认为,政府的基本职能只有三项:第一,保护本国社会的安全,使之不受其他独立社会的暴行和侵略。这是保证国家安全的职能,斯密认为,此乃"君主的第一义务";第二,保护人民不受社会上任何其他人的欺侮或压迫,即设立严正的司法行政机构。这是维护社会安定的职能;第三,建设并维持某些公共事业及某些公共设施。

亚当·斯密对政府职能的界定,可以将之理解为政府扮演的是"守夜人"的角色。斯密的自由放任的学说对当时的西方国家,甚至新兴民主国家美国都产生了深刻的影响, 他们的当政者在政策制定上都深深打上了斯密的思想印记。美国的第一任财长汉密尔顿的许多言论都与斯密的观点十分接近,第三任总统杰斐逊的至理名言是"最少管事的政府是最好的政府",第四任总统麦迪逊提出,国家只管国防、司法、公共工程,其他一概不管,这些观点都是斯密思想的真实反映。

(三)干涉主义政府职能理论(a_2)——凯恩斯主义

19 世纪末到 20 世纪初期,即西方国家从自由竞争资本主义向垄断资本

---

① [英]约翰·洛克:《政府论》(下篇),叶启芳、瞿菊农译,商务印书馆,1964 年,第 78 页。

② [英]亚当·斯密:《国民财富的性质和原因的研究》(下卷),郭大力、王亚南译,商务印书馆,1974 年,第 27 页。

主义过渡时期。尽管在国民经济中出现了消费疲软、贫富两极分化加剧、大批中小企业破产、一些资本雄厚的大企业走向高度集中等现象,大多数经济学家仍然在其著作中把自由竞争看作理想状态,将眼前的经济危机看作是经济的局部或偶然的失衡,这种局部或偶然的失衡可以通过市场的自动调节回归均衡状态,一直将自由主义经济政策奉为经典的各国政府没有从迷梦中醒来。直至1929—1933年,爆发了遍布资本主义世界的经济大萧条,才让他们深刻感受到巨大的阵痛。在这种情况下,学者们纷纷提出政府应当转变职能,对经济活动进行必要的干预和管理。英国经济学家凯恩斯在其1936年出版的《就业、利息和货币理论》一书中,在批判古典自由主义的基础上提出了政府干预的行政职能理论。

凯恩斯主义认为,古典自由主义经济理论假设的完全竞争的市场在现实生活中并不存在,纯粹依靠市场调节的资本主义不可能导致社会的供求平衡。这种不均衡引发了社会有效需求不足,从而导致了经济危机,说明在国家不进行干预的情况下有效需求总是不足的,因此只有通过政府积极的政策干预,把自由放任的自动均衡改造成政府对经济进行干预和调节的移动均衡,使资本主义成为可调节的资本主义,这样才可以避免危机。换句话说,实行政府调节是现行的经济形态免于全面毁灭的唯一的切实途径。因此,政府应当通过宏观的财政政策和货币政策来对国民收入进行再分配,鼓励消费,引导需求,以此克服市场缺陷所带来的种种经济困难。在增加有效需求,实现高就业率的过程中,政府甚至可以执行举债支出的赤字政策。

凯恩斯主义在经济实践中运用的一个成功案例是美国20世纪30年代所推行的罗斯福新政,罗斯福新政让美国用最短的时间走出了经济大萧条的阴霾,步入正常的发展轨道。在经济大萧条时期,特别是在第二次世界大战期间,西方发达资本主义国家都对经济进行了不同程度的干预。在20世纪50年代以后,学术界对政府干预的职能探讨几乎占据主导地位,各国政府也纷纷出台干预经济的各种措施,政府职能也呈现出快速扩张的趋势。

（四）自由主义政府职能理论（b$_2$）——新自由主义

二战后很长一段时间,西方国家流行凯恩斯主义,认为经济危机是因为"有效需求"不足导致的,因此需要国家干预,刺激需求,以达到总供给与总需求的平衡。但事实证明,经济是有运行周期的,当资本主义积累周期开始转入衰退时,政府的干预只是通过国家支出挽救资本主义生产过剩,也就是政府为生产过剩的那一部分买了单,而生产继续扩张,国家干预则进一步加强……生产过剩,仍然是相对生产过剩,根源还是广大劳动者消费不足,国家干预并没有主要地补偿劳动者的消费,而是用于补偿资本家,扩大军事开支,搞国民经济军事化。这必然使总需求内部的结构越来越不合理,大量的政府支出不起作用,政府还需要印制更多的钞票来应付更多的支出,导致通货膨胀严重,高通货膨胀率和经济的低速增长使得资本主义国家经济出现了前所未有的的"滞胀"现象。于是,新自由主义再次举起限制政府职能、让市场机制发挥作用的大旗,拉开了西方国家新一轮的政府职能改革序幕。

新自由主义是一个包含众多学派的思想和理论体系,包括以哈耶克为代表的伦敦学派,以弗里德曼为代表的现代货币学派,以卢卡斯为代表的理性预期学派,以拉弗尔、万尼斯基为代表的供给学派,以布坎南、图洛克为代表的公共选择学派,以科斯为代表的产权学派,以加尔布雷斯、鲍尔丁等为代表的新制度学派等。他们主张实行私有化政策,取消官僚垄断,排除束缚市场机制运转的一切障碍,重新创立所有权。新自由主义对政府作用的基本看法是:(1)古典经济学的"看不见的手"的原理仍然是正确的,通过市场供求的自动调节,能够达到充分就业均衡;(2)资源的有效配置只能由市场来执行,任何市场以外的力量都不能替代市场的作用;(3)经济危机的出现是由于政府过度干预破坏了市场功能的发挥,而不是市场本身的原因;(4)即使市场本身具有难以克服的缺点,但克服与纠正市场缺点的唯一办法在于通过产权明晰等措施予以完善,绝不能以市场以外的国家干预来解决;(5)政府干预本身也有不可克服的致命缺陷,也存在着"政府干预失灵",与市场调节相比较,政府干预更缺乏效率。[①]

(五)干涉主义政府职能理论(a_3)——新凯恩斯主义

出现在 20 世纪 80 年代的私有化、自由化只减少政府财政赤字,公共服务质量并没有由此而提高,企业的社会责任被忽视了。由于新自由主义理论的失误,导致 90 年代以来爆发了东南亚地区的金融危机以及西方发达国家持续的经济衰退现象,一些新自由主义经济学派的学者进行了深刻的反思,

---

① 郑志龙主编:《行政管理学》,高等教育出版社,2011 年,第 107 页。

很多人将目光再次转向凯恩斯主义,提出了政府必须对经济进行适度干预、加强社会责任的理论,于是基于政府合理干预的新凯恩斯主义理论再次成为人们关注的焦点。哈佛大学的曼昆和罗默主编并于 1991 年出版的论文集《新凯恩斯主义经济学》汇集了新凯恩斯主义代表人物的经济思想。新凯恩斯主义的众多代表人物中,加州大学的阿克洛夫、斯坦福大学的斯彭斯和哥伦比亚大学的斯蒂格里茨以他们对经济独到的见解获得了 2001 年的诺贝尔经济学奖,普林斯顿大学的克鲁格曼获得 2008 年诺贝尔经济学奖。

新凯恩斯主义学者从市场非出清和市场的不完全性这两点假设出发,提出了必须由国家干预经济,但他们的干预政策又与原凯恩斯主义的干预政策有所不同,原凯恩斯主义着重于需求方面,而新凯恩斯主义强调的则是供给方面。例如,新凯恩斯主义者对价格黏性和工资黏性的分析就是从供给的角度,他们从黏性特征出发,提出国家的干预力度宜缓不宜急,强调政策的渐进性。斯蒂格里茨则提出市场与政府都不是完美的,一方面,一个完全无政府状态的市场经济,虽然可以比较好地解决经济的微观效率问题,但很难从整体上提高国民经济运行的效率,对经济的长期持续增长是没有好处的,政府必须采取行动来修正自由市场机制产生的某些不利影响;另一方面,对市场的干预行为同样具有一定的弊端,政府本身也需要改革来加强政府对市场的监管作用,获得持续增长和长期效率的最佳方法是找到政府与市场之间的适当平衡,使得世界经济回到一个更加公平、更加稳定的增长进程中,使人人都受益。克鲁格曼从国际贸易和国际金融的角度提出要重新思考政府干预的问题,由于经济的全球化、金融市场的自由化以及一些国家放松的外汇管制问题,使得本国的货币容易受到国际资本的攻击,因此走出萧条和减少全球化带来的风险的药方是:对那些既不适合建立货币联盟,又不适合让其货币自由浮动的国家来说,应限制资本流动,在某种程度上重新实现政府管制;应寻求很低的、但不是太低的通货膨胀,而不是寻求价格稳定。

新凯恩斯主义在政府职能上采取对政府干预和市场调节的融合和折中手段,体现在同一时期的英国首相布莱尔提出的"第三条道路"和克林顿政府提出公众(政府雇员)参与决策的制度,都是介于传统的政府强干预体制和自由放任的市场经济体制之间的新型政府适度干预体制,表现出两大类政府职能在当今社会中日益相互融合为一的趋势,"第三条道路"的实施使得 21 世纪初期的世界经济终于步入强劲复苏的正轨,西方主要发达国家的 GDP 增长率达到了 3% 以上,一些发展中国家的 GDP 增长率更是高达

6%以上。

三、马克思主义关于政府职能的经典论述

　　马克思主义理论是社会主义国家立国的根本指导思想，马克思主义经典作家并没有对政府职能理论进行系统而具体的论述，但是在经典作家的学说中，有关政府职能的一些论述观点，形成了马克思主义的基本政府职能观，主要有以下内容：

　　（1）政府双重职能论。马克思主义认为政府职能具有两重性，一是政治统治职能，一是社会管理职能。"国家是一个阶级压迫另一个阶级的机器"[1]，"政治统治到处都是以执行某种社会职能为基础，而且政治统治只有在它执行了它的这种社会职能时才能持续下去"[2]。这说明，社会管理职能是政府职能的基础。为了更好地维持统治阶级的利益，必须首先管理好国家社会事务，协调好社会经济的发展，维持好社会的基本福利和正常秩序。

　　（2）政府内外职能论。"社会创立一个机关来保护自己的共同利益，免遭内部和外部的侵犯。这种机关就是国家政权。"[3]这说明，政府的实质是按照统治阶级的意志去处理国家内外事务，由此产生了国家职能的最基本的划分：对内职能和对外职能。对内职能主要是处理好国家的内部事务，保政权、促发展、安民生；对外职能突出表现在运用外交智慧或者战争暴力的方式去抵御外来的侵略，或者去侵占别国的领土、人口、资源等来扩大自己的势力。

　　（3）政府职能正负作用论。恩格斯指出："国家权力对于经济发展的反作用可能有三种，它可以沿着同一方向起作用，在这种情况下就会发展得比较快；它可以沿着相反方向起作用，在这种情况下经济发展经过一定的时期就都要遭到崩溃；或者是它可以阻碍经济发展沿着某些方向走，而推动它沿着另一种方向走，这第三种情况归根到底还是归结为前两种情况中的一种。但是很明显，在第二和第三种情况下，政治权力能给经济发展造成巨大的损害，并能引起大量的人力和物力的浪费。"[4]这说明，政府对经济的发展作用

---

①　《列宁选集》（第四卷），人民出版社，1995年，第33页。
②　《马克思恩格斯文集》（第九卷），人民出版社，2009年，第187页。
③　《马克思恩格斯文集》（第四卷），人民出版社，2009年，第307页。
④　同上，第483页。

是有正反两方面,好的政府政策可以极大地促进经济的发展、增长,坏的政策可能使国家经济严重停滞,甚至倒退。

(4)政府职能变迁论。马克思主义认为政府职能不是一成不变的,而是在不同历史时期侧重点有所不同。在战争与革命时期,政府职能以政治统治为主,而在和平与建设时期,以社会管理为主。"当国家终于真正成为整个社会的代表时,它就使自己成为多余的了⋯⋯那时,国家政权对社会关系的干预在各个领城中预将先成为多余的事情而自行停止下来。那时,对人的统治将由对物的管理和对生产过程的领导所代替。国家不是'被废除'的,它是自行消亡的。"[①]

第三节　政府职能转变

政府职能是国家形态确立以后形成的,从最初抵御外来侵害、实现国家统治的简单职能发展到现代社会保稳定、促发展、安民生等多重目标,政府职能总是随着时代的发展以及人们对国家社会认识的不断加深而不断变化的。不同的国家社会形态、不同的发展阶段、不同的科教水平等都使得各国行政职能有较大区别。自20世纪90年代以来,随着我国社会主义市场经济体制的逐渐完善和对外开放程度的不断加深,政府职能转变问题也愈加突显,成为推进经济社会快速协调发展不可忽视的重要环节。

一、政府职能转变的含义和途径

(一)政府职能转变的含义

政府职能转变,简而言之,就是因为政府目标和行政环境的变化导致政府的责任和功能出现一定程度的改变。政府职能转变也是多方面的,有的是政府履行职能的方式发生改变,有的是政府职能的侧重点转移,有的是某些政府职能内容的扩张和某些政府职能的弱化等。如前所述,政府职能是稳定

---

① 《马克思恩格斯文集》(第三卷),人民出版社,1972年,第320页。

性和动态性相统一的。政府职能在一段时间内是相对稳定的,但在较长时间内它又是随着国家政治经济情况发展变化而不断调整、发展和完善的。

政府职能转变有其客观的必然性。首先,马克思主义认为物质世界是普遍联系和永恒发展的,运动是物质世界的根本属性,政府职能作为客观存在的社会现象也应该处于不断运动变化之中。其次,从政治学角度看,生产力决定生产关系,经济基础决定上层建筑。随着经济发展和社会进步,人类社会的生产生活方式总在不断变化,与之相对应的政府管理内容和方式处于不断调整中,政府职能自然随之发生变化。再次,从社会发展的角度看,人类社会总是从无知、野蛮向民主、文明的社会过渡,代表阶级统治的政治职能在这种过渡中逐渐萎缩。特别在法治社会下,个人自由将得到充分体现,政治统治将不再危及个人自由和侵犯私有财产,而代表社会文明进步的社会管理职能也会在这种过渡中逐渐扩张,成为现代政府的主流。最后,从行政环境的角度看,政府职能处于经济社会的大环境中,必须与经济社会环境保持互动,寻求平衡。而无论从哪个方面来看,行政环境都是不断发展的,政府职能的形式、内容、重心等因素都将随之变化。

(二)政府职能转变的途径

政府职能的转变主要有三种实现方式:社会革命、行政体制改革和行政职能创新。

1.社会革命

社会革命是通过暴力变革、战争等激烈的手段引起国家的阶级性质发生根本的变化,作为国家政权代理机构的政府的性质也会随之发生改变,从而导致政府职能发生根本性变化的一种方式。社会革命是因为社会的矛盾达到顶点,而且不能从内部通过协商、改革等温和手段得到有效解决的前提下产生的,它持续的时间一般不会太长,也是能彻底解决矛盾的一种途径,但是它对国家社会的破坏程度较大,可能会产生持续的社会动乱和一些不明确的后果。

2.行政体制改革

这是指在国家基本政权性质不发生改变的前提下,由于客观环境发生重大变化,现有的政府体制、政府职能、组织结构、政府目标等不能符合当前社会政治经济形势发展的需要,国家通过政治协商、体制改革等方式使政府职能在内容、重心、方式上发生了较大变化的一种方式。它有时候也伴随着政党的更迭、社会发展阶段性目标改变等。由于政府体制改革的涉及面较大，为了不加剧社会的基本矛盾，达到平稳改革和过渡的效果，这种方式所需要的程序较为复杂，诸如政党协商、调研、试行、调整等一系列程序，因而它持续的时间一般较长。

3.行政职能创新

这是指随着时代发展和科技进步，一些新的思想理论和技术手段应用到政府行政领域，使得政府行政的理论基础、实施方式等诸多方面发生重大变化，从而导致行政职能发生重大改变的一种方式。近年来，政府行政学和公共管理学是社会科学领域相对热门的学科，对行政学相关领域的研究日趋多样化，理论创新也日渐丰硕，这些理论成果对政府行政职能的转变具有一定的指导意义。同时，随着科技的进步，以互联网为媒介的网络虚拟生活也越来越成为我们生活中不可分割的一部分，由此带来的网络宣传、网络安全等问题又使得政府管理职能不断向新的领域拓展。

二、西方国家行政职能转变的趋势

20世纪80年代后，随着美苏两大军事集团的对峙趋于缓和，西方各国政府的工作重心逐渐由原来的冷战政治向经济发展议题过渡。如何保障各国经济的持续增长，提高国家的综合实力；如何加强市场的机制建设，充分发挥市场和政府的双重作用；如何提升国际合作水平，实现互利共赢；如何统筹城乡发展，建立与本国国情相适应的国家福利保障体系等，是摆在西方各国政府面前的首要问题。由此，西方各国的政府职能也出现了一些渐进式的变革，呈现出一些新的特征。

(一)全能型政府职能向有限型政府职能转变

20世纪30年代，当西方各国还身陷经济大萧条的泥潭中不能自拔时，苏联的全能型政府主导下的计划经济体制焕发出无比的能量。二战后，西方各国在凯恩斯主义的指导下纷纷加强了政府对国民经济的干预，无论是在广度上还是在深度上都前所未有。但是经过70年代末西方国家严重的"滞涨危机"，人们又逐渐思考全能型政府对经济的主观干预与市场的客观需求之间存在的错位,调节市场供需平衡的"看不见的手"再次被人们所重视,新自由主义的中心观点并不排斥政府的经济职能,但是认为政府不应过分干预经济,市场在社会资源配置中的基础作用是不可替代的,市场和竞争就是最好的管制,于是各国政府对市场的管制持续放松。直到20世纪90年代末爆发了全球性的金融危机,西方国家的经济增长趋于停滞和倒退,"亚洲四小龙"的经济奇迹更是被瞬间打破,于是人们再次将目光转向新凯恩斯主义。新凯恩斯主义认为,政府应该适度增强干预经济的职能,政府必须采取行动来修正自由市场机制产生的某些不利影响,以便使政府和市场都发挥出最大的效率来促进国民经济的健康发展和合理增长,政府职能实际上是处于"无为"和"全能"之间的一种有限型政府职能。有限型政府职能是在充分发挥和利用市场机制在微观经济中的主导作用的基础上,通过市场法律体系和宏观经济政策途径从宏观层面上对国民经济进行适度引导、监督、调节,来弥补由于市场缺陷和市场机制失灵导致的经济危机,补充市场机制的不足,从而引导市场向着健康的方向发展,而不是像"全能型政府"那样完全取代市场机制的作用。

(二)管理型政府职能向服务型政府职能转变

随着当今时代科学技术的不断发展,社会的现代化水平也在不断提高,政府职能从政治、经济、文化、社会和生态等各方面都在日益扩展。与封建社会和近代资本主义社会的政府职能不可同日而语,它逐渐演化为从管理型政府职能向服务型政府职能转变,主要表现在三个方面。

其一,政府的社会服务职能逐渐成为主要方面。相对于近代社会的政治矛盾突出,社会发展水平还处于较低层次而言,当今社会阶级矛盾趋于缓和,并逐步全面迈入工业化、信息化时代,通信技术的广泛应用,能源交通的普及,文化交流的日益频繁使得整个世界联系愈来愈紧密,经济资源和人力资源可以在各国间自由流动。为了吸引外来经济资源和人力资源,给本国人力资本的培育创造良好的社会环境,各国纷纷将社会公共服务、社会福利体系和社会保障体制建设作为国家建设的重要组成部分,这些都极大地促进了政府的社会职能的快速发展,使它成为政府职能发展的主要方面。

其二,政府的政治职能更加隐性化。作为维护资产阶级统治的职能,政治职能并没有消失,相反,随着时代的进步,政治职能也得到了一定的发展,但是相对于以促进经济增长,提升国家综合实力为治国理念的当今世界,政治职能则以更加灵活巧妙的形式隐藏于经济职能和社会职能之后,更加趋于隐形化。

其三,以金融、娱乐、服务为主的第三产业在当今社会得到了快速发展,甚至超过传统工业和农业在国民经济中所占的比重,成为各国国民经济中的支柱产业,服务型经济理念也在当今世界根深蒂固。作为公共服务的提供者,政府的经济和社会职能也一并被打上服务型政府职能的印记。

(三)主权国家政府职能向跨国政府职能让渡

作为面向 21 世纪的开放型经济体,各国的经济依存度逐渐加深,特别是以市场一体化、贸易全球化、金融国际化、生产跨国化、结算网络化等为特征的跨国公司和一些跨国合作组织的大量出现,使得一些有着相近的地缘政治、经济和历史文化的国家不再是一个完全独立的经济体,而是相互联系、相互依赖、共同发展的经济共同体。为了消除内部成员之间的矛盾和协调各国的共同利益,这些经济共同体有向着政治、军事、文化、科技等各个领域不断延伸的趋势,形成了一些以行使跨国政府职能为特征的跨国政府组织。例如,1999 年 1 月 1 日,欧元的发行标志着欧盟朝着真正意义上的政治经济一体化的区域跨国组织迈出了实质性的一步。2015 年 12 月 31 日,东盟共同体的成立标志着东南亚联盟国家将从区域经济合作组织向着区域政治经济一体化的国家组织过渡。2015 年 7 月 10 日,上海合作组织的首次扩员标志着上海合作组织由原来的区域性国家安全组织向区域政治经济安全合作组织迈进……这些跨国政府组织近年来不断发展,并在某些特定的职能上有位于主权国家政府职能之上的趋势。

主权国家政府职能向跨国政府职能让渡有其特定的目的,可以归纳为以下四点:第一,变国家间竞争为国家间协调,通过跨国组织的特定制度安排和对话机制,将国家间利益的竞争问题转化为体制内的利益协调问题,缓和矛盾,促进成员国之间的合作;第二,通过实现成员国的优势互补和资源配置,增强跨国政府组织经济实力,抗御外部经济冲击,维护地区经济安全,削弱少数国家的金融霸权;第三,通过跨国合作增强区域力量,在国际关系中有更大的回旋余地,在国际规则制定上有更大的发言权,抑制霸权主义和强权政治,增强成员国的政治安全;第四,跨国组织在成员国家赋予的职能权力基础上,可以相对独立地管理区域内事务,推进跨国规则制定和促进合作共赢。

(四)部分政府职能向非政府组织让渡

非政府组织是指由一些有着共同目标者依法组织发起的,具有非政府、非政治、非盈利性特征的,志愿尽力解决某些社会问题的民间组织,如一些学术研究机构、医疗机构和卫生组织、教育机构、慈善机构和慈善基金会、各种主题组织、青年组织等。它们凭借自身非政治性、非意识形态性、专业性优势等对一些国家的政府决策、社会救助和其他社会问题起到了一定的积极作用。近年来,为了应对全球变暖和大气污染等问题,在西方一些国家涌现了一批环境保护的民间组织,它们彼此跨地区、跨国度地联合起来,通过倡议游说、论坛交流、文化宣传、游行示威等方式促使各国纷纷出台了针对环境保护的相关法律。1992 年在巴西里约热内卢召开的联合国环境与发展大会上通过的《里约环境与发展宣言》和《21 世纪议程》,就是在非政府组织的广泛参与下制定的。无国界医生组织为身处困境的人们以及天灾人祸和武装冲突的受害者提供援助。如 2014 年 2 月爆发于西非的埃博拉疫情蔓延迅速,无法控制,在当事国医疗系统面临崩溃的危急时刻,无国界医生组织发挥了力挽狂澜的领袖作用,帮助全世界赢得抗击埃博拉疫情的最后胜利。由于无国界医生组织表现出的卓越奉献精神,它们分别被授予 2009 年诺贝尔和平奖和 2015 年拉斯克-彭博公共服务奖。非政府组织是主权国政府在解决某些社会问题中出现政策缺乏、技术匮乏、科教落后、资金不足等困难时的有力补充。近年来,一些非政府组织的成果丰厚,获得了世界各国政府的广泛认可,一些综合国力较弱的欠发达国家对非政府组织利用其优势参与本国的社会福利和社会救助项目持欢迎态度。

(五)政府职能向非传统领域延伸

非传统领域,是指随着时代的变化,社会经济生活和国际关系中出现的新问题和新趋势。为了更好地应对这些新问题和新趋势带来的挑战,政府必须设置相应的机制和采取新对策,使得政府职能不断向着非传统领域延伸。2001 年 9 月 11 日,美国爆发了震惊世界的"9·11"恐怖袭击,自此以后,恐怖

第四章

主义在西方国家不断蔓延，愈演愈烈，甚至成为威胁世界安全的重大隐疾。根据全球恐怖主义数据库的统计，2000 年至 2014 年，全世界发生的恐怖袭击事件共计达到 52428 起，平均每年发生 3459 起，每天发生 9.47 起，给全世界人们带来严重的生命威胁和财产损失。为了应对全球恐怖主义带来的现实威胁，世界各国政府在不断加强自身安保措施的同时，也进一步增强了应对危机处理的政府职能，并且纷纷出台了相关反对恐怖主义的法规法案，以减少甚至避免安全威胁。另外，互联网越来越成为当今时代的重要工具，网络生活已经涵盖我们生活的方方面面，网络美食、网上购物、网上娱乐、电子商务等让我们足不出户就能尽享世界。但互联网的迅猛发展更加凸显了与之相配套的法律法规的不完善，政府职能难以有效涵盖网络这一全新生活领域。网络黑客攻击、网络金融诈骗、个人隐私泄密等网络威胁事件层出不穷，据不完全统计，2012 年，中国被网络吃掉的个人财产金额高达 61 亿人民币。近年来，我国政府在提倡利用互联网创新生活、大力发展电子商务的同时，逐步加大针对网络安全方面的监管力度，出台了相关的法律法规，成立了专门的网络监管部门，甚至专门成立网络警察来维持网络生活安全，打造专门的网络军队来维护国家的网络安全。

三、中国政府职能转变的历史和任务

新中国成立以来，我国政府体制一直处于不断探索和发展中，从最初的向苏联学习全能型政府职能到建设与中国特色社会主义市场经济体制相适应的政府职能，中国政府职能转变任重而道远。党的十一届三中全会以后，经济建设成为我国现代化建设的中心任务，我国政府职能转变也随着国家中心任务的确立而逐渐步入正轨，同时也面临着历史多方面的检验和挑战。

（一）中国政府职能转变的历史回顾

1.改革开放以前我国行政职能调整的尝试

从新中国成立伊始到 1978 年改革开放以前，我国行政职能经历过四次重大调整。第一次调整始于 1956 年，我国社会主义改造基本完成，以中共中央、国务院向各地发送《国务院关于改进国家行政体制的决议（草案）》为标志。调整的措施是中央政府依照职权划分的七条原则，实现统一领导、分级管理,调整的主要内容涉及中央向地方下放权力,把以中央部门为"头"的条条管理为主,改为以地方的块块管理为主。第二次调整是 1960 年秋至 1965 年,党中央决定对国民经济实行"调整、巩固、充实、提高"的方针,并于 1961 年,中共中央作出了《关于调整管理体制的若干暂行规定》的决定,强调集中统一和管理权限上收,上收的管理权限的范围是中央 1958 年下放给地方的权力。第三次调整出现在 1970 年,主要内容是中央向地方下放管理经济、企业的权力。从 1970 年开始,先后将 2400 多个中央直属企业、事业单位下放给地方管理。 第四次调整发生在 1975 年至 1977 年, 调整的主要内容依然是要加强中央集中统一领导权,上收了部分经济管理权限。

改革开放以前,我国政府职能虽然经过四次大的调整,但受限于高度集中的计划经济体制,政府职能并没有发生实质性的变化,而只是简单地从中央到地方的纵向调整和各级政府的横向自我调整。在计划管理上,国家把国民经济的绝大多数成分都不同程度地纳入计划轨道, 由国家下达指令性计划指标,或实行间接计划;在财政管理上,实行中央、大区、省(后改为中央、省、县)三级财政制度,统收统支,中央统一领导,地方分级负责;在工业企业管理上,对国营工业企业尤其是大中型企业的管理,实行中央各部门直接管理,企业生产所需的物资和资金,由其主管部委根据计划统一分配和调拨,实行按"条款"的自上而下的直接控制和调节;在投资管理上,投资由中央政府各主管部门按不同的"条款"进行管理,统一计划;在物资分配上,对关系国计民生的通用物资由国家计划平衡分配,即"统配物资",对专用物资由各主管部门平衡分配,即"部管物资";在就业与工资管理上,强调政府特别是中央政府的统一安排;在物价管理上,实行统一领导,分级管理。这样一种高度集中的大计划经济体制在很大程度上决定了我国政府职能与苏联时期的全能型政府一样运行成本巨大、耗费巨大,但是社会效率的改变却不明显。

2.改革开放以来我国行政职能转变的内容和特点

1978 年党的十一届三中全会以后, 我国确立了以经济建设为中心的战略目标,政府职能转变才从真正意义上拉开了序幕。归纳起来,这一过程先后经历了 1982 年、1988 年、1993 年、1998 年、2003 年、2008 年和 2013 年七次较大幅度的行政体制改革。虽然每次改革面对的国内外问题相对复杂,并且差异较大,但都是在巩固上一次改革成果的同时提出新的修改意见,并涉足新的改革领域。总体上,改革开放 40 年来行政体制改革始终呈现螺旋上升的趋势,改革成效显著,改革沿着平稳、有序、精简、高效的道路逐步向前推进。

1982年，中央针对"文革"后我国政府机构臃肿、干部队伍庞大且老龄化严重等问题，对国务院和各级地方政府的领导机构进行了人事制度的调整，初步推行事业单位管理体制和行政法制建设。

1988年，政府职能转变这个关键性的问题被提了出来，改变以往就机构论机构的做法，行政职能转变真正成为我国行政体制改革的重点，对与经济体制改革密切相关的中央经济管理部门和综合部门的专业司进行了裁减、合并，加强宏观调控部门、经济监督部门、社会管理部门以及资产、资源和环境管理部门的职能，并力图理顺关系，进行定职能、定机构、定人员。

1993年又一轮自上而下的全国性行政体制改革开始，这次改革的原则是转变职能、理顺关系、精兵简政、提高效率，改革的重点是转变行政职能，探索构建政府宏观经济调控体系，进一步明确了事业单位改革的原则，即政事分开和社会化。

1998年第四次改革围绕着如何适应社会主义市场经济的客观要求，完善国家公务员制度，建设高素质的专业化的国家行政管理干部队伍，转变政府职能，实现政企分开等一系列原则进行。如政府不再直接管理企业，使企业成为市场主体，政府的宏观经济调控职能加强，微观经济干预减弱，政府行政审批事项减少，工作方式发生转变等。

2003年的第五次行政体制改革是为了巩固1998年的改革成果，进一步转变政府职能，实现从量到质的突破。本次改革的亮点，是在细化政府经济管理职能的同时，扩大政府社会管理职能的，初步建立社会保障体制。如按照政企分开的原则和深化国有资产管理体制改革的要求，设立国务院国有资产监督管理委员会，促进政府部门不再承担直接管理国有企业的职能；为提高宏观调控的有效性，将国家发展计划委员会改为国家发展和改革委员会；为健全金融监管体制，成立中国银行业监督管理委员会；为适应内外贸业务相互融合的发展趋势和加入世贸组织的新形势，促进现代市场体系的形成，继续推进流通管理体制改革，组建商务部；为加强对食品的监管，在国家药品监督管理局基础上组建国家食品药品监督管理局。

2008年的改革呈现两个大的特点，第一，加强和改善宏观调控以及重点领域的管理，完善工业化和信息化，加大环境保护力度，促进科学发展；第二，着眼于保障和改善民生，完善人力资源和社会保障体制，建立健全从就业到养老的服务保障体系，完善住房和城乡建设管理体制，政府的社会管理职能得到全面的充实。

2013年党的十八届二中全会出台了《国务院机构改革和职能转变方案》,提出以职能转变为核心,继续简政放权,推进机构改革,完善制度机制,提高行政效能。基本原则是:①坚持人民主体地位,最广泛地动员和组织人民依法管理国家事务和社会、经济、文化事物;②坚持解放和发展生产力,激发市场活力;③坚持精简统一效能,优化机构设置和职能配置;④坚持创新制度机制和管理方式,提高政府管理服务能力;⑤坚持强化对行政权利的制约和监督;⑥坚持从中国现阶段实际情况出发,稳固推进大部制改革。

(二)中国行政职能转变的任务

1.向促进人与自然社会和谐的方向转变

随着我国社会主义现代化发展,21世纪以来我国经济实力、综合国力都在不断增强,2010年我国成为仅次于美国的世界第二大经济体,经济成就令世界瞩目,但同时人与自然、人与社会的矛盾却更加突出,成为阻挡我国进一步推进社会主义现代化建设进程中不可逾越的障碍。从人与自然层面来看,粗放型的发展模式给我国带来了沉重的包袱,过度开采导致我国自然资源遭到了极大的破坏,许多稀有资源枯竭,耕地面积不断缩小,淡水资源日益短缺,大气污染和环境污染严重,工业废料废水未能得到合理的处理,温室效应导致极端天气增多,许多濒危物种灭绝等。从人与社会层面,我国社会分配不公平和收入差距过大,社会保障覆盖范围小、保障水平低,社会管理体制不健全,社会法治化水平整体较低,教育资源分配不均匀等。党的十七大将科学发展观写入党章,党的十八大将科学发展观确立为我们党必须长期坚持的指导思想,科学发展观提出以人为本是发展核心,全面协调可持续是基本要求,统筹兼顾是根本方法。党的十八大更是将生态文明建设写入党章,列为我国社会主义现代化建设"五位一体"的总体布局。当前,我国处于全面建成小康社会的决胜时期,加快产业结构调整步伐,促使经济结构转型升级,促进人与自然的协调发展,加快社会保障体制建设步伐,建设完善的社会主义法治体系,促进社会公平有利于促进人与社会和谐统一,这些都是近年来我国政府职能转变面临的首要问题。

2.向提供优质公共服务资源的方向转变

党的十六大以来,党中央、国务院高度重视改善民生,相继建立起与我国社会主义现阶段相匹配的公共福利和社会保障制度,并不断完善和发展。但是由于各种原因,我国政府公共服务职能并不十分健全,具体表现在:经济发展与社会发展不平衡,社会建设落后于经济建设步伐;公共服务的地区差异、城乡差异、供给水平差异等问题明显,国际差距较大;政府公共服务职能不能满足人民群众日益增长的社会需求;政府公共服务体系和机制不健全,难以建立起与时代步调相一致的公共服务体系等等。为了解决这些存在的问题,通过十年探索和积累,2013 年 5 月国务院批转了《关于深化经济体制改革重点工作的意见》,提出统一城乡居民基本医疗保险制度,健全全民医保体系,建立健全最低生活保障、就业困难群体就业援助、重特大疾病保障和救助等制度,建立最严格的覆盖生产、流通、消费各环节的食品药品安全监管制度, 建立健全最严格的环境保护监管制度和规范科学的生态补偿制度,加快教育、文化、医药卫生等社会事业各项改革,围绕促进教育公平、提高教育质量,深化教育体制改革,加快推进文化领域政事、政企、政资分开,完善公共文化服务体系,优化促进文化产业创新发展的制度环境等。意见强调,各类各项服务民生的规章制度需要进一步落实,实现政府职能向提供优质公共服务资源的方向转变。

　　3.向提高我国国际竞争力的方向转变

　　在传统的国际竞争力系统中,政府是重要的构成要素之一。不仅如此,政府对其他构成要素的培育和发展也起着重要的作用。步入 21 世纪后,一国的国际竞争力已不能由传统的竞争力构成要素概括, 国际竞争力模式出现多样化的趋势。即使是传统的竞争力构成要素,其对国际竞争力的贡献程度也有较大的变化。企业的竞争不再是集中在传统的产品制造和销售阶段,而是前移到产品的研发阶段, 国家的竞争也不再集中在传统的经济发展领域,创新成为一个国家国际竞争力的新的制高点。创新不仅指科学技术的进步,而且代表着由科学技术进步带来的一系列社会深层次的变革,包括一些新思想、新技术的应用,新概念的产生,新政策的发明,新战略的实施等。例如,党的十八大后我国政府提出的"一带一路"倡议是我国战略创新的重要举措。政府在提高本国国际竞争力的作用上是无可替代的,主要原因是:①政府本身就是传统的国际竞争力的构成要素之一, 是一国环境竞争力的重要体现。②政府是培养国际竞争力的主体。无论是核心竞争力中的国家经济实力、企业管理和科学技术等三大要素,亦或是基础竞争力中的基础设施和国民素质两大要素,还是环境竞争力中的国际化程度、金融体系两大要素都与政府的支持和培育息息相关。③政府是国际竞争力新要素的投资者和实施者。随着时间推移,国际竞争力新要素和新模式也在不断更新,以创新为代表的新的构成要素需要政府的政策支持、资金投入,甚至依赖于政府的组织实施。因此,国际竞争力的提高不仅仅是国家综合发展的结果,更有赖于政府职能不断向着有利于提高国际竞争力方向转变。

四、中国政府职能转变中要处理的关系

(一)处理政府职能在宏观调控和微观监管上的关系

政府职能是行政管理学的主要问题之一。它不仅要回答行政"管什么"的问题,也要回答"怎么管"的问题。"管什么"是行政职能的内容,既不能什么都管,也不能什么都不管,要根据国家发展的具体目标和时代的基本要求不断探索和更新行政职能的内容;"怎么管"是行政职能的实现方式,就是要根据市场经济的客观规律,确定政府从何处入手实施管理,才能既使市场经济体制发挥出最大的效率,又能使国家的有限行政资源发挥出最大的效力。新中国成立初期的特殊历史阶段,我国各种社会制度的创立主要以向苏联学习和模仿为主,政府管理上以苏联的全能型政府为榜样,在国民经济生活的各个环节政府都发挥着不可替代的作用,导致党政不分、政企不分、产权不清,社会化大生产的积极性普遍不高、生产效率偏低,国家计划和市场需求出现较大偏差等现象。20世纪90年代初期我国实行社会主义市场经济体制后,为了进一步发挥市场经济体制在资源配置中发挥的巨大作用,我国也有针对性地进行了行政体制的改革。通过政企分开激发了企业在市场经济中的自主决策能力,引入了社会资本改造国有企业股权结构,建立明晰的产权制度,增强了企业的生机和活力。建立健全市场经济法律法规体系,保护企业法人自身利益和自主权益。

改革以后,政府通过各种方式强化了在宏观经济领域中的调控作用,同时不断减少其直接管理企业的经济行为,实现了在微观经济领域以市场手段为主和在宏观经济领域以政策调控为主的国民经济"双轮驱动"模式。在强化宏观调控的同时,政府要保持其对市场的监管职能。市场有其天然的自我平衡能力,它通过价格机制和竞争机制来优化资源配置,实现优胜劣汰。

第四章

但市场机制的有效发挥需要克服一些干扰因素,防止垄断、不正当竞争、信息不对称等现象的出现。这些都需要政府加强监管。总体看来,政府职能的实现要分清宏观和微观,宏观上注重总量调控和间接引导,微观上要做到精准定位、强化监管。

(二)处理好政府间关系

转变政府职能,要处理好政府与政府之间的关系,包括中央政府和各级地方政府之间的纵向关系, 平行的地方政府之间以及政府各部门之间的横向关系。在纵向府际关系方面,各级政府要打破"职责同构"[①]的模式,确立纵向各级政府间职能的适度错位,避免纵向政府间事权划分上的完全一致性。虽然各级政府都是社会管理和公共服务的直接提供者, 但是各层次的政府提供的不应该是完全相同的管理和服务。相比较而言,政府职能应该呈现出从宏观到微观的递减趋势,即高层级政府注重宏观管理,在宏观调控和制度建设方面的职能权重较大,政治性管理占主导地位;地方和基层政府在市场监管、社会管理和公共服务等方面职能的比重不断增加,更加注重操作性。

在横向政府间关系方面,要进一步理顺部门职责关系,实现政府内部的整体化,打造整体性府际公共服务的供给模式。在平行的政府之间要构建均衡发展、城乡兼容的协同合作伙伴关系,通过建立行政性协调机制,协调经济互动与产业对接,建立有一定约束力的地方政府间行政协议,使得政府间关系从冲突走向合作,实现区域经济社会的协同发展。

(三)处理好政府与国有企业之间的关系

国有企业是由中国政府(包括中央政府和各级地方政府)投资、控制和参与经营管理的企业。国有企业作为一种生产经营组织形式,同时具有营利法人和公益法人的特点。其营利性体现在追求国有资产的保值和增值,其公益性体现在国有企业的设立通常是为了实现国家调节经济的目标, 起着调和国民经济各个方面发展的作用。1956 年中国完成社会主义改造后,中国的企业性质基本都是全民所有制和集体所有制的国有企业;20 世纪 80 年代中

---

① 见本书第三章第三节。

国实行改革开放以后,企业所有制形式逐渐丰富起来,三资企业、民营股份制和私营企业作为市场经济体制下的崭新企业形式如雨后春笋般大量产生和发展;经过90年代以来国有企业的改革浪潮和市场经济的优胜劣汰,一大批国有企业因为不适应市场经济的客观要求而出现破产、倒闭的现象,但这并未改变我国国民经济中国有企业仍占据市场绝对优势的整体现状,现存的国有企业有几个主要特点,即大型和超大型、行业垄断型或区域行业垄断型、以经营基础资源或者进行基础建设为主型、军事工业和科技发展型、公益型等。

国有企业有其特殊性,一方面,国有企业是市场中的经济单位,必须适应市场的客观要求,实现自主经营、自负盈亏,否则将面临被淘汰的命运;另一方面,国有企业是国家的资产,由国家委派专人实施经营管理,它又不得不在政府的统一领导下按照政府的意图行事,因而存在与市场经济的客观要求不相符合的诸多方面。

转变政府职能就是要处理好政府和国有企业的关系,其一,国有企业掌握着国家的经济命脉,在保证国有企业的发展战略和国家的核心利益一致的情况下,政府要放开手脚让国有企业在市场中自我发展和自我完善,让其成为适应市场客观规律,并为市场经济体制建设服务的主要力量;其二,国有企业在中国市场经济中占据绝对优势,是中国社会就业的中坚力量,政府有必要给予国有企业一定的支持,让其发展壮大成为解决社会就业,维持社会稳定的"南天一柱";其三,国有企业是国家进一步推行经济体制改革的"试验田",要发挥好"试验田"的作用,为市场经济体制下的国有企业改革和所有制转换积累经验。

(四)处理政府与社会的关系

受到计划经济时期惯性思维的影响,政府对社会事务大包大揽,社会组织发育迟缓。这种状况又反过来影响政府对社会的放权,使得政府难以从部分社会管理领域解脱出来。改革开放40年来,"大政府小社会"的状态依然存在,政府仍然频繁地影响着公民、团体乃至整个社会,科学地处理政府与社会关系问题成为亟待解决的重要课题。

正确处理政府和社会关系,要注重实施政社分开,赋予社会组织明确的权力责任,推进社会组织依法自治,发挥自我管理和约束的作用。要坚持凡

第四章

是适合社会组织提供公共服务的事项应由社会组织自我承担的原则，大力发展社会组织，支持和发展志愿服务组织。现阶段，要限期实现行业协会商会与行政机关真正脱钩，重点培育和优先发展行业协会商会类、科技类、公益慈善类、城乡社区服务类社会组织。同时，改革政府对社会组织的管理方式，引导它们依法开展活动。

思考题：

1.简述政府职能及其特点。

2.简述政府的基本职能和运行职能。

3.简述西方国家政府职能理论的发展历史。

4.西方国家行政职能转变的趋势有哪些？

5.中国行政职能转变需要达成哪些任务？

6.中国政府职能在转变的过程中需要处理好哪些关系？

第四章

第五章 政府权责

权力是社会生活运行的基本动力,责任是与权力相伴而生、并肩而存的客观实在。权力和责任就如同宇宙生成世间万物的正、负粒子一样,在复杂的社会生活中分离聚合,组成各种形态,指挥、引导和点缀着多姿多彩的社会生活。政府权责是权力责任在公共领域的一种表现形式。自人类社会将部分的权责让渡给政府以后,权责就在政府内部切割、分配和重组,由此形成的权责关系成为影响政府行为的重要因素。因而,研究政府的权责配置,构建基本模型,厘清它与政府行为之间的基本逻辑十分必要。

第一节 权力和政府权力

一、权力的本质

在中国古代典籍中,"权"包含比较、审度和制约能力等含义。如孟子曰:"权,然后知轻重"①,这里的"权"就有比较和度量之意。早期法家人物慎子曰:"贤而屈于不肖者,权轻也"②,这里就是制约能力之意。在西方,权力即power,它出自于拉丁语,基本含义接近能力。近代以来,西方学者对权力下了众多定义。如马丁指出:"从最一般的意义上讲,权力指由对象、个人或集团相互施加的任何形式的影响力。"③特伦斯·鲍尔则认为:"权力基本上是指一

---

① 《孟子·梁惠王》。
② 《慎子·威德》。
③ [英]马丁:《权力社会学》,陈金岚等译,河北人民出版社,1992年,第56页。

个行为者或机构影响其他行为者或机构的态度和行为的能力。"①达尔说："用制造严厉制裁的前景来对付不服从，从而得到屈服，这种影响力常被称作权力。"②韦伯认为："我们想很一般地把'权力'理解为一个人或很多人在某一种共同体行动中，哪怕遇到其他参加者的反抗也能贯彻实现自己意志的可能性。"③这些定义一般将权力同影响力、能力、强制力等联系在一起，认为权力是主体通过某种方式影响客体的强制力。

从总体来看，权力是一种影响力，是借助于各种方式实现对他人制约、影响和控制的能力。权力的成功实现取决于罗素称之为"能"的东西，"在社会科学上权力是基本概念，如在物理学上能是基本概念一样。权力也和能一样，具有许多形态，例如财富、武装力量、民政当局以及影响舆论的势力"④。权力中的"能"其实就是权力实现的基础和资源。一种权力能否得到实现，需要借助于各种资源。在人类早期的简单生活中，这种"能"可能主要表现为物质的，如工具、火的运用等。随着人类社会生活的复杂化，人类主张的实现需要借助更为复杂的工具，如制度、暴力、金钱、合法性、意识形态、权威、道德伦理等众多的因素。这些因素彼此之间相互影响和制约，权力的大小最终取决于这些"能"的合力大小。

从另一个角度来看，权力应当囊括权利的基本内涵。公民权利是公民权力的基础内容之一，是个体基本权利的法定表述。如公民言论自由的权利其实就是公民实现良好生存和发展中不可或缺的主张，也就是公民自由表达的权利。在现代社会生活中，公民普遍性的主张之所以能够上升为公民权利，与宪法这一制度所具有的"能"相关。正是人类通过艰苦的斗争确立了宪法这一制度在现代生活中的意义，公民权利才有了制度上的支持，公民对于良好生活的普遍主张才能转化为公民权力。而在历史上，奴隶主就是通过暴力资源剥夺了奴隶对于这种良好生活的主张。

二、政府权力的来源

权力能够被转让。在自然状态中，任何人不得侵害他人的生命、健康、自

---

①　米勒等编：《布莱克尔政治学百科全书》，中国政法大学出版社，1992年，第595页。
②　[美]达尔：《现代政治分析》，王沪宁、陈峰译，上海译文出版社，1986年，第60页。
③　[德]韦伯：《经济与社会》（下卷），林荣远译，商务印书馆，1997年，第246页。
④　[英]伯特兰·罗素：《权力论》，吴友三译，商务印书馆，2012年，第4页。

由和财产,每个人行使自然法,且都是自己案件的裁判者。①但这种生存状态有一定的弊端,因为在自然状态下人们的生存环境是不稳定的,每个人在裁判过程中都会基于私心而偏向自己,导致裁判缺乏公正性,一些人还会用强力来解决问题,从而造成了社会的无序和混乱。这样,在自然状态下,既缺乏一个明确一致的共同制度解决人们的纠纷,又缺乏一个公正且强有力的力量保证裁判的执行,自然状态就变得不安全。于是,为了更好地保护生命、自由和财产,人们订立了契约,自愿放弃惩罚他人的权力,以集体或个人的形式加入公民社会,将权力授予特定的机关,由它来执行人民的意愿,于是国家产生了。

可见,在早期启蒙思想家看来,人们所做的一切只是为了社会的和平、安全和公众福利,国家是人造的结果,公共权力来源于组成国家的人民。根据这种逻辑,政府是国家机构,是国家权力的具体行使者,政府的权力来源于民众的转让。人们为了实现更好的社会生活而向政府转让自己的权力,自然,政府权力的范围应当控制在实现公共福利需要的基础上。

三、政府权力的制约

政府的权力来源于公众的让渡,公众在向政府转让权力的时候需要考虑约束机制的问题,通过有效的机制对政府的权力进行限制,防止政府的权力滥用。在如何实现对政府权力有效制约的问题上,思想家们进行了有效论证,展开了跨越历史时空的对话。

研究者对于权力本性的深刻认识由来已久。一般看来,权力具有天然的扩张性,这与人的本性高度相关。权力意味着掌权者对于其作用对象拥有强制、支配和控制的优势地位。正因为如此,拥有权力的人在缺乏必要制约的情况下,可能受到自身欲望的驱使而将权力运用到极致。同时,权力的行使具有较强的主观性。个人的生理机能、兴趣、理念等都可能左右权力的行使方式,使得权力变成一个极具弹性的客观存在。在没有受到有效的制约前,权力将是脱缰的野马,没有边界。法国的孟德斯鸠对此作过经典的论述,一切有权力的人都容易滥用权力,这是万古不易的一条经验。英国历史学家阿克顿勋爵曾说,权力导致腐败,绝对权力导致绝对的腐败。

---

① 　[英]洛克:《政府论》(下篇),叶启芳等译,商务印书馆,1981年,第20页。

第五章

权力如此,政府的权力同样如此。为了保障公众权力,防止政府权力对公民的侵害,必须对政府权力实行制约。对于这一观点,思想家和政治家普遍认同,但在如何有效制约政府权力的问题上,他们从不同的角度进行了论证,提出了不同的方案。

(一)人民主权:现代政府权力制约的逻辑起点

人民主权是西方政治思想史上的重要理论成果。人民主权理论认为,国家的主权来源于公众权力的让渡。政府必须有边界意识,政府权力的边界取决于公众权力让渡的边界,公众对政府权力拥有天然监督权。人民主权理论是近代思想启蒙运动的产物,是对历史上皇权政治和神权政治的彻底否定,它从思想上解放了人,让人类社会走出了极端野蛮和不平等的历史黑暗,成为现代政府理论的重要支点。

人民主权理论的形成是一个曲折的历史轨迹,源头可以追溯到雅典民主时期。公元前462年改革之后,雅典形成了具有一些民主特征的政体。在雅典的民主政体中,有公民大会、五百人会议与民众法庭等三个主要机构,其中,具有决定意义的是公民大会。公民大会逐步成为最高权力机构并定期举行,每月召开3到4次。公民大会以投票方式决定城邦的重大事项。公民大会选举产生国家公职人员,同时行使对它的监督职能。公职人员若被发现有渎职或其他犯罪行为,要追究法律责任,甚至被判处死刑。法律规定,凡年满二十岁的男性公民都可以参加公民大会。当然,雅典的民主形态并不符合完全成熟的人民主权理论,享有民主权力的人只是城邦中的一少部分人。

真正的人民主权理论兴起于启蒙时代,欧洲资产阶级启蒙运动的先驱洛克是这一理论的首创者,而卢梭则被称为这一理论的集大成者。洛克在其政治学经典《政府论》中抨击了"君权神授"的谎言,提出了"天赋人权"的口号。在他看来,无论是由君主执掌的行政权和对外权,还是公众选举产生的议会,都只拥有限的权力,而非至高无上的权力。如果政府(包括立法机关或行政机关)违背了人民建立它的宗旨,人民就可以收回自己的授权,直至推翻违背民意的政府。"当立法者们图谋夺取和破坏人民的财产或贬低他们的地位使其处于专断权力的奴役状态时,立法者们就使自己与人民处于战争状态,人民因此就无需再予服从……人民享有恢复他们原来的自由的权力,并通过建立他们认为合适的新立法机关以谋求他们的安全和保障。"①

系统阐述人民主权理论的是法国资产阶级启蒙思想家卢梭。卢梭以"公意"的概念为逻辑起点打开了新的思路。在他看来,人民订立契约,建立国家,并成为国家的主人。而国家为了保护社会全体成员的利益,必须拥有普遍的强制性力量,拥有对社会各成员的支配权力。当这种权力受公意指导时,就获得了主权的名称。因此,卢梭认为,人民主权是根据公意建立的绝对权力。也就是,作为公意集中体现的国家的全部权力来源于人民,归属于人民,人民主权"不外是公意的运用"②。公意与个人意志、众意及集团意志是完全不同的。公意从全体人民的共同利益出发,是全体人民的共同意志,是公共利益的表达,它的唯一目的是公共的幸福。主权不是别的,它就是公意的行使。政府是"在臣民与主权者之间所建立的一个中间体,以便使两者得以互相结合,它负责执行法律并维护社会以及政治自由"③。在这种逻辑下,主权是第一位的,政府是第二位的。政府的权力必须维护公意,必须对人民负责,接受人民监督和控制。

可见,人民主权是现代政府建立的基础,没有人民主权就没有政府权力。人民主权中包含了对现代政府实施有效监督和制约的基本逻辑。政府是公众权力让渡的产物,政府的权力来源于公众,服务于公众,必须对公众负责。这样,公众可以通过各种形式监督和制约政府,保护自己的权力不受侵犯。

(二)分权制衡:政府权力制约的制度架构

防止政府权力的滥用不仅依赖于公众的监督和制约,还需要通过建构有效的体制机制对政府的权力进行合理分割,让它们相互独立,互相监督,彼此制约。这种分权制衡的模式如今在西方国家中被广泛采用,表现为权力被分割为立法、行政和司法三大权力,它们由不同的国家机关掌握,各自独立行使又相互制约。

1.分权制衡理论的渊源

分权制衡理论可以追溯到古希腊的亚里士多德。亚里士多德生活在古希腊城邦政治充分发展的时代。古希腊城邦是一种以城市为核心,包括周边

①　[英]洛克:《政府论》(下篇),叶启芳等译,商务印书馆,1999年,第80页。
②　[法]卢梭:《社会契约论》,许强译,中国社会科学出版社,2009年,第37页。
③　同上,第92页。

部分乡村的主权国家。在城邦政治中,公民大会是最高的权力机关,拥有重大事项的决策权和重要的人事任免权。另外,五百人的议事会、执政官、元老院和陪审法院分别拥有一部分国家权力,城邦的立法、行政、司法等职能初步分化出来,由不同的国家机关独立行使,彼此之间存在一定程度的制约能力。政治实践与理论探讨相互映衬。在亚里士多德看来,国家政体应当具备三个基本要素:议事机构、行政机构和审判机构,如果这三个要素能够很好地组织起来,国家政体将会走向健全。①虽然古希腊的民主政体只是惠及城邦中的少数人,但它孕育了分权制衡的基本精神,并将其转变为实践,成为分权制衡理论的思想渊源。

2.分权制衡理论的提出

1688 年光荣革命后,英国确立了君主立宪政体。生动的现实为洛克提供了丰富的素材,思想家在深入思考后写下了对后世具有重要价值的著作《政府论》。洛克强调政府权力约束机制的一个重要方面是制度层面。他认为,政府所掌握的公共权力必须得到制约,政府必须是限权政府。他总结了英国资产阶级革命的斗争经验,提出将国家权力分为立法权、行政权和联盟权三种。这三种权力之中,立法权是最高的。三种权力相互分立,且相互制约和协同工作。②但实际上,洛克所指的三种权力中的联盟权可以归结为现代意义上的外交权,其实是行政权的一种,因而洛克所提出的三权分立实际上是两权分立。

3.分权制衡理论的初成

18 世纪中叶的法国启蒙思想家孟德斯鸠是分权制衡理论的完成者。在《论法的精神》这一被后世称为"理性的法典"的巨著中,他强调专制政体与法律水火不容,一切掌握权力的人都存在滥用权力的倾向。如果权力过分集中,人民让渡的权力就会变成奴役人民的工具。要防止权力的滥用,保障人民的政治自由,就必须用权力制约权力。基于此,孟德斯鸠将国家的权力划分为立法权、行政权和司法权三大块。

孟德斯鸠的分权学说的核心部分集中对分权制衡的必要性及设置方式进行了充分论证。他认为,拥有权力的人们在使用权力时一直到有界限的地方才会休止。权力应当相互约束,通过特定的设置达到力量的平衡,从而实

① ［古希腊］亚里士多德:《政治学》,吴寿彭译,商务印书馆,1996 年。

② ［英］洛克:《政府论》(下篇),叶启芳等译,商务印书馆,1999 年,第 85~95 页。

现以权力控制权力,一个自由健全的国家应当注重权力的合理设置和限制。在对立法、行政和司法这三种权力的设计上,他认为,立法权是制定法律、修正法律和废止法律的权力,应该由人民集体享有,但在行使方式上应当交由人民选举出来的代表。行政权力是执行国家的意志,应该集中在国王的手中,以便于快速处理相关事务。司法权力是惩罚犯罪或者裁决私人诉讼,应当交给法院,并且不受立法和行政权的干涉,保持司法独立。值得强调的是,司法权的独立是孟德斯鸠对洛克分权理论的重大突破,司法被明确为与行政、立法并列,成为"以权力制约权力"的关键点。到这一时期,三权分立理论基本成型。

4.分权制衡理论的充实和进一步发展

欧洲的三权分立思想对北美的政治实践产生了重要影响。美国建国之初,政治学家和思想家们将分权制衡的基本理念贯彻到国家的政治制度设计中,使三权分立理论第一次全面变成现实。同时,对分权制衡学说进行了更为系统科学的阐释和补充,使其在北美大陆上达到了一个新的高度。

针对美国的现实国情,汉密尔顿提出,权力的分立并不等于三者的绝对隔离,为了实现制约与平衡,三种权力需要局部混合。而且,每一种权力都不应当对其他权力构成压倒性优势。杰斐逊还独创性地提出了用联邦和州之间的分权来补充三权分立的思想。强调既要有一个强有力的实行分权的联邦政府,又要通过州的纵向分权限制联邦的权力过大,防止权力过分集中在少数人手中。这一思想,被称为"立体制衡"。北美大陆的政治理论和实践推动了分权制衡理论的充实和进一步发展,使得这一理论达到了顶峰。此后,西方的分权制衡理论进入了停滞状态,没有出现具有里程碑意义的新突破。

(三)依法行政:政府权力制约的基本理念

对政府权力的有效制约必须依赖于良好的法治状态。从古希腊开始,西方社会无论是哲学家,抑或是法学家,对法治价值和实现方式的论述可谓汗牛充栋。

古希腊的法治思想是近现代西方法治理论的源头。柏拉图在其著作《法律》中提出了法治的思想。系统彻底地对法治思想进行阐释的人是柏拉图的学生亚里斯多德。亚里士多德在其著作《政治学》中阐述了他的法治思想。法律是最优良的统治者,"凡是不凭感情因素治事的统治者总比感情用事的人们较为优良。法律恰好是全无感情的，人类的本性使谁都难免有感情"①。良法是实现法治的前提，"法治应包含两重意义：已成立的法律获得普遍的服从，而大家所服从的法律又是制定的良好的法律"②。法治与政体紧密结合，高度联系，"相应于城邦政体的好坏，法律也有好坏，或者是合乎正义或者是不合乎正义……法律必然是根据政体来制定的，既然如此，那么符合于正宗政体制定的法律就一定符合正义，而符合于变态或乖戾的政体所制定的法律就不符合正义"③。

法治思想的大发展发生在启蒙运动时期，洛克、卢梭、孟德斯鸠等先后做出了重要的贡献。他们认为，法治是理想社会的主导治理模式，为法治成为现代政府的基本构成要素奠定了思想基础。洛克强调限制政府的一个重要方面是坚持依法行政，通过制度对政府的权力形成约束机制，认为依法行政才是保障公民自由权的关键。哪里没有法律，哪里就不能有这种自由。自由是在法律的范围内，随心所欲地处置或安排他的人身、行动、财富和他的全部财产的那种自由。洛克列举了立法权力的四重界限，一是应该以正式公布的既定的法律来进行统治，这些法律对所有的人一视同仁，不因特殊情况而有出入；二是法律除了为人民谋福利这一最终目的之外，不应再有其他目的；三是未经人民自己或其代表同意绝不应该对人民的财产课税；四是立法机关不应该也不能够把制定法律的权力让给任何其他人。此外，洛克还强调，自由裁量权是法治政府的重要组成部分。孟德斯鸠论述了法律和自由的关系。他认为，法无禁止就是人们自由活动的依据，约束政府权力才能保障公民自由，权力之间的相互制约是节制权力唯一可行的方案。卢梭在其第一篇论文《论人类不平等的起源和基础》中提出，法律面前人与人之间的权利是平等的，没有主人，也没有奴隶。

戴雪被称为近代西方法治理论的奠基人。他第一次全面阐释了法治概念，认为法治是与专横权力相对立的，正规法治处于主导地位，并且排斥专擅特权和宽泛自由裁量权的存在，法治意味着法律面前人人平等。

进入现代社会以后，随着行政权力的扩张和自由裁量权的扩大，现代西方法治不得不面临一系列重要考验。这些问题的提出标志着传统法治的某些内容确实不再符合现代社会关系的要求了。但无论如何变化，西方法治思

①　[古希腊]亚里士多德：《政治学》，吴寿彭译，商务印书馆，1965年，第163页。
②　同上，第199页。
③　同上，第148页。

想中坚持自由、平等、民主、人权的基本精神并没有变化,西方现代法治中强调用法治精神保障公民权利,约束政府权力的基本理念也没有变化。

四、政府权力的分类

政府权力生成以后,广泛地存在于社会生活中,成为影响社会秩序的重要因素。政府权力可以从不同的角度进行分类:

从分权制衡的角度来看,可以分为立法权力、行政权力和司法权力,这三种权力分别由三大国家机关行使,相互分立、互相制衡。

从权力的基本属性来看,可以分为政治性权力、管理性权力。政府是执行国家意志的机关,国家的双重属性——统治性和管理性——都会投射到政府上。政府的部分权力是为了执行统治阶级意志,确保国家政权的稳定,它们具有明显的统治属性;也有一部分权力是用于维持社会的有序平稳运行,它们更具有管理属性。实际上,两种权力相互依存但有主有从。对于统治者而言,加强社会管理,保障整个社会秩序的正常运行,调节人与人、人与社会和自然的关系,都是为了实现更加强有力的统治。

从政府运行的过程来看,可以分为决策权、指挥权、组织权、协调权、控制权等。政府决策是政府机关为了实现其职能而作出的、处理公共事务的决定。它贯穿于政府过程的始终并居于政府过程的核心地位,是政府活动中最经常性的、最大量的工作,政府过程中的其他各项职能都离不开政府决策,政府活动的成败在很大程度上取决于决策权力的运用。运用决策权的过程大致包括确定决策目标、拟定方案、评估优选方案、追踪反馈等阶段。计划就是政府机关为了实现既定的决策目标,对整体目标进行科学分解和预算,并筹备必要的人财物等,拟定具体实施的步骤、方法以及相应的政策制度等一系列活动。组织就是政府机关和工作人员将确定的计划方案付诸实施的活动。协调就是调整政府机关之间、行政人员之间以及各项政府活动之间的关系,减少政府过程中的损耗,实现整体职能的活动。控制就是指上级政府或者领导者对具体执行部门及其人员的监督、检查、修正、纠偏等,力求使政府实际活动的结果与预期的结果相符合。

从政府权力的基本内容来看,可以分为政治性权力、经济管理权力、文化管理权力、社会管理权力和生态管理权力等。政治性权力涉及国内和国外、敌我之间和人民内部矛盾。经济管理权力,就是政府为了巩固和发展经

第五章

济,对宏观经济进行调控,微观领域进行调节的力量。文化管理权力,是指政府通过一系列专门管理机构的活动实现提高民族思想道德素质和科学文化素质。社会管理权力涉及保持社会稳定、维持社会正常秩序的一系列活动。生态管理权力就是政府引导生态文明建设的力量。

第二节　政府责任

一、政府责任的产生

　　责任是与权力相伴而生的客观存在。在马克思看来,"可以根据意识、宗教或随便别的什么来区分人和动物"①。责任是人区别于动物的重要标志之一。在责任这种外在强制性力量的督促下,作为个体的人求取生存和发展的欲望才可能实现得更好。责任的存在是人类实现种群的生存和延续的外在压力,是人类更具能动性和创造性的最重要的动力机制。在社会科学中,研究者一般将责任定义为分内应做的事和因为没有做好自己的工作而应当承担的不利后果或强制性义务。

　　政府责任是天然存在的,自广义的类似于政府的国家机器成立以来它就存在,它是政府或者类政府的国家机器存在的目的和价值所在。为了实现基本的社会秩序,统治者需要成立国家机器,建立政府,并赋予这个机器工作的职责,于是政府责任产生了。

二、责任政府的内涵

　　政府责任与责任政府是两个概念。政府责任自国家机器成立以后就有,但真正的责任政府是近现代以来才出现的。政府责任是对建立的国家机器所赋予的工作内容和价值定位。尽管拥有所谓的政府责任,但资本主义以前的国家机器并没有主动承担这些责任的内在动力和外在压力。直到近现代,责任政府才产生。责任政府是对政府责任具有高度的自觉意识,并能够通过

_____

　　①　《马克思恩格斯选集》(第一卷),人民出版社,1995年,第24页。

有效地行使权力,完整的究责机制来确保责任实现的政府。责任政府是民主政治的产物,它与近代以来启蒙思想家所倡导的社会契约论和人民主权思想高度联系起来。封建社会的国家是依靠武力建立国家政权的,对国家武力的过度迷信让君主们蔑视了对所属臣民的责任,而缺乏责任制约的政府权力没有内在的制约机制,最终会在权力漫无边际的扩张中丧失合法性,丢掉权力,周期性地演绎王朝更替。启蒙运动以后,人们渐渐意识到国家的权力是公众让渡的结果,人民是政府权力的原生主体和终极责任对象,政府应当对人民负责。可以说,民主政治是一种责任政治,民主行政是一种责任行政。政府责任是对人民权力让渡的一种交换。政府在获得人民让渡的权力以后自然就要承担为民众谋取福利,保障他们生活得更好的责任。

　　责任内阁的实践和理论最早起源于英国。自光荣革命以后,英国步入资本主义社会,成为第一个现代意义的国家。英国在建立现代制度的过程中,走了一条和平、渐进变革的道路,这也体现在责任政府的建立上。1742 年,内阁首相握尔波因得不到议会多数信任而辞职,从而开创了政府向议会承担政治责任的先例。1835 年,英国保守党第一任首相皮尔在辞职之际说:"政府一旦遭到平民院多数派决定性的反对意见,就不应该继续管理公共事务……",这标志着英国责任政府的形成。英国责任政府的基本内涵可概括如下:一是议会的信任是政府执政资格的重要构成,政府一旦得不到议会多数的信任,就丧失了执政的基础,政府要么辞职,要么提请国王解散议会,重新组织大选,由新选举的议会决定内阁的去留;二是政府对议会负责,向议会报告工作;三是内阁要团结一致,接受内阁首脑,也就是首相的领导和控制。[①]

　　责任政府不仅是一种美好的理念,更是一种政治制度安排。作为一种理念,责任政府意味着政府必须积极回应并满足公众的基本要求,必须承担多方面的责任,保障公众的权利。作为一种制度安排,责任政府意味着需要设立一套完善的机制,激励政府认真履行责任,对政府不负责的行为予以严格的责任追究。人类社会发展到今天,责任政府的理念和基本构成要素已经得到普遍认同。当然,在具体的细节安排上各国政府需要根据本国政治的特定情境做出选择。

第
五
章

---

① 陈素慧:《论责任政府及政府责任体系》,《理论导刊》,2010 年第 6 期。

三、责任政府构成要素

总体来看,责任政府建设包括四个方面的内容,即责任主体(由谁承担责任)、责任受体(对谁承担责任)、责任内容(就哪些事项承担责任)、责任机制(采用哪些方式和程序承担责任)。

1.责任主体

毫无疑问,手握公共权力的政府是责任的主体,但政府通常由一系列组织和具体人员构成,因而政府需要将对民众的总体责任分解到具体的组织、领导者和工作人员。当政府将具体的责任分解到各个组织机构,并细化到负责执行的官员和公务人员以后,他们就是政府责任的最终主体。但政府责任的分解是非常复杂的,因而确定政府责任主体将是一个非常不易的过程。从总体来看,确定责任主体应当注意:

一是行政首长是政府责任重点关注的主要对象。通常情况下,各级政府及其部门的行政首长一般是本部门或者本单位的决策者,其执政理念、工作态度和行为方式等是起主要作用的,一般公务员只是执行行政首长的决策。因此,在追究政府责任的时候,行政首长应当是重点关注的对象。

二是坚持权责一致的原则。一般而言,各级政府能够动用的行政资源和拥有的管辖能力是有限的,在确定政府责任的时候,必须与责任对象的权力联系在一起。也就是说,政府行使多大的权力,就必须承担多大的责任。当一级政府或者相关部门没有与须承担的责任事项相对应的权力的时候,它至少不能承担主要责任。

三是当代中国政府中,要注意各级党组织在责任事件中的责任问题。党在各种国家机关中处于领导地位和核心作用,尤其是在重大决策、重要人事任免等问题上占据决定性地位。但同时,考虑到各级组织坚持党政分开原则,党在具体问题上并不参与具体的操作,因而科学区分党组织主要负责人的责任问题至关重要。

2.责任客体

区分责任客体是解决对谁负责的问题。从人民主权学说的理论来看,民众应当是政府责任的最终客体。但民众是一个广泛而抽象的概念,世界各国基本上都是采取代议制的间接民主,即由民众选举人民代表,将权力委托给他们,由他们代表民众行使最高权力。因此,政府最重要的责任客体应该是人大或议会等代议机关。另外,政府是层级授权的,上级政府通过委托-代理对下级政府或者相关部门授权。代理方从委托方获得权力,必须对委托方负责任,形成一条完整的责任链条,因此上级政府是下级政府的直接责任客体。

总结来看,政府的责任客体最终是民众,但在具体的政府活动中,责任客体的准确认定要看政府的权力直接来自于谁。当政府是由议会选举决定时,政府就需要向议会负责;当一些政府部门或者机构的权力来自于本级政府或者上级政府的授权时,其责任客体应当是授权者。在当代中国,党在政治生活中处于核心地位,因而责任客体应当考虑党的各级组织。

3.责任内容

责任内容是政府对其违反规定的行为应当承担的否定性后果,它与特定事件中政府的行为方式及其影响相关。具体来看,责任内容包括四个方面:

一是道德责任。政府机关及其官员的行为若不符合社会所要求的道德标准和规范,将会失去其统治的正当性。一些政府及其工作人员的行为可能并不违犯宪法和法律的明确规定,但与社会公德相冲突,这些行为也要承担相应的责任。美国公共行政学会在 1985 年发表十二条伦理法典,对政府及其工作人员的道德责任进行了明示,其中包括公务员执行公务应表现出最高标准的清廉、真诚、正直、刚毅等特质;公务员个人不能运用不当的方式在执行职务时获得利益;公务员要消除所有歧视、欺诈、公款管理不善行为;公务员要以积极的态度为民服务;公务员要自尊并保守公务机密;公务员在法律授权内进行行政裁量,增进公共利益等。①

二是政治责任。政治责任是指政府机关及其工作人员的所作所为必须合乎人民的利益、权利和福利,以民意为出发点,其决策必须合乎民众的意志和利益。当政府的决策和行为有损国家和民众利益,或者出现用人不当、管理不力、严重失职等问题时,虽可能不受法律追究,却要承担政治责任。政府的政治责任发端于英国。早在 16 世纪英国就出现了弹劾案件,失职的大臣被众议院控告,然后由贵族院审判,议会用这种方式来处分那些依据普通法律不够判罪的政府官员。随着实践的发展,政府的政治责任范围不断扩大,政府在重大政策、预算或重要国际条约的签订上得不到议会的批准时也须辞职。在民主宪政国家,政府政治责任主要通过议会对政府的监督实现,

---

① Appendix, "American society for Public Administration Code of Ethics", *International Journal of Public Administration*, Vol.12, No.6(1989), pp.971–972.

这些方式包括询问、质询、国政调查、倒阁、弹劾等。我国人大制度中有一些追究政府政治责任的规定,如质询、辞职、罢免等。

三是行政责任。如果说政治责任主要强调宏观整体的政府对民众的责任的话,行政责任主要侧重于具体的政府内部的责任关系。在体系内部,政府各组织要对上下级机关、领导及职务负行政责任或义务。各级政府及其行政部门组成了一个庞大的体系,每一个体系中的成员都应当遵守法定的权限,按照制度的规定行使自己的权力,不越权行事。在层级控制体系中,对上须服从,对下要监督。除司法人员依法审查的诉讼案不受上级的干涉外,其他行政机关及其公务员对上级的命令应当服从。在执行行政命令的过程中,应当保守秘密,不得泄漏,不得以私人或代表机关的名义任意发表有关职务的谈话。政府机关及其公务人员的行为应当符合法定的目的,不得滥用职权,更不得借用公共权力牟取自身利益。政府机关和公务人员应当合理行使裁量权,避免行政失当。①

四是法律责任。政府掌握了国家公共权力的行使权,对社会的影响力更大,因而政府就应更加遵守国家的各项法律,否则就要承担法律责任。法律责任是指政府及其工作人员因违犯行政法律规范而必须承担的法律责任,又称其为行政法律责任。大量的行政法律规定了政府及其公务人员在行使职权时应当遵守法定权限,不滥用职权、不越权行事、不失职渎职、不借公共权力谋自身或他人的利益,或损害他人的利益,合理地行使法律所赋予的自由裁量权。否则,就应当承担相应的法律后果。在不同的国家中政府法律责任制度各有差异,但本质都是司法机关经法人或者公民申请,审查政府机关行政行为的合法性及合理性,进而追究政府机关违法责任的制度。我国的《行政诉讼法》同样做出了规定:公民、法人或其他组织认为行政机关的具体行政行为侵犯其合法权益,可以依法向人民法院起诉,由人民法院依法审理,并追究法律责任。

4.责任机制

行政问责制是实现责任政府的重要机制。承担公共责任是责任政府的第一要义,问责制是政府及政府官员承担公共责任的制度化形态,是实现责任政府的机制所在。我国宪法第 27 条规定:一切国家机关实行精简的原则,实行工作责任制,实行工作人员的培训和考核制度,不断提高工作质量和工

————
① 张成福:《责任政府论》,《中国人民大学学报》,2000 年第 2 期。

第五章

作效率,反对官僚主义。问责制符合我国宪法规定的基本精神,是宪法精神中"工作责任制"的具体体现和制度安排。但问责制的建立和完善不仅仅是简单的制度建设,更是政府价值理念的更新。只有政府人员自觉地将政府责任内化为自身的责任和义务,才会在面对角色和利益的冲突时,做出符合公共价值的选择。另外,问责制不是单一的某一个制度,而是一系列制度建设。问责机制应当包括政府信息公开制、责任事故报告机制、权力机关质询机制、公民政治参与机制、大众媒体曝光机制、政府责任综合评价机制等。只有从方方面面出发,将政府责任落到实处,问责制才能发挥作用,从而激励政府不断改进工作。

第三节　政府权责配置及其对政府行为的影响

一、从个体权责到政府权责

权力和责任是作为个体的人存在的基础,它们与作为个体的人共同生成,且自生成之时起就并肩而立。对于绝大多数普通个体而言,在拥有某项权力的同时,还负有让自身行为符合社会规范且尽力实现良好生活的责任。责任是对权力最好的制约,只有让个体在主张某种权力时意识到行使这一权力就必须面对某种责任,他才会注意行使权力的方法和边界。就如同构成物质最基本的微观粒子电子和质子一样,权力和责任成为个体存在的基本要素,它与个体的人同生同灭。无论人们是否意识得到,权力责任总是对等地存在着。这是个体存在的基本前提和标志,是个体作为人的基本属性的展示。

初生个体的权责内容和关系都相对简单。对于婴儿而言,保障最基本的生存条件和安全就是其权责的主要内容,由于缺乏行为能力,他们的权力和责任都被授予其监护人。随着个体不断融于复杂的社会生活,他的需求和主张与日俱增,权力责任的内容和关系就持续复杂起来。如随着网络和虚拟世界的形成,个人的权责就将在网络生活中扩展。

在复杂的社会生活中,个体行使权力承担责任的能力遭遇某种困境,表现为:个体间权责边界的模糊性和冲突性、个体单独承担权责能力的有限性等。为了克服这种困境,人们被迫交出自己的部分权力,订立契约,将它委托

第五章

给主权者,由主权者代为行使人们让渡的权力,同时承担划分个体权责边界和应对更大危险的责任。在订立契约并实施权力责任交换以后,主权者诞生了,"我们在永生不朽的上帝之下所获得的和平和安全保障就是从它那里得来的"①。这样,另一种形态的权力责任形式——公共权力和责任——诞生了。

应该说,公共权责是来源于私人权责的,正是个体权责的让渡成就了公共权责。个体在保留部分权责以后,将一些只有借助于公共机构或者组织才能完成得更好的权责交付出来,组成公共权责。之所以形成公共权责,是因为公共力量在这些领域中具有更强的比较优势。当然,公共权责的建立和有序运行是需要成本的,这些成本体现在订立契约和保证契约执行等活动中。一旦这种成本超过委托者获得的收益,个体与公共机构的权责交换就应当停止。这正好体现了一种精神,那就是公共权责存在的价值在于其比较优势减掉运行成本以后还能保持正数,否则,它就应当尽量交给私人去做。

政府权责在公共权责中占据绝对的分量。即使在社会组织发达的西方成熟社会,政府所拥有的权责在公共权责中仍然居于主导地位。当然,除了政府权责以外,还有一些非政府的公共组织担负了公众让渡的权责。政府所拥有的权责是个体权责的让渡,但自个体将自己的权责让渡给政府组织以后,这种权责就会自动按照政府的表现形式重新组合,形成各具特征的形态。政府权责是被委托的个人为实现良好生存和发展愿望所让渡权责的重新集合,因而政府的活动应当涉及人类社会生活的方方面面。只要个体存在合理需求,并需要政府参与或者提供,政府都责无旁贷。从这个意义上讲,政府权责涵盖的范围非常广,表现形式非常复杂。它可以是制度性的,如宪法和法律等制度所赋予的政府职责可以被认为是政府行使权力承担责任的制度基础;可以是财政性的,如对公共财政的收支处理;可以是人事性的,如对行政官员的升迁罢黜;可以是意识形态的,如在一定区域内的宣传能力和在意识形态上的主导地位;还可以是强制性的,如对军队、警察和司法等强制机关的运用。同时,在一定区域内,政府为了完成公众的公共需求而动用的各种资源都成为政府实现权责的基础。

---

① 〔英〕霍布斯:《利维坦》,黎思夏、黎廷弼译,商务出版社,1985 年,第 132 页。

二、政府权责配置的内涵

较大规模的权责交换在社会生活中广泛存在，这个过程破坏了权力责任与生俱来的对应关系。当人们将自己的权力责任交付给某一组织时，组织需要将获取的权力和责任重新分配给其中的不同机构，这样权责配置的问题就产生了。所谓权责配置，就是社会组织面对组织中主体转让的权力和责任时，在某种理念的引导下，重新将获得的权力责任分配给组织不同的机构，并通过行使权力实现责任的过程。

同样，政府在获得公众让渡的权责以后，需要将权力责任分配到庞大的体系中，于是政府的权责配置就产生了。政府的权责配置之所以成为一个重要的命题，是因为政府是一个体系庞大、结构复杂、层级和部门众多的公共组织。公众将自己拥有的部分权责让渡给政府以后，政府需要将这些权责细化，并且在如此庞大复杂的体系中分配。权力和责任都被切割成为不同的形态，并且在不同层级、不同部门的政府之间重新整合，这本身就是一项复杂的工程。再加之，权力和责任分别拥有复杂的运行方式和独特的运行逻辑，需要不同的支持性资源。于是，本身就极端复杂的权责在政府复杂的体系中被发酵，使政府的权责配置成为一项艰巨的任务。

三、政府权责配置的基本原则

现代政府是工业时代的产物，是用法治精神统帅的政府，制度成为社会秩序的主导者。政府同样将制度的精髓贯穿于其权责配置和运行当中。现代政府制度完备、内容完善、结构合理、更替有序、富于逻辑。总体来看，政府权责配置的基本原则可以归纳为：

（一）权责对等

所谓权责对等原则也就是权责一致原则，是指政府所拥有的权力应当与其所承担的责任相适应。也就是，政府有什么样的权力就应当承担什么样的责任，权大责就大，权小责就小，无权就无责。在社会契约理论者看来，政府的权力是公众权力的让渡，公众同政府之间存在委托代理的关系。代理者

第五章

正是由于承担了委托者交付的某种责任才能获得与之对应的权力，权力是实现责任的保证，责任是权力正常运行的制约。在这种委托关系当中，权力不能大于责任，否则可能存在权力资源的滥用、浪费，甚至出现代理者对委托者利益侵犯的不良现象；权力也不能小于责任，否则代理者将不具备履行责任的能力。需要注意的是，权责对等不仅意味着它们总量上的对等，还意味着结构上的对应。也就是说，政府权力配置的内容和结构应当直接对应于责任的边界、内容和实现方式。

(二)主体明确

主体明确是指在权力和责任配置的过程中，权力主体即是责任主体，权责主体应当明确并且一致，不能存在多方抢权或者无人负责的现象。政府权力是履行职责的重要行政资源和基本前提，它一般与政府组织的利益联系在一起；而政府责任是组织体系必须承受的控制、约束和负担。一般而言，个人趋利避害的"理性经济人"属性会映射在组织体系中。具有利己动机的组织和个人存在"追权弃责"的天然倾向，这会促使组织在最大程度上利用手中的已有权力和资源，降低可能承担的责任并追求更多的权力资源。一旦对权力和责任主体没有作出明确的界定，组织会在有意无意之间试图模糊权责的界限，最终导致权责运行过程中出现有人争权而无人负责的现象。现实生活中，经常出现的"有利时人人都在管，出事时处处无人管"现象，就是违反这一原则的必然结果。

(三)行文规范

行文规范是组织中权责配置的技术性因素。所谓行文规范，就是采取规范的语言、结构和形式明确组织权责配置过程中的内容、程序和实现方式等，形成科学完善、便于执行、没有歧义的文本框架体系。从一般意义上讲，组织的权责配置应当是具有权威性的法律文书，而不能仅仅是思想的统一或者口头的协议。政府的权责配置应当作为公共管理的权威文件，体现在各种规范的法律制度当中，这其中应当包含各种形式的实体和程序法、政府的公共政策和内部管理规定等。

（四）回路短小

公共组织的权责是民众对公共组织的让渡，这种让渡关系形成了权责的委托代理关系。所谓回路短小原则，是指权责委托者（公众）和代理者（公共组织）之间应当最大程度上保持较小的权责循环体系。从委托者和代理者的权责关系来看，委托者将权力让渡给代理者的同时，也将责任赋予了代理者；代理者在接受委托者责任的同时，也获得了委托者的权力，代理者和委托者之间形成了完整的权责回路（见图5-1）。

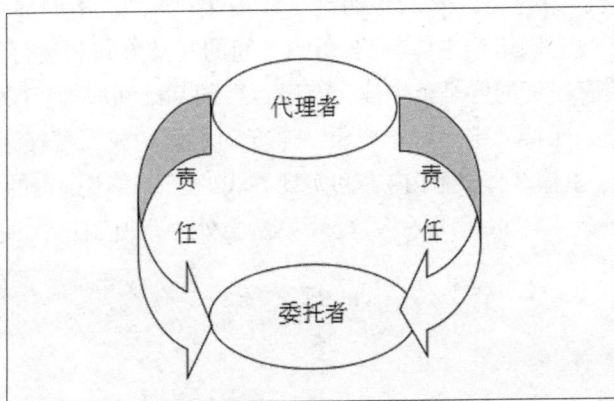

图 5-1 委托代理者间的权责交换回路

权责回路短小是信息传递的客观要求。从信息传递的一般规律来看，信息传递的回路过大，则容易造成信息传递的过滤、变形甚至失真，直接影响传递者和接受者之间的交流和沟通。要想实现委托者和代理者之间良好的信息沟通和交流，保障委托者对代理者有效的监督和控制，防止委托代理关系中可能出现的"道德风险"和"逆向选择"等问题，就应当最大程度地减少委托者和代理者之间的权责交换回路。委托者和代理者之间发生的权责交换应当是直截了当而无所阻隔，任何试图将委托代理关系进行二次或者多次委托代理转换的行为，都可能会降低委托代理的效力而伤害到委托人的权利。

政府权责配置的回路短小原则还是保证公众权利的有效手段。在公共领域的委托代理关系中，委托者是人数众多而且素质参差的公众，多次委托代理无疑会加剧"集体行动的困境"，导致委托者的权利难以得到及时的追诉,形成代理者的责任迷失和委托者的权利受损。相反,权责回路短小是权责关系明确的基础和前提。它有利于增强政府对公众的回应性,有利于增强委托者对于自身权利的追诉能力,进而能保证委托者有效地监督和制约代理者,形成良性的委托代理关系。

(五)配置稳定

权责配置是连接宏观政治体制和具体行政运行模式的中介, 也是特定条件下行政权力运行和责任追究的基础和前提条件。在实践中,它规定了政府运行的方式、内容、程序等,也明确了政府不同层级,不同部门之间的关系,还界定了政府同市场主体、社会组织之间的互动方式和运行边界等。因而,一定的政府权责配置是整个社会有序运行的基础和前提。权责配置一旦形成以后,务必保持稳定。很难想象一个变动不居的权力责任运行状态,那将是权力责任主体客体,程序内容和实现方式处于高度不确定的场景。在这种状态下,行政主体将无所适从,行政关系会处于紊乱,社会的基本秩序难以保证。

(六)适度更替

从政府生态学的角度来看, 现实中政府是处于动态而复杂的环境系统中的,政府必须与环境之间保持密切的交流,寻求与环境中诸要素的互动平衡。环境系统中相关因素的变化都可能对政府产生影响。也就是,环境的变化需要政府做出必要的回应。例如,计划经济需要政府在微观经济领域实现更为细致的权责配置, 但是走向市场经济的政府将更多的政府权责配置在宏观领域,通过总量的调节实现经济的均衡发展,而不再专注于绝大部分具体产品的生产和销售情况。从产生的角度来看,两种环境的变化可能会导致政府权责配置的变化:一是随着经济社会的发展,公众在一些新的领域中增加了诉求,必然要求政府将权责的触角伸展到这些领域中来。例如,计算机网络的兴起要求政府增加对网上信息及时引导和监控的权责。再例如,工业化的不断发展日益侵蚀了人类的生存环境,在基本生活得到满足的前提下,人类对自然和生态环境的诉求占据要津, 政府对生态文明建设的问题必将由过去的"被动防范"转为"主动进攻",政府在生态建设领域的权责将会大幅增加。二是已有的政府权责不适应新形势的变化,要求政府及时修正和补充。例如计划经济时期政府在社会养老方面的权责配置不能适应市场经济条件,必须做出相应的调整。总体来看,政府权责需要在稳定和适度更替上寻求平衡,既不能呆滞死板而不适应环境的变换,也不能朝令夕改而损害政府的权威。

(七)监督有效

从权力责任的关系来看,责任本身就是对权力运行的监督和制约。但需要强调的是,责任同样是一个能动的力量。监督他人的人同样应当受到监督。无论是权力的运行还是责任的追究,都必须受到第三方的监督和制约。现实的政治实践表明,人们注重对于权力的有效监督,但常常遗漏了对监督者的必要制约。无论如何,处于公共领域的任何具有能动性的力量都有必要受到其他力量的监督和制约。各种能动性力量之间应当互为补充、彼此牵制,形成监督和制约的网状结构,防止任何一种能动性力量逃出恢恢法网。实现政府权责的有效配置,既要注重以责控权,还要注意责任追究的有效性。现实中人们能够看到对政府权力运行的严格界定,也能看到对权力失范的准确判断,但却往往缺乏对权力运行失范的有效追究。这其中固然存在各种阻止责任追究的"人情风""官场惯例"等负面因素,但缺乏对责任追究者的监督却是不容忽视的问题。

(八)资源均衡

从理论上看,权力是建立在资源占有的基础上,没有"能"的支持,权力将面临运行困难甚至难以发挥作用。权力的大小和实现程度最终取决于人力、财力、暴力、制度、权威、信息、合法性等多重资源复杂聚合的"能"的大小。政府权力建立在多种资源的基础上,人力资源、财力资源、权威资源、文化资源、信息资源、制度资源等都是政府权力的重要基础。在很多情况下,某种资源的缺失可能让政府权力的有效性大打折扣,即使其他资源再充裕也于事无补。政府权力所依赖的各种资源之间应当保持相对的均衡,形成"木桶效应",否则,某一种资源的缺乏将会影响政府权力的整体有效性,成为支持政府权力运行诸因素中的"短板"。如地方政府在实施生态建设的过程中,即便其他的资源再丰富，如果缺乏相应的财力或者人力支持，也难以得到有效的执行。

资源均衡要求政府通过有效的分配机制将权力运行的各种资源均衡分配到各级政府和不同政府部门之间，不能让某个层级或者某些部门的政府资源占用过多，或者不足。例如，目前县乡政府的财力困难成为其权力有效履行的关键制约因素，这一资源的窘迫已经逐步侵蚀地方政府的权威和信用资源，并最终影响到地方政府权力的运行。在官僚组织体系中，上级政府往往拥有获取更多资源的能力和倾向，结果就是，在资源分配机制不够规范科学的情况下，上级政府可控资源越来越多，而下级政府越来越少，最终可能影响到行政组织的有效运行。也就是说，官僚组织具有自动向上集聚权力资源的能力，如果缺乏必要的制约措施，这种资源汲取能力会带来组织体系在资源分配上的不均衡，成为组织健康运行的大敌。这一点在当代中国政府体制中较为明显。如改革开放初期，中央政府主动下放的各种权力，在19世纪末和20世纪初出现较大比例的上移，成为制约社会和市场成长发育的阻碍。党的十八大以后，中央政府班子向社会和市场简政放权，正是由于看到了这一弊端而做出的主动调整。但如果仅仅将这种调整寄托于主要领导者的意志而不是规范科学的资源分配机制上，这种行为将会在后来演变为一种周而复始的循环。

思考题：

1.简述政府权力制约的历史方案。

2.简述分权制衡理论的历史发展过程。

3.简述责任政府的构成要素。

4.怎样理解在确定责任政府中的责任主体时应当注意的事项？

5.简述政府权责配置的基本原则。

第六章 政府人事

第一节 人事行政

人事行政是广义上的国家行政机关人事管理活动。任何政府都是由人组成的,因此建立行之有效的国家公务人员人事管理制度,就成为政府自身建设的首要任务,也是提高政府行政管理效能的有效途径。人事行政体现在目前的制度设计上就是我国现行的公务员制度体系。相对于国家公务员制度而言,人事行政更加注重人事管理的历史演进、理论渊源及其发展脉络。

一、人事行政的定义和作用

(一)人事行政的定义

"人事"按照字面意思,是指具体场域之中的人和事、人和人之间的关系问题,人事管理指在政府组织或企业中,通过某种手段协调人和事、人和人之间的关系,并最终实现合适人做恰当事的管理过程。人事管理的目标就是有效运用一系列的管理手段和方法,选择、激励、培养合适的人,使之胜任一定的工作,并在工作过程中进一步对人进行培养、塑造、晋升,最终实现在一定的组织内部,人和人、人和事之间的协调发展。由于政府组织规模庞大以及功能复杂,人事行政的管理内容非常复杂。综合分析众多学者对人事行政概念的不同阐释,我们可以总结出其中的共同特征:

(1)为特定的岗位寻找合适的人选是人事行政的首要目标。基于此,编写恰当的职位说明书,确定职务名称、任职条件、工作职责和职位展望等要素,在人事行政中占据重要地位。

（2）为更好地开发和使用人才,最大限度做到人尽其才,因而发现人才、重视人才、培养人才是人事行政的重要功能。

（3）人事行政的基本内容还包括让从事公共管理事务的人员都能够安于本职工作,在工作中实现自身价值、完成人生目标。为此,需要为公务人员提供基本的生活保障、福利保险,让其能够安心工作,为公务人员提供晋升机会、价值实现平台,让其能够施展才华。

总之,人事行政是指国家行政机关依照特定的法律法规和制度措施,运用科学的管理手段对行政人员招录、任用、考核、奖惩、培训、工资、退休等方面的管理活动的总和, 其目的是为了达到行政人员同行政事务之间的匹配与协调,以及实现行政人员之间的合作与配合。

(二)企业人事管理和人事行政的关系

企业人事管理,是指特定的企业组织为了实现利润最大化的目标,采用科学的方式和手段,不断推进组织建设,促进人和事的协调配合,维护人际关系和谐,提高劳动生产效率的一系列管理活动的总和。企业人事管理目标相对单一,思想体系发展的阶段分明。从发展历史来看,在市场的外在压力下, 企业人事管理的基本理念和方法对人力资源管理理论和实践具有示范和扩散效应,对人事行政产生了重要的影响。因而,划分人事管理活动的发展阶段要从企业人事管理实践的角度切入, 理解企业人事管理和人事行政的关系也要从企业管理的角度入手。

（1）企业的劳工管理阶段。劳工管理,是指企业经营者为了谋求利润最大化,通过增加工作量和工作强度的简单办法,榨取工人劳动剩余价值的管理行为。近代意义上的人事行政产生之初,也曾经面临类似情况。显而易见,这种管理是一种消极的强制和监督, 缺乏对于个体需求和自我实现的尊重且缺少科学的方法和系统的理论。

（2）企业的雇工管理阶段。雇工管理,是指不仅仅依靠单纯的防范式办法加大工人的工作量,而是开始采用科学的手段,对工人进行培训、考核和奖励以提高生产效率。但是此阶段的企业管理仍旧没有重视人的心理活动和行为需要,只是简单地将人作为"经济人"看待。人事行政也曾在特定历史时期受到了企业雇工管理模式的影响。在这种模式中,它将公共行政人员作为整个国家机器的零件看待和使用,缺少对人自身价值和社会属性的充分重视。

（3）企业的人工管理阶段。人工管理,是指企业管理开始注重人际关系和人与人之间的合作共赢,劳资双方的关系从矛盾对抗逐步发展到互利互惠,尊重人的需求和价值以换取更大的发展空间。这些理念成为这一阶段企业管理的核心原则。同样,发展到一定阶段以后,人事行政开始注重公务人员自身的多层次需求、自我价值实现等内容。目前,该阶段的人事行政发展还没有全部完成,继续寻求在完成本职工作的基础上公务人员个体的价值实现,是人事行政发展的战略方向。

(三)管理学理论和人事行政的关系

管理学脱胎于企业管理实践,形成了众多系统的理论流派和解释框架,对人事行政产生了广泛深入的影响。在人事行政工作的各个阶段,都能找到管理学和管理理论的基本观点和方法。

（1）人事行政的分类制度和机制。作为现代人事行政制度基础的职位分类制度就建立在科学管理理论的前提之下。从历史的发展来看,现代工商业强调精细分工,这一理念必将投射到公共行政领域,职位分类制就是现代化大生产的生产方式和商业模式在公共行政机关中的体现。在实践中,职位分类制以工作职责为分类的核心标准,能够消除传统意义上按照公务人员资历分类的影响,充分发挥人的主观能动性,促进依法履职和依法行政。

（2）人事行政的激励竞争机制。科学管理理论高度重视人的作用,主张通过一定的激励机制充分激发人的潜能,最大限度地提升工作效率。通过竞争提升管理绩效是科学管理理论的重要方法论之一,按照这一理论,人事行政的考录、奖励、晋升环节都应体现激励先进的基本原则。

（3）人事行政的保障机制。公务人员的保障机制从物质到精神的不同层次展开,基本上符合管理学中的需求层次理论。这体现在人事行政制度中的工资、保险、福利和申诉等环节。工资能够为公务人员提供物质保障,保险是在公务人员遭遇到突发性困难情况下给予的制度性帮扶,福利是为了满足公务人员较高的生活需求所设立的制度,申诉是为了保障其合法权利不受侵害而设定的基本制度。

（四）人事行政的作用

（1）人事行政是提高行政管理效率的重要因素。行政管理活动及其相关环节都要通过人来实施完成，因而公务人员的素质能力与职务行为对公共管理的质量与效率具有决定性作用。科学的人事行政管理能选拔优秀人才，合理使用人才，为公共行政活动服务，从而造就一支高素质的公务人员队伍，提高行政效率，实现政府的管理目标。

（2）人事行政是提升国家实力的关键因素。当今世界各国之间的竞争是综合国力的竞争，其核心是科学技术和人才资源的竞争。从世界各国的政治实践来看，公共行政领域吸引了大量的各类专门人才和管理人才，成为人才高度聚集的组织。扎实做好人事行政工作，充分发挥政府组织中人才高地的辐射带动作用，对提升国家实力和赢得国际竞争具有重要意义。

（3）人事行政是推进民主政治，实现依法治国的必要条件。人事行政的不断发展与进步为推进民主政治开辟了道路。例如，在公开考试、择优录用的进入机制中，公务人员队伍向全体符合条件的公民开放。经过公开、平等、竞争、择优的录用考试，一部分优秀人才从社会不同领域进入公共管理队伍，从事政府管理工作，这就是民主化的重要体现。再如，人事行政工作要依法依规开展，这对实现国家治理法治化具有重要示范意义。

二、人事行政原则

（一）任人唯贤原则

任人唯贤是人才选拔的基本原则，是指在选择公务人员时不重血缘、门第和出身，而仅以品德和才干作为标准进行取才用人。选取贤能的人才进入公共管理部门，是人事行政工作的出发点，也是政府实施有效管理和维护社会正常合理流动的前提条件。

(二)适才适所原则

适才适所是实现人才管理工作的手段。也就是说,通过科学有效的办法将合适的人员安排到合适的岗位之上,合理恰当地配置人力资源。为特定的岗位寻求恰当的人选,为完成工作奠定坚实的基础。

(三)讲求实效原则

讲求实效是公共管理应当坚持的基本原则,也是人事行政制度的核心价值追求。讲求实效体现在注重人事行政工作的实际效果,实现这一原则的有效途径在于提高人和事、人和人之间的科学配置。

(四)依法管理原则

依法管理是人事行政制度化、系统化、科学化的集中体现和基本要求。一方面,人事行政工作要遵循宪法和法律的基本要求,在现有法律法规框架内进行;另一方面,要在具体工作中注重总结,适度考虑将那些行之有效的手段措施及时上升为国家管理制度。

三、中国人事行政的演变

(一)中国古代官吏制度

中国古代的官吏制度为公务员制度提供了重要启示,尤其是中国的选官制度——科举制对公务员制度产生了深刻的影响。了解古代官吏制度发展的情况有助于理解中国特色的人事行政文化。

中国官制的历史非常悠久。先秦时期,分职治事的官职制度就已经相当成熟。根据传说,在尧、舜、禹时期,就设立了"百官"对氏族的各项事务进行管理,最高统治者的选择实行按照德才标准选拔并更迭首领职位的"禅让"制度。夏朝的最高统治者是"王",《礼记》中有"夏后氏官百"的记载,说明在夏朝已经设置了比较复杂的官职体系。商朝的官制进一步复杂化和系统化，在王朝直接统治的核心地区和诸侯统治的其他地区，分别设置了"内服"和"外服"制度。"内服"设置各种官职，分别管理行政、祭祀、征伐等事务；"外服"的诸侯国只对商王负有固定的义务，在属地拥有独立的行政权、财政权等，依据统治需要设置了独立的官僚系统。西周时期，进一步完善了商朝的"内外服"制度，实行以宗法制为核心的世卿世禄制，在中央设置公、卿等高级官职，同时设置各种事务官职位；在地方大量分封诸侯，诸侯国设置卿、大夫官职以管理地方事务。春秋战国，周王室衰微，各诸侯国各自为政，相互征伐以求得霸主地位。诸侯国的官职各有不同，但是为了达到提升效率、保证战争需要的目的，各国都是以国君为首，下设"相""将"等文武辅佐官员的中央集权制度。同时，在地方设置郡县等行政区划，并由国君任命长官。

秦汉时期，中国建立了中央集权的大一统王朝。在中央设立"三公九卿"作为掌管朝廷中枢的官职。"三公"的具体名称有所变化，但大体上掌管国家的行政、军事、监督等重要权力；"九卿"泛指中央朝廷的重要官职和官署，大体掌管国家的祭祀、司法等权力。地方主要实行郡县制。后来，为了专事监察而设置的"州"逐渐演变为一级行政区域，形成了"州、郡、县"三级行政体系，各级行政长官都由中央任命。秦汉时期实行了官级制度和爵位制度。官级制度，是对不同官吏级别的认定，称为"官秩"，用特定官职应领取的俸禄米谷数量——"石"来计算。爵位制度，是对社会中不同政治经济地位的人所规定的等级，在不同时代适用的具体方法有所变化，但是基本上体现了社会等级划分的情况。官制和爵制是相辅相成的关系，只是官制偏重于治事的职位，而爵制则偏重于社会等级地位。

两晋南北朝时期，大部分时间处于分裂、割据和战争状态，各王朝的职官设置存在很多不同，但大体上沿袭了秦汉制度。这个时期为了适应战争的需要，原来一些正规官职或撤消、或虚化，一些临时性的职务则演化成官职。在选官方面，实行"九品中正制"，即中央和各州郡设置中正官，按照世家大族成员的家庭出身选官授职，以保证世族大姓的特权地位。

隋唐以后，中央官制逐渐确立为"三省六部制"，地方由"道路制"演变为"行省制"，选官方面逐步实行科举制。三省六部制是古代最为成熟、实行时间最长的中央官制。三省指中书省、门下省、尚书省，三省掌握国家的最高决策权、审核权和执行权，是对秦汉时期丞相权力的一分为三；六部指尚书省下属的吏部、户部、礼部、兵部、刑部、工部。它们分工明确，其中吏部负责考核、任免官员,户部管理财政,礼部主管祭祀和各种典礼,兵部管理军事,刑部管理司法、审计(审判由大理寺负责),工部管理建设工程等。明清时期,废除丞相制度,逐渐形成内阁制度,皇权较前代更加强化,六部制度大体沿袭前朝。地方方面,唐代设立"道",类似于汉代的州,形成"道、州府、县"三级行政区划;宋代设立"路",形成"路(府)、州(军)、县"三级行政区划,地方行政长官都由中央政府委派。元朝建立行省制度,明清以降沿袭至今,对古代行政制度和官僚制度产生了重要影响。在选官方面,自隋朝至清朝的一千余年间实行了科举制,即通过自愿报名参加考试、层层选拔的方法,分级择优选取官员的制度。科举制有利于打破以血缘身份为标准的选官制度,为政治体系输送合格的官吏人选,并且开拓了中下层社会成员的上升渠道,为正常社会流动创造了条件。当然,科举制也存在很大的弊端,诸如考试内容固定空泛,钳制学术自由发展,束缚读书人创造能力等。

中国古代的官吏制度经历了漫长的历史演变过程,具有完整独立的体系,包含了各级官吏选拔、考试、录用、考核、监督、晋升等各项内容,以及具体的管理实施办法。从整个世界历史来看,这套制度运行时间最长、发挥影响力最大。因而,当下的公务员制度改革也要充分考虑中国的历史特点,注意在古代官吏制度中汲取优秀的成果。

(二)新民主主义革命时期的干部管理

新民主主义革命时期,中国共产党非常重视干部工作。毛泽东就曾经指出:"正确的路线确定之后,干部就是决定的因素。"①因此,中国共产党始终高度重视干部工作,坚持德才兼备和任人唯贤的干部人事管理原则,不断将马列主义基本原理与中国革命具体实践相结合,坚持一切从实际出发和"从群众中来到群众中去"的政治路线。在革命实践中,总结出了一整套行之有效的干部队伍管理制度,制定了严密的干部纪律,明确了党管干部的基本原则。根据斗争实际,提出了党的干部在革命实践中学习领导技巧和管理经验的建设方针。这一时期党的干部政策和管理工作主要集中体现在党中央和各级党委关于组织人事工作的具体规定和相关文件中。它们为党领导新民主主义革命的胜利奠定了坚实的基础,为人民民主专政条件下实现党的领导

---

① 《毛泽东选集》(第二卷),人民出版社,1991年,第145页。

创造了有利条件。

(三)新中国成立后的干部管理

1949年至1966年是新中国干部人事管理制度的创立和发展阶段。在这个时期，我国政府主要延续了革命战争年代党所领导根据地实行的干部人事制度，并继承和发展了人民军队所采用的干部管理制度。由于特定的历史背景，这个阶段的人事制度受到苏联人事制度的重要影响，带有鲜明的时代特征。由于新中国刚刚成立，党成为全面领导社会主义革命和国家建设的执政党，所以社会主义革命和建设的实际需求成为这个时期干部管理工作的基本出发点。在干部的录用、任免、晋升、福利等方面确立了相应的管理规定，虽然在完整性、科学性方面存在一定问题，但是总体上适应了国际环境、党的历史任务和当时实际工作的需要。

1966年至1976年是干部人事管理制度的挫折阶段。这个阶段是"文化大革命"时期，党和国家的干部管理工作总体上陷入瘫痪状态，中央和地方党政机关干部受到"文革"的剧烈冲击，干部管理机构被迫取消，管理人员纷纷停止或离开工作岗位。"以阶级斗争为纲"的政治路线对干部队伍建设产生了巨大的破坏作用，干部人事管理的科学性和规范性荡然无存。"文革"结束，党中央采取了一系列拨乱反正的重要举措，其中就包括恢复干部人事管理的相关制度，为即将到来的改革开放做好了准备。

(四)国家公务员制度的建立

改革开放以后，为了适应社会主义市场经济发展的需求，党和国家在调整原有干部管理制度体系的基础上，有计划、有步骤地建立了国家公务员制度。1984年，为落实邓小平深化干部人事制度改革指示精神，中组部和劳动人事部着手起草《国家工作人员法》(后改名为《国家公务员暂行条例》)。在此期间，建立了国家公务员制度作为我国政治体制改革的重要内容并写入党的十三大报告。1993年，经过广泛的调研和试点工作，国务院正式颁布《国家公务员暂行条例》，标志着我国国家公务员制度的正式确立。公务员制度的全面推行，对提高行政效率、优化干部队伍起到了重要作用，同时也为进一步改革和完善公务员制度积累了经验。2001年，中组部和人事部启动公务员法起草工作。经过反复调研、论证,征求各方意见,最终《中华人民共和国公务员法》经十届全国人大常委会第十五次会议审议通过,并于 2006 年正式颁布实施,这标志着我国正式建立了具有中国特色的公务员制度。公务员法实施十多年以来,在推进机关人事管理科学化、法制化进程,提高公务员素质,加强廉政建设,优化干部队伍,促进社会主义市场经济和各项社会事业建设等方面发挥了重要的作用。

四、中西方人事行政的比较

(一)中西人事行政制度的共同点

(1)分类管理制度。各国对于政府公职人员的管理都实行分类制度。即不论公务员的涵盖范围是宽是窄,都会对其进行比较严格的界定,将行使国家行政权力、管理国家公共事务的公职人员与其他类型的社会公职人员区分开来。按照社会化分工的需要,对政府公职人员进行单独的管理。

(2)进入和退出制度。各国公职人员队伍都建立了新陈代谢的机制。一方面,通过录用、交流等形式为公职人员队伍注入新鲜的血液,使人事行政队伍保持活力;另一方面,通过辞职、辞退、退休等形式,将由于不同的原因不适宜继续留在公职人员队伍的人及时进行清除,从而保持整个公职人员队伍的健康发展。

(3)激励竞争机制。各国一般意义上的人事行政管理工作,都主要通过公开考试,择优录用的方式录取公职人员;在公职人员的管理环节,都会采取一定的奖励、晋升等激励手段来保证公职人员能够保持工作积极性;同时,也都规定了不能履行岗位职责的人员应该受到何种惩罚,进而从反面激励人员的工作积极性。

(4)廉政监督制度。由于公共权力的行使总是和一定的公共利益联系在一起,各国都对政府公职人员的廉政监督做出了相应规定。通过广泛采取内部监督、外部监督、社会监督等手段,以确保政府的公共事务管理活动能够为社会大众谋取利益,避免以权谋私、权力寻租等现象的出现。

(5)基本权利保障制度。为了保障公务人员的基本权利,实现政府机关的顺利运转,各国都对公务人员的工资、福利、保险、培训和申诉控告等做出

第六章

了具体规定。这些规定使得公务人员能够获得自身的基本生存和发展空间，从而为建设高效廉洁的政府组织提供了基本条件。

（6）法律法规体系。各国的公务人员管理工作都是依照法律法规展开的。各项制度规定形成了一整套严密的法律体系，它们相互协调配合，为政府公务人员的行为指明了方向。

（二）中西人事行政制度的不同点

1.中国人事行政制度不实行"政治中立"原则。西方国家事务类公务人员必须遵循"政治中立"原则。即事务类公职人员严禁介入党派活动，因而其自身任职情况也不会受到政党轮流执政的影响，实行无过错则长期任职的管理办法。中国国家公务员制度规定，公务员必须接受中国共产党的领导，在其本职工作中贯彻落实党的路线、方针和政策。无论是职位较高的领导职务（政务官），还是职位较低的非领导职务（事务官），都要坚持正确的政治立场，遵循党管干部的基本原则。

2.中国公务员的分类依据和任期制有别于西方。中国实行共产党领导下的多党合作和政治协商制度以及议行合一体制，而西方实行多党执政制度和分权制衡体制，政治体制的差别带来公务员分类和任期不同。中国公务员分为领导职务和非领导职务，二者的产生途径、岗位职责、管理机构和管理办法不同，分类的依据在于二者的工作性质存在差异。西方的公务员分为政务官和事务官，二者的划分是为了贯彻分权制衡原则，同时保证在执政党轮换情况下行政系统的稳定健全以及国家政策的延续性。中国的领导职务公务员任期制是基于管理工作的需要而设定的，而西方的政务官任期制则是与多党轮流执政联系在一起的。

第二节　公务员制度

一般说来，公务员是指从事国家公共事务的工作人员，公务员制度就是对公务员进行管理的相关制度的总和。现代意义上的公务员制度起源于英国，同时，中国古代曾经建立过完整系统的官吏制度，两者都对我国现阶段的公务员制度有一定程度的影响。我国的公务员制度是在继承党和国家长期积累的干部人事管理实践经验的基础上，大胆吸收国外文官制度和传统文化精华，与现阶段的实际相结合并具有中国特色的国家公务员制度。

一、公务员的进入制度

公务员的进入制度大体上包含选任制、委任制、聘任制和考任制，公务员法规定考试录用是非公务员向公务员转变的首要方式。从数量上来看，大部分公务员是通过考任录用进入国家公务员队伍的[①]，所以，这里所说的公务员进入制度仅指考试录用，即考任制。

(一)公务员录用的内涵和原则

1.公务员录用内涵

国家公务员考试录用是指国家行政机关依照法律规定和法定程序，通过公开考试、择优录用的方式，依据德才兼备标准，选拔人才担任主任科员以下的非领导职务工作的各项活动的总称。相关考试录用的条件、原则、标准、程序、组织等一系列具体制度规定的体系被称为公务员录用制度。

通过这一概念可以看出：

第一，公务员考试录用由国家行政机关负责组织实施。公务员法第十七条规定，中央国家公务机关公务员的录用考试，由国务院人事部门负责组织。地方各级国家公务机关公务员的录取考试由省级人事部门负责组织。

第二，公务员考试录用的适用范围是主任科员以下的非领导职务岗位。具体包括主任科员、副主任科员、科员和办事员。国家公务机关中担任领导职务的公务员和主任科员以上的非领导职务公务员的录用，不在考试录用范围之内。

第三，考试录用需要通过公开的方式依法进行。公务员法对报考资格、录用原则、录用程序等进行了严格的规定。

2.公务员录用原则

(1)公开考试原则。公务员报考的信息和录用的结果必须向社会公开，

---

① 仅2016年，120多个中央机关及其直属机构和参照公务员法管理的单位就计划招录2.7万余人，参见国家公务员考试网 http://www.chinagwy.org/html/zkgg/32.html 数据。

以便增加公务机关人事工作的透明度，吸引更多德才兼备的优秀人才进入公务员队伍。公开的手段包括网络、报刊、广播、电视等大众媒体，以及举办新闻发布会和个别通知等多种形式。公开的内容包括招考政策规定、报考条件要求、报名时间和方式、拟录用计划、招考岗位职责、岗位待遇、考试科目、考试成绩、录用结果等，目的在于保障报考考生和社会各界享有充分的知情权，加强社会监督，规范选拔人才程序。

（2）平等竞争原则。平等是指公民在报考公务员的过程中，享有平等的法律地位，凡是符合相关招考条件的公民，都平等享有报名应考的权利，如果在报名考试过程中受到不平等待遇有权要求法律给予保护。任何人不因性别、民族、宗教信仰、家庭出身、婚姻状况等因素在考试和录取中受到歧视或享受特权，所有考生一律平等。竞争一方面是报考者通过自身努力争取考试成功，另一方面是主考机关按照成绩排名实现优胜劣汰，选拔适应岗位需要的合格人才。

（3）严格考察原则。严格考察是相对于公开考试而言的，侧重点在于保障公开考试和平等录用的基础上，加强对应考者的审核、面试、社会关系等环节的考察。严格考察、重点关注应考者"德"的方面，用以对硬性的考试分数所表现出来的"才"进行必要的补充。

（4）择优录用原则。公务员录取要在坚持公开、平等的前提下，综合考察应考者的政治思想素质、道德修养水平、科学文化素质、身体健康程度和对于岗位的适应能力等多方面的素质修养，排出综合成绩，从高到低择优录用，从而保证国家公务机关录用到优秀的人才。

（二）公务员考试录用程序

1.编制录用计划

公务员法规定，录用公务员必须在规定的编制限额之内，并有相应的职位空缺，所以录用公务员首先要在编制限额内按照所需要的职位编制录用计划。公务员录用计划一般包括用人部门名称、用人部门编制总数、缺编数、拟增岗位名称和人数、招考对象条件和资格、考试办法等相关内容。

2.发布招考公告

招考公告是在法律规定的范围内公开公布招考公务员的招考简章。招考公告所包含的基本内容有：招考的部门、用人职位和名额、报考的资格条件、报名与考试的时间、考试科目以及时间地点、报名者需要提交的材料和其他相关注意事项。

3.资格审查

就是对公务员报考人的报考资格进行评定，对于符合基本条件和报考职位要求的报考人进行考试登记，并核发准考证。按照公务员法的规定，报考人必须具备以下条件：具有中华人民共和国国籍，享有公民的政治权利；拥护中国共产党的领导，热爱社会主义；遵纪守法、品行端正，具有为人民服务的精神；具有与报考职位要求相适应的文化程度；报考省级以上部门所要求的基层工作经验；身体和年龄条件；具有考试主管机关批准的其他条件等。同时，公务员法规定，曾因犯罪受过刑事处罚人员、曾被开除公职人员和法律规定的其他不能被录用为公务员的人员一律不得录用。

4.考试

包括笔试和面试。笔试分为公共科目和专业科目，面试则分为若干测评要素。一般笔试在前，笔试合格者按照比例进入面试。

（1）笔试。就是运用文字解答试卷的考试，以测试应考者知识掌握程度、书面写作能力、阅读理解能力、逻辑思维能力、分析判断能力和知识综合运用能力等。笔试科目包括行政职业能力测试和申论两部分。行政职业能力测试可以分为常识判断、语言理解与表达、数量关系、判断推理和资料分析五部分。申论是要求考生在阅读给出材料的基础上做出分析、归纳、概括、加工，考察应考者解决实际问题的能力和文字表达能力。

（2）面试。就是通过应考者与主考人对话的形式，现场考察考生的知识和能力。面试主要采取试题问答、情景模拟等方式进行，能够较为直观地反映应考者的仪容仪表、语言表达、性格特点和应变能力等素质。

5.录用考察

通过笔试和面试的考生，还要接受录用考察。考察既要听取考生所在单位或学校领导、群众的意见，又要广泛实地调研考生的政治思想、道德品质和综合能力素质。

6.体检

是对通过考试和考察的考生是否具备履行职务的身体条件进行的检查。公务员法规定，体检的项目和标准根据职位要求确定，具体的办法由中央公务员主管部门会同国务院卫生行政部门规定。

7.公示和录用

考试、考核、体检工作结束后,招录机关综合各项指标确定拟录取名单。拟录取名单应由招录机关或公务员主管部门以适当形式进行公示。公示期间,如果出现对拟录取人员资格产生异议的情况,其他报考者或知情人有权按照规定依法向招录机关或公务员主管部门举报。招录机关或公务员主管部门接到举报后,应认真核查,并作出答复或依法进行处理。公示期满无异议的,招录机关可以决定录用名单或者将拟录取名单上报相应公务员主管部门审批。

8.试用

新录取的公务员必须经过一定期限(一般为 1 年)的试用,以保证用人单位对新进公务员的政治思想素质和业务能力进行进一步的考察,防止不符合岗位要求的人员进入公务员队伍。试用期间,用人部门应该对新进公务员进行必要的培训和考察。试用期满后,对考核合格的公务员给予正式任职。

二、公务员管理制度

公务员的管理制度大体上包含分类制度、考核制度、奖惩制度、培训制度、保障制度、交流和回避制度等。它是公务员管理机关依照有关法律规定,运用科学的原则和方法,对公务员工作进行的计划、组织、指挥、控制和调整等一系列管理工作的制度总和。

(一)分类制度

公务员分类制度,是社会化大生产在政府公共职位划分方面的体现。在我国,大致上可以划分为职位分类和品位分类两种基本类型。职位分类是指以公务员职位为对象,根据不同职位的工作性质、难易程度、责任大小和职位对应人员资格条件,将职位划分成不同的种类和等级,在此基础上为公务员管理提供依据和标准。品位分类是指以人为对象,根据公务员个人不同的资历、学历和官职高低等要素,将公务员划分为不同的等级和种类的分类方法。我国目前采用的是以职位分类为主,兼顾品位分类的管理方式。

公务员职位分类是根据职位的性质、特征所划分的若干类别,包括综合管理类、专业技术类和行政执法类。综合管理类包含范围广泛,指除了专业技术类、行政执法类之外的公务员职位种类。专业技术类是指在行政机关中担任专业技术工作,为行政管理实践提供专门技术支持的公务员职位种类。行政执法类是指在工商、质检、税务等行政执法部门中设置的、以执法为主要工作内容的职位种类。在对公务员职位类别进行划分的基础上,公务员法进一步将公务员职务分成领导职务和非领导职务两个序列。领导职务是指在中央和地方机关中,履行决策、计划、指挥和监督等职能的职务,自国家级正职到乡科级副职分为 10 个层级。非领导职务指在厅局级及以下机关设置,不具有决策、计划和指挥功能的职务,自巡视员到办事员分为 8 个层级。领导与非领导之间的职位序列对应关系详见下表:

表 6-1　领导与非领导职位序列对应关系

	领导职务				非领导职务
	中央	省、自治区、直辖市级	市、自治州级	县、乡级	
国家级正职	国务院总理				
国家级副职	副总理、国务委员				
省部级正职	部长	省长、自治区主席、直辖市长			
省部级副职	副部长	副省长、自治区副主席、副市长			
厅局级正职	司局长	厅长、局长	市长、州长		巡视员
厅局级副职	副司局长	副厅局长	副市长、副州长		副巡视员
县处级正职	处长	处长	局长	县长	调研员
县处级副职	副处长	副处长	副局长	副县长	副调研员
乡科级正职		科长	科长	局长、乡镇长	主任科员
乡科级副职		副科长	副科长	副局长、副乡镇长	副主任科员
					科员
					办事员

(二)考核制度

公务员考核制度,是指公务员管理部门依照相关法律和管理权限,遵照考察和评价公务员的标准、程序和方法,对国家公务员进行奖惩、培训、职务任免等一系列活动的制度。我国公务员法规定的考核办法主要针对非领导成员的公务员。具体来讲，非领导成员公务员包括非领导职务公务员和不属于领导成员的领导职务公务员。领导成员公务员的考核按照其他相关规定进行。公务员考核要坚持客观公正、民主公开、依法依规和点面结合的原则。客观公正是指考核工作要立足实际情况，坚持调查研究和标准一致，最终保证考核结果能够正确全面反映公务员的工作表现；民主公开是指在考核工作中，必须加强广大群众的参与程度，并及时公布考核工作的相关信息，加强监督、确保公正；依法依规是指公务员考核工作必须按照公务员法和考核暂行规定进行，在实践中不断推进公务员管理工作的法制化进程；点面结合是指考核工作要坚持全面性和重点性相结合的原则，既系统考察公务员的全面修养和素质，又重点考察公务员在本职岗位上的工作实绩。

公务员考核的内容包括德、能、勤、绩、廉几个方面。"德"是指思想政治素质、个人道德水准和职业道德操守等方面的表现，具体包括法律法规规定、职业规范要求和社会公德认定的公务员所应当遵守的各项内容。"能"是指履行公务员岗位职责的能力和素质，包括年龄、健康状况、心理素质等个人基本素质；文化水平、语言能力、写作能力等基本能力；分析和解决问题能力、独立思考判断能力、组织协调能力、应变处突能力以及创新预见能力等各项工作能力。"勤"是指工作态度是否端正、是否具有较强的责任心和踏实亲民的工作作风，重点考察公务主观能动性的发挥程度、锐意创新进取的程度以及密切配合保障工作效率程度等方面。"绩"是指完成工作的数量、质量，以及工作所取得的实际效果，考察工作实绩是考核工作的重点，要坚持定性和定量相结合的方法，全面衡量公务员的工作效率和效益。"廉"是指在廉洁自律方面的表现，包括能否严格遵守党和国家的廉政规定、能否严格依法依规行使权力、有无利用职权谋取私利、是否廉洁奉公忠于职守等方面。

(三)奖惩制度

公务员奖惩制度，是指国家公务员管理机关依据公务员管理法律法规，针对公务员在工作中的实际表现，给予公务员以特定的奖励或惩罚的活动，属于公务员管理工作的基本范畴。

公务员的奖励要注意以下要素：奖励的原因是突出的工作表现或者特殊贡献，奖励的对象是个体公务员或工作集体，奖励的方式可以分为精神和物质两个层面,奖励的目标是为了激发公务员的积极性和创造性。公务员的奖励工作要坚持公平适当、实事求是、注重实效等基本原则,以确保奖励工作能够实现提高效率和表彰先进的目标。恰当及时的奖励是公务员管理工作中的重要组成部分,能够激励工作表现突出的个体或集体,造就争先创优的良好工作作风,促进工作的良性竞争氛围,为最终建设好一支充满活力和积极上进的公务员队伍打下坚实的基础。

公务员奖励的具体形式包含精神奖励、物质奖励和晋升奖励三种类型。精神奖励是通过给予公务员以肯定和褒扬的形式实现,具体包含表扬、嘉奖、记功和授予荣誉称号等;物质奖励是通过给予公务员以物质利益的形式实现,具体包含奖金、奖品等;晋升奖励是通过给予公务员以提升职位或职级的形式实现,具体包含晋升和加薪。公务员奖励一般由提出奖励意见、上级(或有关人事管理)部门审批、表彰公布和奖励材料归档等具体程序组成。

公务员的惩戒应注意下列要素:惩戒主体是具有公务员管理权限的机关,主要包括各级组织和人事部门;惩戒的对象是不履行公务员义务以及违反公务员纪律的公务人员;惩戒的实质是依照相关法律规范和法定程序,对惩戒对象的违反公务员岗位义务和纪律的行为所做出的法律制裁;惩戒的目标是对违反公务员岗位义务和纪律的公务员进行警告和训诫,以确保公务员矫正自身的错误或失误。

公务员的惩戒工作要坚持客观公正、立足事实、准确定性、不偏不倚、程序合法等原则,以确保惩戒工作能够达到限制违反义务和纪律的工作人员,劝导其他公务员引以为戒的目的。顺利实施公务员的惩戒工作,能够不断加强公务员队伍的廉政和作风建设,提高管理效率并促进依法办事,能够不断强化公务员服务意识并推进依法行政。

公务员惩戒包括警告、记过、记大过、降级、撤职和开除几种类型,这些惩戒的形式适用程度依次加深,具体视公务员违纪行为的情节轻重以及给国家社会造成的危害性程度而定。公务员惩戒一般由调查取证、事实告知、陈述与申辩、作出处分决定、公布通知和处分材料归档等具体程序组成。

(四)培训制度

公务员培训,是指公务员管理机关按照相关计划组织实施的、针对公务员提高思想政治素质和工作业务能力的、培养和训练活动。特定的公务员接受培训,既是依法享有的权利,又是依法履行的义务。具体来说,权利方面,体现在公务员有权在工作岗位上享受提高技能和丰富知识的培训,并且由所在政府机关或管理部门负担培训费用;义务方面,体现在公务员在本岗位履行工作职责的过程中,应当主动接受培训,以不断改进工作方法和提高工作能力。

公务员培训需要坚持实效性原则、普遍性原则、多样性原则和规范性原则。实效性原则是指公务员培训的核心目标是通过提升公务员的政治和业务素质来提高行政效能,要根据不同的岗位需求和人员情况确定培训内容和方法,制定切实可行的培训计划,建立科学完备的培训评价机制,保证培训达到既定的效果。普遍性原则是指公务员培训是针对全体公务员而言的特定要求,从新入职人员到高级别公务员,都要定期开展培训工作,以确保党的路线方针政策能够及时准确得到贯彻落实,并且促使公务员根据行政管理实践更新业务知识能力。多样性原则是指培训内容和形式都要灵活多样,内容方面要坚持理论联系实际,紧跟行政管理实践发展的步伐,不断强化培训内容和工作需要的一致性,形式方面要坚持脱岗和在职相结合、临时和常规相结合、长期和短期相结合等多种方式。规范性原则是指公务员培训要始终围绕制度化建设展开,在培训内容和方式方面不断进行完善,将培训作为提升公务员素质和建设公务员队伍的日常手段。

公务员培训的内容主要包括政治思想、专业知识技能和管理才能等方面。政治思想方面的内容包括马克思主义理论和马克思主义中国化理论成长以及党的路线方针政策。专业知识技能方面的内容包括针对不同岗位的公务员设定的岗位基本知识、有关行政管理的一般性知识、社会主义市场经济知识等。管理才能主要是指不论任何岗位和级别的公务员都应当掌握的一般性的领导艺术和管理科学知识,是公务员正常履行岗位职责以及展开职业生涯的基本能力。政治思想、专业知识技能和管理才能大体上都能划分成理论方法、技术支撑和操作程序等层次。

公务员培训的种类大体上包括任职之前的入门性质的初任培训、对拟晋升相关领导职务人员的任职培训、集中开展的业务性培训、以知识更新为目标的在职培训、专门性的后备领导干部培训、出国培训等。

第六章

（五）保障制度

公务员保障制度,是指为了满足公务员的基本生活需要,并为公务员履行岗位职责、完成工作任务奠定基础,由国家公务员管理机关或部门按照一定标准确立的薪酬、保险和住房等一系列制度的总和。其中,工资制度、保险制度和福利制度在我国的不同地区带有普遍性质,可以认为是公务员保障制度的基本内容。

公务员工资制度,是指公务员在依法履行岗位职责、完成本职工作的基础上,国家以法定货币的形式支付给公务员劳动报酬的基本形式,具体包括工资标准、支付形式、支付程序等内容。公务员工资在体现劳动数量和质量的同时,也应该在一定程度上体现职务和职级。也就是说,能够让特定职务或级别的公务员获得相应的工资报酬。公务员工资是依据法律确定的劳动报酬规定,是公务员制度的存在基础和发展动力。

公务员工资制度的基本原则包括按劳分配、增资加薪、综合平衡和法律保障等。按劳分配原则是指公务员作为劳动者应当按照其向社会所提供的劳动数量和质量获得报酬,当然公务员工资要体现工作职责、工作能力、工作实绩、资历等因素,保持不同职务、职级之间合理的工资差距。增资加薪原则是指随着社会经济发展水平和工作年限的提高,公务员工资水平应当具有合理的增涨。综合平衡原则是指公务员工资水平应该与相应的企业职工工资水平相近或略高,而且注意根据物价指数变化适时调整公务员工资。法律保障原则是指公务员的工资制度具有法律效力,任何组织和个人都必须依据法律规定遵照执行。公务员工资包括基本工资、津贴、补贴和奖金等组成部分。

公务员保险制度,是指国家依据法律规定,对因生、老、病、伤等情况而丧失劳动能力的公务员提供物质帮助,保障其在退休、患病、工伤、生育、失业等情况下获得帮助和补偿的一种社会保障制度。

公务员保险的内容包括养老保险制度、医疗保险制度、工伤保险制度、生育保险制度、失业保险制度和死亡保险制度等。其中,养老保险制度已经实现社会统筹。2015年1月14日,国务院公布了《关于机关事业单位工作人员养老保险制度改革的决定》,规定公务员养老保险制度和城镇职工养老保险制度并轨,要求公务员及其所在单位缴纳基本养老保险费,逐步提高机关事业单位养老保险社会化管理服务水平,渐次实行基本养老金社会化发放,逐步建立独立于机关事业单位之外、资金来源多渠道、保障方式多层次、管理服务社会化的养老保险体系。①

公务员福利制度,是指国家为了提高和改善公务员的物质文化生活水平而提供的一些待遇和支付的补贴。福利制度是在工资和保险的基础上,对公务员的生活给予的特定形式的帮助。福利制度由公务员管理部门具体负责组织实施,带有灵活机动的特点,能够在一定程度上实现对公务员的激励作用。

一般来说,福利制度包括保证每天工作不超过 8 小时的工时制度、对生活困难职工提供帮助的福利费制度、为在寒冷地区工作的公务员提供补贴的取暖费制、为职工上下班提供交通补贴的交通费制度、为公务员解决两地分居和亲人团聚问题的探亲假制度、为公务员身心健康而制定的年休假制度等。

(六)交流和回避制度

公务员交流和回避制度,是一种公务员系统的动态化协调机制,对于提升公务员的业务能力、强化队伍建设和预防以权谋私具有重要意义。交流和回避制度是我国公务员制度体系的重要组成部分。

公务员交流,是指公务员管理机关根据工作实际需要和个人意愿,通过调任、转任和挂职锻炼等方式,将公务部门中任职的公务员调整工作岗位,或者将公务部门与企事业单位中的工作人员交换任职岗位的管理活动。公务员交流必须依照相关法律规定进行,遵照国家公务部门的统一安排,在公务部门和企事业单位之间适当开展。交流的重要目标就是要为特定的公务员寻求适合其性格和能力的恰当职位,所以交流要注意兼顾组织管理需要和个人具体情况。公务员交流的方式包括调任、转任、轮换和挂职锻炼。调任是指以公务部门的进出为标志的公务人员身份的转变,非公务员身份人员调入公职队伍和公务员身份人员调出公职队伍都属于调任的范畴。②转任,是指公务员在机关系统内部转换部门或地区任职,是不同职位之间的平级

① 详见中华人民共和国中央人民政府网站,http://www.gov.cn/zhengce/content/2015-01/14/content_9394.htm。

② 公务员法规定,主任科员以下及其他相等职务层次的非领导职务公务员只能通过考试方式选拔,所以公务员队伍外部调任的人员不能担任主任科员以下的非领导职务。

调动,能够促进公务员在不同岗位之间合理配置和流动。轮换,是指在同一公务部门内部,针对领导职务公务员或某些特定职位的非领导职务公务员有计划的调换职务任职的管理制度。挂职锻炼,是指为了培养公务员的需要,或者完成某种特殊的工作任务,公务员管理机关选派人员到下级或上级部门担任职务,以及到企事业单位或者其他地区担任职务的管理制度。

公务员回避制度,是指为避免公务员由于亲属关系或其他相关利益关系而影响自身的公务活动而采取的,针对公务员在担任职务、任职地区和执行公务等方面进行限制性规定的制度。公务员回避制度是根据法律法规要求强制执行的限制性规定,不以公务员意愿为转移。公务员管理机关在录用、任命、晋升公务员的过程中要严格依法审查,对是否回避进行监督处理。回避按照性质可以划分为任职回避、地区回避和公务回避三种类型。任职回避,是指在法律认定范围内具有亲情关系的公务员,在担任关系相对密切的职务方面所作出的限制性规定,即具有亲情关系的公务员不得同时担任关系密切的职务。地区回避,是指担任一定级别领导职务的公务员,不得在自己原籍所在地或者其他类似的、不适宜任职的地区担任职务,这样可以避免亲属关系、社会关系和其他关系对领导职务公务员的工作产生负面影响。公务回避,是指公务员在具体执行公务的过程中,在涉及本人、亲属、朋友或者其他利害相关人的情况下应当回避的制度。

三、公务员的退出制度

公务员的退出制度,是指具有公务身份的工作人员,通过某种制度化的方式,离开公务机关或解除公务身份的制度规定,主要包括辞职制度、辞退制度和退休制度。

(一)公务员辞职

公务员辞职,是指担任公职的公务员,根据本人意愿,辞去其所担任的公职,解除其与所在机关任用关系的活动。具体包括辞去公职以及担任领导职务的公务员因公辞职、自愿辞职、引咎辞职和责令辞职等行为。

一般意义上的辞去公职,是公务员的基本权利,必须经过特定的法律程序,在不影响公务管理活动和国家安全的前提下,依法放弃公务员身份,脱离公务员队伍。公务员辞职必须符合以下条件：公务员辞职必须是出于自愿；公务员须达到法律规定相关工作的最低要求；所在机关必须同意公务员的辞职申请；涉密岗位公务员辞职须达到保密法律法规所要求的条件；不属于重要公务未完成或正在接受某种调查的公务员；不属于法律法规规定的不得辞去公职的情况。公务员辞职需要履行必要的手续，即由本人以书面形式提出正式申请、经主管领导同意、报相关主管部门或者会议研究决定、经过审批辞职申请后需要办理必要的交接手续、公务员辞职的手续和既往工作情况要以恰当形式存档等。

领导职务公务员辞职的情形比较复杂，公务员法根据不同情况进行了具体规定。因公辞职，是指担任领导职务的公务员，因工作需要而变动任职职务，依照法律法规和相关程序，向管理机关提出辞去现任职务的辞职行为。自愿辞职，是指因某种原因自愿辞去领导职务的辞职行为，公务员辞去领导职务后可以继续留任其他非领导职务岗位，也可以完全脱离公务员队伍。引咎辞职，是指领导职务公务员由于对重大事故负有领导责任，或者在领导工作中发生重大失职而不再适合担任职务，而由本人提出辞去领导职务的辞职行为。责令辞职，是指担任领导职务的公务员出于某种原因应当引咎辞职或者其他不再适合担任现职务的原因，本人不提出辞职申请，而由公务员管理部门或任免机关提出的责令其辞去领导职务的辞职行为。

(二)公务员辞退

公务员辞退，是指公务员管理机关依据法律规定的条件和程序，解除公务员与其任用关系的管理活动。辞退是公务员管理机关的权利，是其依据法律规定的程序作出的单方面法律行为，被辞退的公务员仍旧可以依法享受一定的待遇。辞退公务员必须符合以下条件之一：在年度考核中，连续两年被认定为不称职的；经管理机关认定不适合现任工作，又不服从新的工作安排的；因所在机关改革调整，本人拒绝重新安排的；难以履行公务员岗位责任，又没有达到开除条件的；不遵守公务员纪律，不能正常履行岗位职责，经教育仍无改正的。

公务员辞退要依法遵循特定的程序。首先由公务员所在单位提出辞退意见，继而将辞退建议上报至上级管理机关进行审核，经审查符合辞退条件的情况，须下达书面辞退意见至公务员本人，被辞退的公务员应按照要求办理相关手续和工作交接,辞退有关手续和情况应按照要求存档。公务员辞退的办理有一些特殊的情况,也就是说,以下情况不能辞退公务员,包括公务员在患病治疗期间、受伤治疗期间、女性公务员在怀孕期间或者产假和哺乳期间,因公致残或(部分)丧失劳动能力的公务员也不能被辞退。

(三)公务员退休

公务员退休,是指公务员因达到一定的年龄、工龄,或者因丧失劳动能力而按照法律法规办理离开工作岗位的手续,享受特定的退休金和待遇,以安度晚年生活的活动。公务员退休制度是关于公务员退休的条件、程序、待遇等方面的制度规定。公务员退休方式包括强制退休和自愿退休两种情况。强制退休,是指特定的职务或级别的公务员在达到一定年龄或者完全丧失劳动能力的情况下①,应当依法办理退休手续。自愿退休,是指具备工作年限满 30 年;距国家规定的退休年龄不足 5 年,且工作年限满 20 年;符合国家规定的可以提前退休的其他情形其中一项条件的,可以申请提前办理退休手续。

公务员退休具有特定的程序。首先由公务员本人就退休、推迟退休或暂缓退休的情况填写申请表,继而由所在单位进行情况审核,审核后按照相应管理规定将申请上报至上级公务员管理机关,最后由管理机关根据法律法规批准公务员的退休、推迟退休或暂缓退休。

四、公务员制度改革

(一)公务员制度存在的问题

自国家公务员制度建立以来,传统意义上的干部人事管理制度得到了丰富和完善,在促进社会主义市场经济发展、加强勤政廉政建设、提高管理水平、提升法制化科学化程度等方面发挥了积极作用。但是由于我国具有长

---

①　目前在实践当中,一般执行男性公务员满 60 周岁退休,女性公务员满 55 周岁退休;省部级正职可以到 65 周岁退休;经选举产生的干部,在任职期间达到退休年龄的,可待任期届满后退休。

期的"官本位"历史文化传统,公务员制度建立时间短,地区发展水平失衡,制度本身存在缺陷等多方面原因,目前公务员制度还存在很多问题。具体表现为机构臃肿、人浮于事、腐败突出、效率低下以及人员素质差等。

(二)公务员制度改革方向

1.不断转变管理观念,消除"官本位"思想

我国悠久的历史文化传统是公务员制度的重要来源,但其中的许多思想观念给行政文化和公务员制度带来了负面影响,"官本位"思想就是典型代表。"官本位"是指在行政管理和社会生活过程中,一切以官为本的价值观念和行为方式。它主要来源于农业家庭生产经济制度、儒家传统政治文化观念、封建专制国家制度等要素,是传统文明赖以存在的重要基础之一。"官本位"思想具有很多危害,包括部分官员的特权和利益高于公共利益,人民群众利益得不到保障;官位级别决定利益分配格局乃至社会生活规则,滋生助长"只唯上,不唯实"的社会风气;官员一经从政就只能不断谋求升迁,不能实现自身多元价值等。

破除"官本位"思想,需要加快市场经济体制改革进程,改变计划经济时代行政权力配置资源的做法;需要推进民主政治建设,扩大公民有序政治参与,保证人民当家做主;需要转变思想观念,促使公务员不断树立全心全意为人民服务的高尚情操;需要加强监察监督,不断规范各级各类公务员的履职行为;需要创造良好的创业致富环境,引导优秀人才多元化实现自身价值。

2.进一步加强制度建设,完善公务员管理的法律法规

党和国家要把公务员法的实施作为长期任务抓紧抓好,坚持依法办事,确保有法必依和法之必行。不断强化对公务员法贯彻落实情况的监督,经常组织公务员法实施情况专项检查,重点把好进人关、人员选配关、公务员权利保障关等。加快推进公务员法配套法规建设进程,建立科学合理的配套法律法规体系。积极推动行政执法类公务员管理办法和专业技术类公务员管理办法的实施工作,充分发挥法律制度在科学管人、合理用人、规范监督等方面的有效作用。加强考录环节的立法和执法力度,确保考录工作的公平公正。落实中央关于在艰苦边远地区适当降低进入门槛的要求,制定不同地区的差异化标准,鼓励优秀人才到艰苦边远地区从事公共行政管理工作。进一步完善公务员考核管理、任免升降、退出分流的法律法规,针对当前公务员

制度存在的问题制定系统化的方案予以解决。

3.不断提高公务员素质,强化公务员专业性,切实提高行政效率

在公务员进入、管理和退出的各个环节采取措施,提升公务员的素质和能力。加快改革进程,提升职业满意度,整合已有的资源,广泛吸收优秀人才进入公务员队伍。强化教育培训,提高公务员的政治水平、知识能力和心理素质,促使其具备较强的工作能力和业务素质。按照中央要求,深化公务员分类改革,逐步推行公务员职务与职级并行、职级与待遇挂钩制度。具体而言,深化分类管理,提升非领导职务公务员的专业地位;细化职系分类,进一步强调专业化分工和专业精神;根据分类管理的具体情况,不断完善不同职务级别的薪酬激励机制;引导公务员个人职业发展,推动多元化激励机制的建立;依据专业性要求,在合适的部门和岗位上推行进出自愿的聘任制。

第三节　政府领导

政府领导可以作为政府领导者和领导活动的统称,作为公务员队伍中最重要的组成部分,对整个政府活动的成败具有举足轻重的意义。准确认识政府领导者的素质要求并有针对性地对其持续优化,掌握领导活动的规律,注重政府领导选拔运用的科学化水平,这些都应当是人事行政的重要工作内容。

一、领导的含义

领导这个词由来已久。《说文解字》记载:"领,项也",也就是头领,首脑的意思;"导,引也",也就是引导、带领的意思。合在一起,领导就是由首脑人物引导前进的意思。人类社会很早就出现了领导活动。人类开始共同生活和劳动以后,为了获得更多的生活资料和实现更好的群体生活,他们不得不紧密团结起来,强化集体生活的组织性,于是领导活动就逐渐出现了。伴随群体规模的不断扩大,人类面临的问题逐渐增多,领导活动的复杂程度也日趋增大,最终领导演变成人类社会中最重要的社会实践活动之一。

领导有两种的含义:一是可以指人,即领导者;二是指领导活动。领导活动是指领导者在一定的环境系统中,为实现特定的目标,对被领导者实施统

御和指引的行为过程的总和。这一概念包含下列含义：首先，领导活动内置于整个社会组织体系之中，不能脱离社会体系而独立存在；其次，领导从产生起就连续不断地发挥作用。每次具体的领导活动都会产生一定的结果，这个结果又会产生新的领导活动需求，不断重复、变化、扩展，形成一个复杂的动态化系统；再次，领导活动属于高层次的社会管理活动，它与常规性的管理活动所指涉的范围有区别，具体而言，领导是一种特殊的管理活动，它一般指高层次的、战略性的、非常规性的管理活动；最后，任何领导活动的过程都会贯穿某种特定的权威，表现为领导客体对领导者的服从。

领导在社会当中的作用非常重要。它能够维持社会中各种主体和力量的相互联系，是一种社会黏合剂；能够通过统御和服从的相互关系，在相关方的利益博弈中实现社会的协调一致；能够贯穿社会生活的各个方面，为社会存续发展提供动力。

二、领导者的素质及其优化

（一）领导者的含义

领导者，是指在政府公共管理机关或社会组织中，经特定的法律程序选举、任命而产生的，担任一定职务、履行一定职责、行使一定权力的个人或集体。领导者在领导活动中占据主要的地位，发挥重要作用。一方面，领导者是领导活动的主体，占据核心位置，凭借权力和强制性手段实施领导活动；另一方面，领导者是领导活动的发起者和监督者，通过科学决策、确定目标、制定计划、安排人事、指挥协调、评价考核等步骤推动领导活动的展开和循环。在政府组织中，领导者一般经过代议机关的选举或上级行政机关的任命产生，担任政府职务，履行行政管理的某种责任，掌握与承担责任相一致的权力。政府中的领导者可以是具体的个人，也可以是由一定数量个人组成的领导集体（领导班子）。

领导者可以根据不同的标准划分为不同的类型。按照是否被组织正式授权，可以划分为正式领导和非正式领导。正式领导按照一定的法律和程序被赋予了权力，按照规定履行职责；而非正式领导则是通过个人的威望、魅力等非组织化的方式，获得了组织成员的认可而在实际上履行一定的职责，享有一定的权力。按照领导的层级高低,可以划分为高层领导、中层领导和基层领导。例如,政府中可以按照级别划分为中央领导、省部级领导、厅局级(地市级)领导、县处级领导和乡科级领导。按照领导事务的性质,可以划分为综合型领导和专门型领导。例如,各级政府的领导就是综合型领导,负责一级政府各种事务的决策、指挥和控制;各级政府下辖职能部门的领导就是专门型领导,负责本部门专门的、业务性的工作。

(二)领导者的职务、职权和职责

与领导者角色高度联系的有三个重要要素,分别是职务、职权和职责。

领导者的职务,是指权力机关或组织人事部门根据法律和程序,按特定规程选举或任命领导者所担任的职位。领导者职务具有其特点:①职务表现为特定的职位名称,本身具有相对的稳定性,一般不随领导者人选的变化而变化;②职务是以"事"为中心,即根据领导工作的实际需要确定下来;③职务的设置有一定的数量规定,要遵循一定的编制原则。

领导者的职权,是指依法确定的与职务相当的领导权力。领导者的职权与其职务紧密联系在一起:①职务与职权相对应,职务高则职权大,反之亦然;②职务和相应的职权都是由法律法规所规定;③职权的限度和范围由国家机关根据实际管理需要确定,表现为特定职务的权限;④职权的存废与职务的任免相一致。

如果说领导者的职权是其法定的权力,带有某种程度的规范化"硬性"特征,那么领导者还有一部分权力是由其自身的学识、素质和能力等要素所形成的影响力,这种权力具有某种程度的个性化"柔性"特征。这部分权力可以称为非职位权力。换句话说,从是否依据职位而产生的标准来划分,领导者的权力可以分为职位权力和非职位权力两大类。职位权力又可以进一步划分为合法权、奖赏权、威胁权、信息权和生态权。具体来讲,合法权是建立在职位规定性权力基础之上的法定权力;奖赏权是领导者对于下属或者分管部门进行物质和精神奖励的能力;威胁权是领导者依靠自身的处罚能力而具有的、对下属支配和强制的权力;信息权是在政府运作过程中领导者按照自身职位层级而享有的信息专属权和优先权;生态权是指基于领导者的职位和权限而使其具有的、影响政治生态的权力,或者借助于政治生态而行使权力的支配性能力。非职位权力可以进一步划分为专长权、背景权和参考权。具体来讲,专长权是领导者为了完成既定的组织目标而运用特殊的技能和知识来完成领导工作而产生的影响力;背景权是领导者依据个人的身份背景或特殊经历所产生的、独特的影响力和权力;参考权是源自于下属对领导者的仰慕和支持所产生的吸引性权力(详见下图 6-1)。

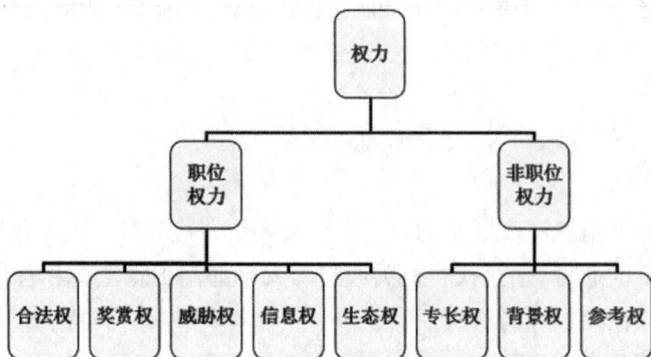

图 6-1　领导者的权力构成

领导者的职责,是指担任一定职务、享有一定权力的领导者必须同时担负起与职务、权力相应的责任。领导者的职责可以从三个方面认识:①政治责任。即领导者担任工作的政治性义务和担当。从积极意义上理解,是指领导者制定符合法理、民意的公共政策并推动其实施的职责,从反面理解,指没有履行好法定职责时所承担的谴责和制裁。政治责任意味着在衡量领导者的行为是否符合法律的同时, 要重视领导者的决策和行为产生的实质性结果是否符合公共利益。②法律责任。即法律规定的特定职务领导者所应承担的责任和义务,重点指在宪法和法律的文本及其精神框架之内,领导活动和行为与法律规范的符合程度。③工作责任。指领导者在对本职务范围内的具体工作事项进行处理时应当承担的责任和义务。

(三)领导者的素质

领导者素质,是指在先天生理条件的基础上,通过后天的实践锻炼和学习而形成的,在领导工作中经常起作用的那些品格、知识、技能和情感等要素的总和。领导者的素质要经过长期的学习和实践来塑造,经过艰苦地自我修养而形成。合格的领导者必须不断地主动提升自身素质,以适应不断发展变化的新情况,更好地完成领导工作任务。

领导者素质具有一些基本特征:①综合性。领导工作本身的综合性对领导者素质提出了综合性要求,优秀的领导者必须具备坚定的信念、丰富的知识、准确的决断、灵活的思维和稳定的心理等一系列复合性素质和综合性能力。②动态性。领导工作实践与社会发展紧密结合,尤其在知识经济和信息化时代,社会发展变化的速度是非常惊人的。这对领导者素质提出了挑战,需要他及时调整,与时俱进地提升适应社会的能力。③层次性。领导工作可以划分为不同的层次,不同层次的领导者素质要求不同。如高层和基层领导,政治和业务领导,经济和军事领导等,他们的素质不能一概而论。

领导者素质的内容包括政治素质、知识素质、能力素质和身心素质等多方面内容。

(1)政治素质。是指个体从事社会政治活动所具备的基础性政治条件。对领导者而言,它应当是政治方向、政治立场、政治观念、政治态度、政治信仰、政治技能的综合表现。

(2)知识素质。是指领导者通过自身的社会实践和学习所掌握的科学文化知识,以及不断学习和更新知识的能力。具体而言,包括马克思主义及其中国化的一系列理论成果、广泛丰富的科学文化知识、精深系统的专业知识、专门的管理科学和领导艺术等多方面的知识。

(3)能力素质。是指各种圆满完成领导工作,实现领导目标需要具备的能力。可以从综合能力和创新能力两个方面来认识。

综合能力还可以划分为:①获取信息能力,在信息化时代获得充足而有效的信息并进行准确分析,是领导工作面临的首要问题;②组织协调能力,任何领导工作都要涉及人、财、物的组织调配,领导者必须善于组织协调自己掌控的各种资源;③实干执行能力,做好职责范围内的事情,不折不扣执行法律法规和上级的指令,是对领导者的基本要求;④整合决策能力,各级领导者面临的工作都不是一成不变的,因此需要依照实际情况及时做出恰当合理的决策;⑤凝聚激励能力,领导工作的核心任务就是要对执行团队进行凝聚,并通过适当方式奖勤惩惰以保持团队的积极进取;⑥沟通公关能力,对组织内部要及时沟通信息以达到交流思想、互相理解的目的,对组织外部要有意识地树立良好的形象,为组织开展工作创造良好的外部条件;⑦选才用人能力,甄选优秀人才并依据岗位和人才的特点使二者相互匹配,实现最优化的管理效果,是领导者最重要的能力之一;⑧演说谈判能力,准确良好的口头表达和娴熟的谈判技巧是领导者表达思想、完成工作的基本条件。

创新能力还可以划分为:①洞察问题能力,即迅速准确掌握问题本质的敏感性;②预测判断能力,即对事务发展变化提前分析的预判性;③应变处突能力,即根据突发性情况及时作出针对性处置的应变性;④决断控制能力,即根据领导实践发展变化的新情况迅速有力作出调整的控制性能力。

(4)身心素质。是领导者身体的健康程度、精力的充沛程度和心理性格等素质内容。领导者的身体素质是在遗传、营养、锻炼等因素影响下表现出来的身体机能状态,合格的领导者需要具备较强的身体素质。心理素质集中表现为领导者应当具备的一些品格和个性。例如,开放包容的胸襟、勇于负责的担当、敢于决断的勇气和坚忍不拔的意志等。

(四)领导者素质的优化

提高领导者的素质对于领导活动的意义不言而喻。问题的关键在于通过怎样的方式建立提升领导者素质的长效机制,促使领导者主动将修养品格和学习知识作为自身的内在追求,促进领导目标的圆满完成。

从宏观上看,需要营造"好人能够为善,坏人不能为恶"的健康政治生态,不断改进选人用人机制,引导领导者凭借自身素质在领导活动中建功立业。这涉及政治体制改革和国家治理结构调整等多方面问题,是一个长期的制度建设过程。

从具体来看,一方面,领导者素质的优化来源于自身的努力修养和勤奋实践。另一方面,领导者素质的提升优化也是组织人事部门工作的重点内容。这就需要组织人事部门加强引导,不断建立健全领导者培训、考核、选拔和晋升等制度,通过有效的激励机制督促领导者提高素质,建功立业。

三、政府领导的选拔任用

(一)政府领导选拔任用的内涵

《中华人民共和国公务员法》规定,一般情况下,担任主任科员以下及其他相当职务层次的非领导职务公务员是通过公开考试、严格考察、平等竞争、择优录取的办法,从社会或者其他岗位中遴选出来的。担任领导职务的公务员的来源渠道可以归为三类：一是选拔，也就是从非领导职务提升为领导职务；二是晋升，也就是从低一级的领导职务晋升为高一级的领导职务；三是调任，也就是从其他的领导职务平调到新的领导职务。政府领导的有序流动和适度晋升具有重要作用，它能够激活公务员队伍，不断输入新鲜血液，使队伍整体保持活力；使公务员队伍保持竞争状态，从而提高行政系统的运行效率；将一些新观点和新思想注入行政管理系统，推动干部人事制度改革和行政体制改革。

政府领导的选拔任用应当有一系列合理制度安排和有效的运行机制，以实现这一活动的科学化、规范化和公平性。目前，我国政府领导的选拔任用依据主要包括《党政领导干部选拔任用工作条例》《宪法》《选举法》《公务员法》《中央及地方政府组织法》等法律和制度规定。

(二)政府领导选拔任用的原则

(1)公平公正原则。领导者的选拔任用直接关系公共利益的实现，必须坚持公平公正的选拔基本原则。因而必须优化政府选拔任用的制度，从目的追求、程序设定和结果获得三个方面都要贯彻公平正义的原则。

(2)党管干部原则。要注意不断发挥中国共产党的优良传统和组织优势，进一步巩固党的领导地位，强化党的执政能力，建设一支高素质的干部队伍。当然，如何实现党管干部和人民授权的有机统一，已经成为领导者选拔任用制度改革的重要问题。

(3)民主集中原则。民主集中制是党和国家的领导制度、组织制度和运行管理的基本原则。民主集中制是民主基础上的集中和集中指导下的民主相结合。政府领导的选拔任用自始至终贯穿着民主集中的原则和做法，体现了党在政府领导管理制度中的实践探索和创新发展。

(4)德才兼备原则。"德才"即德行和才能，选拔任用有德有才之人完成政府公共管理是实现良好治理的基础。具体来说，就是既重视政治标准与能力标准的协调统一，又将人的道德水平放在非常重要的位置上。以德为先，核心是政治立场上的坚定和忠诚；重视才能，重点看工作中的能力和绩效。

第六章

(三)政府领导选拔任用的实践过程

根据相关制度规定,一般是由党委(或者党组)及其组织部门按照干部管理权限履行选拔任用政府领导干部职责。这一过程包括以下基本程序:

一是动议。即党委(党组)或者组织(人事)部门按照干部管理权限,根据工作需要和领导班子建设实际,提出启动干部选拔任用工作意见。其中组织(人事)部门综合有关方面建议和平时了解掌握的情况,对领导班子进行分析研判,就选拔任用的职位、条件、范围、方式、程序等提出初步建议。初步建议向党委(党组)主要领导成员报告后,在一定范围内进行酝酿,形成工作方案。

二是民主推荐。民主推荐是指党委(党组)及其组织(人事)部门根据配备领导班子和选拔任用干部的需要,按照规定的条件、范围、程序和要求,组织有关方面人员参加的、推荐领导干部人选的活动。民主推荐是干部工作走群众路线的具体体现,是选拔任用党政领导干部的必经程序和基础环节。民主推荐的方式主要有两种:一种是会议投票推荐,一种是个别谈话推荐。

三是干部考察。干部考察是党委(党组)及其组织(人事)部门根据干部管理权限,按照规定程序和方法,对确定的考察对象进行全面了解和公正评价,为干部的选拔、运用等提供依据的工作,是选拔运用政府领导必须履行的程序和关键性环节。考察时,应当根据干部选拔条件和不同领导职务的职责要求,全面考察其德、能、勤、绩、廉,注重考察工作实绩。

四是讨论决定。讨论决定政府领导选拔任用一般采取票决制。党委(党组)必须有三分之二以上成员到会,并保证与会成员有足够时间听取情况介绍、充分发表意见。与会成员对任免事项,应当发表同意、不同意或者缓议等明确意见。在充分讨论的基础上,采取口头表决、举手表决或者无记名投票等方式进行表决。党委(党组)讨论决定干部任免事项应当按照下列程序进行:①党委(党组)分管组织(人事)工作的领导成员或者组织(人事)部门负责人,逐个介绍领导职务拟任人选的推荐、考察和任免理由等情况,其中涉及破格提拔的人选,应当说明破格的具体情形和理由;②参加会议人员进行充分讨论;③进行表决,以党委(党组)应到会成员超过半数同意形成决定。

五是任职。实行政府领导干部任职前公示制度。公示内容应当真实准确,便于监督,涉及破格提拔的,还应当说明破格的具体情形和理由。公示期不少于五个工作日。公示结果不影响任职的,办理任职手续。实行党政领导干部任职试用期制度,试用期满后,经考核胜任现职的,正式任职;不胜任的,免去试任职务,一般按试任前职级安排工作。

(四)政府领导选拔任用的基本特征

1.约束条件较多

政府领导的选拔任用受到很多专门性条件的制约。在目前中国的政治实践当中,政府领导的选拔任用大体有如下制约条件:

(1)年龄。1982 年干部"四化"方针,即"革命化、年轻化、知识化和专业化"被写入党章,领导干部终身制被废除,领导者实行了任期制。①目前,年龄条件已经成为领导干部选拔与晋升的重要条件。如《2009—2013 全国党政领导班子建设规划纲要》提出,乡镇党政班子以 40 岁左右的干部为主体,每个班子中至少有一名 30 岁以下干部,党政正职中 30 岁左右的有一定数量;县级部门领导班子以 45 岁左右的干部为主体,正职中 35 岁左右的有一定数量。②

(2)教育背景。"干部四化"中的知识化和专业化就是对受教育程度的要求。《党政领导干部选拔任用工作条例》明确规定:党政领导干部一般应当具有大学专科以上文化程度,其中厅局级以上领导干部一般应当具有大学本科以上文化程度。

(3)民族。我国是一个多民族国家,党和政府历来重视培养少数民族干部,在干部选拔晋升中注重对少数民族干部的照顾和倾斜。

(4)性别。政府领导中女性比例明显低于男性。为了纠正这种不良倾向,党和国家一直注重女性干部培养,专门出台配备和培养女性干部的制度规定③,因此性别因素也成为影响选拔晋升的重要条件之一。以上都是带有一定普遍性的约束条件,还有许多个性化约束条件,如家庭出身、户籍地等。一般而言,某个公务员与上述约束条件对比符合程度越高,越易于脱颖而出,被纳入选拔晋升的行列。在现实中,由于约束条件众多,某种特殊情况的个体可能打破常规,从众多的候选人中"蹦"出来,如"无、知、少、女"(无党派、

---

① 2006 年,中共中央办公厅印发的《党政领导干部职务任期暂行规定》对领导者任职年龄做出了明确的要求和说明。

② 人民网:"公务员晋升年龄:科级一般 45 岁遇'天花板'",http://legal.gmw.cn/2014-07/21/content_12077527.htm.

③ 如 2001 年中央组织部曾下发《关于进一步做好培养选拔女干部、发展女党员工作的意见》。

知识分子、少数民族、女性)更容易进入政府领导干部序列,就是对上述选拔任用条件的生动注解。

2.程序严明复杂

在我国政府领导的选拔任用过程包括推荐或提名、考试、考察、酝酿或民主协商、讨论决定、任命等诸多环节,每个程序又包括自己的子程序,每个子程序又包含若干不同的方式方法。应该说,这是一个规定比较严格、程序相当复杂的过程。

(1)推荐提名是干部选拔与晋升制度的首要环节。在实践中,政府主要领导(或称为"一把手")在推荐提名中一般发挥决定性作用。

(2)考察是干部选拔与晋升的依据所在。考察政府领导职务拟任人选要依据干部选拔任用条件和不同领导职务的职责要求,全面考察其德、能、勤、绩、廉。考察结束后必须形成书面考察材料,建立考察文书档案,并向党委及其组织(人事部门)报告考察情况。

(3)任命是政府领导取得合法身份并开始履行职责的开始。目前根据《宪法》和《地方组织法》,我国政府领导任命形式有党委任命、人大任命和政府任命三种形式。

3.注重政绩效果

政绩是政府领导在其管辖范围内所取得的业绩。政绩要通过考核来进行衡量,是特定考核主体依据一定标准,按照法定程序,运用特定形式和方法,对政府领导者在一定任职期间开展工作情况的考察、核实与评价,一般包括其在法定任期内的工作成果、社会评价、个人表现等。政绩成为政府领导选拔任用的重要依据,自然构成政绩体系的相关指标就成为政府领导工作的"指挥棒"。改革开放三十多年来,地方经济增长和财政收入等经济指标成为考核地方政府官员的关键指标,推动地方经济增长自然成为他们工作的方向,这种力量集聚起来成为中国经济保持三十多年快速增长的重要动力。当然,虽然这一模式产生了一定的效果,但也带来了诸多的问题和弊端。因而,下一步应该调整地方政府领导干部考核的指标体系,按照协调发展的要求,不能仅仅局限于经济增长,还应包括社会发展、教育文化发展、人民幸福指数提高等多方面内容。

(五)政府领导选拔任用制度的完善

政府领导的选拔任用是一个多层次、多环节构成的整体系统。完善政府领导选拔任用制度,需要注重系统性、整体性、协同性,不断推进理念创新和制度变革。在推进国家治理体系和治理能力现代化的大背景下,政府领导选拔任用制度的创新具有必要性和紧迫性。

(1)注重分类,不断提升政府领导选拔任用制度的科学化水平。实际上,政府领导的跨度较大,各自的工作标准、素质要求等存在一定程度的区别,如高层、中层和基层政府领导,政治性和业务性领导。现行的政府领导选拔运用制度标准相对单一,缺乏区分。要根据不同性质的工作岗位,采用不同的选拔方法、细化规则、分类管理,建立具有一定区分度的,能够为特定领导岗位选拔合适人选的制度体系。

(2)注重民主,不断创新政府领导的选拔任用机制。政府领导是为民众服务的,其服务的好坏程度和水平高低应该接受民众的检验。在实践中,要树立注重民本的改革思路,将民意纳入政府领导,尤其是地方政府主要领导的选拔任用机制中,大胆创新,设计出"官民共选型"的选拔体制机制。

(3)注重规范,不断健全政府领导的选拔任用程序。具体而言,通过规范提名主体、提名形式、提名程序等步骤,全面规范领导者的提名环节;通过引入多元化考察主体,探索科学的考察方法,规范考察程序,系统规范领导者的考察环节;通过规范任命主体、任命方式、任命程序的步骤,不断规范领导者的任命环节。

思考题:

1.简述公务员制度的基本内容。
2.谈谈一位优秀的领导者应当具备的素质。
3.政府领导选拔任用的原则有哪些?
4.对中西方人事行政制度的异同进行比较。
5.分析中国公务员制度中存在的问题及改革方向。

第六章

第七章 政府组织

第一节 政府组织概述

政府的功能和目标是依靠其组织机构完成的，政府是组织化的公共机构。因而有必要研究政府组织的概念、类型和构成情况，从组织的角度来分析当代中国政府的优劣长短。

一、政府组织的含义和特征

(一)政府组织的含义

组织是什么？在中国古代，是指将丝麻等原料编织成布帛类的产品，核心的意思是"组合编织"，后来引申为通过某种手段实现特定主体结构功能的改变。在西方，组织来源于生物学领域，与器官的意思联系紧密，即形态、功能相同的细胞构成的具有特定形态并完成一定功能的生理结构。后来逐渐被引入社会科学领域，意思是相互依赖、作用的各个部分之间通过互相协调协作而构成的某种具有特定结构和功能的整体或系统，常见的如经济组织、军事组织、政府组织等。组织是现代社会政治、经济、文化事务得以推动和完成的基本结构，著名管理学家彼得·德鲁克曾经说过："社会已经成为一个组织的社会，在这个社会里，不是全部也是大多数社会任务是在一个组织里和由一个组织完成。"①政府组织是各类社会组织中最重要的一种,负责协调社会公共政治生活和公共利益,实现社会发展和进步,因此对其进行研究意义重大。

政府组织可以从静态、动态两个方面进行理解。从静态上看,政府组织是政府中的部门和机构组成的结构性系统,如中央和地方各级人民政府、政府部门等;从动态上看,政府组织可以看成为了完成特定行政管理任务,履行某种社会管理职能所形成的权力结构关系和运行机制,如纵向政府间的中央-地方关系、大部门体制等。

(二)政府组织的特征

(1)阶级性。政府组织的阶级性由国家的阶级性决定。国家是阶级矛盾不可调和的产物,正如恩格斯在《家庭、私有制和国家的起源》中指出的:"国家是直接地和主要地从氏族社会本身内部发展起来的阶级对立中产生的。"②国家自产生以后,总是为统治阶级的利益服务的,带有鲜明的工具属性。政府组织是国家职能的现实载体,是统治阶级维护政治和经济利益的主要工具。

(2)社会性。政府组织在完成阶级统治功能的基础上还要进行社会管理。政府的社会性体现在对社会的管理和公共利益的维护方面。具体来看,政府要承担保持社会稳定、发展科学技术、振兴文化教育等超阶级的社会性职能,因此政府组织也就拥有了社会性。

(3)整体性。政府组织结构的整体性从纵横两个方面表现出来。纵向上,政府分为从中央到地方的多级政府,具备完整的科层化结构;横向上,根据职能分工原则,各级政府建立了多样化的行政管理部门。按照统一的标准和原则,所有的结构在一定的等级序列和运行模式下形成系统的组织体系。

(4)服务性。政府组织的服务性根源于其社会性特征。从本质上讲,政府组织来源于社会,必然向社会提供服务,只有得到社会的接受和认可方能获得自身合法性。政府组织应当为其他社会组织和全体公民提供全面的服务,服务性是现代政府的基本属性。当然,我们不能因此认为政府组织就是天然的公共利益代表者而忽视其自利性倾向。政府组织的服务性是应然要求,但

---

① [美]彼得·德鲁克:《后资本主义社会》,张星岩译,上海译文出版社,1998年,第52页。

② 《马克思恩格斯选集》(第4卷),人民出版社,1995年,第169页。

需要通过有效的制度设计予以保障。

（5）强制性。政府组织的强制性特征体现在内外两个方面。一方面，作为社会公共权力结构中最重要的主体，政府组织建立在特定的制度规则体系和军队、警察、监狱等暴力机器的基础上，其行政行为具有强制性；另一方面，政府组织自身的运行都必须严格依照宪法和法律的规定，其行政行为无论内容还是方式都必须符合宪法和相关法律的强制性规定。

二、政府组织的构成要素

将政府组织的纵向科层制结构和横向功能性结构打破，对各级政府及其部门的要素进行分类归纳，可以抽象出政府组织构成要素的一般性内容。

（一）职位设置

职位设置是政府组织最基本的结构性要素，可以进一步细分为职务、职责和职权三重内容。职位在行政组织中相对稳定，其数量、名称、级别、工作内容等都必须严格遵守一定的法律规定和相关制度，一般情况下不会随意变动。现代政府组织中实行详细的职位分类制度，通过确定职级、职等、职系等内容，明确每个公务人员的业务范围和工作职责。职位设置一般以"事"为中心展开，避免因人设事而导致的机构臃肿、人浮于事，对职位设置的调整应当遵循管理需求发展的客观规律，科学设定编制原则，为行政体制改革和管理实践奠定坚实的基础。

职位设置还需要将行政目标作为出发点，在不同的行政层级和各级不同职能部门之间，对行政目标有效分解，设置具体的职位；按照行政管理实际需要，恰当处理职位设置和机构设置的关系，实现二者的相辅相成、协调配合；职位设置的核心内容是确定职位的权力和责任，同时需要明确不同职位之间的相互关系，以便于管理工作的顺利展开。

（二）人员选配

行政人员是组成政府组织的主要角色。各类政府组织都是由人组成，并依靠人完成具体的组织目标和管理目标的，所以人员选配对于政府组织的意义十分重大。选拔具有过硬的素质和能力的人员,将合适的人选配置到所需岗位之上,是各级各类政府组织的基本原则,也是组织人事部门的重要工作。在人员选配的过程中,要注意将选拔使用和培养造就相结合,尊重人才的主体地位,努力创造人才在政府组织中建功立业、实现价值的环境,将完成既定的行政管理目标和实现人的价值追求有机统一于政府行政管理实践之中。

(三)行政资源

行政资源是指与完成政府管理工作相关的信息、经费、物资、场所等物质性要素,它们在政府过程中被消耗利用,并转化为实现公共行政目标的结果。行政资源的利用和转化要遵循特定的规律:其一,是重视行政资源的整合利用,避免资源流失浪费,保证有限的资源能够充分服务于公共管理工作;其二,不断健全资源使用规划和管理的组织机构,完善发展资源利用的管理规定和办事规程,主动引入先进的技术手段来提高各类资源的利用水平;其三,加快服务型政府建设,依靠恰当的市场化方式配置行政资源,不断提升资源的使用效率;其四,通过提升行政人员的道德水平和服务意识,加强资源管理的规范化程度和监督工作,有效防止行政人员的自利性倾向。

(四)运行机制

政府组织是规模庞大、目标复杂、人员众多并面临很多不确定性因素的组织系统。纵向上的多层级结构和横向上的多部门结构共存于系统之中,上下级之间、不同部门之间、不同人员之间的权力责任关系比较复杂,因此需要根据管理目标和实际情况依法建立一整套行之有效的制度规则体系,并且对制度体系进行合理的调控以形成良性的内在运行机制,确保组织行为的有效性和行政目标的实现。政府组织的运行机制必须遵循一定原则:其一,依法建立,行政运行机制的有效性依赖于健全的法制体系,实现法治既是行政运行机制的目标,又是推动其健康发展的手段;其二,目标导向,行政运行机制的形成不是自发的,而是始终围绕如何完成既定管理目标展开的,正是在行政目标的驱使下,组织者才有不断优化改进的动力,适应行政环境的运行机制才能被归纳和总结出来;其三,发展变化,运行机制本身就是一个动态的概念,是特定制度环境下的产物,因此需要根据行政环境的变化周期性地对运行机制进行调整优化。

(五)行政文化

组织文化是一种复杂的社会现象,在政府组织中表现为行政文化。行政文化是浸润在政府体系中并潜移默化影响政府活动相关的文化,主要表现为行政主体和客体在行政行为过程中的态度、情感、信念和价值观,以及在日常生活中所遵循的行政行为方式和行政习惯习俗等。行政文化通过对行政行为和观念的影响最终会作用于政府运行体制的各个方面,甚至可以认为,政府所有的决策和执行行为都或多或少地反映特定的行政文化。因此,高度关注行政文化,不断对其进行改良和优化是公共管理和政府改革的基本内容之一。当然,建立良好的组织文化需要长期的过程。一方面要重视已有的文化传统,文化的形成是长时间历史发展演变的结果,无论是精华还是糟粕都有深厚的社会存在基础,所以行政文化的改造必须建立在对特定社会文化传统高度重视和充分了解的基础上;另一方面要尊重经济基础决定上层建筑的文化形成规律,通过恰当合理的利益格局调控和社会关系调整来推动优秀行政文化的形成和发展。

三、政府组织的类型

政府分化为不同类型的组织,它们分工合作,协调配合,共同实现公共管理和社会服务。按照权力范围和职能类型,政府组织可分为以下基本类型。

(一)领导机关

领导机关,也称为首脑机关,是指统辖特定区域内行政事务全局的机关,在中国指国务院和地方各级人民政府。领导机关的职能是负责对辖区内的事务进行决策、执行和监督,享有本地区的行政权。领导机关在政府组织机构中占据核心位置,发挥中枢和统率作用,是实现政府功能的关键要素。

第七章

(二)职能机关

职能机关,是指隶属于领导机关或行政首长,负责组织、执行上级的决策或管理某一专业方面行政事务的执行机关。职能机关是领导机关的组成部门,对上执行领导机关所制定的方针、政策并对其负责,对下履行具体的公共管理职能或督促其所属机构执行具体的管理事务。由于管理领域的广泛性和行政事务的复杂性,职能机关是各级政府机关当中数量最多的一种。在中国,国务院下属的各部、委、办等,地方各级政府下属的厅、局、处、室等都属于职能机关的范畴。

(三)辅助机关

辅助机关,是指为了领导机关、职能机关或行政首长顺利实现领导和管理功能,履行各种服务性、保障性和辅助性职能的机关。辅助机关的工作围绕行政目标的决策和执行活动,具有广泛性、复杂性、综合性和服务性等特点。辅助机关可以按照职责、功能的差异,进一步划分为办公部门、信息部门、咨询部门,如国务院和地方各级政府的办公厅(室)是综合性办公部门,各级政府的参谋咨询机构、智囊机构都是信息和咨询部门。

(四)直属机关

直属机关,是指在特定政府机关中设立的主管某些专业领域业务的行政机构。直属机关和职能机关虽然同样是主管某些专门领域的业务,但两者有一定的区别。一般而言,直属机关在各级政府中的地位以及与领导机关联系的紧密程度上不如职能机关。在政府中,一些专门领域的业务不便划归职能部门管理,但在实际工作中又需要设立专门机关进行管理,于是便设立直属机关承担这些任务。比如,国务院所辖的各直属局,从工作内容上讲需要设置单独机构,但其重要性和规模又不适合单独建立部委,就设立直属局由国务院直接领导,如国家工商行政管理总局、国家统计局等。

第七章

(五)派出机关

派出机关,是指各级政府根据公共管理的实际需要,按照法律规定在所管辖区域内授权设立的代表机关。派出机关权力来自于委派机关,其权力性质和大小取决于委派机关授权的性质和程度,因此派出机关是委派它的那一级国家行政机关的分支机构。派出机关的主要任务是贯彻执行上级政府机关的决议和指示,完成上级机关交办的行政任务,检查、督促下级机关贯彻上级机关指示和决议的情况等。

(六)非常设机关

非常设机关,是指领导机关根据实际工作需要,按照法律规定的权限,为处理某些特殊事务或调查某些具体事件,而从各个政府组织中抽调人员专门组成的临时性政府组织。非常设机关的职能主要是接受领导机关委派,处理突发性事务和问题,任务完成后,非常设机关一般随之撤销。从历史上看,一些特定政府组织或职位的设立就是由临时性事务开始的,随着管理实践的发展,非常设机关或职位可能逐渐固定下来,管理日常性事务,在这种情况下非常设机关也就演变成常设的其他类型的机关。

四、政府组织的结构和运行体制

(一)政府组织结构

政府组织结构可以从横向与纵向两个视角来架构。横向的部门设置加之纵向的层级安排共同搭建起政府组织的基本框架,构成硬件基础;与此相对,各组织结构间静态的权责配置和动态的体制机制确定了政府组织的运行规则,构成软件规则。

1.硬件基础:纵向结构和横向结构

政府组织的纵向结构是按照实际需要划分的行政管理层级,体现为直线式的层次。一方面表现为各级政府上下级之间的层次结构,目前我国大体上实行中央政府、省(自治区、直辖市)、设区市(自治州)、县(自治县、不设区市)、乡(民族乡、镇)五级政府组织机构;另一方面表现为各级政府对其下属部门的主从关系和管理层级。

政府组织的横向结构,是指在特定的一级政府之中,依照不同的管理权限和业务性质划分的不同部门。我国各级政府大体上根据工作需要设立经济管理部门、教育管理部门、科技管理部门、公安管理部门、信息管理部门、民政管理部门、文化管理部门、审计监察管理部门、民族事务管理部门、财政管理部门、司法管理部门、水利管理部门等。

2.软件规则:功能、权责和体制机制

政府的组织结构要在一定的规则体系下才能有效运行,展示自身性质。这种规则体系通过下列层次体现出来:其一,功能。结构与功能是相互依存的关系,结构是功能发挥的基础,功能是结构存在的依据。也就是说,政府结构的搭建状况影响了其功能的发挥,同时,政府的功能规定了结构存在的合法性基础,并制约着结构演变的基本逻辑。其二,权责。权力和责任是政府结构运行的基础,没有权责,政府结构将无法发挥作用,更无法明确自己运行的边界。只有权责配置合理,政府结构才能均衡运行,相反,权责配置失衡后政府结构运行将会衍生出各种问题。其三,体制机制。相对而言,体制机制是更宏大的范畴,它是组织结构在不断运转中所形成的模式化表现,而且体制比机制更宏观。

(二)政府组织运行体制

政府组织运行体制是行政组织结构中各个层次和部分之间关系的法制化表现形式。从不同的角度,政府组织的运行体制一般可划分为以下三种基本类型:

1.首长制与委员会制

按照政府组织中最高负责人人数和权力的运行情况,政府组织可以划分为首长制和委员会制。

首长制,又称为独任制,是指政府组织中的行政权归属于行政首长一个人行使,并由行政首长对其决策承担全部法定责任的组织体制。首长制的优点在于权力集中、责任明确,政令可以快速上传下达,决策反应速度快、行政实施效率高。缺点是将政府运转和管理工作建立在行政首长个人的品德、素质之上。由于任何个体都存在局限性，所以首长制很可能导致错误决策、权力滥用等情况。现代政府为了综合平衡首长制的各种特点，充分发挥其积极作用，一般设立参谋咨询组织为行政首长科学决策创造条件。同时，建立各种监督机构规范行政首长的权力行使行为。

委员会制，又称委员制，是指政府组织的行政权力由若干人组成的集体共同行使，各成员之间地位平等，并共同承担政府组织的法定责任的组织体制。委员会制的优点在于能够充分体现民主和平等精神，更好整合各方利益诉求，提高管理的共识性程度，并防止以权谋私情况的出现。缺点在于可能出现职责不清、决策迟缓、争功诿过等现象，不利于提高行政决策和执行的效率。

可见，首长制和委员会制各有长短。现代政府往往综合使用首长制和委员会制，通过混合制方式建立恰当的政府组织运行机制。

2.分级制与职能制

按照政府组织中的统辖节制关系和分工配合情况，政府组织可以划分为分级制和职能制。

分级制，又称层级制，是指政府组织的纵向结构中，性质相同的部门分成若干具有统属关系的层次，且各部门的管辖范围随层次下降而减小的组织体制。分级制组织体制中，组织的每一个层级的工作性质都是相同的，而管辖范围逐步递减，下级组织接受上级组织的领导和节制，执行上级的决策和命令。分级制能够确保政令统一、事权集中、指挥灵活。但是过度节制下级组织，可能会导致下级主动性丧失、工作压力过大等。发挥分级制组织体制的优势，同时确保行动统一和组织活力，关键在于行政首长适度控制层级指挥工作，保持不同层级之间的适当张力。

职能制，又称分职制，是指政府组织的横向结构中，按照工作性质的差异，分成不相统属的各个部门的组织体制。职能制组织体制中，组织的业务性质不同，但是管辖范围大体上相同，各部门分工配合共同完成特定层级政府的目标。职能制有利于明确工作职责，提高行政管理专业化程度，促使行政首长专门致力于政府宏观管理。但是，如果运用不当，可能导致各部门相互推诿，难以实现政府行政目标。

分级制的核心在于统一指挥，职能制的关键在于专业分工。要注意平衡两者之间的优劣长短，在进行制度设计和组织机构建设的过程中，不断建立健全纵向横向之间运转灵活、分工配合的组织体制。

3.集权制与分权制

按照政府组织中行政权力集中程度的不同，政府组织可以划分为集权制和分权制。

集权制，又称完整制，是指行政权力集中于上级部门，下级部门处于受控服从的地位，按照上级的决策、命令完成本部门行政行为的组织体制。集权制能够集中力量保证权力的运行效果，实现标准统一、指挥统一、行动统一，有利于保持政令的贯彻执行，但是如果运用过度则会导致下级的利益和特殊性难以体现，下级部门的积极性受到伤害，从而影响整体的组织运行绩效。

分权制，又称为分离制，是指上级部门将行政权力授予下级部门，使其在职权范围内自行解决问题、处理事务，而上级部门只对其进行检查督促的组织体制。分权制具有较强的灵活性，能够保障各地区和各部门的特殊情况和具体利益，便于发挥下级部门的积极性，因地制宜、因事制宜地处理好行政事务。但是过度分权也可能导致指挥失灵、政令不畅、地方保护主义盛行等情况。

集权制和分权制的关键在于确定合理恰当的尺度，一方面行政首长要善于综合平衡二者的关系，保证行政权力正常运行；另一方面要不断建立健全制度，为权力运行提供价值和程序正义的仲裁监督机制。

第二节　政府组织原则

政府组织原则，是指在对政府组织及其运行所表现的一般性特征进行全面分析的基础上，综合并抽象出使政府保持稳定、有效和不断自我完善的基本准则。遵循恰当的组织原则，能够增强政府的适应能力，降低主观性和随意性带来的危害，有利于形成结构合理、运转灵活、自我更新的行政组织体系。西方学者较早地对政府组织原则进行了系统研究，在不同阶段提出了关于组织原则的不同理论，后人在批判和补充前人理论的基础上，不断丰富发展了组织原则的具体内容。可以说，政府组织相关规律的认识过程也是组织原则理论发展的过程。

第七章

一、政府组织的基本原则

一般性政府组织原则理论形成于 20 世纪初期，一直到今天都在进行不断的丰富和发展，其中具有系统性和代表性的观点有以下五种：

(一)卢瑟·古立克等人在《行政管理科学论文集》中提出了八项组织原则

(1)目标的原则：所有的组织都必须建立一个明确的目标。

(2)相符合的原则：所有职位的权力和职责都应当是一致的，使人员适应于组织结构。

(3)权限的原则：确立高层的权威地位，保证上下级之间、组织成员之间建立一种明确的权限关系和责任关系。

(4)专业化原则：按照目标和程序划分具体部门，各个部门和每个个体的工作都应当限制为一种单一的职能。

(5)考虑适当的控制幅度原则：每位主管的下属控制在 5~6 人比较合适。

(6)协调性原则：坚持统一指挥，通过协调来实现组织的统一，并保持对组织实施有效控制。

(7)明确性原则：各个职位和工作都应当有明确的规范对其进行规定。

(8)平衡的原则：组织的结构设计应当系统考虑，避免极端化和不适合情形，最大程度保持组织的稳定和长期发展。

(二)利恩·阿尔福特在《工业化管理原则》中提出了十项管理组织原则

(1)目标的原则：确保组织中各个部门的目标和组织整体事业的目标与发展方向相一致。

(2)权责一致的原则：指挥的权力和执行的责任必须同时被赋予。

(3)最高权威的原则：高级权威必须对下属具有绝对化责任，以确保和促进下属形成责任心。

(4)权威系统的原则：明确规定自上而下的控制系统，以确保正式权威来源的合法性。

（5）控制幅度的原则：一位主管管理 5~6 名下属比较合适。

（6）特殊注意的原则：特别注意例行标准或者计划以外的事情，通过解决特殊问题的政策实现管理效率的提高。

（7）指派任务的原则：每个人应当限定主管一项主要任务。

（8）权责明确的原则：在组织之中，每个人的任务、权限、职责和相互关系应当有明确的规定。

（9）同类业务统一管理原则：同类或相关的工作任务，应当交给同一个人或部门统一负责。

（10）组织成效的原则：组织工作任务能够顺利完成是检验组织结构是否正常合理的最终标准。

（三）马克斯·韦伯在《经济与社会》中提出了理想行政组织的原则

（1）劳动分工的原则：明确规定每个人的工作任务和完成任务所需的权力责任，并建立相应的规章制度保证其具有合法性。

（2）层级节制的原则：按照组织中地位的高低确定命令与服从的关系，除了最高领导者之外，每人只听命于一名上司。

（3）公平合理的原则：每个人进入组织或者得到提升，都必须依照公平合理的标准履行相同的考试或者考察手续。

（4）职业训练的原则：必须经常对组织成员进行专门化的职业培训，不断提升组织成员的专业知识和技能水平。

（5）法制的原则：法律在组织活动中占有崇高的地位，以保证组织及其成员能够遵守规定，更有效地实现组织目标。

（6）职业化的原则：公务人员在获得公务资格的同时，也就获得了相应的职业保障，以确保其能够专心致力于日常业务工作。

（7）固定薪俸的原则：每位公务人员的薪俸标准都是由其工作的性质和难易程度决定的，并且体现其资历，具体的标准和执行都要有明确的薪俸制度来规定，同等职位享受同等待遇。

（8）奖惩制度的原则：按照公务人员的工作状态和表现，依据规定的标准对公务人员给予相应的奖惩。

(四)詹姆斯·W.费斯勒在《公共行政学新论》中提出了组织理论的基本原则

(1)精简的原则:缩小公共部门或减少政府机构的数量,通过限制税收和开支的办法来提高公共行政效率,同时兼顾长期绩效策略的制定和政府提供的公共服务的质量。

(2)重建的原则:要求对工作流程进行重新设计,以确保大众的需求得到满足,跳出已有的公共行政运行模式,重新检查公共部门的运转情况。

(3)不断改进的原则:在公共组织的小处着眼,按照从基层到顶端的顺序推进,不断改进组织人际关系,以实现协作的持续性。

(五)黄健荣等人在《公共管理学》一书中提出了网络时代公共组织的原则

(1)结构创新的原则:组织结构的集中控制转向在自治合作基础上的协调;组织结构的规范化转向减少规制,实施协调机制;公共组织结构从锥型结构或金字塔结构转变为扁平化的网络结构。

(2)管理创新的原则:创造民主化的制度机制,放松管制、强化引导;实行弹性管理,允许组织成员自主决定完成任务的方式;将管理的重心从投入控制、程序控制转向产出控制和绩效控制。

(3)文化创新的原则:促进集权型文化向分权型文化的转变;由规则导向型和长官意志导向型向成果导向型、学习创新导向型和民主导向型文化转变;由供给型文化向服务型文化转变;组织管理文化由等级控制型转向扁平化网络式的互动合作型。

二、中国政府组织原则

依照宪法和法律的规定,遵循一般的政府组织原则理论,并结合中国行政制度改革的理论和实践,中国的行政组织建设应当按照以下基本原则进行。

（一）职能目标原则

目标是组织存在的首要因素,是组织在一定的时空条件下为之奋斗而要达到的未来状态,以及组织所奉行的一整套为达到某种状态的价值规范,组织的存在、变革和职能确定等都是围绕目标展开的。同时,目标是组织凝聚成员共识,实现行政管理功能的内在源泉。目标先于组织而存在,对于组织具有重要作用:其一,目标能够整合机构设置、人员配备和权责划分,避免推诿扯皮、因人设事等不良行政现象。其二,目标能够协调工作,促成合作。目标大体上可以划分为组织目标、部门目标和个人目标三类,恰当合理的制定、分解目标能够调动各主体积极性,激发组织的活力。其三,目标能够推进组织管理的规范化程度,围绕目标建立健全组织的决策、执行、反馈和考核,能够不断增强组织运行的法制化,为组织的稳定和发展奠定基础。

行政组织的目标具有结构性和动态性的特点, 是一种建立在制定、追求、反馈、修正等环节之上的动态化系统,目标的实现程度取决于组织的工作和社会认同之间的一致性, 因而合理确定政府组织的目标就成了需要解决的重要课题。想要使政府组织的目标合理可行,需要科学确定以下三个因素:其一,社会环境。任何政府都是在某种特定的社会环境条件下运行的,这就要求行政目标必须符合当时的社会需要, 契合社会存续发展所需要的利益格局,同时还要符合社会发展的价值和程序正义。其二,组织能力。组织能力包含人力、物力、财力等硬性能力条件,还包括协调动员能力、整合凝聚能力、综合平衡能力等柔性能力。组织能力是确定行政组织目标的内在因素,需要领导者能够对其进行合理评估,在权衡组织能力和社会需求的基础上确定目标。其三,组合机制。目标的组合机制是指不同层次的目标之间的关系和作用模式,行政组织的目标要划分为不同部门和个体成员的目标,要将组织的目标恰当分解为部门目标,使部门合理利益与部门目标深度契合,同理,要将部门目标恰当分解为个人目标,使个人价值实现与个人目标相互一致。

（二）精干效能原则

精干,是指用较少的机构编制、人员配备和资源消耗来完成国家公共事务的管理活动。具体而言,一方面强调人员数量的精简;另一方面强调组织机构的减少和办事环节的优化。效能，是指政府行政组织的有效性程度，可以进一步划分为效果和效率两个层面。从效果方面看，是完成国家公共行政事务的成果和成绩；从效率方面看，是完成特定的管理目标所消耗的人力、物力、财力和时间的多少，即投入产出的比率。

精干和效能是相互联系的范畴，精干能够提升效能，效能的实现需要坚持精干。具体来说，其一，要从社会的实际需要和政府的职能定位出发来确定机构设置和人员编制，避免因人设事导致的人浮于事、机构臃肿和效率低下；其二，在确保组织目标实现和提供良好的公共服务的前提下，从纵向上减少不必要的行政层级，避免手续烦琐、重复管理和运转不畅带来的弊端，从横向上减少不必要的职能部门，合并职能相近、业务相似的同类部门，杜绝多头管理造成的不良后果；其三，以社会主义市场经济建设为指导，合理确定政府职能，积极推进政府职能转变，下放不必要的管理权限，将直接的微观管理转化为依靠市场手段的宏观调控；其四，逐步推行政府行政管理的社会化改革，促进社会的成长发育，依靠社会组织和群众团体管理社会事务。

精简机构，是我国的行政机构改革的一项艰巨任务和重要内容，但精简机构不能简单处理、一撤了之，需要注意以下问题：其一，精简机构绝不是简单的减少行政机构的数量和人员编制，而要统筹兼顾，认真做好顶层设计，精心制定改革方案，稳步推动机构改革进程；其二，精简机构要立足于政府职能转变的基本出发点，根据国家与社会发展的实际情况，不断明确各级政府的职责范围，实现权力下放和关系理顺，在转变政府职能和精简机构之间寻找"共振点"；其三，精简机构要注意坚持和优化党的领导。

(三)管理幅度与层次适度原则

管理幅度，又称为控制幅度，是指一名领导者所能够直接指挥、管理和监督的下级组织或人员的数量。由于任何领导者的能力、精力和时间都是有限的，不可能领导过多的部门和人员，所以科学合理的确定领导者直接管辖的人员数量对于行政组织具有重要意义。一般来说，决定组织管理幅度的因素包括：其一，主观方面，管理者及其下属的性格、能力、专业、态度、习惯等主观方面的因素，人是行政组织的基本构成单位，人的各方面属性和特点就成为管理幅度的先决条件；其二，客观方面，行政组织的规章制度、办事程序、技术设备、工作作风、文化氛围等组织方面的因素，组织具备的各种条件是确定管理幅度的客观依据;其三,环境方面,社会发展水平、社会发展对行政组织的需求、社会文化条件等都是影响管理幅度的环境因素。

管理层次,是指组织中纵向的等级结构和层次数量。管理层次的设置依据是组织规模的现实要求(规模大,平层无法有效管理)、权力运作本身的等级化属性(权力运作需以等级化为支撑)以及人类社会垂直分工的特征等等。由此可知,一定数量的(当然不是越多越好)管理层次的划分,恰是人类社会和政府组织发展到较高阶段的必然要求和表现。从实践来看,行政组织大多分成三或四个层次,比如行政组织内部的厅、局、处三个层次,或者政府体系中的中央政府(国务院)、省政府、市政府、县政府四个层次。在各种管理层次之中,下级层次的组织都要服从上级的安排和命令,上下级之间具有严格明确的统属关系。一般来说,较高层次的组织和领导者更加偏重于组织的整体目标、规划、决策、监督等宏观事务,高层组织的职能涵盖面广泛,机构数量较多。较低层次的组织更加偏重于贯彻执行,机构分工更加明确具体,执行人员数量较多。因此,从工作性质上讲,国家行政组织在纵向上表现为管理层次越高,管辖的行政事务越复杂,两者成正比;在形态上讲,政府组织一般是基层的组织结构多,高层的少,通常表现为金字塔式的结构。

管理幅度和管理层次是描述组织结构,反映组织运行情况的一对范畴。幅度是组织横向上的"宽度",层次是组织纵向上的"高度","宽度"与"高度"相结合构成了行政组织的整体结构。从理论上讲,组织的幅度与层次是成反比的。因而政府在设置过程中要确保管理的幅度和层次相适应,遵循二者关系的科学规律,根据行政管理现实情况因地制宜地设置管理幅度和层次。总体上看,随着社会的进步,管理的技术手段和人员素质在逐步提高,管理者能直接管理的对象在增加,因而管理幅度在不断提升。当这种变化累积到一定程度时,政府组织就有必要及时调整管理幅度和层次。同时,需要注意不同层级、不同工作性质的行政组织在工作模式上有差别,在确定管理幅度和层次时不要一味套用上级组织或同级组织的已有做法,要实事求是、注意变通。

(四)职、责、权一致原则

职、责、权一致原则是指职位、责任、权力的统一协调,即行政组织中的各级各类行政人员都承担一定的工作任务,担任一定的职位,享有完成本职工作所需的权力,并承担完成本职工作的责任,职、权、责三者一致。

处理好三者的关系,核心问题就是确立行政职位、行政权力和行政责任之间的对应关系,并通过一整套制度规定加以明确认定。具体而言可从四个方面着手:其一,明确行政组织中每个部门和个人的工作任务,实现每个人都有固定的岗位职责;其二,依据各个岗位的任务和职责赋权,使每个岗位的职权与职责相统一,也就是权力大小和职责大小相一致,用制度化的方式避免权责脱离、转移责任等现象的发生;其三,在明确制度规定的同时,还要辅之以相应的考核、奖惩制度进行规范和矫正,对行政组织及其人员进行严格考核,对尽职尽责的奖励,对滥用权力、履职不力的惩罚;其四,根据政府实际情况的变化,及时将新增职能纳入行政组织的职责权体系,杜绝用已有的或者不合理的规定逃避行政责任的行为。

(五)完整统一原则

政府组织的完整,是强调政府的组织结构对于社会公共管理需求的完整性程度。政府组织的统一,是指行政组织通过层级结构的有效节制实现协调一致和政令畅通。完整统一是现代政府建立和运行的基本原则,从系统性的角度看,它是促使政府组织各个部分向整体目标前进的基本保证。

完整统一能够划分为不同的层次:其一,目标设定一致。在确定政府组织的总体目标之后,将其科学地层层分解,进一步确定各部门的目标,目标的一致性是政府完整统一的前提条件。其二,机构设置完整统一。政府组织机构的设置要配套一致,以达到相互协调配合、整齐划一,科学设置机构和确定人员编制,在制度设计上避免出现各个部门之间权责重叠、分工不明等不良现象。其三,各政府部门之间协调配合。建立健全政府机构上下左右之间协调配合的制度和机制,通过信息共享、联合会议、协商座谈等方式确保政府组织各部门组成行动一致的有机整体。其四,指挥统属一致。下级部门或工作人员只听命于一个上级,只对一个上级负责,在日常状态下或处理一般事务中反对越级指挥和越级请示。其五,恰当处理完整一致和分权授权的关系。授权要完整明确,保证各部门独立完成管理职能,不断建立健全运转灵活、充满活力的政府组织体系。

(六)稳定性与适应性相结合原则

政府组织的稳定性和适应性相结合，是指政府组织要在相对稳定的基础上，主动着眼于未来的发展，不断从机构设置、办事程序、规章制度等方面适时适度调整，以适应社会的发展变化，坚持稳定性与适应性相结合。

稳定性与适应性的关键在于将二者控制在恰当的程度之内：其一，政府组织是随着经济社会发展的进程逐步建立并完善起来的，要保持相对的稳定性，其组织机构设置、法定工作程序、人员编制构成和法律规则制度等不要随意更改，以保证政府行为和行政工作具有连续性。其二，根据社会历史条件的变化，适时对政府组织进行变革。具体而言，依照具体时期的行政任务，适当调整行政组织形式和运行方式，伴随科技进步不断更新行政手段，增强政府组织的适应性和应变力。

(七)依法管理原则

依法管理，是指政府组织必须根据法律法规的相关规定设立，并依法取得和行使行政权力，对其行政行为的后果承担相应责任。依法管理行政事务是依法治国基本方略的重要内容，是社会主义市场经济体制条件下对政府活动的基本要求，也是政治体制、经济体制及法治建设本身发展到一定阶段的必然结果。

政府组织的依法管理原则包含制度、程序、观念和能力多方面的因素。具体包括：其一，坚持依法行政，不断深入贯彻落实中央和地方政府组织法，确保行政主体资格合法、权力来源和使用合法、行政责任承担合法；其二，依照宪法法律的精神、原则和规定实施社会公共管理，接受国家权力机关和人民群众的监督，将法治精神和原则落实到行政程序的各个方面；其三，不断强化公务人员，特别是各级领导干部的法治意识和法治观念，减少决策失误、克服官僚主义、杜绝违法乱纪，持续推进法治政府建设进程。

第三节　当前中国政府组织改革的问题

目前中国已经初步形成了与社会主义市场经济发展相适应，能够较好履行政府职能，行政效率不断提高的政府组织体系。但是随着社会的发展进步，尤其是改革开放以来我国经济和社会的迅猛发展，政府组织在有些方面不能适应现实要求。本书选取"条块关系"协调、"大部制改革"两个方面问题，探讨当前中国政府组织改革的重点问题。

一、"条块关系"协调

政府组织理论中的"条块"，是描述政府组织形态和结构的一种形象说法。一般来说，所谓"条条"，是指从中央到地方各级政府中业务性质相同的职能部门；所谓"块块"，则是指特定行政区域内的各级政府，条块分布的结构格局已经成为中国行政组织的基本分布形态。"条块关系"，是指在条块结构基础上形成的不同政府组成部分之间的相互关系。准确把握"条块关系"，并以社会公共管理需求为导向对其进行调整，是中国政府组织中重要的理论和实践问题。

(一)"条块关系"的表现形式和类型

1."条块关系"的表现形式

"条块关系"的结构是根据不同层级的政府，以及不同层级政府的职能部门之间的相互关系类型表现出来的，具体包括三种关系：

其一，上级职能部门与下级地方政府之间的关系。这是一种典型的"条块关系"的表现形式，其实质是一种业务方面的管理和指导关系。上级部门不能直接领导下级政府，但是上级部门往往代表上级政府进行管理活动，它对下级政府形成实际上的管理关系。

其二，上级政府组织的职能部门与下级政府职能部门之间的关系。这是一种条条关系表现形式，其实质是按照行政业务类型自上而下建立起来的职能部门管理系统，上级部门对下级部门是一种领导关系。

其三,上级政府与下级政府之间的关系。这是一种块块关系表现形式,其实质是按照政府层级自上而下的统属关系。应当注意的是,上述"条块关系"的划分是一种基于理想状态的简化,由于各级政府都是由职能部门组成,而各职能部门又分别履行政府的某项管理职能,各项职能又不可能完全均衡和对等,因此,行政实践中的"条块关系"往往是交织在一起发挥作用。

2."条块关系"的类型

按照集权和分权程度的不同,"条块关系"可以划分为以下基本类型:

其一,条块分割型。由于条块是一种相互依存的矛盾统一体,所以过分强调单一要素时,就会导致条块分割的出现。一方面,在条条强于块块的情况下,就会出现中央集权过于强大,地方积极性不足的现象,中央政府或者上级政府通过职能部门对条条进行垂直领导,地方政府的权力和影响力弱化;另一方面,在块块强于条条的情况下,就会出现地方政府权力过分膨胀的现象,不利于宏观调控,中央政府的法律政策难以在地方实行,造成地方保护主义盛行,尾大不掉、政令不行的局面。

其二,条块结合型。在条块结构划分比较合理、权力的集中和分散控制适度的情况下,按照不同的行政管理业务类型和权力的基本属性,条块结合可以有两种表现形式。一方面,条块结合,以条为主的情况,适合于与整个国家利益相关,需要全国统一进行部署规划的管理领域和事项;另一方面,条块结合,以块为主的情况,适合于与地方事务和利益相关,具有较强社会性和市场性,按照地方自主解决的方式即可圆满完成的管理领域和事项。

应该说,"条块关系"类型的核心问题在于充分界定政府权力和管理事务的属性,适合于条条管的就要加强条条,适合于块块管的就要强化块块,以达到条块结合的理想状态。

(二)"条块关系"中存在的问题

(1)政府机构庞大。中国各级政府设置职能部门,不是按照本级行政管理的实际需要,而是按照效仿条条的原则,参照上级政府的标准设置本级职能部门,追求"上下对口、左右看齐"。不论本级政府是否需要,只要上级政府有的职能部门,本级就必须遵从。从中央到地方的各级政府,不是以应该承担的职能为基础划分事权和设立机构,而是强调统一领导、分级统辖,共同参与同一事项的管理工作,除了外交、军事等职能部门外,各级地方政府的机构设置几乎和中央政府都是一样的。这样势必造成机构臃肿、人浮于事。从历史上看,历次行政机构改革都是延续"精简—膨胀—再精简—再膨胀"的恶性循环,条块分割的政府结构是导致这个过程的重要原因。庞大的机构设置也导致了行政人员数量增加,财政开支紧张,以及行政成本过高等问题。

(2)行政效率不高。中国的政府管理体制中,除了垂直管理的条条之外,大多数的条条都实行"条块并重,双重领导"的体制。也就是说,特定的地方政府的职能部门既要接受上级条条的领导,对上级条条负责,又要接受本级块块的领导,对块块负责。双重领导导致了行政效率的低下,一方面,难以明确工作权力和职责,往往是上级条条和本级块块根据自身的需要对职能部门进行管理,遇到利益相互争夺,遇到困难相互推诿;另一方面,由于上级条条和本级块块沟通协调方面出现的问题,很可能造成对同样行政事务的不同要求,这会给职能部门造成困惑,使之无所适从。尤其是,在上级政府各条条和本级政府块块的多重主体对同一行政事务的指令不一致的情况下,更加会影响职能部门的行政效率。职能部门对条块的"双重从属"的初衷是兼顾业务系统内的协调一致和行政区域内的完整统一,但在实际运行中却违背了权责一致、决策执行一致的基本管理原则。

(3)中央政令不畅。中国是单一制的中央集权制国家,表面上看中央政府具备高度权威主义。但是从实践中看,却存在政府体制高度集中和政府权威相对分散并存的现象,这种体制往往使地方政府和相关职能部门缺少政策执行的动力。无疑,"条块关系"是造成这种现象的原因之一。一般情况下,条条钳制块块,形成了条条决策、块块执行,条条领导、块块负责的行政格局。这样,上级的决策负担过重,下级的执行压力过大,权力和责任不相对等。在决策和监督负担过重,或者为了照顾少数地方政府特殊情况的情况下,中央政府可能授权地方自行制定政策,或者授权地方政府实施其政策,放松政策实施的检查权。一旦中央政府放松甚至放手,给予地方政府较大的自主权的时候,地方政府很可能基于自身的利益诉求,充分利用中央政府信息不对称的弱点,追求自身利益,将中央政府原本良好的初衷演化为具有自利化倾向的行动,损害中央政府的权威。

(4)公共服务欠缺。中国公共物品的供给主要是依靠政府部门来完成的,但在条块关系复杂的政府体系中存在上下级之间的权责不清,很容易弱化地方政府尤其是基层政府对公共服务的提供。实际上,现行条块关系复杂的政府组织比较善于集中力量,将各种资源投入到政府高度关注的大问题上去。但涉及大众利益的公共服务往往分散在政府部门中,可能是看起来不太起眼的细枝末节的事情。对待这些问题,政府很难集中全部力量毕其功于一役。也就是,在现行条块关系复杂的政府体制中,承担大众公共服务职能的条条在上级条条和本级块块的双重影响下,可能不得不将主要的精力投入到各级政府高度关注的大问题上,很难专注于自己的本职工作。这样,势必带来公共服务无论从内容到形式上都有所欠缺。

(三)"条块关系"的协调

1.打破自上而下对口设置的政府结构

在机构设置上采取因地制宜的原则,按照各级政府实际功能的需要设立组织机构,打破上下级政府之间完全对口的设置原则。明确那些不能依靠集中性的规划和命令管理好的地方性事务可以下放到各级政府,重新评估条块的职责和功能,梳理条块之间模糊的功能,调整目前烦琐臃肿的行政组织机构。

具体来讲:其一,对于关系全国利益的整体性事务,由中央政府专门设置垂直机构进行管理,并且保证垂直管理的机构在人、财、物等方面与地方政府脱节,确保独立行使管理权力,中央政府负责垂直机构的领导、考核和监督。其二,对于需要中央和地方相互配合共同完成的管理事项,可以保留上下对口的机构设置。但是要尽量明确领导主体的权责关系和工作内容,杜绝权责不清、争功诿过等现象的发生。其三,对于地方专门事务,中央不能随意干涉,尊重地方政府的独立地位和自主性,为其做好本行政区域内的经济和社会管理工作创造条件。其四,对地方政府机构设置不要强求一致,避免机构臃肿膨胀。

2.明确条块界限,转变政府职能

其一,从理论上来看,处理好"条块关系"的核心在于政府如何确定并行使自己的管理职能。新中国成立后的几次大规模条块结构调整,核心内容还是在于企业经营权和公共行政权在中央政府和地方政府之间的转移,政府职能转变尚没有取得根本性的突破,下一步条块调整要以政府职能的转变为根本前提。其二,从操作上来看,每一层级的政府都应该有自己特定的职责范围和业务范围。对于重要的事项,横纵向政府可以有交叉,但权力和责任要明晰,即分清哪些职责应该属于中央专有,哪些属于地方专有。专有权

责以专为主,其他主体不要随意干涉。其三,建立健全科学合理的条块界限划分的弹性机制,避免条块矛盾产生的不适应性,为处理中央和地方政府利益冲突提供制度性平台。

二、大部制改革

党的十七大报告明确提出要在行政体制改革中"加大机构整合力度,探索实行职能有机统一的大部门体制,健全部门间协调配合机制"①。这里的大部门体制,又称为大部制,它不是一种新的政府管理组织形式,是对近些年来成熟市场经济国家政府体制改革成功经验的总结。大部制指政府把那些组织机构设置相近、公共管理职能重叠的部门进行重组与合并,扩大特定部门的管理职权和职责范围,以解决政府部门中存在的机构臃肿和人浮于事,减少行政管理系统中存在的职能重叠、争功透过和协调不力等现象。大部制改革已经成为我国政府体制改革的关注点,因而,明确其主要原则,提出具有可操作性的实施方案具有重要的理论和现实意义。

习近平总书记在党的十九大报告中指出,为适应新时代中国特色社会主义现代化,要进一步深化机构和行政体制改革。报告指出,在政府体制改革的过程中特别要"统筹考虑各类机构设置,科学配置党政部门及内设机构权力、明确职责"。与此同时,"统筹使用各类编制资源,形成科学合理的管理体制,完善国家机构组织法"。与此同时,还要"赋予省级及以下政府更多自主权。在省市县对职能相近的党政机关探索合并设立或合署办公"。报告的这些内容反映了政府机构和行政体制改革的基本方向,并为宏观和微观层面的服务型政府建设提供战略指导。

(一)大部制改革缘起和演进

当前我国的大部制改革是在这样的背景下展开的:首先,经济和社会的快速发展对传统的政府体制提出挑战,要求用更优质的管理与服务应对日益复杂和多样化的社会需求。其次,全球化和信息化浪潮推动下,我国行政管理必须与国际接轨,而成熟市场经济国家大多适时进行了大部制改革,这

---

① 人民网:党的十七大报告原文,http://politics.people.com.cn/GB/1024/6429094,html。

对我国的政府管理的体制机制革新提出了基本要求和经验支持。最后，长期累积在政府管理中的各种具体管理问题，尤其是权力分散带来的协调难度不断加大，逐步演化为政府主动革新的内在动力。这种现象正如部分研究者所言，"我国传统行政体制应对能力的缺乏，部门之间的高度专业分工导致集体协调困难，权力分散使统一领导阙如，部门利益压倒整体利益、短期利益压倒长期利益"①。

与传统的"小部制"相区别，大部制有明显的优势，更契合市场经济发展的要求。大部制是当今国际流行的政府改革趋势，"目前世界上市场经济发达的国家普遍实行的政府组织模式是大部制，有的转轨国家如俄罗斯、乌克兰等，发展中国家如阿根廷、秘鲁等，也采取大部制"②。从实践情况来看，各国具体实施情况差异较大，但仍有基本规律可循。有研究者将国外组建大部门的一般规律总结为："先在同领域整合，后向跨领域整合扩展；政务类部门多为同领域的大部，经济和社会类部门多为跨领域的大部；谁与谁组合无一定之规，关键是职能相互融合。"③另有学者的总结为："一是对内阁部门采取综合设置，通常是先在同领域整合，而后在相关领域整合。二是政务、经济和社会三类政府部门的设置大体保持平衡，政务类部门多为同领域的大部门，经济和社会类部门多为跨领域的大部门。三是整合机构没有一定之规，职能相融才是关键。四是实行决策与执行机构相对分开，执行机构专门化、多样化。五是注重部际关系协调、立法先行等。"④

我国的大部制改革始于 2008 年，当年 3 月第十一届全国人大一次会议审议通过了《关于深化行政管理体制改革的意见》和《国务院机构改革方案》。同时，国务院新一轮的机构改革正式启动，大部制改革的序幕自此拉开。按照改革方案，除国务院办公厅外，国务院组成部门设置 27 个，新组建了国家能源委员会、工业和信息化部等 6 个部委，撤销了国家能源领导小组、国防科学技术工业委员会等部委，调整的机构总共 15 个，减少正部级机构 4 个。此次改革，着眼于保障和改善民生，在机构设置和职能分工上重新定位，对一些职能相近的部门进行整合，实行综合设置，理顺部门职责关系，加强了社会管理和公共服务。

---

① 蔡长昆：《大部制改革研究述评》，《天津行政学院学报》，2014 年第 4 期。

②③ 沈荣华：《国外大部制梳理与借鉴》，《中国行政管理》，2012 年第 8 期。

④ 中国社会科学网，http://www.cssn.cn/ts/dlz/rwsk/dbz/201411/t20141104_1389650.shtml。

　　2013 年,我国启动新一轮的大部制改革,当年 3 月第十二届全国人大一次会议审议通过了《国务院机构改革和职能转变方案》。按照新的方案,除国务院办公厅外,国务院设置组成部门 25 个,正部级机构减少 4 个,其中组成部门减少 2 个。改革紧紧围绕转变职能和理顺职责关系,稳步推进大部门制改革,实行铁路政企分开,整合加强卫生和计划生育、食品药品、新闻出版和广播电影电视、海洋、能源管理机构等。[①]

　　经过 2008 年和 2013 年两次改革,紧紧围绕转变职能和理顺职责关系,国务院的行政体制改革得到了稳步推进,为进一步转变政府职能、优化结构、提高效能,进而形成权责一致、分工合理、决策科学、执行顺畅、监督有力的行政管理体制奠定了坚实的基础。同时,各级地方政府的大部制改革尝试,也围绕着政府职能整合优化、管理体制协调完善和经济社科学发展等目标相继展开,各地大部制改革都取得了一定的成果。

　　2018 年 3 月,中共中央印发了《深化党和国家机构改革方案》,明确了下一个阶段国家机构改革的基本路径,那就是"以国家治理体系和治理能力现代化为导向,以推进党和国家机构职能优化协同高效为着力点,改革机构设置,优化职能配置,深化转职能、转方式、转作风,提高效率效能,积极构建系统完备、科学规范、运行高效的党和国家机构职能体系"。《方案》关系党和国家组织机构的各个方面,分别涉及党中央机构、全国人大机构、国务院机构、全国政协机构、行政执法体制、跨军地机构、群团组织、地方机构八个方面的近六十条改革举措。从大部制改革的理论和实践视角看待此次党和国家机构改革,可以认为,改革的价值追求和设计原则是符合一直以来的大部制改革的基本精神的,此次改革是力度巨大、影响面广泛、触及利益关系非常复杂的改革,然而,从改革的基本理论意涵和总体目标要求来看是深入契合长期以来的大部制改革方向的。[②]

(二)大部制改革的内涵和原则

1.大部制改革的内涵

　　汪玉凯认为:"所谓大部门体制或者大部制,就是在政府的部门设置中,

---

　　① 《新一轮国务院机构改革将启动　国务院组成部门减至 25 个》,《人民日报》,2013 年 3 月 11 日。
　　② 参见中国共产党新闻网,http://cpc.people.com.cn/n1/2018/0322/c64387-29881665.html,2018 年 3 月 22 日。

将那些职能相近、业务范围雷同的事项相对集中，由一个部门统一进行管理，最大限度地避免政府职能交叉、多头管理，从而达到提高行政效率、降低行政成本的目标。"①

沈荣华认为："大部门体制，一般是指将职能相同或相近的部门整合为一个大部门，或者使相同相近职能由一个部门管理为主。大部门制主要有两个特征：一个是'宽职能'，另一个是'少部门'。"②

石亚军认为，大部制改革是根据"实现政府职能向创造良好发展环境、提供优质公共服务、维护社会公平正义的根本转变，实现政府组织机构及人员编制向科学化、规范化、法制化的根本转变，实现行政运行机制和政府管理方式向规范有序、公开透明、便民高效的根本转变"③，通过政府职能整合转变、机构设置调整优化的方式，实现高效率行政运行和高水平政府管理。

综合来看，学者们对于大部制改革的定义基本上持有相近观点。大部制改革，又称为大部门体制改革，是指在政府职能转变和行政体制改革的进程中，将职责重叠、功能相近、业务范围交叉的部门重新进行组织整合，形成新的管理部门，组成较之原部门规模更大的政府管理机构，并调整相应运行机制的改革活动。这种活动具有积极意义，表现在能够有效整合部门职责关系，将以前由多个部门管理的同类事务交由一个部门来负责，避免了政府不同部门之间相互推卸责任、争夺利益的现象，强调立足于特定管理事项的部门责任和权力的统一，提高了行政效率和效能。

2.大部制改革的基本原则

大部制改革要遵循我国基本国情和公共行政发展的实际，按照政府职能转变和公共服务机制创新的客观规律，坚持以下基本原则。

其一，总体稳定原则。大部制改革的实质是对政府组织机构、权力、职能以及责任的重新划定和调整，必须在政治稳定的前提下展开。而且，改革的目标也是为了更好地履行政府公共管理职能，进而维护社会稳定和经济发展。

其二，职能调适原则。各部门之间的职能整合与调整适应，是大部制改革的主要原则和出发点。具体而言，就是政府各职能部门之间的配套、衔接和相互整合，并由此形成高效运转、权责明确、良性互补的运行机制。

---

① 汪玉凯：《大部制改革：从"九龙治水"到"一龙治水"》，《北京日报》，2007年12月18日。
② 沈荣华：《论政府公共服务机制创新》，《北京行政学院学报》，2004年第5期。
③ 石亚军：《推进实现三个根本转变的内涵式大部制改革》，《中国行政管理》，2013年第1期。

其三,结构优化原则。结构优化是大部制改革的首要表现,在综合协调的大部门内的不同组织结构、不同司局处室之间,相互协调、密切配合,各种合理因素得以合理利用,各种合法权利得到合理主张和保护,各种资源得到有效地合理利用。

其四,统筹精简原则。机构精简和冗员裁汰是大部制改革的又一重要原则,是改革的集中体现。国内外的实践表明,经过大部制改革政府部门的数量都是减少的,部门职责更加集约科学。同时,人员重复配属的情况也有所改观,行政效率得以提高。

其五,上下一致原则。大部制改革源自中央的大力推动,延续了我国行政体制改革自上而下的历史传统。而且,由于我国的行政条块划分体制,改革的路径展开和方案实施也是按照中央政府部门的口径调整,依次推进到地方各级政府。

(三)实行大部制的优点和难点

大部制改革总体上符合我国经济社会发展的基本情况,具有自身的优势和作用。但是,由于改革的时间还比较短,改革的成效与前期构想之间还有较大的差距。

1.大部制改革的优点

其一,有利于明确部门权力职责,整合优质资源。广泛细致的社会分工是现代社会的基本特征,政府行政职能部门的设置依据就是社会分工,大部制体制是在坚持分工的基础上优化分工。它根据社会对政府公共管理和社会服务所提出的新要求,对政府职能部门的组织结构和运转机制进行调整和优化组合。实行大部制可以打破部门壁垒,促进人、财、物等资源在一个更大部门中重构,抑制众多部门争夺管理权力的行为,减少资源的部门化割据和分立。

其二,有利于减少机构,为部门协调创造条件。由于计划经济时代的影响和行政体制运行的特点,我国的政府部门往往设置过多,一个职能部门通常只管理公共生活领域的一个方面,或者特定社会治理中的一个环节。因此,当遇到复杂事务或利益冲突,各部门按照本位原则处理,各方难以协调的现象比比皆是。实行大部制可以减少职能部门设置的数量,简化管理程序,增强各方协调的可能性。

其三,有利于增强宏观调控,提升行政执行力。大部制重点强调部门职能的有机统一和综合管理,能够帮助各部委减少执行性、技术性、服务性的事务职责,集中精力进行综合决策,促进决策和执行相分离,提升政府的行政执行能力。同时,实行大部制能够避免重复管理和相互扯皮,对于强化政府权威和落实责任追究具有重要现实意义。

其四,有利于地方政府行政体制改革。由于我国实行条块划分的政府机构组织体制,地方政府机构和职能设置受中央政府的直接影响,所以,严格确定中央政府机构数量,带动地方各级政府合理设置政府职能部门,自上至下推动地方政府改革进程。

2.大部制改革的难点

其一,"大部"的权责没有完全厘定,内部协调难度增大。大部制改革的主要做法在于使相同或相近的职能集中于一个部门,从而避免职能交叉和政出多门的管理模式。从截至目前的大部制改革中可以看到,由于各部门的职能涉及范围广、牵扯的利益关系复杂、改革方案缺少统一设计等原因,大部之间职能交叉的问题没有完全解决,内部职能仍需进一步整合。同时,随着部门组成单位的增多,部内的协调任务也随之大量增加,承担协调任务的办公厅、秘书处等部门压力巨大,建立合作协调的部门内部关系还需要各方的充分磨合。

其二,"大部"权力的规范运行和监督机制还没有完全建立。从中央到地方的改革实践来看,多数情况是将职能相近、业务性质相同的部门合并成新的"大部",新部门由于职能的扩展,其所掌握的行政权力也相应扩大。但是,如何对大部的权力运行进行监督和规范还没有建立专门的制度和机制。所以,在合并机构、扩大权力的同时,进一步的改革就要求在部内机构设置、权力运行监督、资源使用规范和激励问责机制等方面细化实施。

其三,"大部"成立后,部门领导与下级部门的关系尚需磨合。大部制体制下会增加部门行政首长的管理幅度和工作压力,所以,在管理实践中领导对其下属各单位和人员的监督控制就成为大部制改革运行的重要内容。部门和人事变动的表象之下,实际上是各种利益分配和关系的重新调适,因此,在"大部"之中如何均衡领导和下属单位、人员的关系,以实现廉洁高效的行政运行模式是改革的难点之一。

其四,部门合并带来的一系列问题需要解决。大部制改革在调整职能部门的数量、决策和执行部门的分离程度的过程中,必须遵循适度原则,不能

第七章

为了达到改革目标而一味合并职能机构,或者完全割裂决策和执行过程。决策机构与执行机构缺少必要的沟通和协调,会导致各机关争当决策机构,不愿意充当执行机构,从而加强了机构的重叠。因而,为了改革而改革的做法会引起负面效应,降低公共治理效能,导致政府权威流失,损害政府形象,甚至致使已经组建的部门不得不再次分开。

(四)进一步推进大部制改革的方案

1.加强理论研究和顶层设计,增强改革的整体性和系统性

理论支撑的缺乏是当前大部制改革面临的重要问题。在关乎改革的核心概念方面,如大部制的根本含义、实施条件、影响要素、运行机制等还缺少系统性的理论研究,以至于没办法为改革的深入进行提供理论支持。要系统梳理西方国家以及我国研究者对于大部制改革的成果,研究中央和地方政府的组织结构和职权构成,理清各类政府职能部门的相互关系、决策机制、执行动机、监督环节等问题。只有为深入改革做好充分的理论准备,才能设计出整体性的方案,满足各方利益最大化的需求,更好地推动大部制改革。

2.专注于不同部门间的职能重构,促进政府职能转变

不要简单地将机构和人员调整作为改革的基本目标,而是要立足于政府职能划分和职能转变,从职能转移、权力下放、培育主体、强化监管等方面着力推进改革。着眼于解决政府与市场、政府与社会关系的问题,按照政企分开、政社分开的原则,将市场能够发挥作用的领域完全交给市场,充分发挥市场在资源配置中的决定性作用,提高资源配置效率。逐步提升社会组织的治理能力,增强社会的活力,及时下放审批权限,减少对微观经济事务的直接干预。政府职能定位于围绕服务和改善民生,加强和创新社会管理,服务经济发展方式转变等方面。

3.构建决策、执行、监督分工合理,相互协调的运行体制

针对"大部"成立后权力扩大而缺乏有效监督制约的问题,成立专门且独立的决策咨询、评估和监督机构,协调决策、执行和监督的各个环节。具体而言,通过垂直分离、水平分离和综合分离相结合的方式来实现。其一,垂直分离,适合于在决策和执行、考核与监督分离程度比较高的职能部门中推行,决策机构的地位高于执行机构,执行机构对决策机构负责,决策机构具有较强的权威性和控制能力。其二,水平分离,其特点在于在行政部门之外

设立相应的与行政部门地位平行的决策咨询机构，独立地对行政机构的决策进行评议，并评估、监督决策的执行情况，独立的咨询机构有能力对行政机构的所有决策进行讨论，并且可代替行政机构起草相关决策文件。其三，综合分离，是指在特定的一级政府设立综合性决策机构，统一负责各部门上报的决策和管理事项，各部门决策事项在上报政府决策会议之前，必须先提交决策委员会审议，以综合性的决策机构来实现决策和执行的分离。

4.确保职能机构的协调一致

一方面，政府部门对经济和社会主体，要搭建政府部门与企业组织、社会组织合作的平台，建立各种日常的和临时的对话协商机制。通过招标采购、委托代理等市场化的方式，向企业和社会购买公共服务，借助对公共服务的质量、标准和效率的考核来完成公共产品和公共服务的供给。另一方面，在政府内部各部门之间，建立起内部协同机制。具体来说，其一，建立健全职能部门内部各机构之间的利益分享、利益补偿和责任共担机制；其二，不断强化内部协调的制度化建设和部门争议仲裁机制，使日常协调有规可循；其三，加强综合协调的机构的建设，确保其能够在协调工作中发挥主导作用；其四，加强信息共享和资源共享的制度、机制建设，不断建立健全政府机构内部的协同合作机制；其五，引导政府组织文化建设，营造负责、诚信、实心任事、敢于担当的行政文化氛围。

思考题：

1.简述管理幅度和管理层次的关系。

2.政府组织的构成要素有哪些？

3.政府组织的运行体制有哪几种类型？

4.论述我国政府组织原则。

5.结合实际谈谈我国大部制改革的难点和下一步的方向。

第七章

第八章　政府法治

第一节　政府法治概述

法治就是按照法律原则和规范进行治理。政府法治，是指广义上的国家政府机关在履行职责、实现功能的过程中，严格按照制度规定的原则行使自身权力的行为方式。在管理活动和社会实践过程中实行法治原则是现代意义上政府的基本标志之一。政府法治可以恰当地维护公民个人的合法权利，在明确个人权利边界的基础上催生合作基础与契约精神，进而构建良好的社会公共秩序，最终实现社会公平正义。

一、法制和法治

法制是指法律和制度，强调一种静态的法律规范和制度规定。法治是指一种依法治理的状态和过程，强调一种动态的治理模式和管理方式。在现代意义上，法治包含按照法律精神和原则对社会进行治理、法律面前人人平等等基本内涵，法治与对公共权力进行监督制约，对公民权利予以确立保护等精神具有内在的一致性。

法制和法治具有内在联系，在逻辑意义上具有继承性。法制是人类社会为了实现管理秩序通过国家权力确认的法律制度；法治则是在近代以来的民主政治中逐步确立的社会管理原则。一般来讲，法制是法治的基础和前提，法治是对法制的形式继承和理念超越。

法制和法治还有一些区别：①产生和发挥作用的时代不同。从总体上看，法制产生于人类社会发展的低级阶段，是统治阶级施之于被统治阶级的一种管制模式;而法治则是资产阶级革命的一种产物,是人类社会发展到近现代民主政治后出现的一种治理模式,法治体现了各阶级相互妥协,共同推进社会发展进程的一种努力。②与政府权力的关系不同。法制强调的是管理秩序和管制效果,核心目标是为了保证政府权力的有效行使;法治是依法统治,主张实行宪政,强调公共权力需要受到法律的制约。③与自由、平等、民主、人权等价值的关系不同。法治是为了保障自由、平等、民主和人权等价值观念而实施的一种治理方式。这些价值和法治之间互为条件,相互促进,共同成为现代社会在价值层面的追求。法制则与这些价值之间不存在必然性的联系,甚至在一些特殊条件下,它还可能阻碍这些价值的实现。

二、人治和法治

(一)人治的定义和特征

人治是指凭借统治者或者领导人的意志和能力统治国家,管理社会的一种治理模式。人治的历史非常久远,可以追溯到人类社会诞生之初。可以说,古希腊著名学者柏拉图"哲学王"治理城邦的理想主张和传统中国儒家"为政在人"的政治主张都是人治思想及理论的典型代表。

人治具有以下特征:①统治者或者领导人占有至高无上的地位,其权力超越于法律之上,成为社会运行秩序的基础。换言之,领导人的意志和想法是整个社会的最高理念和最高规则。②人治以专制集权作为政治构建、制度设计和社会运行的基础,不主张自由、平等和民主等被现代社会广泛认可的基本价值观念。③人治往往在治理规则和施政纲领方面缺乏一般性和连续性,容易产生剧烈残酷的权力争夺和政治震动,导致政治迫害和社会动荡。

(二)法治是对人治的超越

(1)法治通过对人性的改造来代替人治对人性的期许。人治和法治的主要区别之一就是对人性基本假设方面的差异。人治一般主张人性本善或者经过教化等方式促使人性更多地趋向于善,而法治则认为人性本恶或者在缺少外部监督的情况下人趋向于恶。应该说,人性的善恶问题属于哲学方面的可辩性难题,难有固定的答案。但是,在政治制度的设计方面更多地需要采用人性恶的底线性假设,这样能够减少寄希望于人性善的制度设计所带来的不良后果。

（2）法治是规则之治,能够对政府行为和公共权力进行规范和制约。法治能够制定明确的约束政府行为的规则,确定政府的权力范围和运作程序,大大降低政府权力运行的随意性,提高社会平稳运行的可预见性。

（3）法治明确强调法律的作用,主要保护公民的合法权益。在法治社会中,公民权利具有明确的边界,得到法律的明确保障。法治赋予了公民权利边界的刚性和遭受侵犯后的诉讼能力,这样掌权者就不能随意侵犯公民和社会的利益。

（4）法治强调对公共权力的监督,能够有效防止腐败和专断。绝对的权力导致绝对的腐败,在人治社会中,权力的运行具有较大随意性,领导者个人的观念、意志、兴趣和偏好对社会发展具有重要甚至是决定性的影响,而这很容易导致腐败和专断。在法治社会中,权力的运行必须严格依照法律规范和相关程序,个人意志在权力运行当中已退居相对次要的位置。所以基于人治所产生的腐败和专断在很大程度上能够受到法治的监督和制约。

（5）法治和自由、平等、民主等价值存在天然联系,是现代社会管理的主要特征之一。自由、平等、民主和法治都是市场机制在价值层面的必然要求,是工业文明的精神支柱。其中,法治是保障市场经济有效运行的基本规则,是民主政治的重要基石。

三、德治和法治

（一）德治的定义和特征

德治强调较高的思想觉悟和道德素质在社会秩序中的重要意义,是一种希望通过道德教化实现社会发展目标的一种治理模式。

德治的特征包含以下方面:①教化性。作为一种治国理论和方法,德治要求社会成员按照道德伦理做出价值判断和行为选择,形成社会基本秩序。为了实现德治这样一种状态,管理者需要通过不断地系统性教化,强化伦理道德对人们的内在约束力。②内在性。德治的内在性是相对于法治而言的。

如果说法治为人们设置外在的行为标准,那么,德治就为人们提供内在的行为动力。也可以说,德治是通过说服教育或榜样感召等形式,促使人们从内心深处自觉遵循社会价值规范和行为准则的治理方式。③层级性。德治要求社会的统治者自上而下地遵守和推行道德律条,具有比较突出的上行下效和跟从模仿特征。强调"己所不欲勿施于人",注重"正人先正己",通过率先垂范将自身对道德伦理的价值判断辐射到周围的环境中,进而形成良好的社会秩序。

(二)德治与法治的关系

一方面,德治为法治提供先决的思想条件。法治的社会管理模式是建立在特定的管理主体与客体有效互动的基础上,而管理主体与管理客体都具有一定的思想道德水平和精神状态。因而,主客体的思想道德状态是法治实现的内在约束和先决条件。另一方面,德治的实现最终还是需要依靠法治。从根本上来看,德治要求人们尊重与服从一种道德性的价值观念和行为模式,带有某种程度的不确定性和软约束性。而法治恰恰通过具有强制性规则及其有效执行,对人们不确定的随意性行为做出判断和引导。因而,法治是德治得以实现的托底性基石,为把道德引向更高的水平指引了基本方向、提供了基本路径。

四、法治的精神实质

首先,法治是一种治国之道。作为一种治国之道,法治主要是指国家管理者在多种社会管理和控制方式中确定某种制度作为最基本和最主要的方式。相对于法制、人治和德治等社会管理和控制体系而言,法治产生的时间更晚。它是在重新认识人性特点的基础上,继承以上各种控制体系的优势综合而成的治理模式。法治一经产生,就与依法行政、依法治国之类的概念同时使用。在西方,古希腊学者亚里士多德最早提出"法治优于一人之治"的思想,我国法家思想家也较早地提出了对社会依法进行治理的类似主张。

其次,法治是一种生活方式。法治不仅仅是单纯的一种社会秩序,更是一种理想的社会生活方式。现代意义上的法治包含人民主权的原则,也就是说,法治秩序必须体现全体人民的根本利益和共同意志,法治是为了维护和增进全体人民的根本利益而推行的一种社会生活方式。与此同时,法治精神要求确认公民的基本权利和自由,保障法律面前人人平等,承认社会多元利益格局的合理化存在, 这些与法治相关联的社会原则都是实现公序良俗生活的基本要求。

再次,法治是一种良好的社会秩序。良好的法律秩序能够保障每个人的合法权利与利益,最终构建出理想的整体性社会秩序,为人类社会和人类生活的良性运转提供前提和保障。正如研究者对法治社会的评价:"在全社会形成崇尚宪法和法律、维护法治尊严和权威的良好氛围,法治已经成为社会生活健康运行的基本条件,并且坚持运用法治思维和法治方式治理社会、开展工作,社会成员逐渐养成自觉遵从法律的法治习惯,整个社会有机体自我调节、规范有序。"①

然后,法治是一种依法办事的原则。在制定了良好的法律规范之后,社会的任何组织和个人在开展自身活动的过程中, 都应该主动地按照法律规则行事,依据法律规范开展活动。只有严格依法办事才能保障社会组织和公民个人的合法权益。尤其是政府在行使公共权力、管理社会事务的过程中,更要摒弃人治倾向,厉行法治,不能以自身利益为转移而破坏依法办事的原则。

最后,法治是一种价值和信仰。法治、自由、民主、平等、人权等要素相互关联,铸就现代文明的灵魂。其中,法治是其他要素得以实现的基础环节。没有一个法治的保障,就不可能实现人类所追求的基本价值。正因为如此,法治才不仅仅是一种社会治理模式,它已经上升为一种社会理想,升华为现代公民的一种价值追求和普遍信仰。

五、政府法治的意义

(一)政府法治能够确保市场经济的健康发展

政府法治对于市场经济的存续和健康发展具有决定性意义。它能够保证市场基本功能的实现, 将各种生产要素和社会资源合理地配置在恰当的

---

① 公丕祥:《国家治理与公法发展: 中国法治现代化的时代议题》,《中国高校社会科学》,2016年第1期。

时空场域之中,促进劳动力和资本的自由流动,实现信息传递的市场化,保证人们之间实现平等交换,最终构建健康有序的市场竞争秩序。

(二)政府法治能够促进现代社会的和谐发展

在一个健康的现代社会中,应该鼓励公民自发组织各种团体,在法律允许的范围内进行政治表达,追求自己的利益,并与政治权力形成一定张力。政府与社会的良性互动对现代社会的良性运行具有重要意义。政府法治为公民、社会团体和政府组织确定了活动的范围与规则,保证他们在各自的领域内依照特定规则开展活动,发挥作用,为现代社会的和谐发展以及市场机制的有效发挥奠定坚实基础。

(三)政府法治能够制约行政权力,促进依法行政

政府法治能够提高行政权力运行的规范化程度,实现依法行政。这可以从多个方面表现出来:一是可以通过科学的政府立法明确政府的权责范围和实现方式,督促政府承担责任;二是可以通过有效的政府司法保护个人权利,对各种行政纠纷做出裁决,确保个人能够按照法律程序向政府行为提出批评和建议,并且在个人权利受到侵犯时,获得政府的赔偿;三是可以依据法律制度规范执法,从方式到程序上引导政府行政行为,实现有效的监督。

(四)政府法治能够促进民主政治建设的制度化

从人类社会已有的政治实践来看,民主化的政治体制与法治国家是相伴而生的。民主政体是法治国家的政治基础,法治国家是民主政体的保障形式,民主政体所要求的对权力的合理分工与有效监督需要通过法治的方式来实现。政府法治能够确定国家的政治实践依据民主程序展开,规定了民主政治的根本原则、实现途径和基本程序等。政府法治能够有效约束政府权力,保障公民权利,培育民主政治的土壤。政府法治还能培养公民的规则意识和在既定的法律程序内协商互动的政治习惯,塑造具有民主意识的现代公民。

第八章

第二节 政府立法

由于本书所讲的政府是广义上的政府,因而,这里的政府立法指的是国家权力机关和行政机关等依照法定程序修改宪法,制定法律、法规、规章和规范等一系列活动的总和。政府立法实质上是订立制度、明确规范以及理清法度的权威性活动,是政治性意志的集中表达。

一、立法的定义和特征

立法,是指制定、认可、修改或者废止法律规范,以及将法律规范系统化的一系列活动的总称。从性质上来讲,立法活动是把某种自然性或自发性的社会关系和行为模式上升并固化为法律上的社会关系和行为规范的过程。从阶级分析的角度来看,立法活动体现了社会中特定的统治阶级对社会关系的调控和预期,是统治阶级意志和利益的制度化体现。学术界对于立法的范围有多种理解,大体上可以划分为两类,一类即所谓广义上的立法,是指有关的国家机关遵照法定权限和程序,创制各种具有不同法律效力的规范性文件的活动。狭义上的立法,是指国家的最高权力机关(立法机关)及其常设机关按照法定的权限和程序制定法律的活动。

立法具有区别于其他社会活动的一些特征:①国家性。立法活动是特定的国家机关或国家权力的代表者所从事的活动,以国家权力作为其保障和后盾,法律的权威来自于国家的强制力,法律的实施由相应的国家机构来具体执行。②法定性。立法的主体和立法程序都是经过专门的法律严格规定的,立法主体只有依据法定权限、按照法定程序进行立法活动所制定出来的法律才具有合法性。③事前性。特定的立法活动想要调整的对象与具体法律关系都是尚未发生的事件,立法的目的在很大程度上是通过法律规范倡导并最终实现某种可预期的法律关系,或者说,立法活动本身体现了对未来某个领域或某种对象法律关系及其发展的预期。

二、立法的原则

(一)一切从实际出发的原则

一切从实际出发是维护和实现科学立法的首要原则。一方面,一切从实际出发要求理论联系实际、实事求是。具体而言,就是从我国的基本国情出发制定和调整适合于改革开放需求和社会主义现代化建设需要的法律法规。另一方面,我们的立法工作必须建立在调查研究的基础上,解放思想、破除僵化,坚持立法与经济社会发展进程相适应,兼顾不同地区、不同行业的特征,妥善处理立法导向的现实性与前瞻性问题,借助立法理顺法律的原则性和可操作性之间的关系。

(二)维护宪法秩序和法制统一原则

这一原则要求以宪法为根本出发点,维护宪法及宪法原则统领下法制体系的完整与统一。宪法在一个国家的法律体系中占有根本性的地位,它是整个国家法制体系的逻辑起点,具有最高的法律效力和地位,其他一切法律法规都要依据宪法并确保与宪法及其原则相符合,宪法实质上是具有宪法规则的各个要素之间的相互关系。[1]一般来说,宪政体制是实行法治的同义语,二者互为因果和条件,法制体系则是宪政和法治的外在表现形式。我国的立法工作必须遵循宪法,以宪法作为最高的立法依据和标准,凡与宪法精神与规定相违背的法律法规都没有法律效力,应当被废止。

(三)坚持民主与集中相结合原则

立法工作需要以民主观念和民主意识作为工作理念,以民主程序和民主原则作为工作实践模式,广泛听取民意、反映民意,使法律规范符合广大民众的基本意愿与要求。与此同时,在广泛实施民主立法的基础上,恰当集

---

① 张文显主编:《法理学》,高等教育出版社、北京大学出版社,2003年,第88页。

中地表达人民的共同利益与意志。在充分吸收民意的基础上,兼顾眼前利益和长远利益,使法律法规切实能够发挥凝聚民心共识,引领社会发展的作用。

(四)原则性与灵活性相结合原则

原则性与灵活性的关系是立法活动中需处理的一组重要关系。脱离了原则性,立法就失去了目标和立足点,法律的性质和法制统一的目标就难以保证;同时,脱离了灵活性的立法工作,就无法体现地区与部门之间的差异,不能制定符合实际的法律规范,难以实现恰当的法律关系调整模式,最终也必将损害原则性。需要注意的是,立法的灵活性实质上是要求根据不同情况制定具体法律,而不是说在具体法律实施过程中采取灵活性的态度,对不同的组织和个人施以不同的法律要求。

三、立法体制

(一)立法体制

立法体制,是指对整体上的立法权限进行某种划分的制度。具体而言,包括具有权限的国家机关的具体性质,立法权限的适用范围以及性质不同的、享有不同立法权限的、各级各类国家机关之间的相互关系。一般来讲,立法权限的划分包含两个方面,一个方面是中央与地方之间不同立法权限的划分,另一方面是中央所属各机关之间不同立法权限的划分。

从实践领域来看,中国目前在宏观上实行的是"一元、两级、多层次"的立法体制,所谓"一元",是指根据宪法规定,中国的最高立法权只能由全国人大及其常委会行使,在全国范围内,只有一个协调一致的立法系统。所谓"两级",是指中国立法体制又可以划分为中央立法和地方立法两个等级。所谓"多层次",是指不论是中央立法还是各级地方立法都可以各自分成不同的层次和类别。中国现行的立法体制是由宪法进行规定的,具体包括下列内容:

(1)全国人大及其常委会行使最高立法权。

(2)国务院根据宪法和法律制定行政法规。

(3)省、自治区、直辖市人大及其常委会在不与宪法、法律、行政法规相抵触的前提下,根据本地区经济社会发展实际制定地方性法规。省、自治区、直辖市人民政府所在地的市、经济特区所在地的市和经国务院批准的较大的市的人大及其常委会,根据本市的具体情况和实际需要,在不与宪法、法律、行政法规和本省、自治区的地方性法规相抵触的前提下,可以制定地方性法规,报省、自治区的人大常委会批准后实行。

(4)除自治区人大及其常委会可制定地方性法规外,民族自治地方(自治区、自治州、自治县)人大有权依照当地民族的政治、经济和文化等特点制定自治条例和单行条例。并根据本地区和民族实际情况,对法律、行政法规的规定做出灵活变通。自治区的自治条例和单行条例报全国人大常委会批准后生效,自治州、自治县的自治条例和单行条例报省、自治区、直辖市的人大常委会批准后生效。

(5)海南省、深圳市、厦门市、汕头市、珠海市人大及常委会按照全国人大的授权,根据特区的具体情况和实际需要,遵循宪法的规定,以及行政法规的基本原则,制定法规在各自经济特区实施。

(6)国务院各部门可以根据法律和国务院的行政法规、决定、命令,在本部门的权限内发布规章,省、自治区、直辖市人民政府以及省、自治区人民政府所在地、经济特区所在地的市人民政府和其他经国务院批准的较大的市的人民政府可以根据法律、行政法规和本省、自治区、直辖市的地方性法规制定规章。

(7)香港、澳门在香港和澳门特别行政区基本法的范围内享有立法权。

(二)立法权限的划分

立法权限是指立法机关行使立法权的界限和范围。一般来讲,它是指具有立法权的国家机关在法律制定、修改、补充、解释和废止的过程当中所行使的一种权力。根据我国的具体国情,并借鉴国外立法权限的划分经验,我国立法权划分采取的标准是明确列举全国人大及其常委会的专属立法权,同时对其他地方各级各类立法主体的立法权限范围做出原则性规定。

1.全国人大及其常委会制定法律的权限

中国属于单一制国家,实行人民代表大会制度,全国人大及其常委会在国家立法体制中处于核心地位。宪法第五十八条规定:全国人民代表大会和全国人民代表大会常务委员会行使国家立法权。

（1）国家立法权。所谓国家立法权，就是指国家级的立法机关，即全国人大及其常委会关于国家立法事项所享有的立法权。国家立法权是立法机关以国家名义制定法律的权力，是完整独立和地位最高的国家权力，它集中体现了全国人民的共同意志和根本利益，是维护国家法制统一的根本性保证。在单一制国家中，国家立法权具有唯一性。具体而言，国家立法权与国务院的行政法规制定权不同，后者属于行政立法权，从权力本质归属上讲它仍是一种行政权，而不是国家立法权；国家立法权与地方各级各类主体的地方性法规制定权也不同，后者属于地方立法权。我国所采取的议行合一制度的表现形式只能是人民代表大会制度，这就决定只有全国人大及其常委会有权力和能力将全体人民的意志和利益集中起来，并通过法律程序上升为法，进而成为各级国家机关和全社会共同遵守的规范。全国人大及其常委会以掌握和行使国家立法权为基础，保持在国家政权机关中的核心位置。

（2）专属立法权。专属立法权，是指由特定中央国家机关行使的，针对特定社会关系制定法律的权力。中国是"单一制国家，地方没有专属立法权"①，对属于特定国家机关专属立法权的立法领域和事项，其他任何机关非经授权不得自行立法。为了确保人民当家做主的地位，确实维护国家统一，保证建立和维护国内统一市场，根据宪法规定，立法法确立了全国人大及其常委会的专属立法权。具体而言，立法法对只能由全国人大及其常委会制定的法律范围列举了十项内容，包括：①国家主权的相关事项，主要指国家领土、国防、外交、国籍、中国公民出入境、外国人入出境等方面的法律。目前已经制定了领海与毗连区法、国防法、缔结条约程序法、国籍法、中国公民出入境法、外国人入出境法等法律。②各级人民代表大会、人民政府、人民法院和人民检察院的产生、组织和职权。目前已制定了选举法、全国人大组织法、国务院组织法、地方人大和地方政府组织法、法院组织法、检察院组织法等法律。③民族区域自治制度、特别行政区制度、基层群众自治制度。目前已制定了民族区域自治法、香港基本法、澳门基本法、村民委员会组织法、居民委员会组织法等法律。④犯罪与刑罚。目前已经制定了刑法、监狱法等。⑤对公民政治权利的剥夺、限制人身自由的强制措施和处罚。公民的政治权利和人身自由是公民的最基本的权利，是由宪法保障的，对这些权利的限制理当由法律规定。目前在这方面，除刑法外，还制定了警察法、行政处罚法、治安管理

---

① 李林：《关于划分立法权限的理论与实践》，《法学研究》，1998年第5期。

处罚条例、集会游行示威法等法律。⑥对非国有财产的征收。宪法规定公民的合法财产受国家保护。如果国家为了公共利益，需要对非国有财产（包括企业、事业单位的非国有财产以及公民的个人财产）实行征收即国有化，必须由法律规定；行政法规、地方性法规、规章都不能对非国有财产的征收问题作出规定。⑦民事基本制度。主要指有关民事主体制度、物权制度、债权制度、婚姻家庭制度等等。目前已制定了民法通则、合同法、婚姻法、继承法等法律。⑧基本经济制度以及财政、税收、海关金融和外贸的基本制度。基本经济制度主要是指所有制和分配制度等等。目前已制定了预算法、税收征收管理法、海关法、中国人民银行法、商业银行法、外贸法等法律。⑨诉讼和仲裁制度。这方面的法律现已相当完备，目前刑事诉讼法、民事诉讼法、行政诉讼法、仲裁法都已制定出来。⑩必须由全国人大及其常委会制定法律的其他事项。

上述事项都是关系国家的基本政治制度、经济制度和民事刑事等法律制度的重大事项，由全国人大及其常委会统一立法，有利于维护国家法制秩序的统一和公民的基本权利。以上专属事项，只能由全国人大及其常委会制定法律，其他的国家机关非经授权，不得对上述专属事项进行立法。在法律制定前，如果其他机关需要先行规定，必须获得全国人大或者其常委会的授权。与此同时，需要对专属立法权做出说明的是，全国人大及其常委会并不是只能就专属事项进行立法，对专属立法事项之外的其他事项，如有关教育、科学、人文、卫生和环保等社会生活的各个方面，全国人大及其常委会仍然拥有制定法律的权力。在专属立法权规定的立法事项之外，全国人大及其常委会制定的法律较之其他立法主体制定的法律具有优先地位，即遵循下位法服从上位法的原则，各种法律法规应当与全国人大及其常委会制定的法律相一致，不一致或相抵触的内容应当予以废止。

（3）全国人大立法权限及其常委会立法权限。全国人大可以就自身职权范围内的事项进行立法，有权制定和修改国家机构、刑事、民事和其他相关的基本法律。从法律的性质上看，基本法律是对某一领域特定的社会关系的调整和规范，它在国家和社会生活中具有全局性、长远性、普遍性的地位和意义。从调整的内容看，基本法律所涉及的事项，包含公民的基本权利和义务关系，国家经济和社会生活中某一方面的基本关系，国家政治、经济、社会生活的各个方面的基本制度，事关国家主权和国内市场统一的重大事项以及其他重大事项。由此可见，基本法律在国家的经济、政治、文化和社会生活中，在社会主义法律体系中都占有特别重要的位置，对基本法律的制定和修改权是最高国家权力,应由全国人民代表大会行使。

宪法就全国人大立法权限及其常委会的立法权限做出了划分。宪法第六十二条规定,全国人民代表大会行使下列立法权:修改宪法,监督宪法的实施,制定和修改刑事、民事、国家机构及其他的基本法律。宪法第六十七条规定,全国人民代表大会常务委员会行使下列职权:解释宪法,监督宪法的实施,制定和修改除应当由全国人大制定的法律以外的其他法律;在全国人大闭会期间,对全国人大制定的法律进行部分补充和修改,但是不得同该法律的基本原则相抵触;解释法律;在全国人大闭会期间,审查和批准国民经济和社会发展计划、国家预算在执行过程中所必须作的部分调整方案;监督国务院、中央军事委员会、最高人民法院和最高人民检察院的工作;撤销国务院制定的同宪法、法律相抵触的行政法规、决定和命令;撤销省、自治区、直辖市国家权力机关制定的同宪法、法律和行政法规相抵触的地方性法规和决议;在全国人大闭会期间,根据国务院总理的提名,决定部长、委员会主任、审计长、秘书长的人选;在全国人大闭会期间,根据中央军事委员会主席的提名,决定中央军事委员会其他组成人员的人选;根据最高人民法院院长的提请,任免最高人民法院副院长、审判员、审判委员会委员和军事法院院长;根据最高人民检察院检察长的提请,任免最高人民检察院副检察长、检察员、检察委员会委员和军事检察院检察长,并且批准省、自治区、直辖市的人民检察院检察长的任免;决定驻外全权代表的任免;决定同外国缔结的条约和重要协定的批准和废除;规定军人和外交人员的衔级制度和其他专门衔级制度;规定和决定授予国家的勋章和荣誉称号;决定特赦;在全国人大闭会期间,如果遇到国家遭受武装侵犯或者必须履行国际共同防止侵略的条约的情况,决定战争状态的宣布;决定全国总动员或者局部动员;决定全国或者个别省、自治区、直辖市进入紧急状态;全国人大授予的其他职权。

全国人大常委会可以制定和修改除应当由全国人大制定的法律以外的其他法律,全国人大常委会是全国人大的常设机关,在全国人大闭会期间行使国家立法权。除基本法律以及涉及全国人大权限和工作程序的其他法律案,全国人大常委会都有权立法。需要注意的是,在全国人大闭会期间,全国人大常委会对全国人大制定的法律进行部分补充和修改。由于全国人大每年只举行一次大约为期两周的全体会议,同时社会生活的发展变化非常快,新情况新问题层出不穷,需要适时对法律进行修改和补充,因此,赋予全国人大常委会该项权力。但是,全国人大常委会对全国人大制定的法律进行修

第八章

改和补充必须受到一定的限制,一方面,全国人大常委会只能在全国人大闭会期间进行补充修改,并且,仅限于法律的部分范围之内;另一方面,这种一般性的修改和调整不得同该法律的基本原则相抵触。

2.国务院制定行政法规的权限

宪法第八十九条规定了国务院立法的权限,包括根据宪法和法律,规定行政措施,制定行政法规,发布决定和命令;向全国人民代表大会或者全国人民代表大会常务委员会提出议案;全国人大及其常委会授予的其他职权。可见,国务院根据宪法和法律制定行政法规,对执行法律的具体事项和国务院行政管理职权范围内的有关事项作出规定。国务院还可以根据全国人大及其常委会的授权和决定,对应当制定法律,而尚未制定法律的部分事项先行制定行政法规。但是有关犯罪和刑罚,剥夺公民政治权利和限制人身自由的强制措施,以及处罚等司法制度应当除外。

具体来说,国务院可以制定行政法规的有关立法事项体现在下列方面:

(1)综合性的具体某一法律的实施细则、实施条例和实施办法。

(2)为了实现法律中的某一项规定或制度而制定的专门保障性规定。有些法律中涉及的某些事项或是比较复杂,或是缺少成熟做法,或是发展变化较快,而法律只做出了原则性规定,这种情况下就需要由国务院作具体规定以保障法律实施。

(3)在法律具体实施过程、衔接过渡和相关问题方面存在不清楚的情况下,由国务院做出规定保障法律实施。

(4)全国人大及其常委会授权的事项。根据实际情况和管理工作需要,全国人大及其常委会可以决定将其专属立法权领域的部分事项授予国务院。但是有关犯罪和刑罚、对公民政治权利的剥夺和限制人身自由的强制性措施等除外。现行的"八二宪法"颁布以来,全国人大及其常委会已经有过相关实践,国务院根据授权制定了一些行政法规。

3.地方制定地方性法规、自治条例和单行条例的权限

(1)地方性法规。地方性法规的制定要符合一般的国家立法精神,对于不符合国家总体立法精神的地方性法规,国家应当通过适当的司法审查机制来裁判中央和地方的法律冲突。[①]地方性法规主要体现三个方面内容。首

---

① 张千帆:《中央与地方关系法治化的制度基础》,《江海学刊》,2012 年第 2 期。

先,为了执行中央政府及其相关部门的法律和行政法规,各地方需要根据本行政区域的实际情况作具体规定的事项,可以称为实施性立法。其次,立法事项属于地方性事物,需要制定地方性法规的事项,可以称为自主性立法。对于此类立法,在坚持国家法制统一的前提下,突出地方特色,对本行政区域特定的经济、文化、社会、管理等事项做出规定,如某些城市保护本行政区域所特有的人文历史遗产等事项。最后,对国家尚未制定法律或者行政法规的一些事项,各地方根据本地区经济社会发展的实际需要提前制定地方性法规,可以称为先行性立法。如有关社会保障方面的立法,在国家还没有制定法律、行政法规的情况下,很多地方制定了失业、养老、医疗保障等方面的地方性法规,为国家立法积累了经验。需要注意的是,国家在后续制定的有关法律和行政法规生效后,相关地方性法规如果与之存在相互抵触的规定则自然无效,制定机关应及时修改或废止。此外,在经济特区所在的省或市的人民代表大会及其常务委员会,根据全国人民代表大会授权决定,可以制定法规在经济特区范围内实施。

(2)自治条例和单行条例。民族自治地方,包括自治区、自治州、自治县,根据宪法、民族区域自治法和立法法的规定有权制定自治条例或单行条例。具体而言,一方面,民族自治地方的人民代表大会有权依照当地民族的政治、经济、文化状况,制定自治条例和单行条例。另一方面,自治条例和单行条例可以依照当地民族的特点,对法律和行政法规的规定做出变通规定,但不能违背法律和行政法规的基本原则。与此同时,不得对宪法和民族区域自治法的规定以及其他有关法律、行政法规专门就民族自治地方所做的规定做出变通规定。

四、立法程序

立法程序,是指拥有立法权的国家机关制定、修改、废止法律法规和其他规范性法律文件的方法、步骤和手续。现代社会的立法要坚持正义和效率的基本价值取向,严肃而有规则的立法程序是实现这种价值理念的基础。因而,在立法活动过程的各个阶段都应遵循法定的步骤和方法。立法程序实质上强调立法运作的规则性、严肃性,强调立法是一个遵守制度、受到相关法律约束的过程。由于不同层次的立法在具体程序上存在一定的区别,本书以全国人大和国务院的立法程序为例说明。

（一）全国人大法律法规的制定程序

根据《中华人民共和国宪法》《中华人民共和国立法法》《中华人民共和国全国人民代表大会议事规则》和《全国人大常委会议事规则》等有关规定，结合立法实践，我国全国人大的立法大约可以分为以下基本程序，它们是法律议案的提出、法律草案的审议、法律议案的通过和表决以及法律的公布四个阶段。

1.法律议案的提出

提出法案，就是由享有立法提案权的机关、组织或个人依法定程序向有权立法的机关提出关于制定、认可、变动规范性法律文件的提议或议事原则的专门性活动。法案的提案者应该是法律规定或授权的有提案权的主体，根据我国宪法规定和立法实践情况，全国人大主席团、常委会、各专门委员会、全国人大的一个代表团或者三十名以上的代表、国务院、中央军委、最高人民法院、最高人民检察院可向全国人大提出属于全国人大职权范围内的法案。全国人大常委会委员长会议、常委会组成人员十人以上、国务院、中央军委、最高人民法院、最高人民检察院以及全国人大各专门委员会，可向全国人大常委会提出属于常委会职权范围内的法案。提案应注意以下四个要点：首先，应当就提案主体自身职权和业务范围内的事项提案，同时所提议案应当在享有立法权的机关的职权范围内；其次，应当向自己能够提案的机关提案；再次，应当确保符合法定人数才能提案；最后，应当采取特定形式进行提案，一般是书面形式。

2.法律草案的审议

审议法案，就是法案到法的审核讨论阶段。具体而言，就是由有关主体对方案行使审议权，决定其是否应列入立法程序的议事日程，是否需要修改以及对其加以修改完善的专门性活动。从实践角度来看，审议法案是指立法机关对自己列入立法日程的法律议案进行审议和讨论的过程。

我国对法律草案的审议，分为专门委员会的审议和立法机关全体会议的审议两个阶段，两次审议递进进行，不通过专门委员会的审议不能进入全体会议审议阶段。法律草案是否进入审议阶段，要通过专门的程序才能确定。我国立法法规定，全国人大常委会审议法律案一般实行三审制，但也可以经两次或一次常委会审议随即交付表决，当法律草案经两次审议后仍有重大问题,需要进一步研究的可以暂不列入表决。法律草案被搁置审议满两年的,或因暂不交付表决,经过两年没有被再次列入常委会审议议程的,应当中止审议。这样的审议程序设置,既保证了效率,避免了审而不决的拖延现象,又保证了法律草案得到充分考虑,防止仓促通过而导致立法质量不高。与此同时,立法法还加强了专门委员会在法律审议方面的作用,体现了对效率和分工的追求。专门委员会由专门领域中经过专业训练的人员组成,具有一般人不具备的专业知识和法律素养。由他们对某专门法律案进行审议,既能保证效率,又能保证立法质量。在常委会审议法律草案的形式上,立法法明确规定了分组会议、联组会议和全体会议等不同形式的使用情况,有效提高了审议会议的质量和效率。在地方法规制定程序中,参照全国人大及其常委会的规定,要有统一审议的环节,以进一步提高地方性法规的质量,进而保证法制统一。

3.法律议案的通过和表决

表决法案,是指享有权力的机关和人员对法案表示最终的、具有决定意义的态度。表决的结果直接关系到法案究竟能否成为法律。通过法案,是指法案经表决获得法定多数的赞成所形成的一种立法结果。在我国,全国人大表决法案,采用无记名投票方式、举手方式或其他方式。在工作实践当中,具体采用哪种方式由全国人大主席团决定。通过法案的基本原则一般是少数服从多数,法律规定,法案只有获得法定多数表决者的赞同,才能通过而成为法。普通法案,通常由法定会议人数中的普通多数通过;特殊法案,如宪法法案则由特殊多数通过。在我国,法案经由人大会议审议表决,并获得通过后即可成为法。

4.法律的公布

法的公布,是指立法机关将获得通过的法律,依法定形式公之于众的法定程序,也可以叫作法的颁布。我国宪法第八十条规定,中华人民共和国主席,根据全国人民代表大会的决定和全国人民代表大会常务委员会决定公布法律。在我国,宪法和法律都没有规定公布法的时间和方法。在实践领域中,多数法于通过当日公布,有的法于通过后间隔几天公布,有的法于公布之日起施行,而许多法是公布后间隔一定时间才施行。另外,我国法律公布的法定形式是在全国人大常委会的公报上全文公布。同时,各类有关的媒体也可以进行报道和转载。

(二)行政法规的制定程序

我国立法法对于行政法规的制定没有做出详细规定，只在第二条第二款规定："国务院部门规章和地方政府规章的制定、修改和废止，依照本法的有关规定执行"。国务院根据立法法相关规定制定的授权制定了《行政法规制定程序条例》。该条例明确了法规制定的原则和程序，对于规范行政法规的制定活动有着重要意义。

国务院行政法规制定的程序主要有立项、起草、审查、决定与公布、解释等五个主要步骤。

1.立项

立项，是决定进行行政法规制定工作的程序，它解决国务院是否应当就特定行政管理事务制定行政法规的问题，是行政法规制定程序的第一个环节。行政事务复杂多变，哪些事情需要制定行政法规，在什么时间制定行政法规，需要对其必要性、可行性和及时性做出判断，这就是立项要解决的问题。

立项由国务院依职权决定，在程序上表现为年度立法计划的编制和调整。国务院法制机构负责拟订国务院年度立法工作计划，报国务院审批。年度立法工作计划在执行中可以根据实际情况予以调整。列入行政法规立项的条件是：适应改革、发展、稳定的需要，有关的改革实践经验基本成熟，所要解决的问题属于国务院职权范围并需要国务院制定行政法规的事项。

国务院有关部门有权报请立项，有关部门的立项申请是拟订国务院年度立法工作计划的重要根据。国务院有关部门的立项申请，应当说明立法项目所要解决的主要问题、依据的方针政策和拟确立的主要制度。立项申请应当在每年年初编制国务院年度立法工作计划以前向国务院提出。

2.起草

起草，是提出行政法规初期方案和草稿的程序，它是审查和决定程序的基础。起草程序可细化为：起草工作机构起草、听取意见、工作协调、重大决策和送审稿的报送五个具体程序。

起草工作机构起草。起草工作由国务院组织，可以通过年度立法工作计划，确定为国务院的一个或者几个部门承担具体起草工作，也可以确定由国务院法制机构起草或者组织起草。

听取意见。行政法规在起草过程中，应当广泛听取有关机关、组织和公民的意见。听取意见可以采取座谈会、论证会、听证会等多种形式。

工作协调。涉及其他部门的职责或者与其他部门关系紧密的规定,应当与有关部门协商一致。经过充分协商不能取得一致意见的,应当在上报行政法规草案送审稿时说明情况和理由。

重大决策。起草部门对涉及有关管理体制、方针政策等需要国务院决策的重大问题提出解决方案,报国务院决定。

送审稿的报送。首先,是送审稿的签署。报送应当由起草部门主要负责人签署。几个部门共同起草的,应当由该几个部门主要负责人共同签署。其次,是一并报送的事项。一并报送的包括说明和有关材料。说明的内容有立法的必要性,确立的主要制度,各方面对送审稿的主要问题的不同意见,对征求有关机关、组织和公民意见的情况说明。材料主要包括国内外的有关立法材料、调研报告、考察报告等。

3.审查

审查,是条例规定的重要内容。审查程序可细化为审查机构和审查内容、征求意见和协调意见和审查处理三个程序。

(1)审查机构和审查内容。审查的对象是报送国务院的送审稿,审查的目的和工作结果是在对送审稿修改的基础上,形成行政法规草案和对草案的说明。负责审查的机构是国务院法制机构。国务院法制机构的审查内容有以下几个方面:是否符合宪法、法律的规定和国家的方针政策,是否符合起草要求,是否与有关行政法规协调、衔接,是否正确处理有关机关、组织和公民对送审稿主要问题的意见,其他需要审查的内容。

(2)征求意见和协调意见。征求意见包括发送征求、社会公布、实地听取和会议听取意见与论证。发送征求意见的对象是国务院有关部门、地方人民政府、有关组织和专家。社会公布,是将重要的行政法规送审稿报经国务院同意,向社会公布,征求意见。实地听取,是对行政法规送审稿涉及的主要问题,到基层进行实地调查研究,听取基层有关机关、组织和公民的意见。会议听取意见与论证,包括座谈会、论证会和听证会。座谈会、论证会适用于重大、疑难问题,由有关单位和专家参加的座谈会和论证会,目的在于广泛听取意见和充分研究论证。听证会适用于直接涉及公民、法人或者其他组织切身利益的事项,就相关事项专门听取有关机关、组织和公民的意见。协调意见是对主要制度、方针政策、管理体制、权限分工等有不同意见的,由国务院法制机构进行协调,力求达成一致意见。不能达成一致意见的,将争议的主要问题、有关部门的意见以及国务院法制机构的意见报国务院决定。

（3）审查处理。审查处理包括缓办或退回，以及提请审议两大方面。缓办或者退回有关部门的情形是：制定行政法规的基本条件不成熟的，有关部门对送审稿规定的主要制度存在较大争议的，起草部门未与有关部门协商的，上报送审稿有程序缺陷的。提请审议是指行政法规草案由国务院法制机构主要负责人提出提请国务院常务会议审议的建议；对调整范围单一、各方面意见一致或者依据法律制定的配套行政法规草案，可以采取传批方式，由国务院法制机构直接提请国务院审批。

4.决定与公布

决定与公布，是行政法规制定的关键性和实体性程序，包括行政法规草案的审议和审批、行政法规的签署公布和施行日期与备案三个具体程序。

（1）行政法规草案的审议和审批。行政法规草案由国务院常务会议审议，或者由国务院审批。国务院常务会议审议行政法规时，国务院法制机构或者起草部门需做出说明。

（2）行政法规的签署公布。国务院对行政法规草案提出审议意见后，由国务院法制机构对行政法规草案进行修改形成草案修改稿，报请总理签署国务院令公布施行。签署公布行政法规的国务院令应当载明该行政法规的施行日期。行政法规的标准文本，是在国务院公报上刊登的文本。行政法规签署公布后，应当及时在国务院公报和在全国范围内发行的报纸上刊登。国务院法制机构应当及时汇编出版行政法规的国家正式版本。

（3）施行日期与备案。行政法规应当自公布之日起30日后施行。但是涉及国家安全、外汇汇率、货币政策的确定以及公布后不立即施行将有碍行政法规施行的，可以自公布之日起施行。

行政法规在公布后的10日内，由国务院办公厅报全国人民代表大会常务委员会备案。

5.解释

解释，是行政法规制定的最后程序。

（1）对于行政法规条文本身需要进一步明确界限或者做出补充规定的解释。国务院各部门和省、自治区、直辖市人民政府有权向国务院提出行政法规解释要求；国务院法制机构研究拟订行政法规解释草案，报国务院同意后，由国务院公布或者由国务院授权有关部门公布；行政法规的解释与行政法规具有同等效力。

（2）属于行政工作中具体应用行政法规问题的解释。省、自治区、直辖市人民政府法制机构以及国务院有关部门法制机构请求国务院法制机构解释的,国务院法制机构可以研究答复。其中涉及重大问题的,由国务院法制机构提出意见,报国务院同意后答复。

第三节　政府司法

政府司法,是指广义上具有司法权的机关,包括人民法院、人民检察院、国家公安机关、国家安全机关、司法行政机关、军队保卫部门、监狱等负责刑事侦查的机构等国家机关,依照法律程序和法定职权,使用具体法律处理案件的专门性活动。政府司法是对法律的具体实施活动,是实现立法目的和发挥法律功能的关键环节。

一、司法的定义与特征

(一)司法的定义

司法一般指拥有司法权的国家机关及其工作人员依据法定职权和程序,把法律规范应用于具体案件的专门活动。或者说,司法就是国家司法机关推行法律和应用法律处理具体案件的活动。在中国,司法权主要由检查机关和审判机关行使,也就是分别由人民检察院和人民法院掌握并行使。与此同时, 公安机关、安全机关和监狱管理机关等部门在一定范围内行使司法权。人民检察院系统,由地方各级人民检察院、专门人民检察院和最高人民检察院组成。人民法院系统由地方各级人民法院、专门人民法院和最高人民法院组成。

(二)司法的特征

1.被动性

在实施过程中,司法机关的司法必须以各类案件的发生为前提,如果没有相应的法律纠纷,司法就无从谈起。换言之,司法只有在国家法律实施过程中遇到障碍,需要对各类纠纷进行疏导或者处理时才会发挥作用。被动性意味着司法机关是国家全部法律实施活动的最后关口,是维护社会公正、保障法律得以正确实施的最终底线。因此,司法机关和司法工作对于社会具有非同寻常的重要意义。

需要强调的是,行政机关的司法活动主要是指在出现违法案件的情况下,享有司法权的行政主体对案件进行立案、侦查和审理等活动。行政机关的司法活动与司法机关不同,行政机关作为国家权力机关的执行机关,执行法律是其法定的职权。这种职权既是行政机关对整个社会进行全面组织和管理的一项权力,又是行政机关必须承担的一种责任和义务。从权力行使的角度看,行政司法活动具有积极进取的主动性特征。所以说,国家行政机关在管理社会生活的过程中,一般都应该采取主动积极的行为去履行职责,否则就是失职。行政机关司法活动的被动性是相对于其他执行活动所体现的主动性特征而言的,但对比其他司法机关(如法院)的行为而言其行动还算具有一定的主动性。

2.中立性

司法是依靠理性知识和法律规定做出公正判断的过程,是一个不掺杂个人情感好恶和利害关系的推理过程。从这个角度来看,司法的本质是站在中立的角度做出是非判断,中立性是司法行为中的重要特点和基本要求。司法活动追求的首要价值是公正。为了确保实现公正,司法者必须要以中立的第三方身份客观地进行判断,以中立公正的立场平等对待双方当事人的主张。司法者不能因其他任何因素而影响中立性。具体说来,司法者既不能受其主观偏好、信仰、情感以及个人经历等因素的影响,也不能对当事人的陈述、申辩等诉讼行为进行过多的干预。否则,司法者很有可能会被某种因素影响而做出错误判断,司法行为就会丧失中立性。

3.权威性

司法活动是国家司法机关及其工作人员运用国家权力,并以国家名义进行的裁判行为,具有权威性。当社会发生纠纷和冲突时,法律所包含的公平正义价值理念需要通过司法活动来实现。司法裁判的权威需要维护,它体现在两个方面,一是主体的外在权力保障,一是社会内在的正当性保障。从外在形式来看,司法裁判的权威性当然是国家及其法律的权威性的具体体现。换言之,司法是享有司法权的国家机关以国家的名义应用法律对具体案件做出处理的专门活动,它做出的判断及其后果以国家强制力为后盾,具有极大的权威性。作为其裁判对象的任何组织或个人都必须遵守和服从,不得擅自更改或违抗,否则要承担相应的法律责任。从内在来看,司法裁判面对的不仅是案件当事人,还有社会大众,一个不公正的裁判无法获得社会和民众的认可。只有裁判的正当性得到充分论证之后,司法裁判的内在权威才能建立。应该说,司法活动的正义性和权威性互为因果、相辅相成。

4.程序性

司法行为是国家司法机关所做出的行为,其运作过程遵循严格的程序。程序性是司法的最重要的特点之一,也是法治的必然要求。所谓司法程序性,简单来说,就是在所有案件的处理中,司法者必须严格按照相应法律所规定的时间和空间上的法定步骤和方式,按部就班地展开司法行为,而不能任由个人意志随意进行。离开了法定程序,就无法保障当事人的合法权益,也很难正确适用法律并完成司法活动。

5.规范性

规范性体现在多个方面。一是相关文件规范,二是程序规范,三是司法行为规范。按照我国目前司法的种类,可分为三大种类,即刑事司法、民事经济司法和行政司法,由此,就有相应的三大类相关法律文件规范以及法定诉讼程序规定。按照司法规范性要求,审理刑事案件要依照刑事诉讼法进行,审理民事、经济案件要依照民事诉讼法进行,审理行政案件要依照行政诉讼法进行。诉讼法体现了程序公正保证实体公正的司法理念,是保证司法公正公平的重要条件。同时,司法人员在司法过程中,也要以公职身份规范运作。可以说,离开了上述相关文件规范、程序规范和行为规范,就难以保障诉讼当事人的合法权益,也难以保证法律的正确适用。

6.专业性

法律是一门高度专业化的学科,这不仅体现在立法过程中,也体现在司法过程中。这就要求司法人员既具有法律理论功底,熟悉各项实体和程序规定,又要具备相关领域的专业知识。随着科学技术的发展和经济社会的进步,社会分工越来越细,技术含量越来越高,司法机关的工作领域日益扩大,案件也呈现出越来越难、越来越新的发展态势,对司法的专业性要求也日益突出。

二、司法的原则

(一)合法性原则

合法性体现在实体和程序两个方面。在审理案件的过程中,要时时确保法律是最高的依据和标准,以事实为根据,以法律为准绳。以事实为根据,就是要求司法机关和司法人员在审理案件时,首先要查清事实真相,以案件发生时的真实情况作为定性定量处理的唯一根据;以法律为准绳,是指司法机关及其工作人员在查清事实的基础上,严格按照法律规定审理案件,把法律作为衡量案件是非曲直的标准和尺度,真正做到有法必依、执法必严、违法必究。

(二)平等原则

法律面前人人平等是我国宪法的基本原则,这也体现在各种司法活动过程中。平等原则有以下三个方面的含义:首先,所有公民不论其民族、种族、性别、职业、宗教信仰、教育程度、财产状况、居住期限有何差别,也不论其政治地位、经济地位有何不同,都平等地享有法律所规定的权利,承担法律所规定的义务。其次,所有公民应受到平等的保护和对待,不受歧视。在诉讼过程中,当事人的诉讼地位一律平等,弱者应当获得同样的保护。最后,反对任何形式的特权。不允许有不受法律约束或凌驾于法律之上的特殊公民,任何超出法律之外的待遇都是违法的。

(三)司法独立原则

司法独立作为现代司法制度的一项基本原则,其目的在于使司法机关能够排除干扰,不偏不倚、客观公正地保证法律的实施。司法独立具有重要的意义,没有司法独立就不可能实现司法公正。我国宪法第一百二十六条规定,人民法院依照法律规定,独立行使审判权,不受行政机关、社会团体和个人的干涉。同样,在宪法第一百三十一条也规定了,人民检察院依照法律规定,独立行使检察权,不受行政机关、社会团体和个人的干涉。

具体而言,我国的司法独立原则应该包含了司法机关的独立和司法工作人员的独立两方面的内容。一方面,国家司法权只能由国家司法机关依法统一行使,除了国家的司法机关外,其他任何机关团体和个人均无权行使国家的司法权;而且各司法机关的司法权也不能相互替代,只能在法律规定的范围内独立行使本部门的职权。另一方面,司法机关及其工作人员,即法官、检察官独立行使职权,不受行政机关、社会团体和个人的干涉。需要注意的是,司法独立并不是绝对的,强调司法独立与接受合法正当的监督并不冲突。在我国,法律规定了权力机关和人民对司法机关活动的监督权,它有效地防止了司法权的滥用,维护了公共利益和公民的合法权益。

三、司法的意义

首先,司法可以针对人们的活动具有导向性意义。法律是一种普遍的社会行为规范,它的指引作用主要指规范性的指导和引导。法的指引作用的对象主要是人们的行为, 就是运用一般的规则对于同一类人或者具体情况的指引和主张。具体来讲,是指法律规范能够指引人们趋向参与社会活动,社会中鼓励人们之间的合作的、合理方向的活动,规定人们可以这样行为、应该这样不行为的等等。

其次,司法能够给予人们甄别、评价和判断的标准。法的评价作用主要是指法律判断、衡量他人行为是合法或违法的,并据此指出人们可以参照、模仿的行为标准。一个方面,以法律确定一定的普遍的评价准则,判断与衡量他人行为的合法性和违法性。另一方面,作为评价准则来说,法律是公正客观的尺度;作为一种评价准则和模式,它具有严格具体和肯定明确的特征。

再次, 司法具有教育方面的启发意义。司法能够影响一般人的思想意识,从而使一般人今后的行为符合法律规范中所规定的行为准则和模式。法的教育意义主要是指通过法律的实施, 对一般人今后的行为所发生的影响作用。司法的教育作用的发挥是通过法律的基本结构,即法律规范实现的。通过具体、明确、肯定的规定,启迪和教育人们应当如何作为或者不作为,从而把个人的行为纳入社会允许和需要的轨道。

最后，司法具有惩戒的作用和意义。司法的惩戒作用是源于法具有国家强制力的基本特征而产生的，也称作法的强制作用。它是通过制裁惩罚违法犯罪行为达到预防违法犯罪行为。司法的惩戒作用，不仅制裁违法犯罪行为，而且也体现出它的一种无形的震慑作用和精神力量，达到减少甚至杜绝违法犯罪行为的再发生。

四、司法的基本类型

（一）国家司法机关的司法

国家司法机关的司法，也可以称为诉讼活动，它是指国家司法机关依照一定的司法程序，解决双方权利纠纷的一种专门性活动。具体可以分为民事诉讼、刑事诉讼和行政诉讼三个类型。

民事诉讼，是指人民法院在当事人和全体诉讼参与人的参与之下，依法审理和解决民事纠纷的活动。民事诉讼的诉讼参与人包括原告、被告、第三人、证人、鉴定人、勘验人和有关关系人等。民事诉讼法指由国家制定或者认可的，关于调整民事诉讼活动，确定民事诉讼法律关系的法律规范。民事诉讼有一些特有原则，包括同等对等原则、自愿与合法原则、辩论原则、处分原则、支持起诉原则、人民调解原则等。一般来看，民事诉讼的审判程序包含起诉、立案审查、排期开庭、开庭审理和宣判等基本环节。

刑事诉讼，是指审判机关、检察机关和侦查机关在当事人以及诉讼参与人的参加下，依照法定程序解决被追诉者刑事责任问题的诉讼活动。刑事诉讼必须依照法律规定的诉讼程序进行，必须在当事人和其他诉讼人的共同参加下进行，目的是为了实现国家刑罚的恰当实施。国家的刑罚权究其根本是为了抑制社会越轨行为，维护正常社会秩序的国家基本职能。刑事诉讼不仅仅为了寻求个体权益的救济，而且对诉讼行为施以公正的处罚和有效的矫正，从而维护社会的公平公正和正常秩序。刑事诉讼要解决的核心问题是被告人的行为是否构成犯罪、应否施以刑罚，以及施以何种刑罚等问题。这使它在诉讼形式及程序上与其他诉讼相比有着很大区别。在我国，刑事诉讼大致包括五个阶段，即立案、侦查、起诉、审判和执行。

行政诉讼,是公民、法人或其他组织认为行政主体或者法律法规授权的某些组织做出的行政行为侵犯了其合法权益,而向法院提起的诉讼活动。行政诉讼法是规范行政诉讼活动和诉讼法律关系的法律规范的总称。它规定人民法院、诉讼当事人以及其他诉讼参与人进行诉讼活动中所形成的诉讼法律关系。行政诉讼规定,行政诉讼的原告一般是公民、法人、其他组织,或者是在中国境内提起行政诉讼的外国人、无国籍人、外国组织。被告一方必须是国家行政机关(及其工作人员),也就是一般所谓的"民告官"。行政诉讼双方当事人所争议的是行政机关的行政行为。行政诉讼的一般程序包括起诉、受理、审理、裁判等。

(二)国家行政机关的司法

1.行政司法的概念

行政司法,是指行政机关作为行政或者民事争议双方之外的第三者,按照准司法程序审理特定案件、裁决特定争议的活动。行政司法是相对于法院司法而言的,行政司法的对象包括与行政管理实践活动有关的民事经济纠纷,与行政管理有关并涉及行政管理的专门知识经验的行政案件。

2.行政司法的基本类型

(1)行政复议。行政复议,是指公民、法人或者其他组织在不认可行政主体做出的具体行政行为时,或者认为行政主体的特定行政行为侵犯了其合法权益,依法向法定的行政复议机关提出复议申请,行政复议机关依法受理复议,对该特定行政行为进行合法性、适当性审查,并最终作出行政复议决定的行政行为。总体上看,行政复议是行政机关上下级之间的监督活动,带有一定程度的司法意义,具有"双重性"的特点。①

中国的法律法规对行政复议的原则、机构、程序、时限做出了相关规定。一般来说,行政复议应当遵循合法、公开、公正、及时、便民的原则,坚持有错必纠,保障法律法规的正确实施。在行政复议的机构设置上,行政复议法作了复杂详细的规定。简要说来,对县级以上地方各级人民政府工作部门的具体行政行为不服的,由申请人选择,可以向该部门的本级人民政府申请行政复议,也可以向上一级主管部门申请行政复议;对地方各级人民政府的具体

---

① 应松年:"把行政复议制度建设成为我国解决行政争议的主渠道",《法学论坛》,2011年第5期。

行政行为不服的,向上一级地方人民政府申请行政复议;对国务院部门或者省、自治区、直辖市人民政府的具体行政行为不服的,向做出该具体行政行为的国务院部门或者省、自治区、直辖市人民政府申请行政复议。行政复议的具体程序分为申请、受理、审理、决定四个步骤。对于时限,行政复议法第九条规定,公民、法人或者其他组织认为具体行政行为侵犯了其合法权益的,可以自知道该具体行政行为之日起60日内提出行政复议申请;但是法律规定的申请期限超过60日的除外。此外,申请行政复议的行政行为一般为具体的行政行为,对于可以申请行政复议的抽象行政行为,法律有详细的规定。

(2)行政裁决。行政裁决,是指行政主体依照法律授权,对平等主体之间发生的与行政管理活动密切相关,与合同无关的民事纠纷进行审查,并做出裁决的具体行政行为。行政裁决具有一些特点:行政裁决的主体是法律特别授权的行政主体;行政裁决的对象是特定的民事纠纷;行政裁决实质上具有准司法性;行政裁决属于具体行政行为的范畴,一经做出即产生行政行为所应有的法律效力。除了特殊情况外,如当事人不服,可以依法申请行政复议或提起行政诉讼。

从中国目前的实践领域来看,行政裁决的种类有下列:

侵权纠纷,即由于一方当事人的合法权益受到他方侵犯而产生的纠纷。如《水污染防治法》第55条规定:"造成水污染危害的单位,有责任排除危害,并对直接受到损失的单位或者个人赔偿损失。赔偿责任和赔偿金额的纠纷,可以根据当事人的请求,由环境保护部门或者交通部门的航政机关处理;当事人对处理决定不服的,可以向人民法院起诉。当事人也可以直接向人民法院起诉。"

补偿纠纷,指对财产侵害行为造成损失的补偿,着眼于被剥夺的财物,予以公平弥补。如《城市房屋拆迁管理条例》第14条规定:"拆迁人与被拆迁人对补偿形式和补偿金额、安置用房面积和安置地点、搬迁过渡方式和过渡期限,经协商达不成协议,由批准拆迁的房屋拆迁主管部门裁决。"涉及补偿的还有草原、水面、滩涂、土地征用的补偿等。

损害赔偿纠纷,是一方当事人的权益受到侵害后,要求侵害者给予损害赔偿所引起的纠纷。这种纠纷通常存在于食品卫生、药品管理、环境保护、医疗卫生、产品质量、社会福利等方面。产生损害纠纷时,权益受到损害者可以依法要求有关行政机关做出裁决,确认赔偿责任和赔偿金额,使其受到侵害的权益得到恢复或赔偿。如《环境保护法》第 41 条规定："造成环境污染危害的,有责任排除危害,并对直接受到损害的单位或者个人赔偿损失。赔偿责任和赔偿金额的纠纷,可以根据当事人的请求,由环境保护行政主管部门或者其他依照法律规定行使环境监督管理权的部门处理。"

权属纠纷,是指双方当事人因某一财产的所有权或使用权的归属产生争议,包括土地、草原、水流、滩涂、矿产等自然资源的权属争议,双方当事人可依法向行政机关请求确认,并做出裁决。如《土地管理法》第 13 条规定:"土地所有权和使用权争议,由当事人协商解决;协商不成的,由人民政府处理。全民所有制行政裁决单位之间、集体所有制单位之间、全民所有制和集体所有制单位之间的土地所有权和使用权争议,由县级以上人民政府处理。个人之间、个人与全民所有制单位和集体所有制单位之间的土地使用权争议,由乡级人民政府或者县级人民政府处理。"

国有资产产权纠纷。如《国有资产产权界定和产权纠纷处理暂行办法》第 29 条规定:"全民所有制单位之间因对国有资产的经营权、使用权等发生争议而产生的纠纷,应在维护国有资产权益的前提下,由当事人协商解决。协商不能解决的,应向同级或共同上一级国有资产管理部门申请调解和裁定,必要时报有权管辖的人民政府裁定,国务院拥有最终裁定权。"

专利强制许可权纠纷。如《专利法》第 54 条规定:"取得实施强制许可的单位或者个人应当付给专利权人合理的使用费,其数额由双方协商;双方不能达成协议的,由国务院专利行政部门裁决。"

经济补偿纠纷。经济补偿纠纷,是指因用人单位克扣或者无故拖欠劳动者工资,拒不支付劳动者延长工作时间工资报酬,低于当地最低工资标准支付劳动者工资,或者解除劳动合同后未依法给予劳动者经济补偿而发生的纠纷。如《劳动法》第 91 条规定:"用人单位有四种侵害劳动者合法权益情形之一的,由劳动行政部门责令支付劳动者的工资报酬、经济补偿,并可以责令支付赔偿金。"

民间纠纷。如国务院颁布的《民间纠纷处理办法》规定,基层人民政府可以依法裁决民间纠纷。基层人民政府对民间纠纷做出处理决定应当制作《处理决定书》,并经基层人民政府负责人审定、司法助理员署名后加盖基层人民政府印章。当事人必须执行。如有异议的,可以在处理决定做出后,就原纠纷向人民法院起诉。超过十五天不起诉又不执行的,基层人民政府根据当事人一方的申请,可以在其职权范围内,采取必要的措施予以执行。①

（3）行政仲裁。行政仲裁,是指享有行政权的行政机关对当事人双方发生的纠纷,以仲裁方式居间进行判断的活动。可以认为,行政仲裁就是行政仲裁机关以仲裁的形式解决行政争议或民事纠纷的活动。目前,中国的行政仲裁具有以下基本的特点:

第一,行政仲裁机构在性质上属于国家行政机关。也就是说,它不同于民间仲裁或法院裁判。行政仲裁机构无论其名称如何,必然属于国家行政组织的一部分。

第二,行政仲裁机构和程序具有相对独立性。仲裁机构的独立性是行政仲裁与行政裁决相区分的主要标志。行政裁决是指国家行政机构依据其内部较为随意的程序,对当事人的民事纠纷和争议做出裁决的活动。与此相对,行政仲裁机构不仅在机构设置上相对独立,而且在程序设定上也相对独立于行政组织体系。这样,能够在一定程度上保证其仲裁活动不受行政权力的干涉。同时,行政仲裁程序是按照法律规定设立的专门程序,既能确保行政仲裁机构有能力解决纠纷,又能保证其严格按照仲裁程序在不同当事人之间做出公正的裁决。

第三,行政仲裁的对象是特定的民事争议。行政仲裁与行政复议不同,行政复议是以解决行政争议为目标的行政司法活动。行政仲裁则是指以法律规定解决民事争议的行政司法活动。

第四,行政仲裁机构做出的仲裁文书具有强制性法律效力。在这一点上它与行政调解有明显区别。行政调解是指行政机关在民事纠纷当事人双方自愿的基础上,以法律法规和政策规定为依据,促使双方达成没有法律强制约束力的方案的准司法活动。而行政仲裁机构所做出的仲裁裁决具有法律强制力,当事人超过法定期限不予履行的,争议相关方可以申请人民法院强制执行。

第五,行政仲裁是一种法定裁决。具体来讲,所谓法定,是指行政仲裁的对象法定、行政仲裁机构法定、行政仲裁的程序法定、行政仲裁的效力及其与行政诉讼的关系法定。

---

① 上述八种纠纷的归纳方式来自 360 百科,http://baike.so.com/doc/5415854-5653999.html。

思考题：

1.为什么说法治是对人治的超越？

2.简述我国立法权限的划分。

3.简述行政法规的制定程序。

4.司法的特征是什么？

5.行政司法的基本类型有哪些？

6.简述行政复议的基本内涵。

第三篇　政府过程篇

从动态层面上讲，当利益主体提出一项政治要求时，政府过程就开始了。意见表达主体指的是实际履行向权威当局表达特定群体的态度、愿望、要求等功能的公民个体或团体。我国在意见表达方面已经形成了体系较为完备、途径多样化、纵横交错的制度安排。意见综合是在意见表达的基础上进行的。当表达的意见经一定的机制和渠道转换为重大的政策选择时，政府过程就进入了意见综合环节。通过意见的综合过程，多元分散的意见最终化约为少数可行的政策。

决策就是决策共同体在这些少数方案中进行选择的过程。在中国的政治语境下，形成了以中国共产党为核心的多元化的决策结构，横向上体现了集体决策机制，纵向上体现了中央-地方两层分级决策机制。而实际在决策过程中居于核心、动员决策资源能力最强的是司局级官员。五年规划的编制、政府工作报告是当前中国政治生活中重要的决策。决策过后即进入了执行阶段。从我国现阶段的情况来看，政府决策与执行的实际结构是党政结构与宪政结构有机联结，并以党政结构为主导的结构。

政府过程的正常运行还需要一定的保障资源，这就是信息和电子技术。信息流动在政府运行中发挥着"政府神经"的作用，它贯穿于政府过程的各个环节，对于政治体系的正常运转关系重大。信息与电子技术对政府的影响经历了技术导向、内容导向和服务导向三个阶段。大数据时代的来临，对政府过程来说，既带来机遇，也充满了挑战。互联网与政务的融合在当前中国引发了智慧政府建设的浪潮。

任何实际运行中的政府都或多或少地与制度设想和民众预期发生某种"偏离"。这要求将权力关进制度的笼子里，建立和完善政府过程的监督体系，对政府权力形成有效的制约和监督。政府过程的监督体系，是由若干个对权力主体分配和行使权力的过程进行约束、限制、观察和纠正的机制相互联系而构成的一个整体。

第九章　意见表达与综合

第一节　意见表达

从政府过程角度讲，意见表达意味着政府过程的开始。一个多元的社会，充满着不同的利益、不同的观念、不同的要求、不同的主张……如果得不到有效的疏解和释放，这些分歧会形成淤积，因此需要一定的意见表达机制和渠道(也可以视之为冲突社会学意义上的社会安全阀机制)将这些不同的声音呈现出来。

一、意见表达及其意义

(一)意见与意见表达

通俗地讲，意见是人们对事物的想法或看法。它反映了主体对事物的认知，含有主体一定的主观态度和情绪。政府过程中的"意见"，主要是指与公共政策有关的，凝聚并反映了民众态度、愿望、要求等信息的聚合体。

"当某个集团或个人提出一项政治要求时，政府过程就开始了。"[①]这种集团或个人主要围绕公共政策而向政治体系提出要求的过程，被称为"意见表达"或是"利益表达"。虽然国内有关政府过程的文献对"利益表达"和"意

---

① ［美］加里布埃尔·A.阿尔蒙德、小 G.宾厄姆·鲍威尔：《比较政治学：体系、过程和政策》，曹沛霖等译，东方出版社，2007 年，第 179 页。

见表达"的使用上存在不同称谓和表述,但二者所指的含义实则无异,它们都指向政府过程中的同一个功能或环节。

意见表达是民主政治的基本特征,也是近代政治生活的基本内容和基本方式。从其产生和发展来看,意见表达经历了一个艰难曲折的过程。至今,民主政治赋予民众自由表达的权利,意见表达已经成为现代政治体系和现代公共生活中不可或缺的组成部分。[1]

由于不同的利益主体通常具有截然不同的利益需求,而这些需求一般不会自动地为政策制定者所吸纳,或者不能达到令利益相关者满意程度的吸纳。[2]意见表达就成为利益主体反映自身利益主张、影响公共决策制定的一种渠道。在现代社会的发展进程中,随着利益主体的加速分化,社会群体的利益趋于多元化,不少利益诉求往往处于相互竞争甚至是相互冲突的状态,意见表达因此成为利益协调、利益整合和利益仲裁的基础,没有前置的意见表达,后面的过程就无从谈起。在现代政治生活中,意见表达同时受来自利益群体主观动机的推动和客观现实环境的驱动。利益主体的主观动机作为意见表达的内驱力,是决定表达行为的原动力;客观的政治、经济和文化环境作为意见表达嵌入的情景,同时对表达行为产生不同程度的影响。

(二)意见表达的意义

在当前中国,利益主体的利益需求大多是由政府加以体察和认定的,并由政府将其中某些合理的、具有普遍性和公共性的需要转变为公共政策。因此,实际能够进入政府过程的社会需求和主张无不是经过一定的过滤和筛选,最终经由政府确认的。尽管如此,基于有限理性,决策者不可能对社会上方方面面的利益需求均体察入微,因而难免对一些利益需求有所疏漏,公共政策也不可能包容方方面面的利益需求,只能是有所选择。因此,那些没有为政府决策者注意到或照顾到的利益主体往往就需要进行意见表达,以期引起决策中枢的关注,进而被纳入政府过程。意见表达有着多方面的意义,大体而言,可以归结为以下三点。

---

① 张康之、张乾友:《论意见表达体系的形成与演变》,《社会科学战线》,2009 年第 10 期。
② 胡伟:《政府过程》,浙江人民出版社,1998 年,第 192 页。

1.普通民众借助意见表达反映需求和社会问题、维护自身合法权益

改革开放和城市化进程的纵深推进使得阶级和阶层分化愈趋明显，社会利益趋向多元，普通民众内部因为具体利益的差异而形成不同的意见表达群体。意见表达与普通民众，尤其是与社会弱势群体切身利益的维护和实现相关。党和国家设置多层次、多渠道、多进路的意见表达通道，以便于及时了解社情民意，回应社会需求。

当前中国，意见的有效表达，尤其是弱势群体的意见表达存在着比较突出的问题。近年来，我国社会愈演愈烈的社会抗争事件、群体性事件(以及研究中存在的家族相似性概念和现象)，在某种意义上反映的是民众意见表达的过激化和非理性。与相对较少受到普通民众关注和照顾的公共事务不同，意见表达由于其直接关乎民众切身利益而受到民众的普遍关注。随着我国民主政治的发展以及民众受教育程度提高、政治参与意识增强，可以预见的是，普通民众意见表达的愿望会愈加强烈，而这种愿望转化为实际的表达行为的机会和可能性也会随之提高。因此，对于当前中国的各级政府来讲，要着手应对的问题不在于如何逆社会发展潮流，延续传统的管控刚性思维去设法压制和规避民众的意见表达行动，而在于如何畅通意见表达渠道，引导民众理性表达意见。

2.有效的意见表达有助于吸纳凝练社情民意

意见表达是链接社会系统与政府系统的中介机制，它反映了一定时期的社会需求，引导和实现民众理性有序的意见表达，有助于党和政府有效回应社会需求。

第一，鼓励和帮助实现民众的意见表达行为有利于吸纳民意，贯彻落实执政为民的理念，塑造政府官员服务民众的形象。中国共产党始终代表中国最广大人民的根本利益，且一向以"立党为公、执政为民"的理念指导和约束党员在公共事务中的行为，政府官员的角色定位也是人民的公仆，执政为民的理念和为民服务的公仆的角色定位要求政府官员在制定决策时，要切实听取和吸纳民众合理的意见诉求。

第二，通过聆听群众的意见表达，可增强公共政策制定和执行的群众基础。公共政策的实质是政府对于社会价值所做的权威性分配，而任何政策在尽可能照顾到绝大多数人利益的同时，难免会有疏忽，进而损害到一部分人的利益。这样，公共政策在制定和执行的时候难免会面临来自利益相关者的阻力，政府在制定政策之时，认真听取群众表达出来的意见，可为政策的制

定和执行奠定群众基础,提升政策制定中的民主化程度。

第三,听取民众的意见表达,为民众的利益服务有利于巩固和增强政府的"合法性"。根据艾森施塔特的观点,在所有的现代国家中,即在经历了某些社会经济变化的国家中,政府的基本"合法性"是建立在统治者为被统治者的利益服务这个主张之上的。[①]从中可以发现,统治者为被统治者的利益服务,其前提之一在于统治者真正了解被统治者的利益所在和具体的利益内容,而意见表达正是统治者了解被统治者利益需求的绝佳途径。

3.扩大民众的政治参与,促进民主政治的发展

就政治参与和政治发展的关系而言,大多数政治学者都赞同:政治参与是一个国家政治文明的重要标志,政治参与程度与政治参与水平反映了这个国家民主发展的程度和政治发展的水平。[②]意见表达本身既可以被视为一种政治参与行为,也可以被看作公民参与政治的准备和前奏。当公民就某个事项或某项具体政策形成比较明确和成熟的意见时,只要其中的利益相关性提供的动力足够大,民众就会想方设法将相关意见传达进政治体系,以便驱动相关政府做出有利于自身的决策。反之,当民众对政治生活中的动态性事件或政策意见模糊,甚或根本没有任何意见时,则反映了这个社会的民众处于普遍的"政治冷漠"状态。在如此情况下,就谈不上存在任何程度的政治参与,以及在这个意义上的政治发展。正是从这个意义上讲,对于一个社会而言,意见表达扩大了民众的政治参与,带来政治参与扩大意义上的政治发展。

二、意见表达的主体

(一)表达主体的界定与区分

"主体"在意见表达概念构成中是一个具有决定意义的要素,它回答了这样的问题:是谁在进行利益表达? 这些人属于哪些社会阶层、政治派别或

---

① 转引自[美]加里布埃尔·A.阿尔蒙德、小 G.宾厄姆·鲍威尔:《比较政治学:体系、过程和政策》,曹沛霖等译,东方出版社,2007 年,第 207 页。

② 伍华军、周叶中:《我国公民意识及其培植研究》,武汉大学出版社,2014 年,第 119 页。

者利益群体？①在政府过程中，"意见表达主体"指的是实际履行向权威当局表达特定群体的态度、愿望、要求等功能的公民个体或团体。

一般而言，社会利益群体出于自身利益的需要，存在表达自身意见的需求，但是社会利益群体并不等于意见表达的主体。②也就是说，利益主体并非就是表达主体。当前中国利益表达的一个重要特点是，利益表达者并不一定是为自己的利益而提出政治要求。③从中可以看出，在当前中国的意见表达环节中，意见表达的主体与具体的利益相关者之间存在着身份的分离。"意见表达的主体"的定义中"实际"一词所强调的深意正在于此。

对这种分离的一个简单说明是，一个社会利益群体可以有若干个意见表达主体；而一个意见表达主体在不同的条件下，也可以去表达若干个社会利益群体的意见。④在当前中国社会，利益表达既可能由各种利益结构自己做出，如工人、农民、知识分子、工商业者、失业人员等都可以向政府提出某种要求；另一方面，也可能由不同利益群体的代理者或代言人来履行利益表达的功能，如工会可以代表工人进行利益表达，村委会可以代表农民进行利益表达，民主党派可以代表知识分子和工商业界人士进行利益表达，妇联可以代表妇女进行利益表达等。⑤对于切身的利益相关者来说，意见表达过程中出现的这种分离，也就是由其他个体或团体代表自己向当局表达意见，这不仅是客观环境使然，同时也是出于主观的诉求。其原因主要在于，由那些掌握了更多政治、经济和社会关系等资源的其他个体或团体代为表达意见可能会收到更好的表达实效。

（二）强势意见表达主体与弱势意见表达主体

现实政治生活中存在着多元的、复杂的意见表达主体。因此，可以从多种角度出发对当前中国社会中意见表达的主体进行辨别和分类。从当前意见表达的实际情况来看，最活跃的、最常见的意见表达主体包括（但不限于）

---

① 石伶亚：《西部乡村民间公众利益表达引导机制研究——以湘西地区为例》，华中师范大学出版社，2012年，第51页。

② 朱光磊：《当代中国政府过程》，天津人民出版社，2002年，第89页。

③ 胡伟：《政府过程》，浙江人民出版社，1998年，第193页。

④ 朱光磊：《当代中国政府过程》，天津人民出版社，2002年，第89页。

⑤ 胡伟：《政府过程》，浙江人民出版社，1998年，第192~193页。

第九章

强势和弱势意见表达主体、意见表达个体和意见表达团体。

强势和弱势意见表达主体，是依据意见表达主体所掌握的资源、意见表达的能力以及意见表达实效而进行的分类。在意见表达过程中，"强势主体"指的是那些拥有较多政治、经济和社会关系等各方面资源，有相对较强的意见表达能力，其利益诉求往往比较容易进入政策的议程和制定范围的意见表达个体或团体。这类群体掌握着强大的政治参与和意见表达的话语权，有着较强的社会影响力和左右政策出台的能力。与之相对的是那些在意见表达方面尽管有着强烈的主张和愿望，却因在资源占有上处于劣势、在意见表达能力上存在不足等限制性因素而造成的弱势意见表达主体。这类群体往往对自身合法权益的保障表现出担忧，有着异常强烈的表达需求和表达愿望，在政治参与中常有意见表达无力和表达无门的受挫感。

强弱只是一种相对的、动态的变化概念，例如资方之于劳动者的强弱相对、权势阶层之于普通民众的强弱相对等；一定社会阶段、一定社会中的强弱群体是相对稳定的，例如，当前中国社会公认的弱势群体大致包括农民、农民工、老年群体、存在身体障碍的群体等。[①]但是，转型时期的中国社会，出现了阶层的固化和精英联盟的形成，具有相当大的影响力，并对社会经济生活产生强大的影响。[②]这种精英联盟"培育了一个集聚社会资源又排斥社会成员流动机会的机制。它如同一个能量巨大的水泵，将来自底层社会的资源持续不断地输送积聚到上层社会，同时剥夺了弱势群体的利益和权力；它又如同一个严守城门的卫士，不让精英同盟这座城堡外面的弱势群体有机会过问各种稀缺资源的占有和制度设置"[③]。强势主体和弱势主体意见表达的效果可以说是一个天上一个地下。作为资源分配者的政府与强势集团的利益代表方在参与立法、制定规划、出台政策等方面占据明显的优势，弱者因为缺乏有效的表达机制致使其意见受到压制，无法在立法过程和政策制定环节得到充分的反映。

[①] 滕世华：《公共服务体制改革中的利益表达》，《山东社会科学》，2007 年第 1 期。

[②] 孙立平、李强、沈原：《中国社会结构转型的中近期趋势与隐患》，《战略与管理》，1998 年第 5 期。

[③] 曾鹏、戴利朝、罗观翠：《在集体抗议的背后——论中国转型期冲突性集体行动的社会情境》，《当代中国研究》，2006 年第 2 期。

（三）意见表达个体

现代社会中,随着对政府权力运行的严格限制和公民社会的积极建构,现代个体人享有受到法律保护的、不受政府权力侵扰的个人空间。①个体化是现代社会的重要特征。个体化发展是现代社会利益多元化的重要原因,个人作为利益主体,由个体进行意见表达是普遍的现象。当前中国,正在经历着从"总体性社会"到"个体性社会"的变迁过程②,由个人权益主张产生的意见表达呈现爆炸性增长的趋势。就意见表达个体来说,又可以细化为普遍性的意见表达个体和专业性的意见表达个体。

在西方成熟的民主制国家,其经验事实表明,独立的、自由的个人充当意见表达的主体是意见表达过程中的普遍性现象。因为个人作为自身利益表达者具有"持续的重要性","个人也可能在范围较广的问题上试图表达自己的意见"。③而在当前的中国,由于特殊的社会历史条件的制约,个人作为意见表达主体的普遍性和现实可能性都要小一些,但发展前景比较可观。我国宪法提供了公民表达意见的法律依据,并且这种表达在政策上、理论上也得到了鼓励。可是,由于中国实行社会主义民主制度的时间还比较短,而封建社会专制的历史又相当长,经济文化的发展还不够理想,加上民主与法制建设中客观存在的表达渠道暂时还比较单一,导致中国公民个人,特别是相当一部分农民和城市职工表达意见的积极性还不够,参与的意识还不强。由于受到文化素质的制约和某种心态的影响,有一部分公民对自己应当具有的民主权利还缺乏充分的自我关系意识。因而,在当前中国,个体表达意见的行为在政府过程中既不普遍也不突出,总的来看还有很大的提升空间。尤其是随着互联网时代的到来,互联网对社会权力的解构和重构,互联网的技术和工具越来越多地被用于意见表达中,某些公共争议经由互联网的舆论放大实现了将问题诉诸政府过程的效果,也从客观上促使各级政府越来越重视互联网空间中的意见表达。

---

① 吴玉军:《现代社会与个体自由的实现方式》,《理论与改革》,2010 年第 4 期。

② 何平立:《个体化背景下利益和价值的整合》,《探索与争鸣》,2014 年第 6 期。

③ [美]加里布埃尔·A.阿尔蒙德、小 G.宾厄姆·鲍威尔:《比较政治学:体系、过程和政策》,曹沛霖等译,东方出版社,2007 年,第 181 页。

专业性意见表达个体大致包括中国共产党各级代表大会代表、各级人大代表和各级政协委员(参见表 9-1),以及大量的民主党派代表大会代表、职代会代表、团代会代表和妇代会代表等。这些代表受党员和特定群众的委托,专门行使表达民情民意的权利,他们是有合法身份和特定法定地位的表达主体。

以全国人大代表为例,总人数不超过 3000 人,由各省、自治区、直辖市、特别行政区和解放军代表构成。根据新选举法第十六条的规定,全国人大代表的选举主要遵循三大原则:其一,按照人人平等,城乡相同人口比例的原则分配的两千名代表名额,大体每 67 万人分配 1 名代表;其二,按照地区平等原则,各省、自治区、直辖市不论人口多少都分配相同的地区基本名额数,具体为 8 名;其三,按照民族平等的原则,要有一定的名额由全国人大常委会依法分配给各省、自治区、直辖市,以保证人口较少的民族至少有 1 名全国人大代表。①

表 9-1 我国历届全国人大代表和政协委员人数

届别	全国人大代表人数	全国政协委员人数
第一届	1226	195
第二届	1226	559
第三届	3040	1071
第四届	2885	1199
第五届	3497	1988
第六届	2978	2036
第七届	2970	2081
第八届	2978	2093
第九届	2979	2196
第十届	2984	2238
第十一届	2987	2237
第十二届	2987	2237

以民主党派代表大会为例,民主党派本身就是反映和代表了各民主党派各自所联系的某些阶层的利益,而且民主党派历来要求其成员具有一定的代表性(见表 9-2),大多为某些领域、行业中的优秀专家、学者等精英人士。

第九章

---

① 具体规定可参见《中华人民共和国选举法》第四章相关内容,以及李肇星 2012 年 3 月 4 日在第十一届全国人大五次会议新闻发布会上的发言。

表 9-2　民主党派产生的界别

民主党派	代表的主要阶层分布
中国国民党革命委员会	国民党各派爱国民主人士
中国民主同盟	文化教育和科技领域的高、中级知识分子
中国民主建国会	经济领域人士和相关专家
中国民主促进会	教育、文化、出版领域的高、中级知识分子
中国农工民主党	医药卫生、人口资源和环境领域的高中级知识分子
中国致公党	归侨和侨眷的中上层和具有海外关系的代表性人士
九三学社	科技界的高中级知识分子
台湾民主自治同盟	台湾省的社会主义劳动者、社会主义建设者、社会主义爱国者

(四)意见表达团体

就意见表达团体而言,需要特别注意的是,在当前中国各社会利益群体基础上形成的各种基本的意见表达的团体,并非西方意义上的压力团体,而是以各民主党派和人民团体为主要构成部分,反映它们所代表的某一部分人民群众的要求和意见的各种社会团体。对于意见整合和决策者来说,他们所表达的意见固然也可以说是一种"压力",但他们本身不以施加压力为目的。具体来说,在中国社会存在和活跃的意见表达团体包括制度化意见表达团体、结构性意见表达团体和功能性意见表达团体三类。

1.制度化意见表达集体

所谓制度化意见表达团体,是指各民主党派、工会、共青团、妇联、军队等属于当前中国政治制度基本组成部分的那些社会团体、政治机构。这些团体、机构都不是专门的意见表达主体,它们都担负着广泛的社会职能,但就它们也具有意见表达的功能这一方面而言,我们也把它们看作意见表达主体的一种重要类型。其中,民主党派作为中国政党体系中的参政党,发挥参政议政功能的主要形式就是意见表达。2015 年 12 月,中共中央印发的《关于加强政党协商的实施意见》特别强调,中国共产党与各民主党派之间直接进行的政治协商目的就在于"畅通意见表达渠道"。这就要求各民主党派在履行意见表达功能的过程中必须真实地了解民意,才能客观地表达民意。此外,该实施意见鼓励民主党派以会议、书面和约谈等多种形式积极提供意见和建议,鼓励讲真话、建真言。①

---

① 具体内容可参见中共中央办公厅 2015 年 12 月 10 日印发的《关于加强政党协商的实施意见》。

第九章

2.结构性意见表达集体

结构性意见表达主体是指一般性的人民团体或社会团体，比如中国文学艺术界联合会、中国科学技术协会、侨联、台联和残联等。这些人民团体，虽不是中国政治制度的基本部分，但是代表着中国社会中的某一方面、某一部分的群众，在意见表达中反映着一定的社会利益群体的具体利益和要求。

3.功能性意见表达集体

所谓功能性意见表达团体，是指那些发挥某些表达意见的功能，有一定的社会影响力，但又不是国家政治制度组成部分，也不固定反映某一方面群众或某一两个社会利益群体的意见和建议的社会团体，比如新闻界、宗教界和企业家群体等。它们的意见表达经常以社会舆论的方式得以呈现。

三、当前意见表达的主要类型

意见表达的关键是有关行动者是否能够获得进行表达的渠道，以及渠道对意见表达的承载能力和回应能力。意见表达是任何一个社会都不可回避的问题。一个社会提供的可选择的意见表达渠道越多，这个社会对矛盾、问题的整体承载能力就越强，这个社会就越稳定。反之，这个社会就会面临更多的不确定性和风险性。就中国目前的情况而言，意见表达渠道主要有制度化渠道、强制性渠道和互联网渠道。

（一）制度化意见表达

制度是要求成员共同遵守的规则、准则。制度化是指通过一系列的规则建设来规范主体的行为、协调主体间的相互关系。意见表达的制度化，是指政府用有效的制度安排来容纳和保证民众的利益表达，表达方式经由定型化、规范化的变迁过程，形成合法的、合理的、有序的表达秩序。它以畅通的多元的表达渠道为基础，增加公众参与的环节，如以听证、表意、监督、举报等方式，使得利益相关各方均可以通过这些渠道和方式充分表达各自的利益诉求。①可以说，经过几十年的制度化积累，我国的制度体系以人民代表大会制度为核心，包括政协制度、政党制度、社团制度、信访制度和传播媒体等。

---

① 清华大学课题组：《以利益表达制度化实现长治久安》，《学习月刊》，2010 年第 23 期。

可以说，我国在意见表达方面已经形成了体系较为完备、途径多样化、纵横交错的制度安排。制度化渠道的意义并非是扬汤止沸，而是稳定有序的釜底抽薪。意见表达的制度化渠道既可以视为一种过程，亦可看作一种社会结构。通过这样一些制度设计，可以使社会民众的意见表达实现从不固定、不规则向被普遍认可的、广为熟悉的固定模式转变，促使整个意见表达过程规范化和有序化。

1.意见表达中的两会制度

两会制度是对全国人民代表大会和中国人民政治协商会议的统称。经过几十年的发展和积累，两会制度的形式日益完善、内容逐渐丰满，作用日趋重要。由于两个会议的会期基本重合，都固定在每年的三月初举行，而且这两种会议是中国政治生活的重大事项，是中国最高的政治平台，一个侧重于治国理政的运行实施，一个侧重于大政方针的谋划协商①，对国家权力运行的重要程度非常高，固称之为两会。此外，从中央层面到省级地方层面，亦存在两种会议会期基本重合的现象，所以两会制度也适用于省级地方层面。

从全国到地方，人大会议在纵向层次上分为五个层次，社会公众的意见可以从不同层次上得到表达。各级人大代表的名额分配，统筹考虑了城乡人口规模、照顾少数民族、行业和阶层分布等因素②，尽可能实现代表的广泛性。根据相关数据显示，我国各级人大代表的数量大约维持在300多万人的规模。③目前，全国政协已经发展成为涵盖8个民主党派和无党派人士、各主要人民团体、56个民族、5大宗教、34个界别以及2000多名政协委员的政治组织。全国、省、市、县四级政协组织3100多个，各级政协委员60余万人。十届全国政协五年间共受理提案23000多件，形成视察报告100多份，提出调研报告270多份，反映社情民意信息6600多篇。④

两会制度中，人大和政协与党政机构不同，无论是哪一级的人大和政协会议，其中的人大代表和政协委员，都可以通过提案、建议、批评等形式直接进行意见表达，而不需要逐级汇报。而这些代表和委员所进行的意见表达，往往是凝聚了相当多民众的要求和意见，因而具有一定的利益综合功能。由

---

① 毛晓刚："两会制度是中国的一个根本优势"，《求是》，2012年第8期。

② 杨龙、王达梅："中国独特的利益表达和利益综合机制"，《广东外语外贸大学学报》，2009年第4期。

③ 邹平学："人民代表大会的规模困境与代表性的逻辑悖论"，《人大研究》，2009年第4期。

④ "数字政协：从662个代表名额到2000多名政协委员"，《人民日报》，2009年9月21日。

于改革开放后中国的利益结构分化不断加剧，作为社会各群体代言人的人大代表和政协委员在从事意见表达和综合方面已经空前活跃和积极起来，这一趋势还会得到不断强化。

2.意见表达中的社团制度

这里的社会团体，并非一般意义上存在于任何社会中的社会团体，它是指在现代民主社会中，"在民众广泛享有集会、结社等自由权利的情况下，通过合法程序而组织起来的社会团体"①。当前我国的社会团体根据性质和任务，大致可以分为四种类型，包括行业性的、专业性的、联谊性的和学术性的。其中，最突出的是行业性社会团体。在中国，除了社会团体之外，还有人民团体，所谓八大人民团体，即是工会、工商联、侨联、台联、妇联、共青团、科协、文联。人民团体和社会团体的区别在于人民团体是参政的，是政协中的正式成员，而社会团体则不是。

当个体的意见表达受阻时，个体会求助于社会团体，社会团体越来越承担着表达社会各阶层、各群体要求和意见的功能，经由社团组织的意见表达是一种组织化的表达。人民团体通过既定的组织系统，将意见经制度化渠道传递给党和政府。其他社会团体或是通过团体内设置的党组织，或是通过挂靠的政府部门，还有党和政府开辟的各种通道（听证会、座谈会等）进行意见表达。②

3.意见表达中的信访制度

信访是指群众通过来信、来电、来访等方式向党和政府相关部门反映情况的通道。信访制度的出现是适应我国国情产生的一种比较成熟的利益表达渠道。从政治学视角来看，信访的生成是源于我国政治领域中强弱主体在利益表达方面的不平衡问题。③从相关文件和法规来看，信访制度的设计初衷是党和政府为了帮助弱势群体、畅通利益表达、协调社会矛盾的一种途径；从实践层面来看，由于信访的成本较低、不存在信访范围的限制、程序简单等特征，成为我国大多数民众都可以选择的意见表达方式。信访困境的产生表明，如果操作得当，它可以成为社会秩序的调节器和平衡；反之，则可能成为各种矛盾的滋生器和积聚器。

① 李景鹏：《中国现阶段社会团体状况分析》，《唯实》，1999年第1期。
② 朱光磊：《当代中国政府过程》，天津人民出版社，2002年，第116页。
③ 殷冬水、周光辉：《利益表达平衡：社会正义的内在要求》，《江汉论坛》，2013年第2期。

4.意见表达中的新闻出版和宣传制度

由于大众传媒的特色和优势,它们在意见表达过程中的功用至关重要。[1]在中国,大众传媒主要有广播、电视、报纸等新闻出版和宣传系统,它们构成了民众意见表达的重要渠道。一方面,新闻出版机构和宣传系统为广大人民群众的意见表达提供了一种有效的渠道,某些民意可以通过报纸、广播、电视等途径反映出来;另一方面,各种意见表达如果能得到一些大众传媒的支持,形成一定的社会舆论,往往就可能转变为政策输出,因而这类渠道也具有重要的意见表达功能。

改革开放40年来,随着市场化进程的加快,尤其是被称为"新民权运动年"的2003年以来,大众传媒的角色正在发生深刻的转变,经历着从宣传性的喉舌到利益表达途径的转变,越来越承担着大众传媒作为社会公器的作用。在表现方式上主要存在如下类型:第一种是开辟专门表达的栏目,如读者来信、热线电话、民生平台等;第二种就某些热点问题、话题或事件进行调查和采访,通过报道向社会公开;第三种是以内参的方式直接向党和政府反映问题、提供建议,当代中国有很多重大决策中都含有传媒内参的影子;第四种是时评,2000年以来,时评中的法学、政治学话语越来越明显,作为一种表达的方式一定程度上满足了利益表达的需要,如以《人民日报》为代表的党报党刊和以《南方都市报》为代表的市场报。[2]

5.意见表达中的党政系统

在当前中国,共产党组织和国家机关承担着自下而上逐级向决策中枢进行表达的基本功能,而在这一制度渠道中处在最基层的是居民委员会、村民委员会、村民代表会议、党的基层组织、企事业单位及其职工代表大会等。居民委员会、村民委员会和职工代表大会在性质上都属于群众性自治组织,不是一级国家政权机构,但事实上在基层起着某种国家机关的作用,并且这些组织所在的社区和企业中都设有共产党的支部,构成党组织的基层网络。

在纵向层次上,一方面,各级政府作为中央政府的代理人,在中央授权和分权的范围内,在一定的行政区域上行使权力、治理地方性公共事务;另一方面,各级政府还作为地方利益的代表,承担着为一定地方利益服务和竞

---

[1]　聂静虹:"论大众传媒在利益表达中的作用",《求实》,2003年第11期。

[2]　徐桂权、任孟山:"时评作为一种利益表达方式:传播社会学的考察",《开放时代》,2010年第2期。

争的责任。地方政府的这种双重角色,在20世纪90年代中期的分税制改革后尤为明显。在意见表达方式上,地方领导人既可以以人大代表的身份,也可以通过政府办公会议的途径,还可以借助汇报或述职的方式向上级和中央政府表达意见。与此同时,地方党委承担着类似的角色,地方党委书记可以履行党的会议代表的角色,也可以通过党委书记会议的途径,还可以经由汇报的方式向上级党组织和中共中央党表达意见。当然,由于党政系统在纵向上存在制约关系,实际的表达方式、内容相对较为慎重。①

居民委员会、村民委员会在实践中发挥着准政府的作用。作为社区性的意见表达结构,它们主要从事有关居住地区全体居民的社会公益事业,如社会福利、公共卫生、治安保卫等,就这些问题定期不定期地征求居民意见,然后将这些意见和要求反映给当地政府。这些组织虽然都是基层的,但关系亿万人民的切身利益,广大群众正是在这些组织中参与国家政治生活的。

(二)强制性意见表达

意见表达无论是通过党政机关,还是社会团体进行的,亦或是通过传媒及信访机构进行的;不管是借助直接的方式还是间接的方式,都属于制度化的渠道。因为这些意见表达渠道都在现行的制度框架内,所以也都是理性的、合规的。与制度化意见表达渠道相对的是强制性渠道(也可称为非制度化渠道、体制外渠道)②,它是在制度化意见表达走不通或不见效,或者是由于某些特殊因素作用的条件下产生的一种非常规性、非制度化的意见表达途径。③当正当的意见表达受阻、无法达成其效果时,容易导向体制外并趋于激烈化。其主要方式是游行、示威④、罢工、越级上访、集会、自杀、群体性事件等。

1.强制性意见表达的逻辑和效果

马克思曾经深刻地指出:"发表意见的自由是一切自由中最神圣的,因

① 杨龙、王达梅:《中国独特的利益表达和利益综合机制》,《广东外语外贸大学学报》,2009年第4期。
② 阿尔蒙德和鲍威尔在《比较政治学:体系、过程和政策》一书中提出了强制性利益表达的概念,本质上与国内采用比较多的非制度化利益表达和体制外利益表达是一致的。
③ 高桐杰:《我国公民非制度化利益表达的分析》,《社会主义研究》,2011年第1期。
④ 在我国,游行、集会、示威等表达行动虽然在宪法层面作为一种表达权利的体现得到了宪法的肯定,但是操作中受到公安等部门的限制,因此其象征意义要大于实际意义。

为它是一切的基础。"①在西方,表达权甚至被视为公民最根本的权利或第一权利。现今,表达权已经成为我国政治社会生活中的一个高频词汇。社会中的"每个人,或任一个人,当他有能力并且习惯于维护自己的权力和利益时,他的这些权力和利益才不会被人忽视"②。

制度化表达的无效以及强制性表达的相对有效,是民众特别是底层民众选择非制度化意见表达的逻辑起点。相对于现有的那些制度化的意见表达方式,强制性表达以超常规的方式呈现,能够制造声势,形成众势,最大限度地进行"输入",给政府造成一定的压力,因此往往是一种比较有影响的,而且在一定情况下能起到重要作用的意见表达方式。其结果是形成一种倒逼机制,迫使社会管理部门不得不尽快调查、做出回应、调整政策。

随着改革开放和经济体制转型的不断深化,中国社会的利益结构不断分化,这使得原有的利益表达渠道越来越难以满足群众性利益表达的需要,非制度的强制性意见表达变得难以避免且趋于重要,其中很多行为合法与非法的界限是很模糊的,这一现象将长期伴随着中国的现代化进程。应当看到,强制性意见表达的普遍化对政府过程和社会安全是有副作用的,而大多数群众也是在不得已的情况下才诉诸这种方式。只有从根本上解决社会群体间的利益矛盾和失衡,完善现有的制度化表达渠道,并建立更多的制度化意见表达渠道,才能减少强制性意见表达的行为,避免其可能带来的负面效应。

2.强制性意见表达的分类

从社会学的角度,可以将表达方式分为舆论表达、身体表达和暴力表达三类。③现实表达实践中,这三种表达方式既相互区别,又具有某种重叠性,常常难以截然划清彼此的界限。

第一种是舆论表达,指社会主体通过游说、上访、投诉、诉诸公众等手段制造一定的社会舆论来进行意见表达的一种方式。舆论表达具有一定的安全性,风险相对较小,大多是意见表达主体"生存伦理"理念的体现。"闹大"和"问题化"是舆论表达方式的主要策略。

第二种是身体表达,指在舆论表达无效的情况下,处于相对弱势的主体以"身体"为工具或为载体,用身体行为书写利益诉求并期待以此影响政治

---

① 《马克思恩格斯全集》(第11卷),人民出版社,1995年,第573页。
② [美]罗伯特·达尔:《论民主》,商务印书馆,1999年,第60页。
③ 梁德友:"论弱势群体非制度化表达的几个理论问题",《社会科学辑刊》,2016年第3期。

权威输出的政治过程。这种表达是以残害身体、牺牲人的健康甚至尊严为代价进行的激烈表达,现实社会中频繁出现的身体表达主要有自杀、自残、集体下跪、自焚等。

第三种是暴力表达,指意见表达主体对表达客体(群体或集团)传统的政治渠道和行为模式绝望时而被迫采取的一种特殊、极端的强力表达方式。暴力表达是一种典型的非制度化表达,它往往是表达主体在走投无路下无可奈何的选择结果。当前中国社会发生的无直接利益冲突、泄愤型群体性事件、指向儿童的连环杀事件等都是典型的暴力表达,表现为对无辜第三方的伤害、对公共机构的打砸抢烧等。它虽然具有某种程度的正当性,但却是一种严重的社会失范行为,与现代文明和法治精神格格不入。

(三)借助互联网的意见表达

根据中国互联网络信息中心 2017 年 1 月发布的第 39 次《中国互联网络发展状况统计报告》,截至 2016 年 12 月,中国网民规模达 7.31 亿,互联网普及率为 53.2%,手机微博用户 2.4 亿,使用率为 37.1%。①这些数据表明,中国的互联网时代已经来临。互联网在我国的发展和普及,极大地拓展了表达的自由和空间。公众可以通过网络论坛、网络新闻、博客、个人空间、社交网站、网络文学、网络视频、微博、即时通信等多种互联网平台发表言论。2014 年 5 月 26 日,国务院新闻办发布的《中国人权白皮书》显示,互联网成为当前中国公民意见表达的重要渠道,每时每刻都有海量言论被网民发表出来。据统计显示,中国网民每天发布和转发微博信息达到 2.5 亿条,每天发送的微信等即时通信工具信息超过 200 亿条。②

与网民规模相伴随的是互联网对于利益表达的实质性影响,互联网作为表达民意、反映民情的重要平台,已经得到了广泛的认可。2001 年年初,全国人大常委会首次通过互联网就"婚姻法修正草案"向社会征求意见,互联网使得人大立法可以更广泛地向社会公开征求意见,公众参与立法讨论、发表看法的遍及性成为可能。国务院自 2007 年开始,启动了网络意见征集系统,规定除涉及国家秘密、国家安全以外,凡是国务院起草的行政法规或规

---

① 具体内容可参见中国互联网信息中心 2017 年 1 月发布的《中国互联网络发展状况统计报告》。
② "互联网成为当前中国公民意见表达的重要渠道",《京华时报》,2014 年 5 月 27 日。

章草案原则上都要在网上公开向社会征求意见。①

　　互联网使得民众可以在第一时间发布消息，及时向社会公布重大公共事件的发生和进展情况。互联网的普及催生了一个人人时代的到来，每个人都可以借助网络的符号工具进行表达，引起人们的同情和支持，形成一呼百应、众声喧哗的效果。借助于互联网的表达和抗争，迫使管理者必须转变观念，顺势而动。②在江西宜黄事件中，钟如九以微博直播的方式改变了事件进展和政府的态度③，翻开了民众维权的新篇章，彰显了微博的强大力量。自此以后，在突发事件中，微博成为网民"发布消息、表达观点、相互交流、发泄情绪、反映情况、举报问题、政策建言"的重要载体。④

　　互联网为社会民众表达声音、实现政民之间的互动提供了多样化的平台和工具，如政务微博、微信公众号、建议专栏、留言板、网上市民论坛、政府会议直播等。以人民网"地方领导留言板"为例，它是人民网开辟的一个供网民向省市县三级领导表达诉求、反映问题、提出意见建议的网络平台。它是国内唯一的全国性的领导干部留言板。截至 2017 年 2 月，它已经为全国 59 位书记、省长，数千名市县级党政领导开通了留言版面，网民留言 106 万余条，历史总回复 67 万余条，全国 22 个省实现了制度化办理网民留言。⑤

四、当前我国意见表达的基本特点

　　当前我国政府过程中的意见表达，既表现出与西方国家意见表达的某些共性，比如政治体系内的正式表达渠道与体系外的非正式表达渠道并存、表达渠道在不同的社会群体之间存在较大差异等，同时，仅就我国的情况而言，意见表达又在当下的社会主义中国表现出某些独特性。

---

①　杨福忠：《网络征求民意法治化——探寻公民有效网络政治参与的分析框架》，《政治与法律》，2012 年第 2 期。

②　谢金林：《网络政治抗争类型学研究——以 2008—2010 年为例》，《社会科学》，2012 年第 12 期。

③　孟令俊：《微博与突发事件的传播——以宜黄强拆事件为例》，《华中人文论丛》，2010 年第 2 期。

④　赵伯艳：《微博在突发事件传播及其治理中的作用》，《中国社会公共安全研究报告》，2012 年。

⑤　详细内容可登录人民网"地方领导留言板"了解，http://liuyan.people.com.cn/。

(一)意见表达者并不一定是为自己的利益而提出政治要求

在中国的意见表达过程中，实际承担表达功能的主体与具体的利益相关者之间存在身份的分离，而且在某些情况下，特别是对那些处于社会边缘的弱势群体而言，这种身份的分离往往是可预期的。换句话说，在中国，意见表达者并不一定是为自己的利益而提出政治要求。

以对人大代表的意见表达行为的分析为例，人民代表大会制度是我国的根本政治制度，同时也是中国特色社会主义制度的重要组成部分。自人民代表大会制度确立的 1954 年起至今，构成全国和地方各级人民代表大会及其常委会的人大代表在政治过程尤其是意见表达过程中发挥了重要作用。在庆祝全国人大成立 60 周年理论研讨会上的讲话中，十二届全国人大常委会委员长张德江总结了我国实行人民代表大会制度的经验，在阐述其中的一条"坚持民主集中制，充分发挥人民代表大会制度的特点和优势"时，张德江表示，在人大工作中贯彻党中央关于发展社会主义协商民主的精神，尊重和保证代表、委员充分发表意见的权利，广泛听取各方面意见，重视不同意见和少数意见，深入开展调研、论证、评估和协商，在集思广益、基本达成共识的基础上依法进行表决。①而各人大代表在决策过程中的意见表达其实反映的是其所代表的某一区域民众的愿望与要求，也就是说，人大代表作为意见表达的主体，其实并不是为自己的利益而向政治体系提出政治要求。可以说，人大代表代表群众表达意见的制度将在中国长期存在和运转下去。这样，完善和发展人民代表大会制度，以使其更好地履行意见表达职责就显得极为关键和必要了。

(二)意见表达活动具有显著的组织化发展趋势

在考察西方国家特别是美国的政府过程时，"必须注意个人作为自身利益的表达者所具有的持续的重要性。这种重要性是与任何集团组织或活动

---

① 参见张德江："充分发挥人民代表大会制度的根本政治制度作用——在庆祝全国人大成立 60 周年理论研讨会上的讲话"，中国人大网，http://www.npc.gov.cn/npc/zgrdzz/2014–10/21/content_1881727.htm。

无关的"①。与西方国家的情况相比,中国公民个体充当意见表达主体的普遍性和现实可能性都要小一些,但发展前景可观。特别是进入利益博弈时代以后,利益主体的个体化愈发突出。基于此,在个体利益彰显的情况下,公民个体角色意识觉醒,对于自身利益和权利的诉求自然产生了越来越多的个体表达。不过,对于当下的中国而言,情况并非如此。由于个体资源的有限性,表达方式的分散性,表达效果较为苍白。从当前中国意见表达的实践来看,这种个体原子化的表达往往是不规范的、无序的。在个体表达效果不佳时,个体意识到某种程度的组织化产生的力量,以各种形式,程度不等地走向联合,成为比较明显的发展趋势。因为"利益分化过程也是一个利益聚合的过程。这个聚合过程便是各种利益集团的形成"②。

与分散的个体意见表达相比,组织化的意见表达不仅更容易引起社会关注、政府重视、促成政策制定,而且能够引导意见表达过程走向规范化和有序化。例如,2007 年发生的厦门 PX 事件,以当地市民有组织的集体散步的方式呈现,最终得以较为圆满地解决;相反,2009 年发生在贵州的瓮安事件,以持续无序的、非组织化的方式呈现,最终酿成打砸抢烧事件。这两个典型案例表明,若意见表达能纳入组织化轨道,则破坏性相对较小;若民众的表达缺乏组织化,则破坏性相对较大。③从官方回应来看,决策者对意见表达过程中出现的组织化的新动向呈现接纳和开放态度。如此一来,民众的意见表达和官方的回应逐渐从对立回到协商。面对民众提出的各种意见和要求,积极予以回应应该在各级政府中成为一种习惯。

(三)意见表达共同体非西方意义上的压力团体

作为社会属性的人,人的存在和发展需要不同形式和类型的组织。组织的本质就是人群的凝聚,也是利益、意见的聚集体。中国民众往往是在一定的组织环境中,特别是在他们劳动和生活的共同体之中,有组织、有秩序地表达自己的意见。作为意见表达的组织主体,当前中国最典型的是各民主党

---

①　[美]加里布埃尔·A.阿尔蒙德、小 G.宾厄姆·鲍威尔:《比较政治学:体系、过程和政策》,曹沛霖等译,东方出版社,2007 年,第 179 页。

②　杨光斌:《政治学导论》,中国人民大学出版社,2000 年,第 160 页。

③　尹利民、陈陇洁:《组织化与非组织化:群体性事件的后果及其控制》,《理论与改革》,2014 年第 2 期。

派、工青妇等人民团体。当这样的组织在代表某个群体或阶层进行意见表达时，可以被视为一种意见表达共同体。在西方政治体制中，"进入"政府过程表达意见的组织被称为压力团体，因为它们表达的目的在于向政治当局进行施压。当前中国公民在充当意见表达的主体时，不是像西方国家那样总是同一定的压力团体相结合，而更多是被纳入他们所从事劳动或生活的那个共同体之中。

中国实行中国共产党领导的多党合作制度，同时，也由于社会结构分化程度较低这一客观原因，导致基本不存在，也不允许存在各种压力性的社会团体。在各社会利益群体基础上形成的各种意见表达团体，并不是压力团体，而是以各民主党派和人民团体为主要构成部分，反映了他们所代表的某一部分人民群众的要求和意见的各种社会团体。对于意见整合和决策者来说，它们所表达的意见固然也可以说是一种"压力"，但意见表达的本身不以施加压力为主要目的。作为意见表达主体的各社会团体，与担当着综合意见使命的中共中央、国家机关的基本关系，主要表现为合作与共事的关系，当然也有相互制约的关系这一方面。

（四）自发的意见表达对宏观决策的影响相对略低

从总体上来看，当前中国的意见表达呈现低效状态。虽然制度内的渠道在代表和表达民众的根本利益方面比较充分，但相关机构和制度的意见表达功能的作用发挥是有限的。无论是两会制度，还是社团制度，抑或信访制度、新闻出版和宣传制度，现实中都难以充分或完全地发挥意见表达功能。[1]

中国社会中最经常、最有效的个体利益表达发生在基层组织的政治过程中，如在村民委员会、村民代表大会、党的基层组织和企事业单位中。[2]基层的意见表达一般只涉及与本单位或社区相关的问题，因而具有微观政治的作用，与宏观决策过程没有多少关系，而且也只有在微观层次上才具有意义。例如，一个农民向村委会或村党支部提出一项要求，这可以看作是一种意见表达行为，但这一意见表达对于高层决策通常是毫无意义的。就宏观决策过程而言，一般只有省、自治区、直辖市一级党政机构的意见表达才可能

---

[1] 陈秀梅：《低效与高效：近些年中国公众利益表达机制分析》，《中共天津市委党校学报》，2012年第2期。

[2] 苗贵安：《从公共政策视角看完善我国公民利益表达机制》，《理论导刊》，2016年第1期。

具有实质的意义。

造成上述状况的原因主要有二。其一,在当前的中国,群众性利益表达的渠道还不够畅通,经常出现民意的"堰塞湖"。其二,当前中国在进行决策时遵循党的群众路线,单纯自发的群众性利益表达在整个决策过程中所占的比重不大,更多的利益表达是由权力精英和地方各级政府官员进行的,其中包含了相当大范围的社会公众的利益要求。而这一状况是由当前中国的宪政体制和决策机制所决定的,即当前中国的政府过程主要不是以群众性的利益表达和综合作为动力,而是以党政官员走群众路线的方式来综合民意为基础。这是当前中国利益表达、利益综合和政策制定的一个特点。

第二节　意见综合

在政府过程中,意见表达和意见综合是前后衔接、紧密联系的两个环节。只要存在意见表达,就必然要进行意见综合。诸多意见是如何被综合起来的,这是政府过程的一个关键特征。从本质上讲,意见综合的目的在于将各种意见信息整合或融入决策的备选方案中。

一、意见综合及其意义

(一)政府过程中的意见综合

"意见综合",也可以称作"意见聚合""利益整合"。意见综合是在意见表达的基础上进行的,当各个意见表达主体所表达的意见,通过一定的机制和渠道转变为重大的政策选择时,政府过程就进入了"意见综合"的阶段。[1]因此,"意见综合"就是主要政党把社会各个方面所表达的意见汇集起来,在各种相关政治力量的交互作用下,形成一定程度的共同政治目标和政策选择的过程。

就意见综合过程的性质来讲,它意味着哪些意见或利益受到了关注、哪

---

① 朱光磊:《现代政府理论》,高等教育出版社,2006年,第244页。

些个体和群体被允许参与到该过程中。在政府过程中,意见综合表现为重要的政治人物、有代表性的政治组织,将各自所代表的利益诉求通过一定的政治机制结合在一起,并形成一定的社会利益目标的过程。

从内涵上来看,意见综合的基础,是不同的社会利益群体的具体利益以及它们的意见表达;意见综合的目标,是通过不同利益群体之间的利益妥协的政策选择方案可以将意见上升为法律和政府决策;意见综合的过程,是不同的社会利益群体及其代表性组织(如有关社会团体)通过相互角逐,缩小不同要求之间的差别,最后达到有限度的意见沟通的过程。意见综合的思想基础,是近代以来的民主观念的普及和深入人心。作为一种社会机制,意见综合是与政党制度和社会团体的广泛发展联系在一起的。在一国的社会政治生活中,政党和某些社团在意见综合中发挥着重要的作用。

(二)关于意见综合的说明

1.意见综合与决策

在政府过程中,意见综合与决策是前后衔接的两个环节,二者无论在理论视野还是政府实践活动中都是两个不同的概念。很显然,意见综合不是决策,而是提供形成决定的一系列政策选择。当然,一种特殊的情形有可能是意见综合的结果在特定条件下出现了唯一的选择。

具体来看,第一,政策选择往往是原则性、指导性、方针性的,而不是具体的,不刻意解决操作中的具体规定,那是决策环节需要解决的;第二,意见综合是一种以社会为背景的带有讨价还价性质的协商过程,决策是按照法定程序做出的严肃过程;第三,从主体来看,意见综合的主体要比决策主体更加广泛。

2.意见表达和意见综合

意见表达和综合是一个前后相继的逻辑过程。从组织和结构两个维度,表达主体可以划分为不同的类型,相对意见综合,意见表达的主体明显要更加广泛。意见表达的主体都有可能成为意见综合的主体。政党特别是主要政党,是主要的意见综合主体。其他社会组织对意见的综合往往是初步的和局部性的,意见综合的结果可能全部或部分无法进入决策阶段。相比之下,政党具有更广泛的政治资源和权威性,由政党进行的意见综合处于较高层次,意见综合的结果大都会作为政策选择,或对决策产生较大的影响。

(三)意见综合的意义

对于意见综合的意义,美国学者阿尔蒙德和鲍威尔从体系、过程和政策三个层次上进行了分析。

从政治体系的层次上看,意见综合是否有助于维持政治体系的稳定取决于政策选择过程中竞争的各方采取什么政治资源和方式来支持竞争者和政策。一方面,如果竞争者求助于有强制性资源的集团来谋求权力,政治体系的稳定就会受到威胁;另一方面,如果主要竞争者的活动集中于建立合法的选举联盟和动员公民在选举中给予支持,就有可能加强民主体系的稳定性。

从决策过程的层次上看,意见综合扮演着桥梁作用,它将大批集团和个人分散的利益和资源同得到多数联盟支持的权威性政策的制定连接起来。从组成联盟的观点来看,意见综合决定着将要参与决策的主要竞争者的力量和在有关问题上的立场。

从政策层次上看,意见综合的模式影响着政策的实质内容。意见综合结构如分裂成彼此对抗的联盟,就可能使决策迟缓并使那些不满现状的集团与政治体系疏远。但是如果一个主要的竞争者具有综合大批资源的能力,特别是具有综合绝大多数人的资源的能力,意见综合就能帮助它决定政策的方向。

对于政府过程诸环节来说,更为关注的是意见综合对于决策过程的意义。如果把意见综合看作一个动态的过程,那么它是"接近"的过程,一个社会利益群体通过其表达主体,所表达的意见倘若进入综合阶段,那么这种意见表达活动就基本算是成功的。因为它已"接近"于决策,或者说它已迈入了通向国家决策圈的"道路"和"桥梁"。在遵守正常民主与法制程序的条件下,意见综合往往能在很大程度上确定政策的基调,并影响着政策的实质性内容,甚至决策的结果。在意见综合中,得到了多数意见综合主体的决定性支持的政策选择,肯定可以在决策过程中获得通过。当然,值得注意的是意见综合的一个重要结果就是缩小了政策选择的范围。通过意见的综合过程,多元的分散的意见最终化约为少数可行的政策。

二、意见综合的主体

在政府过程中,意见综合的主体指的是承担意见综合功能的主要政治结构。有研究者将中国政治系统的结构特征概括为:以中国共产党为核心,以人大、政府、政协、军队等为基础性结构,以民主党派、中华全国工商业联合会、中华全国总工会、全国妇女联合会、共青团中央等各种制度化团体为支持性结构,在组织结构上高度整合、在思想和行动上高度一致的复杂政治系统。①

实际上,这一结构特征在中国政府过程的各个环节均有所体现,但是在利益综合环节中的表现最为突出。这一政治系统的结构特征反映到意见综合主体方面,就形成了"基本意见综合主体""次级意见综合主体"以及"辅助性的意见综合主体"这三大不同的意见综合主体层次和类型划分。

(一)意见综合结构的核心层

在中国的意见综合体系中,中国共产党无疑具有核心地位,这是由中国共产党的执政地位所决定的。中国共产党的全国代表大会和中央委员会,在中国政治结构中居于领导地位,是政治系统运行的核心和中枢。从意见综合的角度看,中国共产党具有把握、调节、整合其他意见综合主体的政治权力,对其从事的意见综合活动也具有一定的控制能力。这种情况反映到政治结构上,就形成了在整个意见综合主体中,中国共产党相对于其他意见综合主体的高层次性。

中国共产党在各个层次的意见综合活动中都居于核心地位。一些重大的政策方案则是由"党内核心政治力量"以政治合议的形式进行集体讨论,并将讨论结果提交党的中央委员会表决完成。这是中国共产党领导下的意见综合过程的核心机制。

1.党内核心政治力量

在当前中国的意见综合过程中,党内核心政治力量的作用最为突出,凡是涉及重大问题的政策选择和政策方案的制定,都要经由党内核心政治力量进行政治合议。《中国共产党党章》规定,民主集中制是党的根本组织原

---

① 张彬:《中国政府过程中的利益综合问题研究》,光明日报出版社,2013年,第100页。

则。党的各级委员会实行集体领导和个人分工负责相结合的制度。凡属重大问题都要按照集体领导、民主集中、个别酝酿、会议决定的原则,由党的委员会集体讨论,做出决定。"就党的领导层决策而言,民主集中制的具体形式是党委制。所谓党委制,就是由党的委员会通过集体讨论进行决策的制度,即是一种合议制。"①党内核心政治力量在制定重大决策的过程中,也是以这种政治合议的形式最终完成的。

2.党内核心政治人物

在当前中国的意见综合过程中,党内核心政治人物的作用依然突出,在制定重大决策的过程中,他们往往扮演着"关键人""拍板人"的角色,这既是中国政治的传统特点,也是观察当前中国政治不可忽视的一面。尽管党章明确规定了党内重大决策要坚持"集体讨论、会议决定、少数服从多数"的原则,但是长期以来,"在加强党的一元化领导的口号下,几乎将政治决策权力集中于党的'一把手'身上,这种高度集权的政治决策体制决定了我国传统的决策方式基本上属于经验型决策"②。由于过于依赖"一把手"的个人直觉、经验和能力,致使决策失误的可能性和风险度也随之加大。当然,并不能就此否定"一把手"在制定重大决策过程中的积极作用,他们往往扮演了重大决策的组织者、引导者和拍板者角色③,关键在于,如何通过制度建设来加强对"一把手"权力的有效制约和监督。

(二)意见综合结构的基础层

1.人民代表大会及其常务委员会

人民代表大会是我国的国家权力机关,包括全国人民代表大会,省、自治区、直辖市的人民代表大会,设区的市、自治州的人民代表大会,县、自治县、不设区的市、市辖区的人民代表大会,乡、民族乡、镇的人民代表大会。全国人民代表大会是最高国家权力机关,地方各级人民代表大会是地方国家权力机关。全国人大与地方人大不存在领导关系,但存在着法律上的监督关系、工作上的联系和指导关系。

---

① 胡伟:《政府过程》,浙江人民出版社,1998年,第256页。
② 周光辉:"当代中国政治发展的十大趋势",《政治学研究》,1998年第1期。
③ 黄百炼等:《"一把手"的权力与权力制约监督》,中共中央党校出版社,2006年,第12页。

全国人民代表大会由全国人大代表组成，主要工作方式包括四种会议形式：一是预备会议，二是主席团会议，三是全体会议，四是代表团会议。全国人大常委会由委员长、副委员长、秘书长以及委员组成，下设若干专门委员会。

人民代表大会及其常务委员会主要通过以下几种方式参与到意见综合活动中来：一是为各级人大代表提供了一种制度化、组织化的意见表达渠道，它们是人大代表提出的各种议案和建议的直接受理方；二是为人大代表提供了一个与政府沟通、对话和协商的工作机制和平台，如各种会议、视察、调研活动等；三是提供了一种广泛联系群众、全面反映意见的专门化的意见输入机制，如人大信访；四是为"一府两院"提供了一种特殊的意见表达和征询机制，如"一府两院"提交大会审议的工作报告、政府预算案以及法律案等。

2.一府两院

所谓"一府"是指各级人民政府；所谓"两院"是指各级人民法院、人民检察院。在中国，国家行政机关、审判机关、检察机关都是由作为国家权力机关的人民代表大会选举产生，对它负责，受它监督。人大和"一府两院"之间存在着决定与执行、监督与被监督，协调一致开展工作的关系，这是由宪法和法律规定的。

"一府两院"在意见综合活动中所起的作用主要体现在以下方面。首先，它提供了一种制度化、规范化的意见表达和意见综合机制——信访。各级政府都建有专门的信访局，人大、政协、人民法院、人民检察院等机关也都设有相应的信访机构。对待群众的来信来访，各信访机构主要有两种处理方式：一是向有关主管部门提出意见，并督促进行处理；二是开展调查研究和进行分析研究，向本级人民政府提出完善政策和改进工作的建议。其次，政府部门内部建有较为完善的信息传导机制。从一定意义上讲，上升性的信息传导过程，也是一个对不同意见进行逐级甄别、筛选的过程，是一个不断上收的意见综合过程。这些经过了多层级过滤后的"意见"对于高层政治中的决策制定具有十分重要的影响。

3.中国人民政治协商会议

中国人民政治协商会议简称"人民政协"。人民政协是以中国共产党为领导的各政党、无党派民主人士、各人民团体、各界爱国人士和社会各方面代表所组成的爱国统一战线组织，是国家多党合作和政治协商的重要机构。

人民政协及其常委会在利益综合活动中的作用主要表现在以下三个方

面:一是为政协委员提供了一种组织化的意见表达渠道,它们是政协委员提出的各种提案和建议的直接受理方;二是为政协委员提供了一个与人大、政府沟通、对话和协商的工作机制和平台,如一年一度的"两会"就是政协委员参政议政的平台;三是提供了一种联系社会各界、汇聚社情民意的专门化的意见输入机制,如政协信访等。与人大相比,人民政协在意见综合活动中所起的政治平衡作用更为突出。

(三)意见综合结构的支持层

各民主党派和全国工商联、工会、共青团和妇联分别负责它们各自所代表的那部分社会成员的意见综合工作, 各省级地方党政机关分工负责所辖区域内的那部分社会成员的意见综合工作。这两个大的方面都是中国共产党这个"基本的意见综合主体"领导之下的"次级意见综合主体",其中工会、共青团、妇联在意见综合中的作用与中国共产党的总体上的意见综合活动是一体的。

社会科学界、新闻界、企业界组织化程度高低不等的社会团体或社会群体,都是在社会主义法制的框架内,通过自己的专业性工作,承担一定的意见综合工作,并将这种综合通过"党"(如通过团体中设置的党组)、"政"(如团体挂靠的政府部门)等渠道汇集到基本意见综合主体的宏观意见综合工作中去。中国共产党的政治见解影响着它们进行意见表达和意见综合的程度和方式。假如它们的参与活动超出了这种影响的范围,其政治角色就不能实现。它们是"辅助性的意见综合主体",在意见综合中发挥的作用小于在意见表达中的作用。

(四)中国意见综合体系的普遍性与特殊性

上述三个层次上的意见综合主体构成了以中共中央为核心的完整的意见综合主体体系。中共中央在意见综合过程中的这一地位,主要是由这样两个因素造成的:第一,从政治上看,现行宪法肯定了中国共产党在国家政治生活的领导地位,肯定了它是全国各族人民的共同意志的最高代表;第二,中国共产党在上述各个意见综合主体中,特别是在工会、共青团和妇联中,均有严密的组织系统,并通过有效的组织联系在其中发挥重要的作用。

第九章

中国共产党通过这些组织的有序的意见表达和意见综合，为最后决策做准备，并避免决策的片面性。其实，这种情况在现代政治中有一定的普遍性。例如，在日本的"五五体制"下，无论有多少"经团联"之类的压力集团，进行多少次、多么复杂的活动，终究要把不同的意见汇集到自民党内部，经过以"党内有派"为特征的运行机制的"加工"，即六七个重要派系的"合纵连横"与政治交易，形成所谓"举党一致"的局面；至此，意见综合告一段落，政府过程进入了下一个阶段——决策、国会立法和内阁政策的确定。

所不同的是，当前中国的各民主党派和人民团体，不是以"陛下的忠诚的反对党"的面目而出现，不是以压力团体的面目出现，更不是以异己力量的面目而出现，而是以居于领导地位的执政党与各阶层之间的"桥梁"和"纽带"的形象出现的。这种政治地位和组织系统的存在，充分保证了全国方方面面的意见表达，以及对这种意见表达的初步加工——次级意见综合主体和辅助性意见综合主体综合工作的产物，能够源源不断地汇集到中国共产党的各种重要的会议上来。正是在这样的运作下，中国的政府过程进入了它的意见综合阶段。

三、意见综合的过程

在当下的中国，意见综合的过程是在中国共产党的领导下进行的，以民主集中制的形式，统一人民共同意志的过程和全党实行民主集中制的过程。

（一）党内民主

中共中央领导的意见综合过程是以党内的民主生活为基础的。对重大的政策选择问题实行充分的党内民主，是党的重要政治纪律。党的十一届五中全会通过的《关于党内政治生活的若干准则》对此有多处明确的规定："集体领导是党的领导的最高原则之一"；"凡是涉及党的路线、方针、政策的大事，重大工作的部署，干部的重要任免、调动和处理，群众利益方面的重要问题……应该……集体讨论决定，而不得由个人专断"；"在党委会内，决定问题要严格遵守少数服从多数的原则"；"发扬党内民主，首先要允许党员发表不同的意见"。

党内民主的原则反映到意见综合的角度上来，就形成了这样三个重要的要求:一是个人服从党的组织,少数服从多数,下级组织服从上级组织,全党各个组织和全体党员服从党的全国代表大会和中央委员会;二是有决定权的领导机关必须是由选举产生的;三是重大问题由委员会集体讨论决定。

从意见综合的操作过程来看,党内民主包括两种基本形式。其一,在党的各种会议特别是在党的中央会议上,按照一定的组织程序认真、严肃地讨论、研究,尽可能充分地交换意见,直至进行表决。其二,在中央的指导下,在全党范围内,包括在接受党的政治领导的各个系统、团体中,广大党员对重大问题进行讨论、研究。党的十八大报告历时 10 个月的起草过程比较明显地体现了这一点。在起草工作伊始,中央还向各省、自治区、直辖市党委,中央各部委,国家机关各部委党组(党委),解放军各总部、各大单位党委,各人民团体党组发出《关于党的十八大报告议题征求意见的通知》,决定对党的十八大报告议题在党内一定范围内组织讨论,广泛征求意见,同时通过一定方式征求部分党内外人士意见和建议。2011 年 8 月 27 日至 9 月 4 日,胡锦涛在中南海怀仁堂主持召开 7 次座谈会,其中由 31 个省、自治区、直辖市的党政主要负责同志参加的座谈会 4 次、由 18 家军队大单位军政主要负责同志座谈会参加的 2 次、由 8 个民主党派中央、全国工商联领导人和无党派人士参加的座谈会 1 次,当面征求他们对党的十八大报告征求意见稿的意见和建议。就党内民主方面而言,应当说是比较充分的。

但是由于中国共产党实行的组织原则是民主集中制,因此党中央交付党的全国代表大会、政治局交付中央委员会、中央领导机构提交给下级党委乃至全党研讨的意见都是集中化了的意见, 即一般是被认为具备了一定决策基础的意见。其实,这与执政党意见综合的功能也是一致的。

(二)权威影响

在党内充分发扬民主的过程,由于历史和现实诸多因素的影响,也与实行民主集中制有着密切的联系,党中央的领袖集团,特别是最杰出的领袖人物总是能够在意见综合的过程中,发挥着集中党和人民的智慧的关键性作用。这种作用往往是历史地形成的,很难用简单化的标准来做简单化的评价。

1949—1976 年,在这种意见综合过程中发挥权威作用的是毛泽东。这种作用在 1981 年 6 月党的十一届六中全会通过的《关于建国以来党的若干历史问题的决议》中得到基本肯定。1978—1992 年,其间在几次重大的政策调

第九章

整中,邓小平的总结性意见都起了非常关键性的作用。比如,在如何正确地对待毛泽东和毛泽东思想历史地位的问题上,邓小平就起了关键性的作用。在主持起草《关于建国以来党的若干历史问题的决议》的过程中,为了统一全党的思想,他先后进行了9次谈话,其中7次是同起草小组谈话,一次是在中央政治局扩大会议上的讲话,一次是在党的十一届六中全会上的讲话。他的意见——彻底否定"文化大革命",纠正毛泽东晚年的错误的同时,毛泽东思想的旗帜丢不得①——被大多数人所接受,并被后来的历史事实证明是正确的。

在集体领导的范围内,党内充分民主与党中央领导核心集团,特别是杰出领袖人物的重要决定性意见的综合,构成了中共中央进行意见综合工作的一个基本特点。这一特点与民主集中制的原则是一致的,与过去的个人崇拜具有根本性不同。

(三)政治协商

政治协商,是指在中国共产党的领导下,各民主党派、全国工商联、无党派,各人民团体,少数民族人士和社会各界的代表,以政治协商会议为组织依托,就重大的政治性问题民主地、平等地、坦诚地进行讨论、协商。由于各人民团体通过它们各自的党组或书记处也可以与中央在党内系统进行讨论,所以政治协商经常是在中共与各民主党派和其他无党派爱国民主人士之间进行的。"协商的结果将对党和政府的工作提供帮助和咨询,并在不同程度上对党和政府的决策产生影响。"②

政治协商的主要内容包括国家在社会主义物质文明、社会主义精神文明建设、社会主义民主法制建设和改革开放中的重要方针政策及重要部署,政府工作报告,国家财政预算,经济与社会发展规划(计划),国家生活中的重大事项,重要法律的草案,中共中央提出的国家领导人选,国家省级行政区划的变动,外交方面的重要方针政策,关于统一祖国的重要方针政策,群众生活的重大问题,各党派之间的共同性事务,政协内部的重要事务,以及有关爱国统一战线的其他重要问题。

政治协商的主要形式有:政协全国委员会全体会议、常务委员会会议、

---

① 参见熊复:《疾风中的呐喊(论文集)》,黑龙江人民出版社,1990年,第273~274页。
② 浦兴祖主编:《当代中国政治制度》,上海人民出版社,1990年,第495页。

主席会议、常务委员专题座谈会、各专门委员会会议,根据需要召开的各党派、无党派爱国人士、人民团体、少数民族人士和各界爱国人士的代表参加的协商座谈会等,以及应邀列席全国人大的有关会议。"政治协商一般应在决策之前进行。"很明显,"决策之前",即是指意见综合阶段。政治协商虽与意见表达不能完全分开,但与意见表达有明显区别,这主要在于,各民主党派、人民团体在意见表达时,中共中央往往还没有就问题形成总体意见;而在政治协商阶段,中共中央则一般已提出了对某一问题的系统建议草案。从政治协商的实际情况看,中共中央的整体设想一般都能得到参加协商的其他各方面的肯定和支持。同时,各方面也会提出许多建设性的意见。这种协商,进一步将中国政府过程推向了决策阶段。

四、当前我国意见综合的基本特点

中西方的政府过程在各个环节都有所区别,但是差异最显著地集中在意见综合环节。我国的意见综合具有与西方国家的意见综合不同的、带有中国特色的基本特点。与西方国家的意见综合活动相比,我国的意见综合是在中国共产党的领导下进行的。

(一)中国共产党的各级组织兼具意见表达和意见综合功能

意见表达和意见综合都是政党所具有的功能。在我国,中国共产党作为政治生活的中心,代表着最广大人民的根本利益,承担着最基本和最主要的意见表达和意见综合的功能。中国共产党"在各个阶层、各种职业、各种利益群体、各个地方、各个民族、各个社团乃至各民主党派中都有自己的成员,成为代表社会利益层面十分宽广因而具有得天独厚的意见表达和意见综合功能的核心党"[①]。

从党外运行来看,中国共产党是社会分散的利益、要求等"输入"要素与政治系统之间的纽带和桥梁。一方面,中国共产党要保持执政地位,就必然要代表和反映中国最广大人民群众的根本利益,寻求和获得广大人民群众的拥护和支持,唯此才能做到"情为民所系,权为民所用,利为民所谋";另一

---

① 胡伟:《政府过程》,浙江人民出版社,1998年,第95页。

第九章

方面,中国共产党绝不仅仅是民意的"传送带""传声筒",在当前的政治体系中,中国共产党无疑又是将这些分散的"输入"要素通过各种整合渠道和方式,进行有效协调和处理,以减少摩擦和分歧,兼顾和调和各种利益,最终转化成政治共识和政策输出的核心主体。

从党内运行来看,意见表达总是对上一级党组织而言的,意见综合又是对下一级党组织而言的。"每一级党政机关对于上一级党政机关是从事意见表达,而对下一级党政机关则是进行意见综合。"①当然,需要指出的是在中国共产党执政过程中,意见表达与意见综合往往是难分难解的。下级党组织对于上级党组织来说,显然是意见表达的成分居多,上级党组织对于下级党组织来说,显然是意见综合的成分居多。

(二)中国共产党是最基本和最核心的意见综合主体

意见表达并不等同于意见综合,现代社会中很多政治组织都会履行意见表达的功能,相对处于更高一个层次的意见综合是一个高度制度化的组织——政党的专门职能,它通过意见综合将分散的意见和要求整合成可能的政策方案。在政府过程学说中,政党是当代社会专业化的意见和利益综合结构。②从世界范围看,无论是在民主政体还是非民主政体中,政党无疑都在意见综合中起到了重要作用。③在结构-功能方法看来,政党具有不同的目标和组织结构,虽然都可以履行意见综合的功能,但是所嵌入的政治环境的差异,它们所履行的意见综合功能也大不相同。

在中国的政治生活中,中国共产党是最基本和最核心的意见综合主体。中国共产党是执政党,并且切实掌握着政策制定与执行的过程,这决定了它在意见综合活动中发挥着独一无二的政治功能。中国共产党是按照民主集中制原则组织和进行决策的,党的组织体系渗透到社会的多个方面与层面,组织严密,分布范围广,基层组织遍布于中国社会的方方面面。根据中共中央组织部的党内统计数据显示,截至 2017 年年底,中国共产党党员总数为

---

① 胡伟:《政府过程》,浙江人民出版社,1998 年,第 195 页。

② [美]加里布埃尔·A.阿尔蒙德、小 G.宾厄姆·鲍威尔:《比较政治学:体系、过程和政策》,曹沛霖等译,东方出版社,2007 年,第 242 页。

③ [美]加里布埃尔·A.阿尔蒙德、拉塞尔·J.多尔顿、小 G.宾厄姆·鲍威尔、卡雷·斯特罗姆:《比较政治学:世界视野》,杨红伟等译,上海人民出版社,2010 年,第 92 页。

8956.4 万,党的基层组织为 457.2 万个。而在西方,意见的综合确定过程是由立法机关完成的,虽然中国立法机关的政策制定作用近年来得到不断提升,但中国共产党在立法机关活动之前却更早地发挥了意见综合的作用。这也就是"党代表人民的利益,并把这种利益要求纳入到党的目标中去,最后进入到政策制定系统,上升为国家意志"。"重大的群众性的利益表达只有得到党组织和政府的重视和支持,才可能转变为可供选择的政策内容,从而进入政策议程。"①

(三)中国共产党领导的意见综合遵循民主集中制原则

中国共产党领导的意见综合遵循民主集中制原则。民主集中制是中国政治生活不同于西方竞争性民主之处, 它不是民主和集中简单的相加抑或机械的组合,它是中国特色社会主义制度的重要支柱,是我国政治生活的制度优势。②从历史和现实看,当民主集中制这一原则得到尊重和正确运用时,它在决策中发挥了积极作用,对社会经济发展形成了良好的促进;当这一原则受到破坏时,会给社会经济各项决策造成消极的影响。

民主集中制是中国共产党领导的意见综合的制度保障, 也是综合的基本方法。在民主集中制原则下,真正的集中是在充分、全面、科学民主的基础上,对来自党内外的各种需求和利益主张、参政议政的种种思考的分析、综合、抽象和提炼,在此基础上,凝练为集体意志,进而转化为方针、政策、法制等输出的基础。③只有充分发扬民主,使党内和社会上的各种意见、建议、愿望、要求等都能充分地展现出来,在有效展现和表达的基础上,进行适当妥善的沟通、协商、磨合,求同存异,寻找和凝结共识,才能有效地整合上述分散的、不同的、具体的输入要素,形成统一的意见。

---

① 胡伟:《政府过程》,浙江人民出版社,1998 年,第 84 页。
② 肖纯柏:"民主集中制是我们党最大的制度优势",《党的文献》,2014 年第 3 期。
③ 黄百炼:"最大限度发挥民主集中制的整体效能",《红旗文稿》,2013 年第 14 期。

第九章

第三节　当前我国意见表达与综合的调整

一、意见表达和综合面临的现实冲击

(一)体制内传统组织及社会媒体的意见表达和综合功能被弱化

对我国而言,人民代表大会、政治协商会议和工会、共青团、妇联等组织以及社会媒体,是意见表达和意见整合的主要载体,但是这些平台的功能发挥并不充分。其中的一个重要原因就是在高度集权的政治体制下,这些载体还承担着党和政府进行政治组织化的功能,出现了政治组织功能强于意见表达和意见整合功能的情况。

人大、政协等组织在承担集中、表达和整合各种利益要求以及吸纳公民参与政治功能的同时,也是负责将党和国家最高领导层的决策和工作部署层层向下传达及贯彻,并成为布置和落实这些决策而进行广泛的社会动员的重要渠道。在新中国成立以后的很长一段时间里,这种传达、贯彻、落实和发动可以说已成为人大和政协等组织的重要工作,而作为其主要职能的意见表达和意见整合反而被弱化。大众传媒在我国政治系统中的地位也大致如此。报刊、广播、电视等既是公民公开发表意见、进行意见表达和舆论监督的阵地,同时也是党和政府对全社会进行宣传和教育的"喉舌",而且,在大多数情况下,后一种功能显然更为突出。

(二)功能性社会组织缺乏必要的独立性,功能发挥有限

对西方国家来说,除了各种议会等政治组织外,强大的市民社会还发展出了"专业化程度更高的意见表达结构(意见表达集团和渠道)",以准确地传递信息,并且"所有从事利益表达的集团和组织都可能从事意见综合"[①]。这

---

① [美]加里布埃尔·A.阿尔蒙德、小 G.宾厄姆·鲍威尔:《比较政治学:体系、过程和政策》,曹沛霖等译,东方出版社,2007年,第205、212页。

些非政府组织成为社会意见表达和意见整合的重要补充。而我国长期的高度集权体制，使社会一直处于孱弱状态，即使某些社会组织，如工会、共青团、妇联、社区、村委会等，也仅仅是党和政府的外围组织而已，既缺乏应有的独立性，在意见表达与意见整合方面的能力也很有限。

(三)强势群体和弱势群体的参与过程和参与实效表现出较大差异

一方面，普通民众对于意见表达和参与意见综合的机会还较为缺乏。没有畅通的意见表达和规范化的意见整合导致民意被代表，甚至被扭曲的情况出现。社会公众在政治议题确立、方案设计与选择、决策评估等各个环节都没有有效且充分参与的制度化渠道和平台，政治系统输入端的信息实际上是决策者"自以为是"的一种主观臆想，而不是真正的利益主体理性、真实的表达，"民意"变成了"官意"，"代表"变成了"替代"。没有充分的民意表达，没有相关利益者的决策参与，决策者们一厢情愿的关注和发展也就很容易沦为"瞎折腾"和表面化的政绩，甚至"劳民伤财"，决策失误不可避免。

另一方面，虽然普通百姓对于意见表达和参与意见综合的机会的缺乏往往无能为力，但是强势利益集团却能通过强大的资源控制能力，可在一定程度上弥补体制内渠道和机会不足的问题。相对于弱势群体，强势群体总有更多机会接近决策者，这样也就导致了强势群体在意见表达和综合方面的强势，政治系统也就不能够提供足够的利益相关者均衡博弈和相互钳制的制度空间和平台，而在现有的制度体系内又缺乏对他们意见表达行为的刚性约束，部分强势资本集团为了谋取高额利润甚至非法利益回报，极易采取包括各种非法手段在内的方式对决策主体施加影响。一旦决策者经不起诱惑，丧失了公共利益立场，就很容易与强势集团达成交易，决策腐败就会产生，政治机制的利益关系协调功能也就无法正常实现。

二、意见表达的调整路径

中国现阶段社会利益矛盾冲突之所以较多，特别是群体性突发事件时有发生，一个重要原因就是意见表达渠道不够畅通。必须看到，在市场经济发展到今天，面对多元化的利益主体和凸显的利益矛盾现实，意见表达特别是弱势群体的意见表达，已经成为党和政府面前一个无法回避的议题。通畅

第九章

的意见表达机制,是党和政府更好发挥意见综合功能、协调利益关系、化解利益矛盾、构建和谐社会的重要环节。

(一)有效畅通和管理传统的意见表达

表达渠道是意见主体表达意见所需的合法通路。不同的表达渠道,其适应群体、承载力、运转活力等存在差异。社会主体进行意见表达的目的在于通过表达维护和增进自身的利益,无论是意见综合,还是决策的效果,从某种程度上都取决于意见表达的力度和有效性。

现实中,由于各阶层拥有的资源不同,意见表达的合法渠道不够通畅,一部分表达主体,特别是弱势主体不得不采取一些激进的行为以宣泄自身的意见表达需求,如集体上访、非法举行集会、示威游行等,严重者甚至出现带有较强暴力色彩的行为。因此,应该提供畅通的意见表达渠道,搭建便利的意见表达平台。这些表达渠道应该是多样性的,以便民众根据需要进行选择,满足不同主体的选择偏好,让各个社会利益群体都能有机会自由地、平等地表达自己的意见和利益需求。

与此同时,政治系统不仅要为社会民众提供便利的意见表达渠道,而且也要规范社会各阶层、各利益主体的意见表达,对意见表达进行有效的引导。以制度化的方式调整和规范社会利益主体的意见表达方式,支持合法的、合理的、正当的、富有建设性的意见表达,有效地控制和疏导非制度化的意见表达,防止、化解和转化抗议性、暴力化的意见表达。[1]如此一来,既可以提升意见表达的有效性和针对性,同时可以提升政治系统本身的合法性。

(二)拓宽意见表达和政治参与的空间

我国所经历的社会转型是剧烈的、深刻的转型,其间产生了利益的急剧分化、利益的多元化和利益的差异化。在利益分化和差别的语境下,社会所需要的是确保每一种利益群体、每一个公众都能够自由地表达意见和参与政治生活。因此,政治系统的责任就在于维护国家政治生活过程中的民主权利和表达意见的自由,各级政府和各级党组织有义务积极地拓宽意见表达

---

① 吴德星:《建立完善的利益表达机制》,《学习时报》,2008 年 1 月 16 日。

和政治参与的空间,让民众把各种意见充分地表达出来。

其中,关键的一点在于走出表达自由和政治参与增加会增加不稳定的误区,通过对表达权的尊重与保护,确保民众可以获得更自由、更平等、更多样的意见表达机会和政治参与形式,避免出现群体意见的极化、多数暴政、沉默的螺旋等现象。要承认不同意见、反对意见表达的自由,要尊重和保护少数群体的意见。总之,就是要通过民主建设和发展、制度完善、议程设置技术等,赋予民众政治参与的广阔空间,使大量的人民内部矛盾在民主、法制的制度化框架内得以稀释和缓解。

(三)开拓新的意见表达渠道

进入 21 世纪以来,随着经济社会的快速发展,新的意见表达不断涌现,政治系统或主动或被动地将大数据、移动端、物联网、云计算等所引领的观念和技术运用到意见表达中,互联网在中国已经成为公民表达意见和发表言论的重要渠道。随着互联网观念和技术的发展,移动互联时代下互联网和政务的结合日益增多,互联网+政务随之出现,深刻地改变着中国民众意见表达的方式,新的意见表达渠道和方式亦是层出不穷,从起初的微博、BBS、网络问政,到如今的微信、各种 App 等,有理由相信移动互联时代的意见表达仍将花样出新。

2016 年 4 月 19 日,习近平总书记在北京主持召开网络安全和信息化工作座谈会并发表重要讲话,要求广大干部必须学会网络社会为人民服务的新本领,要学会从网络上了解民情,要学会利用网络倾听民众呼声,学会在互联网上为群众排忧解难。

2016 年 6 月,中山大学中国公共管理研究中心、中山大学政治与公共事务管理学院、中山大学国家治理研究院联合蚂蚁金服旗下的支付宝发布了《"互联网+政务"报告(2016):移动政务的现状与未来》,披露国内 70 个样本城市中有 69 个不同程度地通过政务 App 提供"互联网+政务"服务,而依托支付宝平台提供政务服务的城市已经达到 347 个, 基本覆盖了所有地级以上城市。

面对互联网+政务汹涌而来,可以说互联网已经超越了一般意义上的工具或渠道,成为支撑经济社会运行发展的基础设施。互联网以其强大的冲击力,改变了整个政务生态,已经对政府治理模式和服务方式产生了不同程度

第九章

的改造以至颠覆。政府作为国家治理体系中的主导一方，必须适应这种改变，再造行政流程和治理体系，不断开拓和尝试新的治理方式和治理工具。

三、意见综合的调整

意见表达能否对政府过程以至政府决策产生影响，或者说意见表达的有效性并不仅仅取决于主体表达了什么内容，关键还要看意见综合主体对这些意见进行了如何的取舍和整合。面对新的政务生态，政府应在以下五个方面进行调整。

(一)进一步改革与完善民主协商的政治制度

中国是一个社会主义国家，从本质上讲，不存在任何不同利益的社会集团，国家的利益与广大人民群众的利益是一致的，但同时，人民内部还存在着不同的阶级、阶层、政党和社会集团，他们在根本利益一致的基础上，还存在具体利益的差别和矛盾，需要妥善处理。

随着社会主义市场经济的发展，整个社会的利益调整机制乃至资源分布呈现出新的格局，政治资源的弥散性分布加大，各种政治角色更具政治效力感从而追求获得尽可能多的政治资源。这种状况要求具有高度整合功能的政治体制与之相适应。中国各民主党派不同于一般意义上的政党，它们不以掌握政权为目标，而是作为代表一部分社会主义劳动者和一部分拥护社会主义的爱国者的政治联盟，在中共的领导下，以参政党的身份，通过一定方式参与国家政权，与中共一道为实现社会主义现代化而奋斗。而各民主党派参政议政的政治制度是多党合作制，因此，要进一步改革与完善以多党合作制为主的民主协商的政治制度。

(二)进一步扩大意见综合的范围

我国的经济利益结构呈现出多元化和多层次的状态，形成了许多新的利益群体，社会群体利益差别的扩大，势必导致他们之间利益冲突的加剧和心理上摩擦的增加。同时，随着社会结构的变化，公民的民主意识和政治参与意识提高和增强，但如果社会动员和政治参与扩张的速度偏高，政治组织化和制度化程度偏低,结果只能是导致政治体系的不稳定和失序。

要达到社会整合就必然要求政党制度要具备较强的平衡社会结构性变迁的功能,使经济、社会、文化与政治协调发展,一个重要方面是政治体系必须具有制度化的整合平台,以吸纳社会多元分散利益群体及其要求,根据不同利益群体反映的实际情况制定协调方案,并以此不断强化政治的社会化,进而调动一切积极力量。

(三)提高党和政府的执政能力

在当前中国的政治体系不会发生根本性变化的前提下,党和政府作为意见综合的核心,能否最大限度地反映民众的意见和要求,关键在于提高党和政府的执政能力和执政水平。执政能力建设是党执政后的一项根本建设。党的十六届四中全会通过的《中共中央关于加强党的执政能力建设的决定》指出:党的执政能力,就是党提出和运用正确的理论、路线、方针、政策和策略,领导制定和实施宪法和法律,采取科学的领导制度和领导方式,动员和组织人民依法管理国家和社会事务、经济和文化事业,有效治党治国治军,建设社会主义现代化国家的本领。党的十八大提出全面提高党的建设科学化水平。

(四)加快探索和促进党内民主发展

党内民主是党的生命。只有大力发展党内民主,才能保证党的领导在正确决策和科学实施决策中得以实现。只有大力发展党内民主,才能影响和带动全社会,加快推进我国的社会主义民主政治的建设进程。发展党内民主应着眼于推进政治体制改革,切实从健全具体制度着手,进一步完善党内民主。

要坚持民主集中制,健全党内民主制度体系,以党内民主带动人民民主。具体而言,保障党员主体地位,健全党员民主权利保障制度,开展批评和自我批评,营造党内民主平等的同志关系、民主讨论的政治氛围、民主监督的制度环境,落实党员知情权、参与权、选举权、监督权。要完善党的代表大会制度,探索实施党代会代表提案制。完善党内选举制度,规范差额提名、差额选举,形成充分体现选举人意志的程序和环境。扩大党内基层民主,完善党员定期评议基层党组织领导班子等制度,推行党员旁听基层党委会议、党

第九章

代会代表列席同级党委有关会议等做法，增强党内生活的原则性和透明度等。这些论述为新时期推进党内民主建设指明了方向。

(五)探索与完善人大代表专职化

人民代表大会制度是意见表达和综合的优越制度。但是由于当前人代会制度实际运行中存在种种问题，它与制度良好的初衷发生了较大的偏差。社会矛盾问题的增多客观上要求建立更多的社会安全阀制度，人大代表恰能满足这一需求。

人大代表专职化，顾名思义就是以代表职务为职业、以人大工作为主业，不再担任其他实质性的行政或社会工作职务。这意味着人大代表不再是原来的"闲职""虚职"，也不再是一种沽名钓誉式的荣誉职务，而是国家职务、工作职务，代表应以全部工作精力来履行代表职务。代表专职化可以极大地增强代表的政治责任感，使他们专心致志地履行好代表职责，充分发挥代表作用，从而强化人大的监督职能，更好地履行宪法所赋予的神圣职责。目前，各地陆续在进行这一探索，但是专职代表数量仍较少，无法适应现实的需要。

思考题：

1.简述意见表达的意义。

2.简述我国的意见表达团体的类型。

3.简述实现意见综合的途径。

4.怎样理解中国共产党是最基本和最核心的意见综合主体？

5.怎样理解当前意见表达与综合过程中的现实困境及其调整路径？

第九章

第十章　决策与执行

第一节　决策及决策过程

　　决策过程是一个国家真实政治情况的反映，它涉及不同主体在该过程中所扮演的角色和发挥的作用,反映了一个国家民主发展的进程。中国政府的决策过程一直以来吸引着中外研究者的目光，通过透析中国政治生活中的一些重要活动,可以呈现中国政府决策的过程及其特征。

一、决策的结构

　　决策结构主要是指在决策的不同阶段有哪些主体参与决策，它实际解决的是权力在不同决策主体之间的分配问题。

　　长期以来，西方的主流观点认为中国政府的决策是由政治领袖或权力精英主导的，国家的重大决策权力主要由中国共产党的领导核心或少数高层人士所掌握,社会力量很少能够参与其中。当然,新中国成立后的一段时期内,确实如外界的观点所言,中国的决策结构属于一言堂型决策,决策过程也处于相对封闭状态。但是,随着经济体制改革的开启以及深入推进,中国政治民主化的发展,中国的决策结构已经走向多元参与,各种主体都能够以不同的方式和渠道参与决策过程，到现在已经形成了一个多元参与的决策结构。[1]

　　───────────

　　[1]　王磊、胡鞍钢："结构、能力与机制:中国决策模式变化的实证分析",《探索与争鸣》,2010 年第 6 期。

第
十
章

普通公民，非正式组织

工、青、妇等机构，社会团体等

大众传媒等组织

民主党派等

决策咨询机构

人大、政府、军委

核心决策者
党委

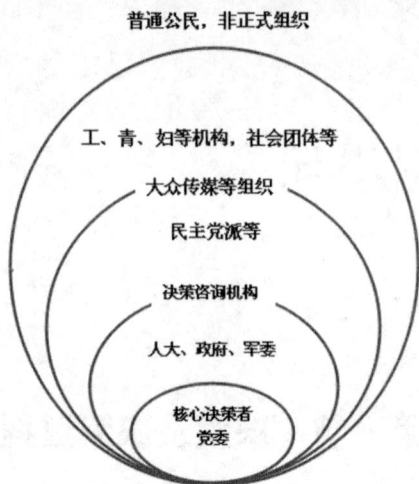

图 10-1　中国的决策结构

　　正如图中所示(图 10-1),党组织仍然在重大决策中发挥核心作用,政府在日常决策中发挥着更为重要的实际作用,人大、政协、军委在决策过程中也占有重要地位。决策咨询机构、大众传媒在决策过程中的影响力日益提高,作为体制化的决策主体工、青、妇等机构以及社会团体,也发挥着一定的作用。相比之下,普通大众以及一些非正式组织对决策过程的影响力虽然有所体现,但尚不明显。

(一)党政关系规范化,各司其职

　　早在 1980 年,邓小平就在《党和国家领导制度的改革》的讲话中对党政关系法治化的意义和思路有过精辟的分析:"改革的内容,首先要党政分开,解决党如何善于领导的问题。这是关键,要放在第一位。"[1]1986 年,邓小平进一步系统地阐述了要规范党政关系的思想,"党政要分开,这涉及政治体制改革。党委如何领导?应该只管大事,不能管小事"[2]。党的十三大报告把"党政分开"作为解决党政关系问题的关键并对此作了系统论述,明确了党的职能范围和工作方式,强调党组织和人民代表大会、政府、司法机关等各司其

---

[1]　邓小平:《邓小平文选》(第三卷),人民出版社,1993 年,第 177 页。

[2]　同上,第 177~178 页。

职。伴随着改革开放的步伐加快,政治上不断探索党政关系规范化,探索合理的合法的执政方式和领导方式。党的十八大报告明确指出:"要更加注重改进党的领导方式和执政方式,保证党领导人民有效治理国家。"

(二)民主党派参政议政功能强化

客观来看,随着两会机制越来越成熟,随着《关于加强社会主义协商民主建设的意见》《关于加强政党协商的实施意见》的颁布,政党协商被赋予更前置的地位和更丰富的内涵。在这样的背景下,民主党派参政议政取得的成效有目共睹。2016年,各民主党派围绕推进供给侧结构性改革、深入推进新型城镇化等重大问题和战略部署,深入调查研究,提出关于积极解决京津冀协同发展中贫困问题、加快大数据安全保障能力建设、积极应对人口老龄化等各类意见和建议70件,为中共中央、国务院决策和施策提供了重要依据。

(三)决策咨询机构的作用日益增强

治国理政必须善于凝聚各方的智慧、集中各方的力量。作为决策咨询机构的智库,通过多种形式的参与,为我国政治经济社会生活中的重大决策提供了重要的智力支持。随着决策模式的民主化与科学化进程,中国的智库如今已经发展到两千多家。它们通过参与党和政府重要纲领性文件的讨论与起草,以内参形式输送观点,通过举办学术会议和讨论表达观点,通过媒体引导和影响舆论,进而影响决策,参与重要会议,给高层领导授课等方式对决策的影响越来越深入。[1]

进入20世纪90年代以来,随着各种智库和研究机构的建立和发展,越来越多的智库为政府提供决策咨询,积极参与政策过程,智库的政策专家的影响力日增。[2]国家五年规划是我国重要的决策之一,参与五年规划的咨询与编制是智库参与国家重大决策和重大发展战略的重要途径。有研究指出,智库在五年规划中扮演了三种关键性决策。在决策前期,智库主要扮演概念规划者角色,即提出关于规划的对策与战略构想;在决策中期,智库主要扮

---

①　孙蔚:"中国智库的现状及其参与决策研究",《中州学刊》,2011年第2期。

②　朱旭峰:"政策决策转型与精英优势",《社会学研究》,2008年第2期。

演规划建议者角色,既主动提交建议,又在决策者征求意见时提供建议;在决策后期,智库主要扮演规划阐释者角色,即对规划进行宣讲和解释。①据媒体报道,大量的研究机构和学者参与了"十二五"规划的政策研究,时有国内政治、经济、社会、文化等领域的一万多名专家参与研究,最后形成了 500 万字的研究报告。

与此同时,在地方层面上,地方智库积极参与地方政府决策,实践中积累了不少成功的案例和做法。例如福建省社会科学院在省内率先提出的建设"海峡西岸经济区"设想,成为国家层面的"海西战略"的起点和推手;湖南省社会科学院在金融危机和转型发展的关键时刻,积极响应省政府提出的"弯道超车"战略,通过课题和研讨会等形式为这一跨越式发展战略进行论证和宣传,发挥了积极的智库作用。②

(四)大众传媒的参与更加深入

随着决策转型,大众传媒借助于信息传播方面的优势,主动介入决策的过程中。尤其是近年来,互联网、大数据、移动终端的飞快发展,为不同主体提供了更为便捷、更多元化的决策参与工具和参与平台。各种政务微博、政务 App、第三方软件方兴未艾,互联网+政务的话语引领着社会与政府互动理念和方式的巨大转变。

二、决策的制度安排

(一)有关国务院和总理的制度

根据宪法和国务院组织法的规定,在主要的国家机构中,国务院是唯一实行明确的首长负责制的机构, 即总理是国务院的唯一法定责任人和最高领导人。具体内容包括:总理全面领导国务院工作,国务院的工作由总理对全国人大及其常委会负责;在国务院内部,实行总理负责制;总理享有国务

---

① 胡鞍钢、姜佳莹、鄢一龙:《国家五年规划决策中的智库决策研究》,《经济社会体制比较》,2016 年第 6 期。

② 王健:《地方智库参与政府决策的路径和实践》,《中国党政干部论坛》,2015 年第 6 期。

院职责范围内的决策权；总理享有任免国务院组成人员及其他国务院工作人员的提名权；总理享有决定、命令、行政法规和议案的签署权。

（二）会议制度

在中国，数量众多、形式多样的会议是中国政府过程和政治运作逻辑的一种常态化现象，自上而下的制度化的会议制度也是中国特有的政治运作模式。在决策过程中，重要的节点多数是在会议上呈现的，当代我国几乎所有的重要决策都是通过会议发生的。①从这个意义上讲，会议实际上是一种决策的模式。不同的会议一般都会就召开频次、职权范围、会议规则与程序、参会人员和人数、表决制度等做出规定和说明。

1.党的会议制度

在党的决策系统内部，决策会议的模式主要包括以下情形。①党的代表大会模式。党的全国代表大会是党的最高领导机关，其职权是：听取和审查中央委员会的报告、审查中央纪委的报告、讨论并决定党的重大问题、修改党的章程、选举中央委员会、选举中央纪委。地方代表大会是地方上党的最高领导机关，讨论和决定地方上党的重大问题。②全会或委员会模式。中央委员会全体会议由中央政治局召集，每年至少举行一次。在全国代表大会闭会期间，中央委员会执行全国代表大会的决议，领导党的全部工作，对外代表中国共产党；就内政、外交、经济、国防等各方面的重大问题提出决策，推荐出任最高国家政权机关领导职务的人选。③党委集体决策模式。党委决策主要有两种形式：一种是圈阅决策，对一些问题的处理意见或决策建议等由有关负责人或机构以文字形式形成文件，如请示、报告等，送交党委会各领导成员传递审阅，领导成员审阅后，在自己的姓名上画圈，表示已经看过或同意，若有意见，则在文件上进行批示。另外一种是集体会议形式，主要适用于重大问题的决策，主要包括常委会议、常委扩大会议、工作会议等。地方党委在政治决策中的作用类似于中央政治局及其常委会在政治决策过程中的作用。党的重大决策，包括中央全会做出的决策，一般都是经过政治局常委会、政治局会议、政治局扩大会议或中央工作会议事先讨论，定下基调，形成

① 刘光宁：《开会：制度化仪式及其对当代社会观念和政治文化的影响》，《当代中国研究》，2005年第3期。

决策意见,再提交中央全会或党的代表大会讨论通过。当然,也有少量的重大决策可以由政治局或常委会直接通过,而不一定经过中央全会审议。①

2.政府的会议制度

政府的决策会议形式,主要有以下情形:政府全体会议、政府常务会议、政府行政首长办公会、政府行政首长现场办公会、副职首长的归口管理。②

以县级政府为例,政府全体会议是县长、副县长、各乡镇行政正职、政府系统各单位负责人参加的会议,讨论重大事项决策,必要时邀请县委、县人大、县政协参加。县政府常务会议,作为县政府集体议事决策性会议,由县政府主要领导主持召开,原则是每月例会制,特殊情况加开的由县政府主要领导决定和召集。首长办公会,是根据需要由县长或委托副县长召开的较为频繁的会议形式。现场办公会,是在一线基层需要紧急处理问题、拿出解决方案时召开的会议。副职首长的归口管理,是在各级政府中设置了若干副职协助行政首长的工作,在其分管的部门有权召开相关会议。

3.党政联席会议

党政联席会议是党委和政府部门为共同协商一些重大问题而召开的协商会议。党政联席会议,一般由党委负责人主持和牵头召开,联席会议的成员单位参与。通常来说,党政联席会议并不作为常设的工作机构。

为协调党政联系、保障集体领导,促进决策的民主化,及时安排、研究、处理重大问题,交流和沟通思想,统一行动,提高决策效率和决策水平,党政联席会议汇集党政系统主要决策主体,成为领导班子集体议事的会议形式。

(三)其他相关制度

中国在长期的实践中,探索了很多有益提升决策质量和效率的制度。从技术操作角度讲,主要有以下几个方面。

社会公示制度。就是将政府决策的事项特别是涉及公众利益事项的有关情况,包括内容、依据、原因、要求等,通过一定形式,在一定范围和一定期限内向社会公布,让公众知道,听取公众的意见和建议,然后再权衡决策事项的取舍。

---

① 李勇军:《当代中国政治决策模式初探:构成、优势与不足》,《云南行政学院学报》,2009年第4期。

② 孙涛、付雪梅:《地方政府决策过程创新研究》,《科技管理研究》,2009年第6期。

社会听证制度，是指政府部门在做出影响决策相对人（包括公民、法人和社会组织等）合法权益的决定前，向其告知决定理由和听证权利，决策相对人随之向决策主体表达意见、提供证据、申辩、质证以及政府机关听取其意见、接纳其证据的程序所构成的一种法律制度。

专家咨询制度。该制度是为了使政府能够就决策问题更充分地听取和反映专家的意见，力求实现政府决策的科学化。

论证评估制度的作用在于正确检查和衡量政府决策的价值和影响，把不足和失误的风险降到最低，为政府不断完善决策提供依据。

信息反馈制度是政府决策制度体系安排中的一项基础性的制度。这项制度的基本特点，就是综合性、基础性、连续性和公开性。政府决策的各个环节都需要这项制度的支撑。

除上述制度外，还涉及监督检查制度、纠错改正制度、责任追究制度等。

三、决策的机制

（一）横向上：集体决策机制

中国政治体系决策的核心是集体决策机制。自中华人民共和国成立至今，政治决策机制经历了波折、反复，到如今集体决策走向了科学化、民主化和制度深化，形成了"集体领导、民主集中、个别酝酿、会议决定"的决策原则。这些原则不仅成为中央政治局常委会的决策原则，也成为各级党委常委会的决策原则，坚持重大问题集体讨论、集体决策。集体决策实际上就是在决策过程中"坚持党的集体领导，而不是个人决定重大问题"。

如下图所示，这一集体决策体系分为外脑和内脑两部分。其中，内脑是以中共中央政治局常委会为核心，包括全国人大、国务院和全国政协三大班子。外脑由人民群众、国内外智库（以国内智库为主）和地方四套班子（主要是省级，包括党委、人大、政府和政协）组成。①

---

① 胡鞍钢：《中国集体领导体制》，中国人民大学出版社，2013 年，第 134~135 页。

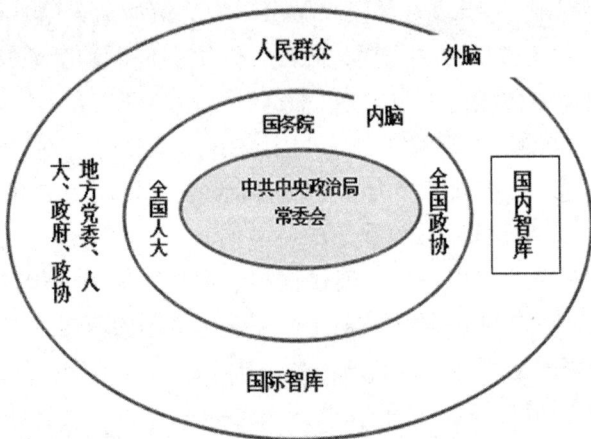

图 10-2　集体决策体系

集体决策机制,解决了决策过程中的信息不对称、不确定性问题。因为在这一决策体系中,它增加了信息的透明度,扩大了信息来源,鼓励决策信息咨询,并在充分共享信息、及时坦诚交流信息的基础上,达成政治共识,按照民主程序多数决定形成决策。从中央领导集体核心所发挥的关键作用来看,集体决策紧紧围绕重大问题,通过集体决策形成重大理论,把握大方向,制定重大战略。在集体决策体系下,中央政治局常委会对外作为一个集体,不突出个人,以一个声音传递信息,从而能够确保决策的权威性,降低决策制定与执行中的风险。①

(二)纵向上:两级分层决策机制

在方案抉择的阶段,实际进行选择做出决定的基本是官方决策主体。从纵向上看,官方决策主体分为中央和地方决策共同体。从决策体系中主体的权威类型和层级来看,中央层面的权威层级大体上可以划分为三个等级(当然,地方层面同样适用)。②

最高层级的是中央政治局(以总书记或常委会为决策核心),或以全国人民代表大会常务委员会为核心的决策共同体。一些重大改革议题需要由

---

① 胡鞍钢:《中国集体领导体制》,中国人民大学出版社,2013年,第139~142页。

② 赵德余:《政策制定的逻辑:经验与解释》,上海人民出版社,2010年,第20~23页。

全国人民代表大会的相关专门委员会牵头，经济社会改革的重大决策或部署一般需要在中央经济工作会议或中央政治局会议上进行讨论和决策。

次高层级的是以国务院总理或副总理为核心的或以政治局常委牵头的多部门协调和合作的决策共同体。

处于较低层次的是以国务院的各个部门等为核心的部门政策共同体，单个部门在权限内可做出决策。

鉴于社会转型时期和复杂性时代的政策环境，一些决策的出台需要多个部门的协同，这就需要在国务院建立一些跨部门领导小组，特别复杂和重要的问题，甚至还需要中央政治局或全国人大讨论和决策。

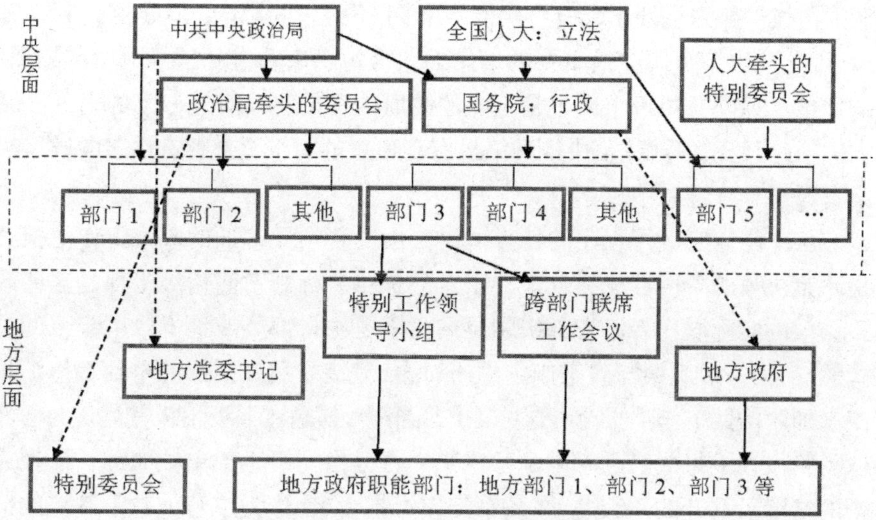

图 10-3　中央 - 地方两层分级决策机制

(三)司长策国论和处长治国论

在中国的决策体系中，并不是行政级别越高，官员动员决策资源的能力越强；相反，动员决策资源能力最强的是那些处于政府科层结构中的司局级官员。政策决策实践中，司长在中国政策决策过程中居于核心地位。司长，包括司、局、厅、地等相应行政级别的政府官员。在中国的行政体系中，比部长低一级，比处长高一级，具有特殊的位置优势。

从政府官员时间和注意力的分配看，省部级以上官员主管着整个部门和领域的各项事务。在其主管的经济和社会领域中,政策的出台非常频繁,他们没有足够多的时间和精力去直接操作政策决策方面的事务,更加关心的是敏感的政治、意识形态或国家安全问题。司局级干部则不同,他们将更多的时间用于考虑"政策决策"问题,他们的主要职责就是集中精力思考他所主管领域中的各项政策问题,他们在政策问题上分配的时间和精力最多,掌握的信息也最全面。相比较而言,处级干部将更多的精力用于政策执行和行政事务处理等方面,"处长治国论"就是对处这一级干部权力特点的概括。

在中国的政府中,特别是中央部委,司级官员在中国政府的政策决策科层网络中处于上下和内外沟通的"结构洞"位置。在中国政府内的科层组织结构中,并不是所有人都有行政联系,部级官员与处级官员之间存在着结构洞。司级干部则是处于政府科层网络中,上下级之间都能取得联系的特殊地位,因此从决策资源中最重要的信息的获得角度来看,司级干部具有最有利的地位。另外,司级干部也是主要的政府内官员与政府外专家的内外联系人。因此,处于中国政策决策网络最有利位置的司级干部拥有最多的政策决策资源。

从中国政府运作程序的特点来讲,由主管领导参加的政策工作汇报会是政策决策的阶段性成果或最终出台的最主要标志。而司级干部是这些政策会议的实际操作者。省部级领导名义上是主持部委或地方政策起草的主管领导,但一般不参与政策制定的研讨会,只接受司级干部的单独工作汇报或参加阶段性工作汇报。这些工作汇报会,都是在下级司级官员认为已经取得阶段性成果或已经基本酝酿成熟,并已由司级干部单独向部长汇报完毕的情况下召开的。因此,在政策工作汇报会上,作为主管该政策制定的部级领导一般只会对前期的工作进行总结,而且以褒奖为主,不直接针对具体政策条文提出自己的看法。司级干部直接参与各种政策制定过程,最后司级官员将政策文件的文稿交给部级官员和部务会审议。如果是相对重要的政策,需要上报给国务院,由国务院转发。①

---

① 朱旭峰:《"司长策国论":中国政策决策过程的科层结构与政策专家参与》,《公共管理评论》,2008年第1期。

四、决策的特征

（一）上下结合

自上而下和自下而上的结合，是中央层级决策的鲜明特点。改革开放初期，家庭联产承包责任制始于底层农村农民的自发行动，后来受到中央支持、认可和推广，成为启动改革的标志。设立经济特区，最先是由 1978 年赴港澳考察团提出建议，继而由广东省相关负责人向中央提出，随后中央派考察组多次前往广东、福建两省调查，几上几下，最终做出决策。

近年来"两会"召开前和召开过程中，中央有关部门都会通过各种平台与渠道，尤其是新媒体平台向社会广泛征求意见，加以整理形成议案，进入政策议程。五年规划的起草、修订和出台的过程，都是经过多次反复的上下意见沟通融合的过程。

（二）协商沟通

协商沟通包括党际协商、党内协商、党群协商等。与民主党派的协商是中国政治体制的一大特色，中国共产党与八大民主党派的协商主要有以下形式：民主协商会、高层谈心会、双月座谈会、提出书面建议、约请交谈等。党内协商，主要是指在中国共产党内部上下级之间的沟通、同级之间的互通、重大决策前的充分酝酿等，党内协商也是当前党内民主建设和发展的重要内容。党群协商是中国共产党践行群众路线，坚持从群众中来、到群众中去，广泛听取社情民意，急百姓之所急，想百姓之所想，是党和政府决策的出发点和落脚点。

（三）多方参与

经过长期的探索和发展，我国的决策制度越来越公开化、科学化、民主化。在决策过程中，普通民众、专家学者、社会团体、民主党派、无党派人士等都会作为利益相关方参与到决策过程，表达利益关切，监督决策过程。

（四）科学论证

任何决策都会产生影响,党中央和国务院的重大决策更是影响深远。如三峡工程建设涉及数个省份、几百万人的搬迁,制定五年发展规划,更是牵涉全国人的幸福指数。决策一旦失误,带来的后果会非常严重。科学论证现在已经成为决策出台前必不可少的环节。

（五）集体决定

以民主集中制为基础的"集体决定"是我国决策体制的又一特色。民主集中制是党的根本组织原则,是党内生活必须遵循的基本准则,是实现决策科学化、民主化必不可少的制度保证。

第二节　政治生活中的重要决策过程

一、五年规划的编制

五年规划是我国政治生活中的大事件,是国家治理实现的重要手段,是关乎国民经济和社会发展的重大决策。经过前后十三个五年规划,目前已经形成了独特的发展和治理手段,也是一种体现中国民主的决策模式,反映了我国特有的政治体系内所发生的一系列政治过程,是一个多阶段、多步骤、公开的、程序性的决策过程。规划的编制是一个持续的意见和信息收集、整合分析、起草、实施、评估、修订的过程。历经半个多世纪的发展,五年规划的编制经过不断地转型,从量变走向质变,已经成为当今世界上最具民主、科学和制度的过程。[①]

---

① 鄢一龙、吕捷、胡鞍钢:《整体知识与公共事务治理:理解市场经济条件下的五年规划》,《管理世界》,2014年第12期。

（一）五年规划的决策模式演变

表 10-1　五年规划编制的决策类型

决策类型	五年规划	决策主体	决策方式	决策特点
内部集体决策	"一五""五五""六五"	政府内部	集体决策、程序化决策	民主集中，实事求是
一言堂决策	"二五""三五""四五"	少数国家领导人	随意性决策	突出个人权威、跟风效应
咨询决策	"七五""八五""九五"	政府＋外部精英	集体决策、程序化决策、协商决策	民主集中、实事求是，更为强调决策科学化
集思广益决策	"十五""十一五""十二五"	政府＋外部精英＋公众	集体决策、程序化决策、协商决策	民主集中、实事求是，强调决策科学化、民主化

回首五年规划的历史，中国政府的决策过程经历了四个类型。先是内部集体决策模式，然后是一言堂决策，20 世纪 80 年代中期进入咨询决策时期，21 世纪逐步走向集思广益决策。[1]

新中国成立后首先经历的是内部集体决策模式。该模式在"一五"到"二五"前期形成，随即遭到破坏，到"五五""六五"时重建。虽然是官僚体制中某个机构主导编制的，但是不同层级和部门的机构共同参与编制；参与的部门按照法定程序共同决策；对于重大事项，领导人基于民主集中制集体做出决定。

"二五"计划编制后期，中国进入到了一言堂决策模式，一直持续到"四五"计划。该模式的特点是强调个人的绝对权威，决策过程随意，没有固定的决策程序，决策主体陷入"跟风效应"，没有积极表达各自意见。

从"七五"计划开始，中国进入到决策咨询模式，政府外部的经营开始发挥重要作用。该模式除了具有内部决策模式的优点外，决策咨询的范围由里到外，扩大到政府之外的社会精英。党外人士、经济精英、专业研究机构等以不同的方式参与政策的制定。

进入"十五"计划之后，中国开始转向公共政策模式。集思广益决策模式相比决策咨询模式又向前迈进了一大步。非精英其他的公众和组织开始直接参与到决策过程中，尽管影响相对有限；决策过程更加开放，透明度更高；出现了大规模的政策讨论，利益、观点更加多元。

---

① 王绍光、鄢一龙：《中国民主决策模式——以五年规划为例》，中国人民大学出版社，2015 年，第 62~88 页。

(二)五年规划的分层决策编制模式

经过多年的发展,中国的五年规划编制逐步形成了"地方自主、中央指导"的模式。这是一种高度分权的决策模式,各级各地政府在本级党委领导下开展规划编制,并经本级人大审议批准。从时间上看,地方五年规划通过在前,国家的五年规划通过在后,国家的五年规划对地方并没有法律约束力。

这一规划编制模式,从特征上首先表现为在五年规划编制时中央对地方有效引导,例如规划编制前,国家发改委通过传达规划编制要求实现对地方的指导,因此地方规划体现出中央规划的意图和精神。此外,地方政府可以根据本地区的实际情况进行前期研究,形成本地区五年规划的总体思路,同时将国家发改委的建议纳入其中,并上报国家发改委。

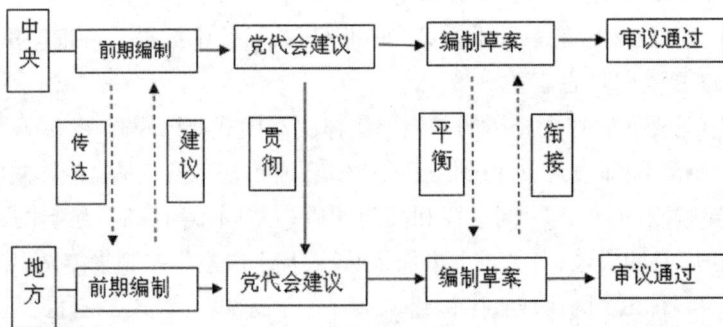

图 10-4　分层决策的编制模式

在这种高度民主和分权的编制模式下, 地方具有更高的积极性来贯彻中央意图和精神。在现行政治体系中,地方政府必然面临地方利益与中央要求之间的矛盾。它为地方政府实现地方发展、兼顾地方实际利益与中央要求提供了可能通路。

根据党章的规定,地方党委必须服从中央委员会的领导,服从上级党组织的决定。由此,地方在编制地方五年规划时,有义务听取中央的建议。在当前,地方主要是通过集体学习的方式,领会中央对五年规划编制的精神要求。

地方的五年规划需要和国家的五年规划相衔接。地方和部门编制的五年规划纲要需上报国家发改委进行衔接。

（三）"十三五"规划的编制过程

"十三五"规划的编制始于"十二五"规划实施中期，共历时3年，分为四个阶段、十个步骤。第一个阶段为中期评估（2013年3月至2013年12月），第二阶段为基本思路研究（2013年年底至2014年年底），第三阶段为党中央《建议》①编制（2015年年初到2015年10月），第四个阶段为《纲要》②正式编制（2015年10月到2016年3月）。经历十个步骤：中期评估、前期调研、形成基本思路、党中央《建议》起草、通过中央《建议》、起草规划《纲要》（草案）、公众建言献策、衔接论证、广泛征求内外部意见、审批与发布《纲要》。③

表10-2 "十三五"规划起草步骤

步骤	大致时间范围	内容
中期评估	2013年3月至2013年12月	评估"十二五"规划的执行情况
前期调研	2013年年底至2014年年底	"十三五"规划前期重大问题及基本思路研究
形成基本思路	2014年年底到2015年3月	形成"十三五"规划的基本思路
《建议》起草	2015年年初至2015年10月	党中央起草规划《建议》
《建议》通过	2015年6月至10月	两轮集体讨论和审议
起草规划《纲要》（草案）	2015年5月至2016年3月	编制规划《纲要》草案初稿
建言献策	2015年11月至2016年3月	通过各种渠道引导公众建言献策
衔接论证		组建专家委员会
征求意见	2015年12月，2016年1月	公布纲要意见稿征求意见
审批与发布	2016年3月17日	全国人大审议后发布

1.中期评估

时间大致范围是2013年3月至2013年12月。我国早在"十五"计划实施期间就引入了中期评估，"十一五"规划时期正式确立了中期评估制度，并引入了第三方评估。"十二五"规划的评估由国家发展改革委牵头，组织政府各部门和各地方开展内部评估，邀请清华大学国情研究院、中国经济改革研究基金会国民经济研究所开展第三方独立评估，通过调查研究、发放问卷的方式广泛征求意见，并会同国家统计局及有关部门对单项指标监测评价报

---

① 全称为《中共中央关于制定国民经济和社会发展第十三个五年规划的建议》。
② 全称为《中华人民共和国国民经济和社会发展第十三个五年规划纲要》。
③ 王绍光、鄢一龙：《大智兴邦：中国如何制定五年规划》，中国人民大学出版社，2015年。

告及初步评价结果进行审核。在充分集思广益的基础上,由国家发改委集中各方意见,负责起草《"十二五"规划〈纲要〉实施情况中期评估报告》,提请国家"十二五"规划专家委员会论证后,连同论证意见,上报国务院审核,经国务院审核通过后,提交全国人大常委会审议。全国人大财经委通过实地调研,听取汇报,初步审查报告的形式,开展"十二五"中期评估预审查。2013 年 12 月 25 日,十二届全国人大常委会第六次会议审议了"十二五"规划纲要实施中期评估报告,由国家发改委主任徐绍史代表国务院报告。

2.前期调研

时间大致范围是 2013 年年底至 2014 年年底。在中期评估的基础上,2013 年年底,国家发改委直接委托有关机构开展了"十三五"规划前期重大问题及基本思路研究。在 2013 年年底召开的中央经济工作会议上,习近平总书记强调,要着手启动"十三五"规划前期准备工作。2014 年 4 月 17 日,经国务院批准,全国"十三五"规划编制工作电视电话会议在京召开。2014 年 4 月 23 日国家发改委发布了 25 个前期研究的重大课题,通过公开招标方式组织社会力量开展研究,其中有 27 个单位的选题入选。与此同时,国家发改委开展基础调查、信息搜集、重点课题调研以及纳入规划重大项目的论证等前期工作。

3.形成"十三五"规划的基本思路

从 2014 年年底到 2015 年 3 月,根据前期研究成果,各部门及地方同步开展各自的基本思路研究并上报国家发改委,由发改委起草基本思路意见稿,形成初稿后征求各方面意见。2014 年 9 月 2 日,李克强主持召开国务院组成部门和相关单位负责人会议,研究部署"十三五"规划编制工作。2014 年 9 月 20 日,国家发改委在杭州召开"十三五"规划基本思路研究座谈会征求九省区的意见。2014 年年底,"十三五"规划的基本思路初步形成,提交党中央和国务院。

4.党中央《建议》起草

2015 年年初至 2015 年 10 月,由中央财经领导小组牵头成立起草小组编制党的《建议》,并直接在中央政治局常委领导下开展工作,根据"十三五"规划起草小组成员的来源,全国人大、政协、国务院相关部门负责人以及一些地方官员和学者都参与起草。

起草工作进行中开展了大量的调研,起草组、全国人大、全国政协等机构都开展了密集的调研。特别是领导人亲身开展调研,2015 年以来,中央政治局常委共开展了 26 次调研,足迹遍布 19 个省份。

《建议》征求意见稿的形成需要广泛征求各方意见。"十三五"规划征求意见总共进行了两轮,第一轮是 8 月份初稿形成之后,向一百二十多个单位、部分党内老同志、党的代表征求意见;第二轮是党的十八届五中全会审议期间,向党的代表、党外人士、政协委员征求意见。

5.通过党中央《建议》

2015 年 7 月 20 日,中共中央政治局召开会议,决定当年 10 月在北京召开中国共产党第十八届中央委员会第五次全体会议研究关于制定国民经济和社会发展第十三个五年规划的建议。党的十八届五中全会将审议和通过《中共中央关于制定国民经济和社会发展第十三个五年规划的建议》,并正式对外公布。

根据此前"十二五"规划《建议》的编制情况来看,这是一个集体决策的过程,总共召开了 4 次中央政治局常委会会议,2 次中央政治局会议,1 次中央全会讨论和审议《建议》的编制。"十三五"规划《建议》共有两轮集体决策,第一轮是 2015 年 6 月至 7 月间,《建议》形成送审稿以后,进行审议指导,为随后的一定范围征求意见作准备;第二轮是 2015 年 9 月至 10 月间,围绕着十八届五中全会召开,而进行的集体审议。

6.起草"十三五"规划《纲要》(草案)

在党中央编制《建议》的同时,国家发改委同步编制"十三五"规划纲要框架。2015 年 5 月 5 日,国家发改委主任徐绍史主持召开全委"十三五"规划纲要编制工作领导小组和起草小组第一次全体会议,启动和部署"十三五"规划纲要编制工作;同时开展专题调研,例如国家发改委副主任胡祖才率队赴新疆、中国工程院开展专题调研。

在党中央《建议》正式公布之后,形成"十三五"规划纲要草案编制的初稿。《纲要》草案的编制要一直持续到 2016 年"两会"之前,这要经历一个集思广益的过程。

7.公众建言献策

国家信息中心设置"十三五"规划建言献策办公室,公众可以通过网站留言、电子邮件、手机短信、来电、来函、来访等多种形式、多种渠道提出对"十三五"规划编制的建议。同时,国家发改委还请全国总工会、共青团、妇联、科协、贸促会、残联、工商联、企业家协会共同协助开展"十三五"规划建言献策活动,并召开专场讨论会听取建议。国家发改委还将征求地方、部门、专家、人大、政协、党外人士以及企业和基层群众代表的意见,为 2016 年 3 月"两会"审议工作做准备。

8.衔接论证

《纲要》编制期间还需要和各部门、各地方进行规划指标、规划布局涉及的项目、规划实施手段进行衔接,以便不同类型和不同层级的规划相互配合,形成合力,避免相互抵销。在《纲要》草案的基础上,组织规划专家委员会对《纲要》进行咨询、论证并提出咨询报告,该报告将随着《纲要》一同提交全国人大进行审议。

我国五年规划编制在"十五"期间就有专家审议会制度,"十一五"规划编制正式规定规划编制必须经过专家论证,成立了专家委员会。专家委员会的构成强调不同专业背景、学术型专家和实务型专家相结合,"十三五"规划专家委员会延续了这一特征,52 位专家涵盖了经济、科技、公共管理、法学、环保等不同领域的学科背景。同时,"十三五"首次将 4 名企业家纳入了专家委员会。①

9.征求意见

2015 年年底,《纲要》形成征求意见稿,开始广泛征求各方面的意见。根据"十二五"规划编制的经验,征求意见开展了两轮:第一轮是在 2015 年 12 月上旬小范围征求意见,主要征求地方、部门以及专家的意见,以更好地编制《纲要》草案;第二轮是 2016 年 1 月中旬开始大范围地征求地方、部门、专家、人大、政协、党外人士以及企业和基层群众代表的意见,为 2016 年 3 月"两会"审议工作做准备。

10.审批与发布

《纲要》集体议决的过程为,先由国务院常务会议、中央政治局常委会听取汇报;全国人大财经委员会进行预审查,接着由国务院全体会议审议并提请全国人大审议,经由中央政治局常委会会议批准,于 2016 年 3 月由十二届全国人大四次会议审议通过。2016 年"两会"之后,新华社授权正式发布《纲要》,随后全国各部门、各地区广泛开展学习《纲要》的活动。

五年规划发展至今,无论是规划的功能还是规划的内容,都发生了根本性的转变,已经从最初关注经济的计划成长为公共事务治理的计划,主要表

① 马常艳:"发改委组建豪华专家团献计'十三五'规划(名单)",中国经济网:http://www.ce.cn/xwzx/gnsz/gdxw/201503/27/t20150327_4956933.shtml。

现为从以经济计划为主转向全面的发展规划,从以经济指标为主转向以公共服务指标为主,从微观领域转向宏观领域,从市场排斥型转向市场友好型。①

二、政府工作报告的制定

政府工作报告是中国各级政府的一种公文形式,是每年人大会议和政协会议(简称两会)期间各级政府行政首脑向大会主席团、与会人大代表和政协代表发布的、带有述职性质的报告形式。

(一)政府工作报告的主要内容

政府工作报告是各级政府的施政纲领,重点是回顾过去一年政府的工作成效,部署未来一年政府工作的重点,反映了政府重视和回应社会公众的重大关切,体现了政府职能的定位和转变。②

具体说来,由于政府工作在不同阶段、年份面临的形势、任务会有所不同,每年政府工作报告的内容也不尽相同。但归纳起来,主要包括两大方面内容:一是对过去一年政府工作的回顾,包括经上一年全国人大会议批准的政府工作报告中提出的工作任务完成情况。若是国务院换届或制定五年规划时,还要包括五年乃至更长时段政府工作的总结。二是重点报告未来一年国内工作的指导思想、主要任务、工作重点和政策措施。特别是根据形势任务发展变化,突出一些重要方面。在国务院换届或制定五年规划时,还会提出今后五年乃至更长时段的政府工作建议。

国务院近几年的政府工作报告,从内容来看,政府着重于自身建设、民生问题、社会焦点热点。如2016年的政府报告中提出,完成全国的溜索改桥任务,"要抓紧新一轮农村电网改造升级,两年内实现农村稳定可靠供电服务","加快培养全科医生、儿科医生",③ 2017年报告中,在"减税降费"、大气污染治理、民生方面都有突出亮点,如年内全部取消手机国内长途和漫游费

---

① 胡鞍钢:《中国独特的五年计划转型》,《开放时代》,2013年第6期。

② 邓雪琳:《改革开放以来政府职能转变的测量——基于国务院政府工作报告(1978—2015)的文本分析》,《中国行政管理》,2015年第8期。

③ 刘世昕、崔丽:《总理:该给群众办的实事一件也不能少》,《中国青年报》,2016年3月5日。

等,3月15日提交大会表决的政府工作报告草案与3月5日代表们最初拿到的那个版本相比,有78处修改,涉及环境保护、扶贫、房地产调控等多个民生领域。①

从文风来看,近几年的政府工作报告朴实、生动、清新自然、接地气。报告在表达方式上,一是力求全面客观,用重要事实和数据反映各方面取得的成绩和所做的主要工作,讲问题实事求是,讲措施切实可行。如2013年的政府工作报告全文采用了一百三十多个数字,实实在在,清清楚楚,称得上是一份"数字化"报告。无论是总结工作、阐述政策还是提出建议,都言之有物、言之有理。②二是力求突出重点,突出重点问题和重点工作,又兼顾其他方面,体现年度特点,针对性强,有取有舍,有详有略。三是力求富有新意,从内容到形式都力求有所创新,不拘一格。近年来创客、众创、蓝天保卫战、海绵城市、国家公园体制等都是第一次出现在政府工作报告中。四是力求文风朴实,讲实情,重实际,做到语言简练,减少一般性议论。

(二)政府工作报告形成的过程

以中央政府的工作报告为例,政府工作报告的起草是在国务院总理的主持下进行的。报告从开始起草,到公开征求、吸取各方意见,反复修改,再到正式提请全国人大全体会议审议,一般历时两三个月。以2017年3月李克强总理的政府工作报告为例,起草由总理主持,以国务院研究室为主,国务院各部委、地方政府,加上咨询小组,总共60人组成报告起草组。从时间上看,从2016年八九月份开始准备,12月正式启动,12月31日就拿出了报告初稿。之后进入讨论、修改、审议程序。中间经过了多次修改,其中党中央、国务院先后召开四次会议,对报告进行审议讨论。

具体说来,政府工作报告的形成大致包括以下四个过程。

1.起草准备、形成讨论稿阶段

在报告正式起草前,国务院总理作为报告人对报告的指导思想、框架结构、主要内容和文风等,提出了明确要求。如2016年政府工作报告起草前,李克强总理反复强调,要用一个"实"字来作答大家对中国经济的关切,体现

---

① 刘世昕、裴江文:《政府工作报告78处修改多与民生相关》,《中国青年报》,2017年3月15日。
② 许志峰:《政府工作报告平实真实务实》,《人民日报》,2013年3月6日。

在报告中就是"当前的中国经济的形势,政府负责人要交实底,要把成绩讲够、问题讲透;应对当前的挑战,中央政府要有实招,解决实际问题"。从文风来看,李克强总理一直要求,文风尽量生动活泼、口语化、接地气,要有温度。因此,最后的报告语言风格注重平易朴实、简洁明快、深入浅出、贴近群众,让老百姓听得懂、记得住。

此外,起草组根据国务院总理的要求,认真学习党中央、国务院有关会议精神和重要文件,以及中央领导同志有关重要指示。起草组利用不同方式进行调研,尽可能多地听取各方面意见,最后形成起草提纲。随后,将提纲报总理批准后开始起草工作,形成提交讨论的报告初稿。

2.征求意见、修改完善阶段

报告初稿形成后,经过多方征求意见,进行讨论修改才能正式定稿。这一过程,大致要经过以下几个步骤:一是国务院总理主持国务院常务会议,对报告进行讨论修改后,形成提交中共中央政治局常委会讨论的送审稿;二是根据中共中央政治局常委会审议的意见进行修改,形成征求意见稿;三是召开国务院全体会议讨论征求意见稿,并将其发往各省区市和中央党政军群各部门征求意见,同时由国务院总理主持召开座谈会,分别征求各民主党派中央、全国工商联负责人和无党派人士,经济、社会各界专家学者的意见;四是汇总各地方、各部门和几次座谈会的意见,对征求意见稿进行修改,形成提交中共中央政治局会议讨论的送审稿;五是根据中共中央政治局会议讨论的意见进行修改后,由国务院提交全国人大常委会。

2017年政府工作报告草稿形成后,下发到全国31个省区市、中央党政军群各部门共148个单位。与此同时,总理主持召开多次座谈会听取意见建议,加之"我向总理说句话"网民建言活动等渠道,广泛征求意见。最终,从各个渠道一共收集汇总整理了1270余条意见,经过起草组反复研究,最后吸收了300多处重要意见,其中不包括一般的文字性修改,最后形成不足1.9万字的报告。

3.提交大会、正式审议阶段

全国人民代表大会会议正式开幕后,报告进入审议阶段。"两会"期间,国务院组成人员和有关部门负责人,以及报告起草组工作人员分赴各个代表团,认真听取人大代表的意见和建议,认真听取政协各界别委员的意见和建议。起草组将听取的审议意见和建议进行认真整理、吸收,对报告再度进行推敲和修改,报总理审定。

4.大会会议批准阶段

全国人民代表大会主席团听取国务院总理关于报告修改情况的说明后,审议通过关于政府工作报告的决议草案,提交代表大会会议表决。大会会议通过关于政府工作报告的决议,最后批准报告。

三、重大事项的决策

决策是行政权力运行的起点,也是行政权力运行的重心,规范决策行为尤其是重大行政决策行为是规范行政权力、将权力关进制度的笼子里的重点,也是法治政府建设的重要抓手。党的十八大以来,国务院和地方政府加快探索重大事项决策的制度化建设,将重大行政决策纳入法制化轨道。

(一)十八大以来重大决策制度建设的探索

2014 年 11 月,党的十八届四中全会通过的《中央中央关于全面推进依法治国若干重大问题的决定》聚焦依法行政和法治政府,明确指出重大行政决策须经五个法定程序。

决定颁布后,为推进决策的科学化、民主化和法制化,提升决策的质量,避免决策失误,增强政府决策的公信力,各地政府陆续制定了重大行政决策程序规定。如 2015 年 8 月 31 日浙江省人民政府第 51 次常务会议审议通过了《浙江省重大行政决策程序规定》,并于 2015 年 10 月 1 日起开始实施。2016 年 10 月 17 日上海市政府第 130 次常务会议通过了《上海市重大行政决策程序暂行规定》,并于 2017 年 1 月 1 日起开始实施。

在各地方政府陆续出台重大决策制度规定的同时,国务院亦加快了探索步伐,国务院法制办起草了《重大行政决策程序暂行条例(征求意见稿)》,并于 2017 年 6 月至 7 月在中国政府法制信息网全文公布,公开向全社会各界征求意见。

(二)重大事项决策制度的主要内容

根据所收集到的主要省份和国务院法制办公布的重大决策制度文本,当前重大事项决策的制度探索主要集中在重大事项适用范围、五个法定程序和责任追究等内容。

1.重大事项适用范围

重大事项决策制度明确指出,适用主体包括县级以上地方政府,并要求乡镇政府做出重大行政决策的程序参照规定进行。

重大决策事项的范围包括,编制经济和社会发展等方面的重要规划,制定有关公共服务、市场监管、社会管理、环境保护等方面的重大公共政策和措施,制定开发利用、保护重要自然资源的重大公共政策和措施,决定在本行政区域实施的重大公共建设项目,以及对经济社会发展有重大影响、涉及重大公共利益或者社会公众切身利益的其他重大事项等。对于自然灾害、公共卫生事件等突发事件,行政机关则启动应急措施的决策程序。

2.五个法定程序

从制度文本来看,公众参与、专家论证、风险评估、合法性审查、集体讨论决定等五个程序明确确定为重大决策的必经程序。

公众参与是重大决策的重点。除依法应当保密的外,涉及社会公众切身利益或者对其权利义务有重大影响的决策事项应当广泛听取意见,包括举行听证会、座谈会、问卷调查、实地走访等多种方式。决策草案形成后,要公开草案征求公众意见,并可以通过媒体访谈、专家解读等形式对社会公众普遍关注的内容进行解释和说明,还可以就民众意见邀请专业机构进行民意调查。

重大行政决策事项专业性、技术性、综合性较强的,承办单位应当组织专家或者专业机构对合法性、必要性、可行性、科学性和可控性进行论证。应当通过召开专家论证会、书面征询专家意见或者委托专业机构等方式,对决策草案进行专业技术论证。选择专家和专业机构应当注重专业性、代表性、均衡性和公信力,支持其独立开展工作,并逐步实行专家、专业机构信息和论证意见的公开。

对可能危及社会稳定、生态环境、社会效益、法律纠纷、财政金融和公共安全的重大行政决策事项应当进行风险评估。对决策事项的主要风险源、风险点进行排查,判断决策条件的成熟程度和总体风险,并提出预防、控制和应对风险的具体措施。

决策机关应当将决策草案及相关材料交本机关的法制机构进行合法性审查,明确不得以征求意见代替。未经合法性审查或者经审查不合法的,不得提交集体讨论决定。法制机构的合法性审查应当包括决策的主体、权限、依据、内容、程序等方面。

集体讨论决定为决策必经程序,并坚持行政首长负责制。决策事项应当经决策机关常务会议或者全体会议讨论,由行政首长在集体讨论基础上做出决定,行政首长须最后发表意见,若行政首长拟做出的决定与多数人意见不一致,应当场说明理由并如实记录。

3.责任追究

党的十八大以来,党中央的顶层设计中提出了建立重大决策终身责任追究制度及责任倒查机制。为落实决策程序制度的刚性约束,重大决策制度探索中对决策机关、决策承办单位和承担决策有关工作的单位、决策执行单位、参与决策的专家专业机构等参与决策的各类主体,分别规定了相应的法律责任。对于有关单位工作人员玩忽职守、滥用职权、徇私舞弊,构成犯罪的,将依法追究刑事责任,对重大行政决策实行终身责任追究制度和责任倒查机制。

第三节　决策的执行

一、决策与执行的结构

当代中国政府决策与执行的结构有两大系统,即由宪法所规定的宪政结构系统和由中共党章所规定的党政结构系统。这两大结构系统既有静态结构、运行周期和工作原则方面的相同点或相似点,又有领导体制、运行时间和组织基础方面的不同点,它们在实际运作的过程中有机地联结在一起,并以党政结构系统为主导,即表现为中共组织、行政机关、人大、政协等机构多位一体,以中共组织为主导的中国政府决策与执行机制。[①]

(一)决策与执行的宪政结构

根据现行宪法,全国人民代表大会是最高国家权力机关,全国人大常委

---

① 张立荣:"当代中国政府决策与执行的结构解析",《华中师范大学学报》(人文社会科学版),2004 年第 3 期。

会是其常设机关，国务院即中央人民政府，是最高国家权力机关的执行机关，是最高国家行政机关。地方各级人大是地方国家权力机关,地方各级人大常委会是其常设机关，地方各级人民政府则是地方国家权力机关的执行机关、地方各级国家行政机关。

从宪政结构来看，现行宪法框架下的中国政府决策与执行结构是一种由横向结构与纵向结构有机结合而成的网络结构。[①]

决策机构是各级人大及其常委会，其执行机构则是各级人民政府。由于各级人民政府是各级国家行政机关，因而各级人民政府又是各级行政管理的决策机关，而其所属的工作部门则是其相应的执行机关。

由于我国地方行政区划有省(包括省、自治区、直辖市)、市(包括设区的市、地级市、自治州)、县(包括县、自治县、县级市)以及乡(包括乡、民族乡、镇)四级，从纵向来看，我国政府决策与执行结构有五个层次，即中央、省、市、县和乡，其中上级是决策机构，下级则是相应的执行机构。

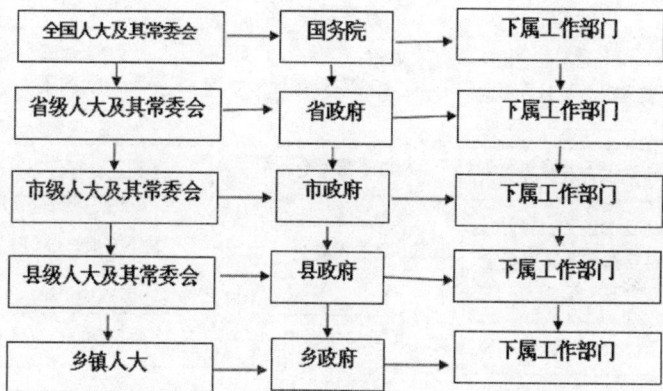

图 10-5　决策与执行的宪政结构

(二)决策与执行的党政结构

宪政结构并不是当代中国政府决策与执行结构的全部，也不是当代中国政府决策与执行的核心部分。当代中国政府决策与执行的核心结构是中国共产党的各级党委。

---

① 徐颂陶、徐理明：《走向卓越——中国公共行政》,中国人事出版社,1996 年,第 81~83 页。

　　先从中共中央及地方各级组织的横向结构看。根据中国共产党章程的规定,中共全国代表大会和它产生的中央委员会,是党的最高领导机关,党的中央委员会选举产生党的中央政治局及其常务委员会。后者依次地向前者负责并报告工作,执行前者的决议,在前者闭会期间领导党的全国性工作,中央政治局及其常委会是中共常设领导机关,主持党的经常工作。中央书记处是中央政治局及其常委会的办事机构,在中央政治局及其常委会的领导下开展工作。地方各级党组织的横向结构类似于党中央组织的结构。

　　再从纵向结构看,按照中共党章的规定,党实行民主集中制的组织原则。也就是实行民主基础上的集中与集中指导下的民主的有机结合,坚持个人服从党的组织、少数服从多数、下级组织服从上级组织、全党各个组织和全体党员服从党的全国代表大会和中央委员会。这种民主集中制的组织原则,决定了中共组织纵向决策与执行的结构状况。

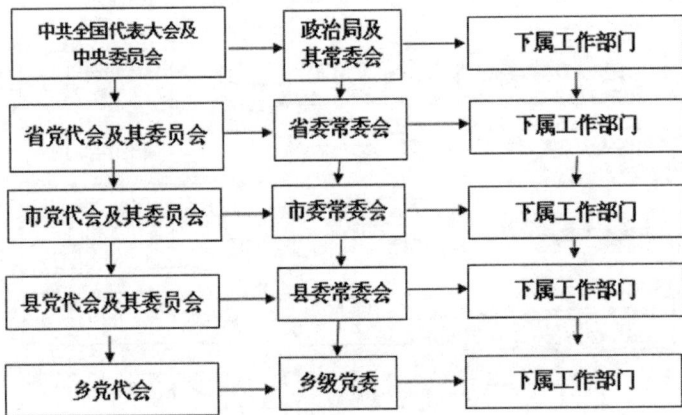

图 10-6　决策与执行的党政结构

(三)决策与执行的实际结构

　　从我国现阶段的情况来看,政府决策与执行的实际结构是党政结构与宪政结构有机联结、以党政结构为主导的结构。

　　这两种结构之所以能够有机地联结在一起,主要的原因在于两者具有如下几个契合。第一,国家机关中担任领导职务的人员多是中共党员,党员有党员的义务,所以党可以通过国家机关中的党员来对国家机关实施领导。第二,中共各级党委在宪政结构的领导机关中建立党组,党组的任务主要是负责实现党的路线、方针、政策,讨论和决定本部门的重大问题,团结非党干部和群众,完成党和国家交给的任务,指导机关党组织的工作。第三,宪政结构接受党(中共)管干部的原则,同级党组织负责国家机关重要领导干部的推荐、考核等重要人事工作。

党政结构基本上是决策性结构,宪政结构则基本上是执行性结构,宪政结构的执行性大致体现为以下三个方面。

首先,各级人大及其常委会的主要职能是依照法定权限和程序,把党的代表大会和各级党的委员会制定的方针、政策转换成相应的法律和法规,把同级党委推荐的人选任命为各级政府的领导人,并在法律上监督各级政府对于法律和法规的执行情况。其次,各级人民政府的中心工作是具体执行党代会以及各级党委会、常委会做出的决定,并负责把执行过程中发现的问题以及解决问题的备选方案向党组织报告。最后,各级人民政府下属工作部门的主要任务是在各级党委、各级人民政府的领导下,具体执行特定的、专门性的公务,并把在执行过程中发现的问题以及解决问题的备选方案,通过党组向本级党委汇报,同时也向本级政府汇报。①

二、决策执行的模式

中国的决策执行过程,既有党政机构等正规组织的推动,更有社会动员的催化。将动员贯穿于决策过程并运用于决策执行,构成了当代中国决策执行的一大特色。正是由于动员的润滑,才使得中国决策执行因党政机构交叠重置和职能交错引发的"结构-功能"问题得以一定程度的缓和。②

(一)官僚模式

自 20 世纪德国著名学者韦伯提出官僚制以来,官僚制逐步为学界所了解、熟悉、批判和发展。将之放置于决策执行领域,职能分工、权责明确、权力分层、统一指挥的合理合法化的官僚制,是理想化的组织运作和政策执行体制,最有利于提高推动各项政策执行的效能。任何国家政府的决策推行,基

---

① 张立荣:《当代中国政府决策与执行的结构解析》,《华中师范大学学报》(人文社会科学版),2004 年第 3 期。

② 邓顺平:《我国政策执行中的群众路线研究》,《中国行政管理》,2015 年第 11 期。

本途径之一无不是通过正式的、制度化的官僚组织来实现。

官僚模式是一种典型的自上而下的决策执行模型。这种模式一方面强调严密的命令和上级的控制指挥能力，另一方面主张政策制定者对政策执行规范的理性设计。从整体的研究成果来看，这一模式应用相当广泛，是影响力相当普遍的政策执行模式。这一模式非常强调政策执行的法令规章，反映了公共政策的基本内涵。

考虑到现实中当代中国的基本决策主要依靠党和政府的各级组织加以贯彻执行，因此，用官僚制模型来解释中国的决策执行现象具有一定的合理性。在这一视角下，中国决策执行的核心问题是，中央(上级)政府应该如何控制或协调地方(下级)政府以实现决策目标。

但是决策执行远远没有想象得那么容易，看似"精美"的决策往往难以带来预期的结果，甚至会引起普遍的不满情绪。委托-代理理论视角下的官僚制，面临的最大问题在于如何解决激励和监督。官僚模式的中国现实是，长期以来中国政府解决前一个问题的方案是以政绩为基础的晋升来激励地方，但是当地方在发展中获得越来越多的自主权限后，晋升激励的效果并没有初始那么显著，毕竟在金字塔形的官僚体系中，只有很少的一部分官员能够很幸运地通向中央。对于后一个问题，中国政府却迟迟没有太大的建设成效，直到近年来持续的高压反腐形成的制度氛围中隐约看到了社会舆论倒逼问责的前景。

(二)动员模式

在当代中国政府的过程中，政策执行功能通常是与政治动员紧密地结合在一起，运用大众舆论与宣传教育等政治社会化手段调动民众的对执行者及其政策的认同、支持和配合，从而加强政府的执行能力。这种依靠政治动员来实现政策执行的过程就是动员模式。

狭义的动员是指通过意识形态宣传发动群众参与政策执行过程，以此驱动政策的贯彻落实。①广义的动员不仅包括前者，更主要的是指在政府组织内通过意识形态或政治控制来驱动政策执行。也就是说，党通过在同级政府中设立相应的党组织机构，通过保留任命政府官员的权力、提出政策路线

---

① 胡伟：《政府过程》，浙江人民出版社，1998年，第312~313页。

和否决政府决策的权力,促使政府官员按照党的指示执行政策。在狭义的动员模型中,由党认定并得到广大群众拥护的意识形态目标具有刚性特点,政策执行者必须无条件拥护,并加以贯彻。如改革开放前的"大跃进"运动、改革开放后的"以经济建设为中心"路线。广义的动员模型假设,即便在改革开放后,中央与地方在经济、行政上实行了分权,但中央通过贯彻"党管干部"路线,依旧有足够的资源和权力,在必要时促使地方在政策执行时与其保持一致,这就是基层政府在执行政策时面临着压力型体制。①

中国的政策过程是一个典型的"群众–领导–群众"的过程。②决策过程是领导者将群众的分散的无系统的意见集中起来,经研究后化为集中的系统的意见,并找出解决问题方法的过程;政策执行过程则是领导者回到群众中去宣传解释政策,使政策转化为群众的认识,带领群众执行下去,并在群众实践中检验政策是否正确,然后再从群众中集中起来,修正、完善政策,再到群众中坚持贯彻的过程。

由此观之,与官僚模式不同,动员模式的独特之处正在于,它不是决策者待字闺中、群众被迫无奈要求决策者回应的单向参与模式,而是首先由决策者主动走向群众、与群众打成一片到了解群众的真实需求,从群众中形成主张并修正主张,然后再向群众做耐心细致的说服与情感工作,最后转化为群众的自觉行动。这是一个学习型决策与自发性执行的过程。

(三)博弈模式

虽然动员模型较好地反映了中国政策执行的特殊性,但它却难以解释中国在政策执行中出现的"上有政策、下有对策",以及"悬而未决""不断反复"的现象。而博弈模式恰如其分地给出了比较合理的解答。

博弈模式的核心观点认为,中国的公共政策执行是决策者与执行者、执行者与执行者之间基于各自利益之上进行的博弈过程。由于中国改革进程中不断强化的分权趋势,决策者已经逐渐失去了对执行者的控制,政策的执行结果是参与者讨价还价产生的。从 20 世纪 90 年代中期的分税制改革中央与地方的一对多的博弈,到国务院房价调控政策的苍白发声和被遗落,地

---

① 参见荣敬本等:《从压力型体制向民主合作体制的转型》,中央编译出版社,2001 年。

② 宁骚:"中国公共政策为什么能够成功",《新视野》,2012 年第 1 期。

方与中央在决策执行上的博弈体现得尤为突出。

需要明确的是,我国决策执行中的博弈是有别于西方的,西方政策执行博弈嵌入的背景是竞争性政党政治和压力型利益集团政治,我国是中国共产党长期执政。即便如此,西方国家有相对稳定的政策执行结构(政策网络),其博弈结果具有较强的可预期性和可管理性。而中国政策执行中的博弈是在不断变化的政策执行结构中进行的。博弈的形式和产生博弈的原因具有多样性。中国政策执行的博弈形式既可以是有秩序的,也可以是无秩序的。①

三、决策执行的过程

(一)动员宣传

政策动员和宣传是决策执行的重要环节,更是确定政策目标实现的重要手段。它的主要路径包括传达文件、电视电话会议、传媒宣传、动员大会等,目的是赢得决策执行的理解和认可,促进决策的顺利执行。动员宣传可以分为两个方向。从内部取向看,它反映的是政策制定者和执行者,上级和下级之间,通过内部动员实现政策目标的逐级分解;从外部取向看,就是动员目标群体,即群众动员。②

从政策执行现实看,政策动员和宣传是"为了推动既定政策的落实,促进政策执行活动的顺利进行,在行政组织的主导下,调动社会各个方面的力量,运用各种信息传播方式,从思想观念和心理意识层面对相关的政策对象进行说服、告诫以及鼓励等活动,以促使其自觉、自愿地服从相关政策的安排,遵从、配合政策的规范性要求"③;从实践效果看,社会建设目标的实现,总是依赖于一定的动员。例如,美丽乡村是党的十八大以来我国推进生态文明建设的重点工程,地方政府强有力的动员有效回应了中央的顶层设计,使得美丽乡村建设不断深入人心,使得中央提出的政策落实到基层。

---

① 龚虹波:《执行结构 – 政策执行 – 执行结果——一个分析中国公共政策执行的理论框架》,《社会科学》,2008 年第 3 期。

② 樊钉:《完善政策宣传机制的思考》,《华南理工大学学报》(社会科学版),2014 年第 2 期。

③ 杨正联:《政策动员及其当代中国向度》,《人文杂志》,2008 年第 3 期。

（二）政策试点

政策试点作为一种政策工具，是中国式决策执行的核心机制，是我国特有的一种政策测试与创新机制。它记录着我国改革开放的很多重要进程，是一种被较为频繁使用的政策工具之一，一直被党和国家领导人高度重视，并且形成一套成熟的认识论和方法论。在整个改革开放阶段，政策试点无处不在。比如早在 1984 年首批沿海开放城市的设立，又如 2014 年 12 月 2 日，中央全面深化改革领导小组第七次会议审议了《关于农村土地征收、集体经营性建设用地入市、宅基地制度改革试点工作的意见》。自此，农村土地制度改革"三箭齐发"，在全国 33 个试点地区分类进行。①

所谓政策试点，指的是凡属影响持久、深入、广泛的大型公共决策，在可能的情况下，要选择若干局部范围（如单位、部门、地区）先试先行，然后在总结经验的基础上，再形成整体性政策或者再全面铺开实施政策这样一套做法。而一个典型的政策试点过程可以分为三个阶段：首先是前试点阶段，在该阶段，上级政府确定政策目标，但尚没有完整的政策内容与工具，因此给了下级政府较大自主空间；第二个阶段是试点阶段，上级政府的政策要求与下级政府自发进行的政策试验形成共同推进的态势，此时上级政府提出了较为清晰的政策内容，但更为具体的政策工具仍在摸索中；第三个阶段是试点结束阶段，未通过试验的政策到此终止，通过试验试错、积累了经验、统一了思想的政策，转入实质性的实施阶段。②

从几十年的发展经验观之，政策试点为改革节约了成本，因试错而极大地降低了决策失误的风险，为决策完善和纠错有效保留了回旋的余地。与此同时，作为一种政策创新机制，试点也不断激励着改革中更多创新的涌现。当然，试点也有效地调和了改革的迫切性和渐进性之间的矛盾，"既避免了可能因追求高目标而导致的急躁冒进，也避免了因强调渐进性而可能出现的保守性"③。

---

① 《"三项试点"政策回顾及成效》，《中国青年报》，2017 年 9 月 6 日。
② 刘伟：《政策试点：发生机制与内在逻辑》，《中国行政管理》，2015 年第 5 期。
③ 宁骚：《政策实验与中国的制度优势》，《学习时报》，2014 年 2 月 17 日。

(三)执行过程中的指导监督

指导监督,是为了政策顺利执行,提高执行的质量,促进决策目标的实现而进行的一系列安排。决策的落脚点在于有效的执行,有效的指导和监督能够强化执行力,提升决策的实效。

长期以来,党和国家的决策在贯彻执行过程中,常常会出现变形走样的情形,如政策流于形式,政策被肢解,选择性执行、替代性执行,甚至是不执行等。政策变形走样,不仅使政策本身遭到了破坏,还损害党和中央的权威,危及政府的公信力。

从这个意义上讲,有必要强化和健全决策执行过程中的指导监督机制,以便于及时跟踪反馈,捕捉决策执行走样的征兆,努力将其引导到正常的轨道上来。

(四)执行中的修正、调整或终止

美国学者林德布洛姆的渐进主义决策模型指出,渐进决策就是决策者在现有的合法政策的基础上,通过渐进的方式对现有政策加以修订,通过积少成多的方式稳定地实现政策目标。决策执行过程中,所处的环境、政策对象、政策问题等都有可能发生不同程度地改变,因此需要在对决策执行进行监督的基础上,及时反馈执行的效果以及执行中的变化,以便于修正、调整甚至终止某项政策。

例如世界卫生组织、国际烟草控制政策评估项目(ITC 项目)和中国疾病预防控制中心 2015 年 10 月联合发布的《中国无烟政策——效果评估及政策建议》中指出,国家和地方在 2015 年之前出台的无烟政策,并未显著减少公共场所的烟草烟雾。为此,2016 年我国先后出台多项控烟政策的顶层设计和地方控烟法规。如 2016 年 3 月公布的"十三五"规划提出"大力推进公共场所禁烟";10 月,中共中央、国务院印发《"健康中国 2030"规划纲要》,提出了明确的控烟方略:"全面推进控烟履约,加大控烟力度,运用价格、税收、法律等手段提高控烟成效。深入开展控烟宣传教育。积极推进无烟环境建设,强化公共场所控烟监督执法。推进公共场所禁烟工作,逐步实现室内公共场所全面禁烟。领导干部要带头在公共场所禁烟,把党政机关建成无烟机关。

强化戒烟服务。到 2030 年，15 岁以上人群吸烟率降低到 20%。"12 月，国务院印发《"十三五"卫生与健康规划》提出："全面推进控烟履约工作，加快控烟立法，大力开展无烟环境建设，全面推进公共场所禁烟，强化戒烟服务，预防和控制被动吸烟。健全健康素养和烟草流行监测体系，15 岁以上人群烟草流行率控制在 25% 以下。"截至 2016 年年底，全国共有 18 个城市制定实施了控烟相关立法。[①]

(五)政策效果评估

政策效果评估是决策执行不可或缺的一个环节。只有通过科学的评估，才能判断一项政策的执行是否达到了预期的目的和效果。只有通过对政策的评估，政策的调整才具有基础。当然，只有通过政策效果评估，政府才能从政策执行中总结经验和教训，为将来的决策制定和执行提供有益的借鉴。

决策是政府有选择的治理行为，决策涉及价值和利益的分配，正因如此，政府决策关系相关主体的价值和利益分配。如近年来的电信提速降费、大气污染治理、城市垃圾处理等政策议题无不牵动各方神经，备受社会公众的关注。当前政策评估以上级部门评价为主，以公众满意和独立机构评估为辅。

思考题：

1.结合相关知识分析我国的决策机制。
2.简述政府工作报告的形成过程。
3.怎样理解宪政结构具有执行性？
4.决策的实行需要经历哪些过程？

---

① 张小乐、陈辰："2016 年中国控烟履约进展报告"，《东方烟草报》，2017 年 6 月 1 日。

第十一章　政府信息与电子政府

第一节　政府过程与信息资源

一、信息对政府过程的价值

　　愈是现代化的政府体系，信息的流动过程在政府过程中的地位就愈益重要。正因为如此，政治学家卡尔·多伊奇将发挥政治沟通作用的信息传输网络称为"政府的神经"①。信息流动在政府运行中发挥着"政府神经"的作用，它贯穿于政府过程的各个环节，对于政治体系的正常运转关系重大。我国自20世纪80年代中期中央决策层提出"决策科学化和民主化"以来，政府政务信息工作重新获得重视。

　　政务信息是信息的一个重要门类，是政务活动中反映政务工作及其相关事物的情报、情况、资料、数据、图表、文字材料和音像材料等的总称。政务信息应当同时符合三个条件，一是由政府机关掌握的信息，是指政府机关合法产生、采集和整合的；二是与经济、社会管理和公共服务相关的信息，三是由特定载体所反映的内容。随着电子政府的发展以及政府信息化程度的不断提高，在政府过程中需要不断吸纳新的信息技术，以提高政府决策的科学性与规范性，成为提高政府办公效率、促进经济发展的关键。政府过程的核心概念是意见表达、意见综合、决策和决策的施行，这是一个前后衔接、渐次推进的环节，是一个动态的过程，这其中，也包括政务信息传输过程与监督

---

① 朱光磊：《当代中国政府过程》，天津人民出版社，2011年，第167页。

过程。信息在政府过程中的价值主要表现在如下方面。

（一）意见表达与意见综合

1.信息是意见表达的来源

第一，信息是零碎化的资源，尤其是在网络化的时代，信息资源如果不被整合利用，并不能发挥其应有的价值。如果把信息看作一个具体的事物，那么意见表达就是描述出这个具体的事物，而意见综合就是将该事物"推销"出去，只有将信息传达至决策层，意见表达才能发挥其应有的价值。因此，信息是意见表达的来源，是意见表达的敲门砖和垫脚石。

第二，没有信息资源，就没有意见表达。一个没有做过调查研究，没有确切数据信息的意见表达，将是一个毫无意义的意见表达，并不能为政府决策做出任何有益的探索。民主的实现离不开公民的表达和参与[①]，但是考虑到现实政体的规模以及效率等因素，实现全体公民的直接参与和表达是不可能的。

第三，由客观可靠的信息资源支撑的意见表达，将是通往国家决策圈的"桥梁"，意见表达只有接近了"政府"，才有可能发挥其实际意义，否则空口说白话，没有任何实用价值的意见表达将一无是处。

2.信息是意见综合的基石

第一，在我国现代化建设中，针对经济和社会发展过程中出现的新问题、新情况，各级政府需要大量的、真实的、具有前瞻性的信息，以了解情况、制定决策、指导工作。信息工作做得好不好，提供的信息及时不及时、准确不准确、全面不全面，将直接影响上级的决策以及对全局工作的领导。

第二，信息资源决定了意见综合的可靠性，意见综合决定着决策的可行性。一个成功的决策，应当是能够让许许多多的人产生接近感，即达到政治认同。具体地说，在遵守正常民主与法治程序的条件下，意见综合往往能在很大程度上确定决策的基调，并影响着政策的实质性内容，甚至决策的结果。[②]

①　邵娜：《网络时代意见表达结构及其社会治理效应》，《理论月刊》，2015 年第 5 期。
②　朱光磊：《当代中国政府过程》，天津人民出版社，2011 年，第 92 页。

(二)政府决策选择

1.决策的效能取决于信息的掌握

第一,从信息管理的角度讲,决策过程也是信息的收集、加工、利用、传播过程。政府决策的效能与政府掌握的信息情况成正比。但与其他决策活动所不同的是,政府决策行为并不是单一的政府管理行为,而是管理行为与政治行为的统一,即需要真实吸纳社会信息需求,反映社会利益需要,并加以整理输出以保持社会的正常运转,这是由政府决策的政治性功能所决定的。

第二,有效信息有助于减少决策中的不确定性。在做出决策前,收集大量的信息,罗列出可能出现的情况与不确定因素,从而做出至少两种决策方案。减少信息的不对称性,或者由于隐匿信息等因素对政府决策造成的影响。

2.信息资源有助于政府做出最优决策选择

西蒙认为,并不存在真正意义上的"客观理性"或"绝对理性",因此我们不该把建立在"绝对理性"基础之上的"最优化准则"作为决策的准则;相反,我们在决策时由于没有求得"最优化"的才智和条件,只能满足于"令人满意的"这一准则。①这里所说的"令人满意的"这一准则就是最优决策选择。信息资源有助于政府做出最优决策选择。

第一,政府决策是有限理性决策,通过搜集到的信息增加决策的可操作性,减少不确定性。第二,有效信息有助于降低做出错误决策的可能性。电子政府时代,信息的互通有无,可以有效消除信息壁垒,构建信息共享平台,加强信息的流通,打破"私有部门"独霸信息资源的局面。第三,有效信息有助于明确决策实行的背景,即同一个决策是否能适用于不同的地区或者是不同的事件,有效决策是否能出台。在政府决策中,通常存在着相互博弈的利益共同体。马克思指出:"人们奋斗所争取的一切,都同他们的利益有关。"②在利益的博弈过程中只有双方达成一致,决策才能出台。

---

①　丁煌:《西方行政学说史》,武汉大学出版社,2004年,第181页。

②　《马克思恩格斯全集》(第2卷),人民出版社,1995年,第82页。

（三）政府决策执行与监督

1.信息资源有助于减少决策执行中的偏差

第一，决策中最重要的是执行环节，一项好的政策不一定能得到良好的效果，这取决于是否得到了较好的贯彻执行。在决策执行过程中，为了避免政策流于形式，避免"上有政策，下有对策"的情况发生，信息的流通愈加重要。

第二，在政策下达后，如何贯彻执行，政策的执行回馈与追踪等，这都是至关重要的信息。信息在于向人们反映客观存在，增加决策执行的正确性、针对性和有效性，减少决策执行中出现偏差的可能。

第三，从目前我国政府决策过程的实际运行情况看，政府与公众都处在有限理性状态，信息分布不均、不对称现象严重，政府决策的实际功效未能充分发挥。在不同的决策阶段，信息不对称因素对政府决策的实际影响都是非常大的。

2.信息资源有助于提升监督意识与监督能力

政府决策执行过程中出现偏差的一个重要原因是行政监督不力，而信息资源的获取，尤其是电子政府的应用，信息的网络化，将强化行政监督，减少决策执行偏差，有效防止政府决策执行背离初衷。第一，有效的信息有利于建立共享的信息网络平台，增加了监督的渠道，简化了监督的成本与流程。第二，传统行政监督主要是通过电话、信件等方式进行，这给检举者的人身安全带来一定的困扰。电子政府的发展，信息逐渐网络化，监督平台与渠道更加多样化与透明化，避免了监督反馈信息在传输过程中失真乃至被截断的现象，同时，可以有效保障监督者的合法权益，保障其人身安全。政府的行为应受到公民和社会的公开的审查和监督，政府施政的结果需受到公民和社会的评估。①

二、信息对政府过程的影响

政务信息是信息的一个重要门类，是政务活动中反映政务工作及其相

---

① 张成福："开放政府论"，《中国人民大学学报》，2014 年第 3 期。

关事务的情报、情况、资料、数据、图表、文字材料和音像材料等的总称。[1]随着电子政府的发展以及政府信息化程度的不断提高，在政府过程中需要不断吸纳新的信息技术，以提高政府决策的科学性与规范性，成为提高政府办公效率、促进经济发展的关键。政府过程的核心概念是意见表达、意见综合、决策和决策的施行，这是一个前后衔接、渐次推进的环节，是一个动态的过程。信息在政府过程的发展中具有重要的影响，根据互联网信息的发展，政府网站的建立将信息对政府过程的影响分为以下三阶段。[2]

(一)技术导向阶段

信息技术的快速发展为世界各国政府公共服务和管理手段的创新提供了广阔的空间。政府网站正是在互联网技术广泛应用背景环境下出现的新生事物。信息的快速发展与政府网站的出现，使得政府过程也有了一个新的进展。我国政府积极顺应信息时代的发展潮流，统筹部署国家电子政务工作，利用先进的信息技术手段提高管理和服务能力，改进政府服务的新方式。

1.主要特征与起止时间(1998—2005年)

电子政务初期，信息多以静态方式呈现，收集慢，利用率低，故而称为技术导向阶段，即在该阶段信息对政府过程的影响仅仅停留在技术层面，信息单纯通过技术手段显示出来。这个阶段政府过程的发展主要有以下特征：第一，政府网站的建设，政府过程中信息的使用依赖于政府网站的建设，该阶段政府网站建设成为国家电子政务工作的重要组成部分。[3]各级政府网站拥有率快速提升，政府网站如雨后春笋般的从无到有，成为社会享受电子政务服务的重要接入渠道。第二，在信息发展的初级阶段，政府网站首先需要解决的是技术问题，政府过程的发展对信息的依赖度仍然较低。技术平台规划设计、网络基础设施建设、硬件和软件系统选型与部署等工作在政府网站建设中占有较高比例。第三个特征是政府的服务、互动的功能有待明确，通过信息链接建立的政府网站仅能实现基本信息呈现功能，信息的有效流动仍

---

[1]　朱光磊、周望：《在转变政府职能的过程中提高政府公信力》，《中国人民大学学报》，2011年第3期。

[2]　张向宏、张少彤、王明明：《中国政府网站发展阶段论——政府网站理论基础之二》，《电子政务》，2007年第3期。

[3]　杨雅芬、李广建：《电子政务采纳研究述评：基于公民视角》，《中国图书馆学报》，2014年第1期。

然处于停滞状态。此外,政府网站间缺乏内容保障联系,缺乏对信息资源的深度整合。

1999年年初,在政府上网工程的倡导下,我国政府网站拥有率有了明显提升。2001年前后,随着《中共中央办公厅国务院办公厅关于转发〈国家信息化领导小组关于我国电子政务建设指导意见〉的通知》(中办发[2002]17号)的下发,我国政府网站建设全面进入技术发展阶段;到2005年年底,我国国务院部委及直属单位网站拥有率达到96.1%,地方政府网站平均拥有率达到81.3%,标志着我国政府网站发展的初期技术准备工作基本完成。初期政府网站的建立,为信息的流通与整合奠定了基础,信息对政府过程的影响也在逐步加深。

2.贡献与意义

技术导向阶段是政府网站发展的重要启蒙阶段,奠定了政府网站的系统平台基础和组织人力保障,其重要贡献与意义表现在两个方面:一是政府网站解决了从无到有的问题,政府在公共服务和公共管理的方式上具有进一步创新的可能性与物质条件。二是使各级政府公务员的信息化素质与应用技能显著提高,为政府日常工作的信息化创造了条件。

(二)内容导向阶段

行政体制改革、政府职能转变与管理方式创新,进一步推动了我国政府网站的发展。党中央和国务院大力推进政府职能转变进程,提出建设"透明、服务、民主"型政府的要求。我国各级政府纷纷将政府网站建设作为政府职能转变与公共管理和服务方式创新的重要举措,"政务信息公开、公共服务和公众参与"的政府网站三大功能定位形成普遍共识,政府网站的发展重点开始解决信息和服务数量多与少的问题。我国政府网站整体上进入了内容导向的关键发展阶段。

1.主要特征与起止时间(2005—2010年)

内容导向阶段,电子化发展深入,更注重与用户的互动,信息对政府过程的影响加大,更注重内容的传输。其主要特征体现在以下两个方面:

第一,在发展方向上,"信息公开、在线办事和公众参与"的政府网站三大功能定位已形成普遍共识。电子政务建设成为国家推进政府管理创新、构建社会主义和谐社会、提高党执政能力和政府行政能力的重要手段。政府网站的建设目标也逐步得到统一，各地方、各部门虽然具有不同的实际情况和职能特点，但政府网站发展方向一致性地定位在推进政府职能转变和管理方式的创新上。政府网站的功能定位达成高度的普遍性的共识，即政府网站是政府行使职能的平台，应当同时做好政务信息公开、在线办事、公众参与等三方面的内容建设。

　　第二，在工作重心上，政务信息的规范性显著加强，在线办事和公众参与的内容比例大幅度提升。政府网站建设工作重心由技术开发转到网站内容的梳理与策划上。各级政府、各个部门有针对性地梳理各自业务，紧密围绕政府职能明确政务信息的公开内容及保障措施，明确面向社会提供的行政管理与公共服务事项，设立一系列公众参与专题专栏，受理公众咨询投诉意见，调查社情民意，引导公众积极参与政府的公共政策制定过程。政府网站在线办事服务事项数量的激增，以及政府网站互动交流渠道的健全完善，成为政府网站内容建设阶段的重要特征。

　　根据中国软件评测中心2010年发布的中国政府网站绩效评估结果可知，虽然政府网站建设已经颇具规模，定位也逐渐明确，内容不断丰富，网站质量也在不断提高，但是政府网站提供的内容与民众的需求存在一定的差距。据该中心调查结果显示，只有15.8%的受访者对政府网站表示"满意"，与之相比，表示"很不满意"的占比高达78.5%。由该结果可知，各级政府网站建设仍然停留在内容导向阶段，与服务型政府建设的要求、与民众的实际服务需求存在着较大的差距。[①]

　　2.贡献与意义

　　"内容革命"是政府网站发展过程的中级阶段，其重要贡献与意义表现在三个方面：第一，统一思想，即明确政府网站是促进政府职能转变与管理方式创新的重要举措，明确政府网站"信息公开、在线办事、公众参与"的主要功能定位。[②]第二，完善机制，即形成子网站模式，加强政府网站体系建设与内容保障，建立科学合理的建设与运行维护机制。第三，大幅提升了可用性，即政府网站的功能主体得到充分发育并逐步完善，能够承载起各类企业和社会公众"找政府服务"的实际需求，政府网站架构日趋完善，功能不断丰富，具有越来越突出的实用价值。大量信息和服务接受用户的挑选与评判，

---

　　① 张连夺等：《2010年中国政府网站绩效评估结果分析》，《电子政务》，2011年第1期。
　　② 王敬波：《政府信息公开中的公共利益衡量》，《中国社会科学》，2014年第9期。

为政府网站全面推广应用开创了良好的局面。

(三)服务导向阶段

经过内容建设阶段的发展,政府网站的信息与服务极大丰富,已经成为名副其实的电子政务公共服务平台, 具备了承载大多数用户复杂公共服务需求的能力。在此背景下,推广政府网站应用和服务,使政府网站能够被广大企业和社会公众所认知,并不断提高用户对电子政务的满意度,将成为政府网站进一步发展和前进的方向。我国政府网站建设必将进入以"服务为导向"的成熟阶段。

1.主要特征

在服务导向阶段,信息做到公开,信息流集聚快,各种 App 层出不穷,对政府过程具有冲击性。其主要特征表现在三个方面:

第一,从服务对象角度看,政府网站已经成为普遍性的服务渠道,内容和功能得到大多数企业和社会公众的广泛应用, 成为生产生活中不可缺少的重要平台性工具,并且通过加大对各类用户的宣传和培训工作,政府网站功能基本能够得到充分发挥。

第二,从网站内容角度看,政府网站的信息和服务已经极为丰富,不仅包括政府行政职能范围内的事项服务, 也覆盖到大多数用户日常生产生活所需的各类公共服务,特别是信息查询服务和在线申报、交易等事务处理性服务,访问量和处理业务数量大幅度提高。

第三,从电子政务建设角度看,电子政务促进政府业务流程改造和职能转变的作用得到充分发挥,"电子政府"的实现已经拥有坚实基础;而政府网站则完全体现了电子政务"立党为公、执政为民"的服务宗旨,成为遵循以人民为中心的思想搭建起的"电子政府"的最直接体现。

2.贡献与意义

经过服务导向阶段的发展, 政府网站将在内容质量不断完善提高的过程中带给用户"电子政府"的全新感受。服务导向阶段对政府网站的发展重要贡献与意义体现在三个方面。第一是最大限度地实现了政府网站的核心价值——为用户提供高认知度、高满意度的公共服务,使政府职能转变的目标与满足用户实际需求的建设工作高度统一。①第二是确保政府网站具有持续的生命力——只有始终坚持服务导向，才能使企业和社会公众想用、爱用政府网站，为政府网站发展注入持久动力。第三是改善和提高政府形象与效能——政府网站真正体现政府管理方式创新的重要成果，展示建设社会主义"和谐社会"的重要成就。

三、政府过程发展的理论基础

电子政务是信息时代政府再造的理性选择，信息时代的政府再造和电子政务关系密切：电子政务是政府再造的重要手段和推动力，而政府再造又必须为电子政务建设建立坚实的基础②，二者的有机结合可以更好地实现政府再造的重要目标，最终建立一个适应信息时代要求的政府治理模式。

(一)政府再造理论

电子政务建设的实质是对工业时代的政府形态的再造，即利用信息技术构造出更适合信息时代的政府治理模式，建立一个更精干、更有效率和效能、更具服务精神的政府，从而促进政治、经济和社会的全面发展和进步。

1.政府再造

伴随着全球化、信息化、市场化以及知识经济时代的来临，20 世纪的最后二十多年，西方各国进入了公共部门管理尤其是政府管理改革的时代。无论是北美、欧洲国家，还是在澳大利亚、新西兰和日本，都相继掀起了政府改革的浪潮(在新兴工业国家和大部分发展中国家也出现了同样的改革趋势)。在这种背景下，再造理论被引入政府改革当中，"政府再造"被提出并加以运用。③

"政府再造"一词，在很大程度上标志了当今人们在行政改革问题上的观念更新，也就是通过"再造工程"去重塑社会，以引导、管制及控制经济、社会的发展。应当说，政府改革是一个系统工程，必须全方位、多层次推行，单

---

① 沈亚平、许博雅："'大数据'时代政府数据开放制度建设路径研究"，《四川大学学报》(哲学社会科学版)，2014 年第 5 期。

② 孙国民："转型期中国电子政务发展模式研究"，《中国科技论坛》，2013 年第 9 期。

③ 孙国民："转型研究的三个层面——兼论政府再造"，《中国经济问题》，2013 年第 5 期。

靠某一方面、某一层次或领域的改革是不能奏效的。以往历次机构改革的效果之所以不理想、不成功,一个重要原因就在于改革往往局限于机构和人员的裁减,忽略了其他方面的配套改革。根据西方政府再造的经验,组织重建仅仅是政府再造的一个方面,必须辅之以流程重构、职能转变和管理方式的更新。

政务流程再造(Government Process Reengineering,GPR)是在企业流程再造(BPR)的基础上提出的一种政府业务流程再造,其基本理念仍是以业务流程为关注对象,根据政府管理流程的特点进行具体的应用。政务流程再造的观点提出由来已久,以拉塞尔·林登的《无缝隙政府》为代表,学术界希望将企业管理中"流程再造"的基本原理应用于传统政府组织结构的革新,克服层级过细、分工僵化、各自为政、忽视公民需求等弊病,围绕过程和结果,而不是职能和部门开展政府的业务,以提高工作效率和公共服务的水平。

因此,在转轨时期以及加入 WTO 的背景下,政府再造的本质乃重视改革的系统配套,将组织重建、职能转变、流程重构和管理方式更新有机地结合起来,全方位推进行政体制改革。在民主政治理念深入人心的今天,随着公民社会的发展和成熟,公民对政府的期望已经变得越来越明确。再造理论的引入,能够为政府满足公民的期望提供新的理念、方法和途径。[①]为满足公民的期望,必须根据变革时代的条件,高度重视政府的组织结构,对政府管理的流程进行再造,推动"以公民为导向、重视服务和绩效、强调流程整合"的理念在政府改革中的实践。

2.发展电子政务必须以政府再造为基础

发展电子政务,必须转变传统的行政理念,对政府的职能进行重新思考,并对政府的组织结构和业务流程进行重新设计,在此基础上进行电子政务建设。

电子政务的一个重要特点是它打破了传统的政府职能分工,使政府不同部门的服务能够做到有机集成,为公众提供一体化服务,这就需要对政府的职能进行重组,将相关业务按公众的需求组合起来,以便政府部门之间需要进行跨部门的合作。[②]

电子政务的实施是一项复杂的系统工程,随着其应用的不断深入,政府

① 陈振明:"政府再造——公共部门管理改革的战略与战术",《东南学术》,2002 年第 5 期。

② 刘叶婷、唐斯斯:"大数据对政府治理的影响及挑战",《电子政务》,2014 年第 6 期。

管理的各个环节都将面临深层次的改革，而政府业务流程的重组是其重要内容。电子政务建设不能只注重信息手段的运用，而忽视政府业务流程的再造。电子政务建设将力图把许多传统的各自为政的政府职能部门有机地结合在一起，对传统的政府业务流程进行根本性的思考，并进行彻底的重新设计，使之更符合电子政务的发展要求，使政府业务的处理效率大大提高。

（二）一站式服务理论

1.一站式服务的内涵

"一站式"是一种新型的服务模式，它所提供的集中性、一次性和一体化的服务方式与政府以往的服务方式有显著的区别。在此要特别指出的是，国内有学者将公民通过政府门户网站获得一体化服务的方式称为"无站式"服务，以此同实体的服务机构提供的"一站式"服务相区别。实际上，此种说法和"一站式"模式并无本质区别，无论政府提供一站式服务的窗口设置在何处，其服务都需要由政府各部门来提供，只要这种服务模式可以一步到位地提供服务，就应视为是"一站式"服务。①

2.一站式政府

20 世纪 70 年代，商业领域的一站式服务模式被引入公共部门。进入 20 世纪 80 年代，政府一站式服务实践在发达国家得到了快速发展，尔后，中国等一些发展中国家也开始尝试运用这种模式提供公共服务。特别是在最近十年的发展中，一站式服务已成为政府提供服务的主导模式。尽管如此，现的的政府一站式服务实践仍处于一站式政府建设的初期阶段，构建一站式政府目前还是政府在信息时代的核心任务和远景目标。

玛丽娅·温默（Maria A. Wimmer）认为："一站式政府是在现行电子政府实践基础上的重要发展。它是指不同的公共部门提供电子服务和信息的单一站点。"她认为，构建一个一站式的电子化公共服务平台十分必要，这个平台就是国家一站式政府门户网站，并强调通过一站式政府门户网站建设，进而构建一个网上一站式政府。玛丽娅·温默认为："网上一站式政府要求所有公共权力机构进行互联，并使客户（公民、民营企业或其他公共机构）能够通过一个单一的访问点获得公共服务，即使这些服务是由不同的公共权力机

---

① 张锐昕、刘红波："一站式政府的逻辑框架与运行模式"，《电子政务》，2011 年第 5 期。

构或私营服务提供者所提供的。"玛丽娅·温默对一站式政府这一概念进行界定的特殊之处在于,她将"单一站点"的"站"狭义化,单指政府门户网站,另外,她没有单纯地将公共服务的提供者定位在政府部门,而是认为应同时包括私营服务提供者,这对一站式服务的服务主体有了更深层次的认识。①

(三)政策工具理论

第一,政策工具目前已经成为公共管理和政策科学的重要研究领域,无论是学术界还是实践界,在公共行政学还是政策科学领域,政策工具理论都以其强大的解释力和广泛的应用性获得了普遍关注。②政策工具研究的核心就是"如何将政策意图转变为管理行为,将政策理想转变为政策现实"③。基于政策工具层次的宽泛性,政策工具有时候与政策本身难以泾渭分明:特定的政策工具从某一层面上看是一项政策,但从更高层面看又只是上层政策的一个工具;从另一角度看,政策(政府)工具既指政府用于改善内部流程和管理方式的机制,又包括政府提供公共管理和公共服务的机制。

第二,政策工具作为政策研究中的焦点问题,相关研究可追溯到 20 世纪 50 年代中期,兴起于 80 年代,90 年代得到了快速的发展。1983 年,胡德完成出版的《政府的工具》是该领域最具代表性的著作。之后,经典研究著作《公共政策工具———对公共管理工具的评价》和《政府工具———新治理指南》的出版推动了公共政策工具研究的快速发展。伴随着研究的深入,学者们对政策工具的认识随之加深,他们认为公共政策工具是政策分析中在工具理性层面上的发展与深化,是公共政策制定者政治博弈的结果,它反映了政策的延续性,并非是单纯的技术行为。美国学者奥斯本和盖布勒在《改革政府》中将政策工具比喻为政府的"箭",充分肯定了政策工具在政策实现过程中的重要作用。④

①　刘红波:《一站式政府的概念解析与角色定位》,《电子政务》,2012 年第 8 期。

②　黄红华:《政策工具理论的兴起及其在中国的发展》,《社会科学》,2010 年第 4 期。

③　陈振明、薛澜:《中国公共管理理论研究的重点领域和主题》,《中国社会科学》,2007 年第 3 期。

④　宁甜甜、张再生:《基于政策工具视角的我国人才政策分析》,《中国行政管理》,2014 年第 4 期。

第二节　政府过程中的信息公开

一、政府信息的类型及表现

信息资源作为一种组织的资源和财富，在电子政府的建设与运行过程中具有十分重要的意义。政府信息，就是政府在其运行过程中汇总输入和输出的各种信息之和。在中国，具体地说，政府信息是指执政的中国共产党和中国国家机构的各个组成部分在运行过程中从社会生活中获取的各种信息，它们是政府发出的各种决策、执行信息以及接受的各种信息反馈的综合。目前看来，政府信息有以下类型。[①]

(一)按照信息的形成过程划分

根据信息资源的形成过程，可以将政府信息分为两大部分：第一部分是传统政府部门在政府管理活动中形成的各种历史记录和文件信息，包括各级政府颁布的法律法规、政策、各种统计信息等。这部分信息虽然在传统政务管理活动中产生，但是可以转化为数字化格式，成为电子政府信息资源的组成部分。第二部分是在电子政府环境下政府部门在各种政府活动中形成的各种电子化、数字化的政府信息。

以中华人民共和国国家发展和改革委员会网站(http://www.ndrc.gov.cn/)为例，可以看到国家发展和改革委员会的相关政策、公告，发展改革信息等。时政要闻、工作动态以及地方动态等信息都属于前者，这些信息一般是在传统政府活动中产生；而通过电子政府系统如政务服务大厅等产生、传递的信息，是直接以数字化形式存在的信息，属于后者。另外，主任信箱、意见征求、网上公示及调查、网上信访等栏目下产生的信息资源也属于后者。

---

① 参见卢益清、李忱：《我国电子政务信息资源的基本类型与模式分析》，《情报杂志》，2006年第12期。

(二)按照信息的来源渠道划分

根据电子政府信息的来源渠道,可以将政府信息分为上级信息、平行信息、下级信息、内部信息、外部信息、社会信息和国际信息。

上级信息是指来源于上级机关、部门的信息。包括党中央制定的路线、方针、政策、指令、指示;党和国家领导人及上级主管部门负责人的带有指导性意义的讲话;上级党政机关制定的政策性指令,印发的文件、报刊、简报等内部刊物等。上级信息资源所提供的信息一般政策性较强,且具有一定的指导意义。这些信息实际上是直接指导各级领导机关工作的准则,是决策的重要依据。平行信息是指平行机关之间往来的信息,包括同级部门的工作动态、工作措施、政策规定、经验交流和情况通报,以及相互之间的批评、建议和要求等。如部委之间、级别大致对等的地方之间或者职能部门之间的信息往来。一般来说,各级政府机关对于平行部门在政治、经济、文化等方面的新思想、新成果等新的动态会给予高度重视,具有较高的学习价值。下级信息指来源于下级机关、部门的信息。

内部信息是指组织内部产生的信息,包括组织中的各部门,如人事部、组织部、纪委等,这些部门在工作中形成大量的诸如文件、报告、情况反映、工作活动、统计报表等有用信息,供领导人员分析组织的当前状况,以用于决策。外部信息是指在组织外部为组织活动提供信息,与组织自身的职责和外部环境密切相关,如同级政府部门、司法部门和其他有关的社会组织等所产生的信息资源。这些外部组织在政治、经济、文化、教育、科学技术等方面的新情况、新问题、新经验、新成果都是外部信息。各级政府可以通过外部信息资源进行横向比较、借鉴,找出自己的不足,制定新的政策措施,进一步做好本地区、本系统的各项工作。

社会信息是指为广大人民群众(不分民族、年龄、性别、职别、阶层的广大人民群众)提供多方面服务,反映他们的呼声、意见、要求以及各种社会形态的信息,包括各类调查材料、群众来信来访、各级政府机关提供的反映社会各方面情况的信息。其中也包括一些社会科学方面的研究成果。国际信息指来自国外的,与我们有关的政治、经济政策、管理信息、科技信息等。它包括世界政治、经济的现状与动向,国际市场信息,国外先进管理经验、先进技术和重大科技成果等。国际社会的有关信息在社会信息中所占的比例愈来愈高。

　　以中华人民共和国国家发展和改革委员会网站为例,可以看到:《中央定价目录》(2015 年第 29 号令)、《基础设施和公用事业特许经营管理办法》(2015 年第 25 号令)等信息,这属于上级信息;来自其他部委的信息属于平行信息;来自地方发改委的信息属于下级信息;国家发改委下设的政策研究室、发展规划司、经济运行调节局、地方经济司、西部开发司等发布的文件、报告、工作活动等信息属于内部信息;而其他的贸易发展局发布的文件、公告等相关的信息,属于外部信息资源;通过公众留言、公众邮箱、征求意见、网上调查等形式得到的电子政府信息,属于社会信息资源;而国外的贸易发展局、经济部等组织发布的、与经济发展规划方面相关的信息,属于国际信息资源。

(三)根据信息内容的时间划分

　　根据政府信息内容的时间划分,可以将电子政府信息分为历史信息、现实信息和未来信息。历史信息是指对上级制定的政策、指令,不仅要全面掌握现在的规定,而且要对历史沿革有一个比较深入的研究,了解过去与之相关的规定及其演变过程。现实信息是指党政机关当前制定的政策,颁布的法规、条例,公告以及文件等内容。未来信息是指根据以往和当前的现状,对未来做出预测的信息。

　　以中华人民共和国国家发展和改革委员会网站为例,可以认为,十年前发布的文件、公告、条例属于历史信息,当下颁发的文件、公告属于现实信息,预测未来经济走势做出的发展规划报告则属于未来信息。

二、信息公开

(一)信息公开概述

1.公开概述

　　"公开"的概念,根据《现代汉语词典》的解释,是指不加隐蔽,面对大家(跟"秘密"相对)。"公开"既可作形容词,也可作动词。在作形容词的情况下,

"公开"表明的是事物的一种属性，与秘密相对。在作动词的情况下，"公开"是主体的一种行为，即主体将某种事物公布于众。在《政府信息公开条例》中，"公开"意味着行政机关承担着三种形式的公开政府信息的法律义务，即公开出版或公布，设立查阅点或阅览室供公众阅读以及经申请人申请公开信息。

2.信息公开

关于政府信息公开的含义，学术界的认识也不尽一致。有论者从法律层面定义政府信息公开，认为它是指政府机关依照法定程序以法定形式公开与社会公众利益相关的所有信息，并允许公众通过查询、阅览、复制、摘录、收听、观看、下载等形式依法利用政府所掌握的信息的行为与制度。有论者从行政层面定义政府信息公开，认为政府信息公开即为"行政资讯公开"，指行政机关依照法定程序向公众和特定的公民提供有关信息的行为。[①]也有论者指出："政府信息公开的基本内涵是指政府应当将其所拥有、掌握的公共信息依照有关国家法律规定及时向公众公开"[②]，"政府信息公开就是政府在公共事务管理中掌握的公共信息，依法定的程序、范围、方式、时间向社会公开发布，以便全社会能够方便地获取、使用"[③]。上述研究者对政府信息公开含义的界定虽然视角不同，但都涉及政府信息、面向公众、公开程序、公开方式等构成政府信息公开的基本要素。

3.政府信息公开

政府信息公开是指政府机关依法通过各种方式公开其政务活动，公开其在履行职责过程中所掌握和控制的、与社会公众利益相关的信息资源，允许公众通过查询、阅览、收听、观看、摘录、复制、下载等方式，依法利用政府信息的过程。这一过程包括政府信息公开的决策、执行、监督、协调等一系列行为。此外，理解政府信息公开的含义，有必要将其与"政务公开"进行区别。很多时候人们经常将"政务公开"与"政府信息公开"不加区别地使用，但研究者普遍认为二者的含义有所区别。如张明杰在《开放的政府——政府信息公开法律制度研究》一书中认为："政务公开的内容是有关行政事务的事项，既有信息的公开也有行为的公开，信息公开是政务公开的一部分，是政务公

---

①　卢琳：《走出我国信息公开的困境》，《行政论坛》，2003 年第 7 期。

②　李忠昌：《政府信息公开与保障知情权的关系》，《新闻知识》，2003 年第 10 期。

③　洪伟：《论公民的知情权与政府信息公开》，《浙江师范大学学报》，2003 年第 5 期。

开的核心内容。"①更多的论者则认为,政务公开和政府信息公开是行政公开的两种主要制度形态,政务公开主要是指行政机关公开其行政事务,强调的是行政机关公开其执法依据、执法程序和执法结果,属于办事制度层面的公开;政府信息公开的内涵和外延要比政务公开更为广泛,不仅包括政府内部信息的公开,而且扩展到政府行使职权过程中所掌握的公共信息的公开。②这里所研究的是广义的政府信息公开,即政府依法向公民、法人或其他组织和个人公开其所掌握的、与社会公众利益相关的信息资源及政务活动。

(二)信息公开的基本原则和范围

1.公开原则

公开原则是指政府过程中要以信息公开为主,例外情况可以不公开,即涉及政府机密或法律规定不公开的内容外,其他内容都应做到公开透明。一方面保障公民获得政府过程中信息公开的权利,另一方面又避免政府机密泄露,做到"公开与例外"相平衡。如何做到公开与例外,这是一个值得深思的问题。首先,要遵守宪法中所规定的公开与不公开,即隐私权、商业秘密受保护的权利、国家保密权等,这些不得公开的内容可以使用例外原则;其次,要严格限制有权规定免除公开的政府信息的主体,严格限定只有较高层次的国家机关才有权规定哪些政府信息可以免除公开,如果每级政府都有权自己规定哪些信息应该公开,哪些信息应该保密,那么政府信息公开法就会变成政府信息不公开法;③最后,可以使用例外原则无须公开的政府信息应该是有明确规定的、而非模糊的、可以无限扩大的。

2.及时原则

政府过程中的信息公开应该做到及时原则,信息具有一定的时效性。政府应在最短时间内及时公开信息,从而使信息能够发挥最大的社会价值。如果拖延发布,信息将会失去原有的价值。因此,在政府过程中的信息公开要缩短从政府接收信息、公布信息以及民众接收到信息之间的时间,让民众可

---

① 张明杰:《开放的政府——政府信息公开法律制度研究》,中国政法大学出版社,2003年,第198页。

② 参见王勇:《政府信息公开论》,中国政法大学博士学位论文,2005年;颜海:《政府信息公开理论与实践》,武汉大学出版社,2008年,第5页。

③ 齐爱民:《电子化政府与政府信息公开法研究》,武汉大学出版社,2008年,第137~146页。

以第一时间了解政府过程中的新情况、新动态。

3.便民原则

信息公开要做到便民原则。政府过程中的信息公开是为了反馈政府过程,如果民众采取复杂的方式,将影响民众接收政府信息,减少信息价值。因此,政府公开的信息应该让人们很容易、很方便的获取。例如,通过电视、网络、广播、微博等方式就能方便民众了解信息。在互联网时代,最能实现该原则的当属互联网,不受时间、空间的限制,信息相对集中、全面,查找方便,使用自由。随着政务微博等方便快捷的电子政府形式的发展,政府上网的成本越来越低,政府信息公开的渠道打开,公众很容易就能够了解政府过程的新进展。

(三)信息公开方式和途径

首先,行政机关应当主动公开政府信息,通过政府公报、政府网站、新闻发布会以及报刊、广播、电视等便于公众知晓的方式公开。各级人民政府应当在国家档案馆、公共图书馆设置政府信息查阅场所,并配备相应的设施、设备,为公民、法人或者其他组织获取政府信息提供便利。政府过程中的信息公开由该阶段的行政机关负责公开;行政机关从公民、法人或者其他组织获取的政府信息,由保存该政府信息的行政机关负责公开。法律、法规对政府信息公开的权限另有规定的,从其规定。主动公开范围的政府信息,应当自该政府信息形成或者变更之日起20个工作日内予以公开。

其次,行政机关应当编制公布政府信息公开指南和政府信息公开目录,并及时更新。行政机关认为申请公开的政府信息涉及商业秘密、个人隐私,公开后可能损害第三方合法权益的,应当书面征求第三方的意见;第三方不同意公开的,不得公开。但是行政机关认为不公开可能对公共利益造成重大影响的,应当予以公开,并将决定公开的政府信息内容和理由书面通知第三方。

再次,行政机关依申请公开政府信息,应当按照申请人要求的形式予以提供;无法按照申请人要求的形式提供的,可以通过安排申请人查阅相关资料、提供复制件或者其他适当形式提供。行政机关依申请提供政府信息,除可以收取检索、复制、邮寄等成本费用外,不得收取其他费用。行政机关不得通过其他组织、个人以有偿服务方式提供政府信息。

　　最后,除此之外,应设立统一的政府综合门户网站,定期公开发行政府信息专刊或利用报刊、广播、电视等其他媒体发布政府信息,设立固定的政府信息公开厅、公开栏、电子屏幕、电子触摸屏等,定期召开政府新闻发布会,设立政府信息公开服务热线。设立便于公众获取政府信息的门户网站,是未来政府信息公开的重要方式。

三、政府信息公开的理论基础

　　在信息化时代,政府信息公开不只是时代的要求,而且有着充实的理论基础。从信息学基础来看,信息的共享与信息的便利决定了政府信息必须向民众公开;从经济学基础来考察,信息的可交易性以及低廉的成本决定了公众有权获取和利用政府信息;从政治学与行政学基础来分析,政府信息公开是民主政治、民主(参与)行政和电子政务的当然之义。[①]

(一)信息学基础

1.信息的共享

　　信息广泛地存在于自然界、生物界和人类社会当中,与物质、能量共同成为构成客观世界的基本要素。物质、能量、信息,成为当代社会发展的三大支柱。物质向人类提供材料,能量向人类提供动力,而信息则向人类提供知识和智慧。人"要有效地生活,就要有足够的信息"。人与人之间有效的信息交流,是人类社会赖以形成、维持和发展的根本保证。

　　有学者认为,信息是为传达一定的意义,按照约定的规则排列的信号的集合。信息首先要传达一定的意义,要么是对过去已发生事实的规律的解释,要么是对未来将要发生事实的预言。[②]

　　信息具有分享型或称为共享性的特征[③],可以由无限的人使用,使用的人越多,其价值越高。因而在信息交换中,交换信息的双方或多方,不仅不会

　　① 谭宗泽、杨解君:《政府信息公开的理论基础——多学科视角的探讨》,《江海学刊》,2010年第4期。
　　② 娄耀雄:《信息法研究》,人民法院出版社,2004年,第4、34、37、50页。
　　③ 张燕飞、严红:《信息产业概论》,武汉大学出版社,1998年,第10页。

因信息的共享而减损原有的信息及信息的价值,而且还会增加新的信息,扩大信息的价值与效用。信息资源所具有的这种特征,使信息资源能够冲破种种非自然束缚,通过多种渠道和传输手段加以扩散,得到比物质资源更广泛的开发和利用。[①]因而信息共享机制的建立,可以使信息资源在内部自由流动,并通过对信息的反复利用,提高信息内在的使用价值,使信息所具有的价值产生边际效益递增的效应。共享的规模越大,信息产生的成本就越低,信息利用的价值功能就越大。政府信息作为公共信息,不仅可以为政府及其部门做出科学、合理及快速的决策提供依据,而且一旦公开与民众共享,也会对民众的生活、生产及安排等产生积极的影响,从而使得信息得到最大限度的利用。

2.信息技术的便利

21世纪以来,信息技术突飞猛进,已渗透到各个产业、部门和人们日常生活的各个领域,信息技术不仅改变了商业结构,也极大地影响了政府的组织结构、职能、方式和办事程序。蓬勃发展的以互联网为核心的电子技术,为政府信息的广泛共享提供了技术平台。在这样一个信息技术极为发达的时代,政府信息的公开在技术上几乎没有了任何障碍。互联网作为一种便捷的通信方式加速了信息时代的发展,它已跨越传统的疆域边界,为信息共享、合作和贸易开创了全球性的新空间,电子业务亦从电子商务扩展到电子政务,各国都大力提倡电子政府或政府在线的建设,我国也不例外。互联网的出现,使得政府可以在任何时间和任何地点都可以通过电子手段为公民提供政府的信息、服务或产品,所有的在线公民或机构都可从中获得好处。"网络门户是展现政府在线的精神之窗,是全体公民通向政府的便捷之门。"[②]

3.信息对电子政务的影响

电子政务至少具有如下一些意义:公民可以通过"政府在线"方便地得到相关信息;政府体系的透明度得到提高;有利于对腐败行为进行监督;公民可以更容易地进行投诉;政府的反应能力将会更加迅速、有效。网络化和电子化,不仅为政府提高效能、加强信息化管理提供了条件,而且也为政府信息公开、增强政府工作透明度提供了良好的契机。但是网络的出现也对国

---

① 王志荣:《信息法概论》,中国法制出版社,2003年,第110~115页。

② [印度]M.P.古普塔·普拉波哈特·库马·扎伊基特·布哈特塔卡亚:《政府在线:机遇和挑战》,李红兰、张相林、林峰译,北京大学出版社,2007年,第15页。

家信息垄断权产生了消解作用。上网者皆能以低廉的代价在互联网上发布信息,在某种意义上每个人都可以成为全球范围的媒体制造者。信息的海量递增和信息传递渠道的极度多元化(如果政府不提供其所持有的信息,则其他信息源就可能随时填补这一信息空白),对政府信息发布的权威性构成冲击,网络空间还有可能被真伪难辨的信息垃圾或者有意制造的政治谎言所充斥。由于简单地封堵对互联网作用不大,因而与其花大气力屏蔽各种站点,还不如集中力量减少暗箱操作,增强政府透明度,主动提供多元化信息,提升政府在公众中的可信度和权威性。①

信息资源的共享,为政府职能输出准备了条件。为了充分发挥政府信息的最大效益,政府信息必须向人民公开,满足人民对信息资源的需求。而网络化程度的提高、信息技术的应用,为公民了解政府的工作状况提供了经济而快捷的渠道,也为政府适时地向社会大众发布各种政策信息、提供各种政府咨询服务提供了技术支持。与之相适应,就需要从立法上确立政府信息公开制度,让政府和民众共享信息资源,避免不必要的政府信息资源闲置和浪费,促使政府信息发挥效益。

(二)经济学理论基础

1.信息的可交易性

信息是一种有效用的产品,已成为后工业化社会财富的主要形式,"像金钱一样,编码的信息可以是价值的储存、度量和交换的手段"②,可以用来进行交易。在经济学中,信息不只是对交易的一种支持(对经济交换的外部支持),而且信息本身也可作为交易(经济交换)的对象。信息在交易中实现其价值,而交易又构成了信息创造和信息应用的推动力。由行政机关记录保存的政府信息,是否也同其他信息一样可以自由有效地进行交易呢?

政府信息,也需要传播、需要交易,它只有在与人民的分享之中才能体现其价值、发挥其功效。当然,政府信息的交易不可能完全等同于一般的信

---

① 参见刘文富:《网络政治———网络社会与国家治理》,商务印书馆,2002年,第198~199、207~209页。

② [英]马克斯·H.布瓦索:《信息空间——认识组织、制度和文化的一种框架》,王寅通译,上海译文出版社,2000年,第332页。

息交易。政府信息的交易,发生在政府与公民之间。在这种关系中,"顾客"就是公民,"供应商"则是政府,市场上流通的是信息及其资料;技术及制度保证这一市场运行的安全、有序。在这种交易关系中,政府居于信息优势地位,是信息的提供者和信息的传送者,而公民从政府处获得信息,基于信息做出生产、生活的安排。政府和公民都可从这种信息交易中获得合法的交易好处。这种交易,并非依赖于赤裸裸的市场。政府通过这种信息交易不是旨在从人民处获得经济利益,而是以此获得人民的信任与信赖,以及信息公开所带来的无形利益(如减少错误和腐败的可能性、防止违法失职等)。

2.基于信任之上的信息获取与交易

交易基于信任也产生信任。政府通过信息公开,使人民获得了与政府同样的"共同知识",从而获得人民的信任、信赖与支持,增加政府的向心力和凝聚力。"信任关系是不能命令的。它们要么发展,要么不发展。对信任发展的条件的理解有助于信任的建立。"①信息公开,正是政府发展与人民信任和合作关系的极为重要的条件。信息的收集、处理和传递是需要成本的。要使信息有效运作,就必须克服技术上的、语义上的和实际中的对信息运作的障碍。

信息革命带来的新技术增加了政府处理和传送数据的认知能力,极大地降低了处理信息资源、进行信息交易的成本。在现实生活中,阻碍政府传播信息的实际障碍已经随着技术的进步被打破。网络可以非常容易地为信息的提供者和接受者所利用,且成本低廉,加上软件业的高度发达,编制各种信息产品异常简单,如此传播与接受信息的人力与物力成本大大降低,政府机关可以便宜地提供信息产品与服务。②

3.信息成本问题

由于信息的提供总会存在着成本问题,因此政府信息也包括了一定的交易费用,但是这种交易费用不是按信息的市场价来收取,而是以部分或全部成本为限。正是基于此种理由,《政府信息公开条例》第 26 条规定:"行政机关依申请提供政府信息,除可以收取检索、复制、邮寄等成本费用外,不得收取其他费用。行政机关不得通过其他组织、个人以有偿服务方式提供政府

---

① ［英］马克斯・H.布瓦索:《信息空间——认识组织、制度和文化的一种框架》,王寅通译,上海译文出版社,2000 年,第 365 页。

② 周汉华:《外国政府信息公开制度比较》,中国法制出版社,2003 年,第 74 页。

信息。"①当然,在政府信息公开的实践中,如果公众获取信息的过程过于烦琐,也会在无形中增加公众获取政府信息的成本,这种情况实则是一种变相的政府信息不公开。

当然,由于信息是一种宝贵的资源,政府信息的流动和使用会带来巨大的经济效益和社会效益。政府具有天然的信息优势,控制政府信息资源的行政机关就很可能借助信息优势而寻租,这就需要实行观念和制度上的变革,打破各种阻碍政府信息公开的实际障碍,从制度上保障公众获取和利用政府信息。

(三)政治学与行政学理论基础

1.信息开启民主政治

在民主的观念与体制之下,"主权在民","人民是目的, 国家是手段","国家是为人民而存在,而非人为国家存在"。人民是国家权力的拥有者,人民将权力赋予政府行使。作为主权者、委托者和监督者的人民,可通过各种渠道直接或者间接参与各种政治行为。而参与的前提必须是公众知情,为让公众知情,政府必须实行政府信息公开。可以说,信息是进入民主政治大门的钥匙,政府信息公开是人民民主的应有之义。

根据我国宪法的规定,国家的一切权力属于人民,人民可以依照法律规定通过各种途径和形式管理国家事务。据此,公众有权参与行政、监督政府。而要监督政府,首先就需要对政府的运作有所了解与知情。没有公开,就难以形成公众对行政的参与和监督;公开不充分,行政参与就不会充分,监督也不会有效。随着国家政治民主化的加强,政治理念越来越强调公众的行政参与、政府的服务于民的功能、合作行政、政府与人民的共同治理。而这些理念的落实,皆有赖于政府信息的公开和人民对各种政务的知情。

2.信息公开表达心声

政府信息公开,有助于人民了解国事和政事,便于人民参与行政和监督

---

① 从国外的情况来看,政府信息公开以免费为基本原则,即使收费也有极为具体和严格的规定,防止政府部门以收费为手段来规避政府信息公开。如美国《信息自由法》规定:信息申请人所支付的费用以处理其申请的部分或全部成本为限,不得按信息的市场价值向申请人收费。收费分为三类标准,各自适用于不同类型的申请人(非商业单位、商业用途的申请人和其他)。

政府,从而使之成为国家建设和民主法治建设的永久支持力量。而网络社会的形成,使得公民在网络中都拥有同等的机会表达他们自己的意见和心声,从而为人民的民主权利行使提供了保障,也奠定了"草根式"民主的社会基础。①网络的出现,电子化政府的发展,无疑拓宽了公民的参政渠道(公民可以通过电子民意调查、电子投票、电子选举、电子邮件等方式表达其利益主张),互联网成为政府与公民之间的一座电子桥梁,它的应用推动了公民与政府官员的直接对话,提高了民意在政府决策中的分量,从而极大地促进了民主政治的发展。

网络在政治领域的广泛应用,对公民参政最直接的影响是:一方面,政府能够比以往更广泛地听取各方的意见,从而集思广益,有利于决策的科学化;另一方面,能够使公民普遍参政,双方的信息可以通过不受时空限制的快捷有效的方式产生互动,这种先进的技术手段促进了公民参与政治的兴趣,有利于培养现代公民意识,从而推动民主政治的发展。②

3.信息对政府过程的重要影响

信息构成了行政发展的基础资源,这是因为:①行政信息是制定公共政策的基础,②是对政府治理活动状态的客观描述,③是政府治理活动必不可少的重要因素,④是行政组织系统活动的纽带,⑤是公共行政的稀缺资源与行政发展的先决条件。③同时,信息技术特别是网络技术的进步和广泛应用也带来了公共行政的理念、治理方式等的一系列变化:政府职能由管理转向服务,在行政组织的变化方面,由金字塔和科层制组织结构向扁平化、网络化和交互式变迁,行政组织的发展出现了空心化与高效化趋势,权力结构由控制型向参与型转变,行政组织越来越开放,更加注重政务公开和社会组织与个人对政府信息的共享。④

网络化对政府管理的积极影响至少表现在:极大地提高政府的行政效

---

①　网络社会具有非物质性、超时空性、可扩展性和平等性的基本特征,从而为网络民主、网络政治的发展提供了空间。网络政治具有直接性(公民直接参政议政)、平等性(人人都有参政议政的权利且相互之间没有差别)、便捷性和廉价性的特点。参见刘文富:《网络政治———网络社会与国家治理》,商务印书馆,2002年,第11页。

②　顾丽梅:《信息社会的政府治理——政府治理理念与治理范式研究》,天津人民出版社,2003年,第213~214页。

③　同上,第25~27页。

④　同上,第247~253页。

率,使得服务成为政府的核心职能,提高政府工作的透明度。①电子化政府的理论架构包括四个方面:一是知识化管理。政府要有效运用现代信息技术,并将其整合到政府治理中去,从而实现政府治理的目标。二是政府信息的公开。电子化政府,意味着政府信息的公开化,政府有责任与义务以更便利的方式,以更易理解的语言,让民众能够容易地获得政府的信息,从而创造更高的附加值。三是建立政府与民众之间的互动响应机制。电子化政府的目的在于建立超越政府机关、企业与民众之间的互动机制。公民可以借此获得政府的信息与服务,而政府亦可了解民众的合理需求,从而促使政府更有响应力和责任性。四是政府更有效率。电子化政府的目标之一在于透过信息化的过程改变传统的政府组织形式,使行政程序简单化、统一化,政府业务计算机化、网络化,从而提高政府效率。可见,从电子化政府的理论架构和其内容来看,政府信息的公开构成了其不可缺少的内容。

四、信息公开的现状分析

信息公开不仅涉及公民知情权的合法保护,也是政府权力正确运行的重要保证。而目前我国由于政府信息公开制度建设起步较晚,其在信息公开理念、法律位阶、执法监督、利益驱动等方面还存在诸多问题。因此,健全政府信息公开法律体系、完善政府信息公开相关配套制度、建构政府信息公开网络平台体系,是我国政府信息公开制度改革的重中之重。

(一)信息公开的现实情况

1.信息公开理念陈旧

在我国两千多年的封建专制统治中,历代统治者一直推行的是"民可使由之,不可使知之"的愚民统治,不与社会分享任何信息。新中国成立后,为了维护社会主义国家政权的稳固和利益,保证社会主义事业的顺利进行,"保守国家秘密"就成为我国国家机关在日常行政活动中奉行的基本理念。在这种传统理念下,政府机关与行政相对人就形成了"命令-服从""管理-被管理"的关系,导致双方缺少应有的沟通与协调,政府服务意识也很淡薄。

---

① 刘文富:《网络政治——网络社会与国家治理》,商务印书馆,2002年,第207~209页。

2.知情权法律位阶低

在我国，有关公民知情权的规定仅散布于行政法、民法等部门法中，作为"人民权利保障书"的宪法却没有直接予以规定。而信息公开制度的精髓就是确定并保障公民"知情权"的实现，当立法无法确认"知情权"的基础权利地位时，信息公开制度也就成为"无源之水，无本之木"。另外，我国目前也尚缺乏成熟的宪法解释制度以及宪法司法化的判例实践，在这种情况下，对"知情权"做出隐含性的确认显然不能有效地保障公民基本权利的实现。

（二）中国信息公开的特殊性

在我国国情发展下的信息公开，存在着我国的特殊性，首先是多头执法、监管不力。重大事故的发生，往往会涉及多方监管主体，但由于其权力交叉分散，直接造成了信息公开中的权力缺位或互相推诿。以食品安全事故为例，监管部门就包括工商局、质监局、环保局、公安局、食品药品监督管理局等，这些部门都有食品安全监管的权力，也都有履行公开食品安全信息的义务，但是究竟谁是主要责任部门却无明确规定，这也就导致了相关信息不能及时准确地发布与统合。

其次是价值利益驱动。每当重大事故发生时，各利益主体普遍缺乏主动公布事故信息的积极性，这是因为信息的公开势必会损害部分主体的利益。同时，由于保护商业秘密、个人隐私与政府信息公开之间存在着价值冲突，各不同利益群体为了维护既得利益，只对部分无关紧要、无足轻重的信息进行公开，主观地选择了信息公开的价值取向，忽视了作为"社会人"所应具有的社会责任感。因此，追逐利益、规避责任是政府信息公开改革永远存在的难点之一。

（三）信息公开中存在的问题

政府信息公开、政务信息资源建设与电子政府之间是相互促进、互相协调的关系。政府信息公开与政务信息资源建设为电子政府提供了强大的资源支撑，而电子政府反过来为政府信息提供了一个绝好的展示平台，使政府信息公开与政务信息资源建设进一步发展。

就信息公开而言，有研究者认为它是政府的"输出式民主"，即一种主动的民主行为,有赖于行政公务人员转变传统的保密思想,向规范有序、公开透明、便民高效的服务行为转变。但目前还存在诸多问题,包括信息公开态度不坚定,多有顾虑观望的现象;敏感信息公开程度差,常采用模糊化和规避的方式处理;信息公开进程缓慢,公开程度极低,与公众要求相距甚远;信息公开网站交互性差;公开数据信息不准确等。探其究竟可以发现,公务人员观念滞后、不了解世界各国信息公开潮流、对信息公开认识狭隘片面等因素成为他们不愿积极履行政府职能和公共职能、阻碍公共生活"民主化"的重要原因。因此,还需要转变其思想与行为,为政府过程信息公开打下基础。

列宁曾说过:"没有公开性而谈民主制是很可笑的。"人民行使管理国家的权力,是以对公共事务的充分了解为基础的。目前政府作为国家信息资源的最大拥有者,已掌握全社会信息总量的大约80%,这些信息常比一般信息更有价值,也直接关系国民经济与社会发展的状况与水平,因此加强对信息的整合、共享与利用,已经成为新时期信息资源管理的关键,推行政府信息公开也是普遍趋势。

第三节　电子政府的新实践与未来趋势

党的十八届五中全会提出坚持创新发展,必须把创新摆在国家发展全局的核心位置,不断推进理论创新、制度创新、科技创新、文化创新等各方面创新,实施网络强国战略,实施"互联网+"行动计划,发展分享经济,实施国家大数据战略。电子政府将传统社会与网络空间连接起来,是政府社会管理线上与线下的双向结合,在运用传统行政手段的同时也要适应新兴信息技术的发展。

一、大数据时代下的电子政府

我国电子政府经过多年发展,基本建立了各级政府信息网络和各主要行业的信息系统,政务信息化已经融入政府工作的各个方面。在我国电子政务的建设中,开发利用大数据有助于提高公共服务质量、满足透明和问责的需要、增强应急和维稳能力,创新服务模式、更好地建设人民满意的服务型政府、最终实现可持续发展的目标。我国电子政务对大数据的应用,既要借鉴国外的先进经验,又要考虑我国的实际国情。

(一)电子政府发展的新背景——大数据时代

1.网络技术平台

电子政府的本质是以网络技术为平台,形成的"跨时间、地点、部门的全天候的政府服务体系"。电子政府是连接现实权力与网络虚拟空间的平台,是我国政府治理在网络空间的缩影。政府的治理行为、决策措施、法律法规都在电子政府的平台体现。电子政府不仅仅是个网络平台,也是我国政府治理与时俱进的里程碑,驱动政府治理创新。它是当前我国互联网+政务服务延伸的基础,现在和未来都将以民生为中心的服务发展方向,更是与国际接轨的需要和窗口。

2.政府 3.0 时代

在科技浪潮迅速席卷公共管理领域的今天,大数据推动了重点在于公共信息的开放与共享,以及政府与国民的沟通和合作的"政府 3.0 时代"的到来。虽然初现端倪,但与以往传统电子政府不同的是,将"政府提供"模式逐渐转变为"以每个人为中心"的模式,这将提高政府制定政策的透明度,同时增加民众对政府的信任,呈现出双向互动自主掌握的态势,将从根本上改革政府的组织模式和政府形态,进而改变政府治理模式,影响整个政府存在的形态。西方学者将大数据时代下的电子政府变革概括为"一次重大的时代转型,正在改变我们的生活以及理解世界的方式,成为新发明和新服务的源泉"。

3.大数据时代

信息时代,数据对于一个国家的重要性变得越来越明显,大数据是支撑国家安全与发展的重要战略资源,其重要性已经等同于传统的自然资源和人力资源,体现了一个国家数据主权的独立。在大数据时代,国家层面的竞争力将部分体现为一国拥有大数据的规模、活性及其对数据进行分析、处理和运用的能力。[①]大数据在电子政务中的应用将有力地克服电子政务建设过程中的一些关键难点,推动政府职能转变,提高政府的决策水平和应急预警能力。

① 许欢:《大数据:完善电子政务建设的有力推手》,《电子政务》,2014 年第 3 期。

（二）大数据时代下电子政府的机遇

1.推进信息一体化,实现信息资源共享

大数据的包容性将打开政府各部门间、政府与公众间的边界,跨系统、跨平台、跨数据结构的数据共享平台使政府内部纵向、横向部门之间得以流畅协同,被割裂存储于不同部门的数据在统一平台上得到开放,信息孤岛现象大幅削减,数据共享成为可能。[1]

大数据在电子政务中的应用将打破我国电子政务各自为政、分散建设的局面,从而建立电子政务跨部门、跨地区协同推进的体系。信息资源共享还能够推动电子政务的业务流程重组,组织机构整合和精简,实行有效的监督管理,营造高效、廉洁、公平的电子政务运行环境。

2.提高公众参与度,辅助政府决策

公众参与度的提高,有利于开放政府数据的实施。大数据与开放政府数据是互相促进的关系,大数据有利于推进开放政府数据,提高资源利用率,开放政府数据也会促使大数据技术不断向前发展。开放政府数据是电子政务发展的必然趋势,是提高社会参与度与透明度的一个重要途径。各国政府都在积极准备和实施开放政府数据,目前联合国已经有 46 个国家拥有专门的数据门户网站。

通过开放政府数据这一方式,公众能够在线获取政府数据,进行信息再使用和再处理,从根本上提高资源的使用率,使其获得更多价值。通过开放政府数据,公众参与对数据的分析和处理,为政府提供宝贵意见和反馈,提高政府的工作效率和服务效力,辅助政府在复杂问题上做出正确的决策,推动社会创新、更新社会服务,从而促进经济增长。在开放政府数据中需要注意安全隐私问题,加强数据安全管理,保障信息安全。[2]

3.缩小"数字鸿沟"

中国互联网络信息中心(CNNIC)2015 年 1 月发布的第 35 次《中国互联网络发展状况统计报告》显示,截至 2014 年 12 月,我国网民规模达 6.49 亿,手机网民规模达 5.57 亿,互联网普及率为 47.9%。数据显示,非网民不上网的原因,

---

[1] 丁健:《浅析大数据对政府 2.0 的推进作用》,《中国信息界》,2012 年第 9 期。

[2] 薛明轩、杜晓翠、杨思思:《大数据下我国电子政务的变革研究》,《现代情报》,2015 年第 10 期。

主要是不懂电脑/网络,比例为 61.3%,其次为年龄太大/太小,占比为 28.5%。[1]

近年来,政务微博、政务微信、微门户(手机客户端)、在线办事大厅等互联网应用方兴未艾,而传统的在线互动交流、电子邮箱、服务热线等线上线下相结合的服务渠道,已被广泛地应用于各级政府部门的公共管理和社会服务当中,正发挥越来越积极的作用。[2]

(三)大数据时代下电子政府的挑战

随着大数据在政府管理和公民社会生活中的深入发展,政府部门内部及其与公民社会的关系将被重新建构。技术、组织、关系和行为的再造呼唤全新的管理模式的出现,这种新的管理模式就是数字时代的治理。[3]这种创新的治理模式不只是政府内部自身的数字化变革,还将是广泛深远的社会变革和管理方式的创新。

1.冲击固有的政府工作模式与思维

随着互联网经济、科技的日新月异,政务数据,公共信息及 PB 容量级的数据以提取、存储、分析、共享和可视化的多元模式逐渐代替了数据接收和输出的传统单一线性模式,数据也呈现出多源性。但目前我国电子政府在收集、处理、分享数据等环节时,被固有的传统单一处理数据模式所桎梏,在大数据时代背景下,缺乏开放、关联、价值等创新思维和理念。

数据的开放共享是大数据的核心理念,大数据使数据的开放程度及共享程度不断提高。但我国电子政府信息公开资源共享的程度都不高,行政主体的数据基本屏蔽,公共信息难以在各个阶层进行共享,数据资源开放程度在各阶层存在差异,统筹层次较低,直接形成了数字鸿沟,而这种局限性造成了数据资源的浪费,电子政府的优势也被掩盖,形成数字壁垒。[4]

大数据为电子政府应用公共资源提供了一种"摆脱对少量数据因果关系的研究而从大量原始数据中把握发展"的新型发掘模式,而数据以形态各异的方式分布各大网站及平台,我国电子政府在处理数据时却往往缺乏关联

---

① 中国互联网络信息中心:《中国互联网络发展状况统计报告》,2015 年。

② 王益民:《2014 中国城市电子政务发展水平调查报告》,《电子政务》,2014 年第 12 期。

③ 于施洋、王建冬、童楠楠:《国内外政务大数据应用发展述评:方向与问题》,《电子政务》,2016 年第 1 期。

④ 于跃、王庆华:《大数据的特质及其安全和信用风险》,《行政论坛》,2016 年第 1 期。

思维。由于电子政府处理数据的流程不公开且数据的资源共享度很低,电子政府的数据占有量与大众获取数据的需求一直处于失衡状态,这极大地制约了我国数据资源价值的意义,更无法充分利用有效数据促进生产、改善人民生活等。

2.大数据对电子政府既有结构带来的挑战

电子政府一般分为外部网和内部网两个部分,外部网主要用于政府与外部用户的沟通及信息的发布和采集,内部网主要用于政府机关内部各部门之间的信息交换、政令的上通下达。

这种条块分割的结构是以官僚制的标准化和规范化为依据的,行政职能行使也是有明确界定的,是以职权为中心的政府组织结构。在大数据时代,数据在政府行为中的作用逐渐上升,甚至成为处理问题提出对策的决定性力量,而电子政府这种条块分割、垂直领导的结构受到了主体多样性、结构复杂性、流动快速性的大数据的冲击,它使社会结构逐渐向扁平化发展,信息传播也从点对点拓展为多点化传播,这给电子政府能否有效及时应对问题带来了困难。同时,大数据也弱化了电子政府原有的权力结构,削弱并催生了权力的碎片化。

3.大数据时代对电子政府参与社会治理产生了挑战

大数据时代带来的不仅是一场技术革命,更是一场思想革命、管理革命。电子政府通过公共权力掌握数据、过滤数据再公布于众,并加以管制的模式,已经无法适应大数据带来的海量信息资源[1],同时,电子政府发布信息的电子平台也在逐渐增多,从最原始的政府官方网站到如今的微信、微博、贴吧等公众平台,信息数据的传播已经不是单一的线性路线,信息传播的增量速度更是无法预计。

随着社交网络、移动互联网终端等技术的成熟与应用,电子政府的治理环境也在随之改变,要求管理智能化、信息化。大众参与社会公共事务的渠道更广泛、更便捷,这是数据从独享、集中和单向性转变为开放性、权力多中心和双向互动特性的体现,大数据在带来公众自由参与公共事务便捷的同时,也导致了社会的无序性风险增强,电子政府的传统模式无法迅速反应公众收集信息后的反馈[2],甚至会遭受海量无用信息或者网络暴力舆论的打击,

① 张钟文、张楠、孟庆国:《大数据、评估与变革:2013 年国际电子政务研究的主题与趋势》,《电子政务》,2014 年第 9 期。

② 王向民:《大数据时代的国家治理转型》,《探索与争鸣》,2014 年第 10 期。

技术的革新意味着电子政府治理手段的创新,传统的硬性管制受到了大数据带来的政治生态变化的挑战。

二、智慧政府的建设基础

智慧政府的建设具有自身不可或缺的基础。首先,大数据理论是智慧政务真正得以发展的技术理论基础,是电子政府"智慧化"的前提条件。除了大数据理论,智慧政府的建设还有其相应的理论基础与技术支撑。

(一)智慧政府概述

智慧政府具有"智慧"和"政府"两个属性,但是"政府"仍是智慧政府的核心,"智慧"是技术和方法,因此智慧政府是政府管理的一场改革,其要义是如何提高政府管理的效率、效能和为公众提供更好的服务。从"智慧"属性上看,智慧政府是依托云计算、物联技术和大数据技术等,感知、监测、调控社会动态,打破"信息孤岛",整合各种资源和流程的技术和方法。从"政府"属性上看,智慧政府强调提高政府工作效率、降低成本;建设透明、整体、服务化政府;以公众需求为驱动,主动管理和服务;提供实时、个性、无缝隙的公共服务。

总之,智能化的技术和政府工作的结合,使得政府具有判断能力、分析能力、预测能力、选择能力和自我适应能力。智慧政府是电子政府发展的高级阶段,突破了时空的限制和部门信息分割的束缚,要求建立全方位、统一、整体的信息服务平台,具有全面感知社会、科学决策、智能处理、主动服务的特点,本质上是用现代化的信息通信技术来提升政务服务。

因此,智慧政府是依托物联网和互联网等实境网络,综合应用云计算、虚拟技术和大数据等技术,优化政府治理流程和结构,向公众提供实时、无缝隙的公共服务的政府运行模式。智慧政府不仅是电子政府的承接和发展,更是政府管理、服务范式、执政理念的改变,是政府治理的创新和发展。

（二）理论基础

1.大数据理论

大数据是一种变革,是一种新思维,仅从量上理解大数据是不够的,大数据真正的价值在于趋势背后所包含的分析,即将数据转化为知识的过程和结果,然后应对各种状况,做出应当的反应。大数据强调"是什么"的问题,注重寻求失误背后的相关关系和关联规则,通过分析工具,形成新的洞察,找出可能预测未来事物或行为发展的规律。

大数据技术可以改善处理流程,通过云计算的分散平行处理技术等,使得半结构化和非结构的信息分析成为可能,世界更加感知化、物联化和智能化①,它可以从大量相关联或看似无关的信息和数据中预测事物的发展趋势。大数据时代的客体研究已经能够深入人们的情感、偏好和态度,以及它们之间的关系等方面。政府行为是一种国家行为,是依照法定的职权进行的管理活动。政府天生就具有大数据的特征,海量数据涉及每个公民的各个方面、各个阶段,囊括各行各业、各种性质,增长数量巨大,当然数据准确性和价值也很高。同时政府"有完善治理、加强统治,尽可能地把权力扩展到一切方面的倾向和需要"②。而大数据是一种现代权力,大数据时代数据被大量的释放出来,信息和知识也被大量释放,拥有主动权的一方同时也持有一定程度上的支配权。因此,一种新的统治和管理方式正在形成,这种方式不是依靠暴力,而是分析、提炼和解读数据的方式,这种方式也将影响政府的治理方式。

2.无缝隙政府理论

拉塞尔·M.林登在《无缝隙政府:公共部门再造指南》一书中通过对杰克·韦尔奇的"无界限组织"进行发展创造了"无缝隙组织"。他认为:"无缝隙组织的形式和界限是流动和变化的",它"行动快速并能够提供品种繁多的、用户化和个性化产品和服务"。③服务是以整体的方式提供的,它用跨职能团队代替仅在单一职能领域内服务的孤立组织,以通才取代专才等。

而无缝隙政府作为无缝隙组织的一种,它试图把碎片化的政府形态进

---

① 胡世忠:《云端时代杀手级应用:大数据分析》,人民邮电出版社,2013年,第8~12页。

② 吴江:《福柯与大数据时代的政治》,《陕西行政学院学报》,2013年第3期。

③ [美]拉塞尔·M.林登:《无缝隙政府:公共部门再造指南》,中国人民大学出版社,2001年,第2~3页。

行重新整合,并学习以整体性的视角进行组织。无缝隙政府是"政府打破传统的部门界限和功能分割的局面,整合政府所有的部门、人员和其他资源,以单一的界面为公众提供优质高效的信息和服务"[①]。无缝隙政府的实现途径是对以顾客导向、结果导向和竞争导向为基础的业务流程进行再造与整合。政府再造是借鉴企业流程再造理论,围绕过程和结构,从根本上对政府的整个结构体系进行重新设计,以提高产出质量。整合不是简单地将流程拼接在一起,它需要把人员、结构和信息等资源整合到组织中,并对整个业务流程进行监控,不断改进运作过程,实现组织管理的扁平化。

3.服务型政府理论

服务型政府理论认为,判断一个政府是否是服务型政府,最根本的依据是公共服务中政府与公民之间的关系,即公民本位。[②]服务型政府的使命是:政府应该为公民提供更加便捷、透明和均等的服务,以公共服务的使用者为关注焦点,确保政策制定更加完整、民主和科学。

智慧政府将电子政府的价值指向归于人,是服务型政府理论的验证和实践。一是语义网络技术、无处不在的信息终端设备、网络互连传输,改变了公众和政府的沟通方式,政府治理的关注点正在一步步向公众倾斜。政府通过云计算、关联数据、数据挖掘等技术,将海量的数据转化为规律和知识,呈现给社会大众;政府通过搜集公民以往的行为模式数据,分析其偏好,利用智能技术的关联分析,预测公民所需的公共服务,主动提供个性化的服务[③],体现服务型政府的以人为本和以公众需求为中心原则。

二是智慧政府要求政府将权力进一步下放和分散,公民可以通过智慧政府的开放平台参与政府提供公共服务产品的全过程,体现服务政府理论的公民主体地位和社会民主。

三是用实时数据来形成预测,为决策提供科学依据,而且大数据采用的是全体样本,可以减少误差,实现实时、科学决策,同时借助大数据这一"显微镜",可以对社会潜在问题和矛盾进行分析和处理实现精细化管理,体现服务政府理论中科学决策原则。[④]服务型政府的以人为本,关注公共需求和

① 张璋:《无缝隙政府的组织设计》,《学习时报》,2003年11月3日。

② 谢庆奎、佟福玲:《服务型政府和谐社会》,北京大学出版社,2006年,第217页。

③ 徐晓林、朱国伟:《智慧政务:信息社会电子治理的生活化路径》,《自然辩证法通讯》,2012年第5期。

④ 康红霄、王爱冬:《基于大数据技术的公共危机预测研究》,《科技管理研究》,2015年第6期。

科学民主决策是智慧政务建设的本质和追求所在，也是智慧政务模型建构的根本思想。

（三）技术支撑

在技术支持方面，智慧政务涉及技术众多，既有通信技术，也有现代智能技术，主要有：大数据、云计算、物联网。

1.大数据

阿里巴巴集团董事局前主席马云说，"大家还没搞清 PC 时代的时候，移动互联网来了，还没搞清移动互联网的时候，大数据时代来了"[①]。大数据时代确实来了，《大数据时代：工作、生活与思维的大变革》的作者维克托·迈尔–舍恩伯格说，大数据是新的黄金。

大数据是"用来描述太大、太复杂以至于不适用标准的统计软件处理的一系列数据集"[②]。但大数据不仅指来源广泛、类型多样的海量数据，还包含对这些数据的利用，从中获取价值的过程。

大数据技术拥有强大的处理非结构化数据、数据挖掘和运算功能，使整合分析跨区域、跨行业、跨部门的海量数据的处理成为可能，是智慧政府数据挖掘知识方面的有力工具。大数据放弃对因果关系的追求，转而探寻关注相关关系，大数据的核心是建立在相关关系分析基础上的预测，即"把数学算法运用到海量的数据上来预测事情发生的可能性"[③]。大数据改变了以往政府用"增量"的方式治理问题的思路，要构建一个数据化、物联化、智能化的新平台，重新进行资源配置，提高政府的控制能力和预测能力。

2.云计算

云计算具有服务化、标准化、可扩展性、资源共享等显著特点，可以为智慧政务系统提供一个统一资源部署、统一运行管理、统一应用支撑的一体化、信息无缝对接的平台。

---

① 蔡恩泽：《大数据时代来了》，《沪港经济》，2013 年第 8 期。

② Chris Snijders，Uwe Matzat，Ulf–Dietrich Reips，Big Data：Big Gaps of Knowledge in the Field of Internet Science，*International Journal of Internet Science*，2012.7（1）：1–5.

③ ［英］维克托·迈尔–舍恩伯格、肯尼斯·库克耶：《大数据时代：生活、工作与思维的大变革》，盛杨燕、周涛译，浙江人民出版社，2012 年，第 26~27 页。

有学者将云计算支持的、集成政府职能、动态提供政府资源方式的政府称为云政府,并把云政府看作无缝隙政府的服务方式。[①]云计算平台的服务过程就是资源共享的过程,共享的方式主要有三种:P2C,即供应商提供共享资源,客户自主选择相应资源;C2C,即客户将资源保存在云端与其他客户共享;P2P,即供应商与供应商在云端进行资源共享。此外,云平台的一大特点就是节约资源,可由上一级政府建设统一的政府云平台,下级政府直接使用,无须再单独建立。

3.物联网

物联网的概念是美国麻省理工学院的 Kevin Ashton 教授在 1999 年提出的。2010 年时任国务院总理温家宝在政府工作报告中提到物联网,认为"物联网是指通过信息传感设备,按照约定的协议,把任何物品与互联网连接起来,进行信息交换和通讯,以实现智能化识别、定位、跟踪、监控和管理的一种网络"[②]。物联网是在互联网之上的延伸和扩展。

物联网可以实现物与物的自动识别和信息的互联与共享,实现人类社会和物理系统的整合,对人员、机器和基础设施实行动态管理,可以将本地区各类社会信息和数据整合到一个统一的应用系统上面,支持智慧政务规范系统化管理和服务。

三、智慧政府:互联网 + 政务

在 2015 年的两会上,李克强总理在政府工作报告中首次提出"互联网+"行动计划。"互联网+"实际上是互联网发展新时期的新形态,是互联网生态演变的结果。"互联网+"已经不断地渗透到我们的生产生活中。信息化水平已成为衡量一个国家综合国力和竞争力的重要标志,利用信息技术推动电子政务也已成为实现国家治理体系和治理能力现代化目标的重要条件。互联网+政务在提高政府行政效率,提升政府公共服务能力方面起到越来越重要的作用。互联网+政务主要是借助云计算、大数据技术推动政府搭建智慧城市平台,让百姓享受信息技术带来的便捷服务。

---

① 李和中、陈芳:《基于云计算信息架构的云政府服务》,《中国行政管理》,2012 年第 3 期。

② 温家宝.政府工作报告,http://www.gov.cn/2010lh/content_1555767.htm,2010-03-05/2014-03-13。

（一）智慧政府的特点

智慧政府本质上是用现代化的信息通信技术来提升政府公共服务的能力，它具有感知化、数据化、智能化和服务化的特点，这四个特点是智慧政府特有的优势。

1.感知化

感知化指的是数据源的变化。电子化设备与物品相互连接，促成社会行为感知化，使得人们更加灵敏地、全面地感知物理社会。在公共管理中，例如预测森林火灾，相关传感器24小时不间断地记录森林温度、湿度、风力和人员行为等，捕捉、测量和传输数据，并实时、全面，甚至自动地预测火灾发生等级，以可视化的状态呈现在管理工作人员面前，一旦发现森林火险等级超出可控范围，管理部门就能采取应变措施，大大降低无预警的森林火险和威胁民众财产安全的概率。

2.数据化

数据化是指信息呈现和处理方式的变化。"凡是能够数字化的都将被数字化"[1]，高速稳定的通信系统、遍及每个角落的网络、简单便宜的终端技术（如智能手机、平板设备、互联网和智能测度表等）和大数据技术的虚拟计算和存储技术遍及生活的方方面面，一切行为和时间都以数据的形式被记录、被储存、被处理。

在政务处理方面，使用新技术对来自社会性媒体的非结构化文本数据进行自然语言处理和情感分析，可以用来评估社会对公共政策、事件、情绪的反应，如新政策的颁布（基于博客和在线评论来确定公众的反应为正面、负面或者中立）、自然灾害的处理等。

3.智能化

智能化是指数据使用方式的变化。当感知化、物联化的网络被注入强大的分析、计算能力后，各种设备、机器具备比以前更高的人工智能，也改变了数据的使用和处理方式。在计算机技术的创新突破之下，散布在四面八方的终端电子产品和传感器等各种设备，与后端的计算机链接之后，数据被大量地、系统地处理。智能化带来的不仅仅是更快、更强的演算能力，而是技术、

---

① ［英］威利茨：《数字经济大趋势》，徐俊杰、裴文斌译，人民邮电出版社，2013年，第3~5页。

机器愈来愈具有"思考"的能力。大数据等技术使得政府部门可以在不耗费大量的人力的情况下,更加精细和动态的监测社会发展状况,对社会各个方面进行多领域、多角度的深入挖掘和分析, 发现民众和组织活动背后的规律、趋势和特征等,为公共事件预测提供强大的决策支持。①

4.服务化

服务化是指政府管理和服务方式的转变。从根本意义上讲,管理也是一种服务, 智慧政务的建设不仅有利于提升政府业务资源、了解社会服务需求、加强业务监管、营造诚信服务环境,更重要的是对公民、企业和政府部门提供互动服务。智慧政务是一个开放、协同、合作和整体的体系,将实现政府和社会、公民主体地位的过渡和转变,即生产范式向服务范式转变。②

智慧政务的感知化、数据化和智能化是服务化的基础,依托智能平台建立信息管理监测体系,监测公共事件和公共生活中的风险,对于各类社会风险进行全程分析监控,防范公共危机;深入分析人们的偏好和日常行为,预测事态的发展、公众的需求,提供主动、个性化的服务;实现信息共享、实施交换,能够形成各部门实时对接,各种服务全天候申请,不受时间和空间限制的服务大格局。

(二)互联网 + 政务

"互联网+政务"形成了"智慧政府",也被称为"政府 2.0",不仅强调新一代信息技术应用,也强调以用户创新、大众创新、开放创新、共同创新为特征的创新 2.0,将实现作为平台的政府架构,并以此为基础实现政府、市场、社会多方协同的公共价值塑造, 实现从生产范式向服务范式的转变。一般来说,"智慧政府"包括智能办公、智能监管、智能服务、智能决策四大领域。

1.智能办公

在智能办公方面,采用人工智能、知识管理、移动互联网等手段,将传统办公自动化(OA)系统改造成为智能办公系统。智能办公系统对公务员的办公行为有记忆功能,能够根据公务员的职责、偏好、使用频率等,对用户界

---

① 明仲、王强:《大数据助力智慧城市科学治理》,《深圳大学学报》(人文社会科学版),2013 年第4 期。

② 宋刚、孟庆国:《政府 2.0:创新 2.0 视野下的政府创新》,《电子政务》,2012 年第 1 期。

面、系统功能等进行自动优化。智能办公系统有自动提醒功能,如代办件提醒、邮件提醒、会议通知提醒等,公务员不需要去查询就知道哪些事情需要处理。智能办公系统可以根据重要程度、紧急程度等对代办事项进行排序。智能办公系统具有移动办公功能,公务员随时随地可以进行办公。智能办公系统集成了政府知识库,使公务员方便查询政策法规、办事流程等,分享他人的工作经验。

2.智能监管

在智能监管方面,智能化的监管系统可以对监管对象进行自动感知、自动识别、自动跟踪。例如,在主要路口安装具有人脸识别功能的监视器,就能够自动识别在逃犯等;在服刑人员、嫌疑犯等身上植入生物芯片,就可以对他们进行追踪。智能化的监管系统可以对突发性事件进行自动报警、自动处置等。再如,利用物联网技术对山体形变进行监测,可以对滑坡进行预警。当探测到火情,建筑立即自动切断电源。智能化的监管系统可以自动比对企业数据,发现企业偷逃税等行为。智能化的移动执法系统可以根据执法人员需求自动调取有关材料,生成罚单,方便执法人员执行公务。

3.智能服务

在智能服务方面,能够自动感知、预测民众所需的服务,为民众提供个性化的服务。例如,如果某个市民想去某地,智能交通系统可以根据交通情况选择一条最优线路,并给市民实时导航。在斑马线安装传感器,当老人、残疾人或小孩过马路时,智能交通系统就能感知,适当延长红灯时间,保证这些人顺利通过。政府网站为民众提供场景式服务,引导民众办理有关事项。

4.智能决策

在智能决策方面,采用数据仓库、数据挖掘、知识库系统等技术手段建立智能决策系统,该系统能够根据领导需要自动生成统计报表;开发用于辅助政府领导干部决策的"仪表盘"系统,把经济运行情况、社会管理情况等形象地呈现在政府领导干部面前,使他们可以像开汽车一样履行本地区、本部门的职责。

(三)打造智慧政府

作为智慧政府的关键技术之一,大数据的发展将对政府部门的行政管理和公共服务产生深刻的影响。网络应成为政府服务、监管的重要阵地。"互联网思维"的核心是以用户为中心,对政府而言,要从"粗放式"的公共产品生产者向关注公众需求,提供多品种、精细化、柔性化公共产品的角色转变。

1.大部制改革

大部制改革能够为智慧政府内部的协调和整合创造良好的环境,一方面将相近职能和相关业务部门整合在同一个部门之内,拥有共同的领导层次,以前部门之间的事情现在变成了部门内部事务,便于它们进行沟通和协调,提高了办事效率;另一方面大部制改革能够化解不同部门之间的矛盾,解决权力冲突,简化和规范行政部门之间的行政手续,这对于政府内部大部门之间的沟通和协调起到良好的促进作用。因此,作为大部制改革主要内容的政府组织机构调整和政府流程再造成为智慧治理发展的重要推动力量。内涵式大部制改革是指政府职能的高度有机整合,机构和人员配备科学合理,从而达到高效率行政运行和高水平行政管理。①

2.完善相关法律,为智慧政府提供制度保障

在一个开放的社会里,随着技术的创新,隐私似乎变得越来越稀缺。②网络化时代隐私稀缺的表现:互联网技术在打破地域、时间的界限的同时也使作为隐私权屏障的地域和时间屏障失去了意义。与电子政府发达国家相比,由于技术发展的差距,中国信息安全方面的立法工作起步较晚,现在也还是处于探索阶段。目前已经出台的信息方面的法规有:计算机方面的《计算机系统安全保护条例》《计算机软件保护条例》等,互联网方面的《互联网服务管理办法》《中国互联网域名注册暂行办法》等,政务公开方面的《政府信息公开条例》《政府采购信息公告管理办法》等。中国电子政务立法存在"无纲领性立法、无确定立法规则、无有效的立法评估及监督机制"③等问题。针对现存问题,首先要紧随实际发展,做好立法规划工作,其次坚持统一立法为主,单行立法为辅的立法模式,最后是要解决冲突性立法工作。

3.鼓励公民参与,共享政府信息

鼓励公民参与,首先要做到政府信息公开,公开公共数据。政府掌握着社会80%的信息,在信息高度发达的互联网时代,在互联网上公开政府信

---

① 石亚军:《推进实现三个根本转变的内涵式大部制改革》,《中国行政管理》,2013 年第 1 期。

② [美]斯皮内洛:《铁笼,还是乌托邦——网络空间的道德与法律》,李伦译,北京大学出版社,2007 年,第 141 页。

③ 蒋琼:《电子政务的法律现状、困境和出路》,《广西师范大学学报》(哲学社会科学版),2012 年第 2 期。

息,便于公众了解政府,培养他们对公共事务的热情,发展公民社会。在政府信息中,公共数据作为其中不可忽略的一部分,对于经济社会发展具有重要作用。政府提供公共数据下载渠道能够让政府之外的其他组织和个人充分利用这些数据为社会提供服务。

新公共服务理论认为,政府的作用应该是协调各方,让他们坐在一起共同讨论公共事务。以大众创新、联合创新为特点的政府 2.0 是新公共服务理论的具体体现,是"以用户为中心、服务为导向的政府"①。它主张创造一个整体、开放的平台与民众进行直接的互动。以互联网治理模式和服务整合模式推动政府 2.0 联合创新,创造政民共治环境,标志着政府从条块分割的封闭状态向多元、开放、互助、合作的状态转变。通过搭建数据开放平台,增强了政府信任度和透明度,满足了公众信息和数据需求,同时,通过积极鼓励社会力量对数据的开发利用,进一步激发了社会的创新潜力。②

4.把"智慧政府"作为智慧城市建设重点

政府是一个城市的"大脑",建设"智慧城市"的首要任务是建设"智慧政府"。"智慧政府"先行,可以带动经济、社会领域的智慧化建设,如智慧企业、智慧学校、智慧医院、智慧社区等。为此,一方面,各地在编制智慧城市规划时,要把"智慧政府"作为重要内容;另一方面,"智慧政府"代表着电子政务新的发展方向,各地在编制电子政务发展规划时,也要把"智慧政府"作为重要内容。各地区、各部门可以根据自身的业务特点,开展"智慧政府"试点示范。

思考题:

1.互联网对政府管理的影响主要体现在哪些方面?

2.简述我国信息公开的基本原则和范围。

3.简述"意见综合"与"决策"的区别与联系。

4.怎样理解大数据技术对于电子政府的构建来说是一把双刃剑?

5.谈谈你对智慧政府的理解以及智慧政府的实现路径。

---

① 孟庆国:《政府 2.0:电子政务服务创新的趋势》,《电子政务》,2012 年第 11 期。

② 王璟璇、杨道玲:《国际电子政务发展趋势及经验借鉴》,《电子政务》,2015 年第 4 期。

第十二章 政府过程中的监督

第一节 监督体系的基本框架

"一切有权力的人都容易滥用权力"①,这是一条万古不易的经验。权力的自我膨胀特性容易使得权力在不受监督的情况下滑向深渊,权力就如挣脱笼子的猛虎不受控制。这就导致任何实际运行中的政府都或多或少地与制度设想和民众预期发生某种"偏离"。将权力关进制度的笼子里,是现代责任政府和法治政府建设的要义。尤其是当前我国在推进国家治理能力和治理水平现代化进程中,面临着"四大考验""四大风险"和"八大斗争"这样复杂的环境,必须强化监督,构建内外结合的监督体系,形成监督合力。

一、政府过程监督及其必要性

(一)政府过程监督的含义

政府的权力是一种需要被监督的权力,为了防止权力滥用,必须对政府的运行过程进行有效的监督。党的十八大明确提出"健全权力运行制约和监督体系",党的十八届三中全会进一步指出:"必须构建决策科学、执行坚决、监督有力的权力运行体系","形成科学有效的权力制约和协调机制",党的十九大报告提出"构建党统一指挥、全面覆盖、权威高效的监督体系"。这些重

① [法]孟德斯鸠:《论法的精神》(上册),张雁深译,商务印书馆,1961年,第154页。

要论述深刻阐明了健全政府过程监督体系和对权力进行监督和制约的重要性，并从顶层设计的高度提出了深化政治体制改革的核心在于把权力关进制度的笼子里，完善对政府过程的监督。

"政府过程"是现代政府学的一个重要概念，是现代政治科学中一种重要的研究方法，它的出现和发展是功能和行为研究方法长期发展的产物，其特征是对政治活动特别是政府活动的行为、运转、程序以及各构成要素，特别是各政治利益团体（群体）之间，以及它与政府之间的交互关系进行实证性的分析、研究和阐述。[①]政府过程监督是指一个社会中具有监督权力的一切主体形成一定的体系，对实际政府过程中政府权力的使用进行规范、检察和督导，以保证政府权力在法律的框架下正确执行党和国家的路线、方针、政策和法规，保障人民的合法权益。中国的政府过程监督建立在人民代表大会制度的基础上，采取党的监督、国家专门监督机构和社会监督相结合的形式。具体而言，政府过程监督立足于对中国特定的政治共同体中获取和运用政府权力的全部活动，统筹政治共同体中党组织、人大、政协、监察部门以及审计部门等行动主体的监督作用，从而为"健全权力运行制约和监督体系"迈出了切实可行的一步。

（二）政府过程监督的必要性

党和国家历来重视权力的制约和监督问题。早在 1945 年，毛泽东主席回应黄炎培"历史周期律"问题时就讲到，"只有让人民来监督政府，政府才不敢松懈"[②]。邓小平同志曾经提出："如果我们不受监督，不注意扩大党和国家的民主生活，就一定要脱离群众，犯大错误。"[③]江泽民同志在 1995 年讲话时指出："决不允许存在超越于党组织和党的纪律之上、不接受监督的特殊人物。"[④]胡锦涛在 2011 年庆祝中国共产党成立 90 周年大会上强调，要"建立健全权力运行制约和监督体系，保证党和国家机关按照法定权限和程序行使权力"。

---

① 朱光磊：《当代中国政府过程》，天津人民出版社，2002 年，第 1 页。

② 黄炎培：《只有让人民来监督政府，政府才不敢松懈——1945 年 7 月毛泽东与我的第一次对话》，《同舟共济》，2000 年第 7 期。

③ 1957 年 4 月 8 日邓小平在西安干部会上所做报告。

④ 1995 年 9 月 27 日江泽民"领导干部一定要讲政治"的讲话。

　　2013年1月，习近平总书记在十八届中央纪委二次全会上强调："要加强对权力运行的制约和监督，把权力关进制度的笼子里，形成不敢腐的惩戒机制、不能腐的防范机制、不易腐的保障机制。"党的十八届三中全会通过的《中共中央关于全面深化改革若干重大问题的决定》明确提出，"坚持用制度管权管事管人，让人民监督权力，让权力在阳光下运行，是把权力关进制度笼子的根本之策。必须构建决策科学、执行坚决、监督有力的权力运行体系，健全惩治和预防腐败体系，建设廉洁政治，努力实现干部清正、政府清廉、政治清明"，形成科学有效的权力制约和协调机制。这突出体现了权力运行和政府过程监督体系建立和完善的紧迫性和重要性。

　　建立健全政府过程监督，就是协调我国政治共同体中的各行动主体，从而构建决策科学、执行坚决、监督有力的权力运行体系，形成科学有效的权力制约和协调机制。①建立健全政府过程监督是将权力关在制度的笼子里、让权力在阳光下运行的题中应有之意。

　　第一，健全政府过程监督体系是完善中国特色政治制度的必然要求。市场经济快速发展所带来的经济基础和社会结构的变化，迫切要求权力结构进行相应的转型。传统的集权结构难以应对经济与社会转型的双重压力，反而滋生出日益严峻的权力腐败。健全政府过程监督体系，实现用制度管权、管人、管事，已经刻不容缓。只有健全政府过程监督体系，才能深化政治体制改革，只有提高预防和惩治腐败的制度化水平，才能建立公平竞争的法治环境，实现社会主义市场经济的现代转型，才能提升党和国家的执政水平和政治公信力，推动社会主义民主政治的有序发展。

　　第二，政府过程监督有利于权力的平稳运行和权力配置机制的完善。制约和监督权力，首先要在权力内部形成科学的配置机制，即在科学分解并相互制约基础上形成稳定而高效的权力结构。这是因为，只有将制约权力问题转化为一个权力的结构问题，对权力的制约才成为可能。政府过程监督有利于建立科学合理的权力配置机制，从而统筹各行动主体的决策权、执行权和监督权，从而为我国当前权力运行当中的程序机制、信息的公开机制以及权力运行的责任追究机制的完善做出现实可行的裨益。

　　第三，政府过程监督有利于充分认识制约与监督的逻辑差异，实现制约与监督的制度性均衡，从而有效回应中国转型阶段的控权要求。对权力的制约和监督是事关党和国家全局的重大问题。从学理上讲,权力的制约和监督并不是一回事,二者既有联系,也有区别。首先,必须肯定制约和监督都是为了保障权力的正常规范运行,防止权力运行偏离轨道。其次,必须对二者的区别加以厘清。制约和监督具有不同的内置逻辑和运行机制,因此是两种不同的权力关系和控权功能。制约是从制约主体和制约客体双向互动的角度出发,本意在于限制和约束,具有明显的内在性特征;而监督是从单向角度出发,强调的是监督主体对拥有和行使权力的主体的监察和督促,具有明显的外在性特征,是一种非对称关系。①

二、政府过程的监督体系

所谓政府过程的监督体系,是指由若干个对权力主体分配和行使权力的过程进行约束、限制、观察和纠正的机制相互联系而构成的一个整体。②对权力加以合理配置是任何国家权力得以有效运行的基础。改革开放以后,基于马克思主义的权力监督理论和我国的基本国情,逐步形成了具有中国特色的权力监督体系。

(一)政治和政府监督系统及其监督

"党的政治监督和党内纪律监督""人大的工作监督""政协监督""行政监督"和"政府审计监督"共同构成了当前我国政治和政府监督系统。政治和政府监督系统是我国公民监督权能否得到实现的重要保障,政治和政府监督系统开展得好,将对建设中国特色社会主义民主、营造公平的社会氛围大有裨益。

(二)法律监督系统及其监督

法律监督系统共有两类主体,一类是全国和地方各级人大及其常委会,另一类是各级人民检察院。这两类主体发挥着四种功能的监督。

---

① 陈国权、周鲁耀:《制约与监督:两种不同的权力逻辑》,《浙江大学学报》(人文社会科学版),2013年第6期。

② 朱光磊:《当代中国政府过程》,天津人民出版社,2002年,第233页。

一是由全国人大及其常委会承担的"宪法监督",这是一种最高层次的法律监督;二是一般意义上的"人大法律监督和工作监督",即从国家机构关系的角度，各级人大及其常委会对其他国家机关实施法律的情况进行的监督;三是人大的"预算监督",旨在让政府花钱不再任性;再一个是从各级人民检察院角度所进行的"专门法律监督",也叫"检察监督"。①

(三)社会监督系统及其监督

社会监督是政府监督系统中不可或缺的重要组成部分。江泽民在庆祝建党 80 周年讲话中提出:"我们手中的权力都是人民赋予的,各级干部都是人民的公仆,必须受到人民和法律的监督。"可见,人民群众是权力监督的力量基础,人民群众的监督是社会主义本质的体现和民主监督制度的基础,同时更是整个政府监督体系的动力来源。因此,强化民众监督权是一项基础性工作。

社会监督系统就是我国人民群众直接行使监督权的保障，其主体是公民,作为权力主人的公民有权对政府及其行为进行合理的监督;第二类是工会、共青团和妇联等重要的人民团体和一些影响较大的群众性组织;第三类是新闻媒介。这三类监督主体的功能,分别是公民以个体进行的"普遍性社会监督""社会群团监督"和"社会舆论监督"。②

三、政府过程监督的特点和变化

(一)政府过程监督的特点

政府过程中"监督"的要职是,为保证政府机关和政府官员在法律授权的范围内活动,而由一定的权力主体和社会机构对其实施监控的各种活动。建立健全权力制约和监督体系，有效惩治和预防腐败是我国建设现代政治

---

① 朱光磊:《当代中国政府过程》,天津人民出版社 2002 年,第 233 页。
② 同上,第 234 页。

文明的重要任务。①具体而言，我国的政府监督体系具有如下特点。

1.监督主体的形式独立与实质的非独立

监督的主体应具有必要的相对独立性，结构和地位上的独立是有效开展监督的必要前提。这个普遍规律无须论证，关键是如何结合我国的实际情况加以实行，确保监督的成效。当前政府监督体系的各组成部分由于自身的依附性和半依附性而欠缺监督的独立性和权威性，以致监督的效果不佳。

例如，审计和监察部门由于存在于行政系统内部，受制于双重领导体制，很难发挥监督的效力。我国的重要决策都是在党的倡议和意见综合的基础上做出的，或者是以党政的名义联合做出并发布文件下达，如中共中央办公厅和国务院办公厅(简称中办和国办)经常联合下文。如此一来，不仅使政治监督中的很大一部分事实上成为"党对党的监督"，使法律监督、行政监督以及政治监督的其他要素的监督活动在实践中遭遇困境和尴尬，而且也会导致党的内部监督饱受质疑。因此，当前的政府监督体系的各部分多只是在形式上独立，而实质上是非独立的，以至于监督难以顺利推进。

2.一线监督和二线监督分离

从权力行使强度来看，党委和一府两院属于一线监督，而人大和政协居于二线监督。虽然宪法和相关法律赋予了人大和政协监督的权力，但是实际的操作难以有效展开。即便人大和政协形成的两会机制已经成为我国政治生活领域的重大事件，由于受到会期、代表的专职性等因素限制，"两会"的监督作用急需在制度杠杆的推动和新技术的引领下加以提升。

3.党内监督的意义凸显

在党管干部原则下，各级国家机关的岗位多由中国共产党党员来担任。因此，党内监督在政府监督体系中处于最基本的、首要的位置。党内监督是党的政治优势，党要管党、全面从严治党是党中央提出的党内政治生活的指导原则，党内的有效监督是确保监督的自我净化、自我革新机制，也是实现党外监督结合的重要基础。在党的内部，除了党章党纪，组织生活和民主生活是党的政治监督和约束干部、党员的重要手段。

4.社会监督蓬勃发展

社会监督系统及其监督作为我国监督体系中的新兴力量，日益成为我国社会主义监督系统的重要补充。改革开放以来，建立在计划经济基础上的

① 陈国权等:《权力制约监督论》,浙江大学出版社,2013 年,第 84 页。

总体性社会格局被打破,从领域合一走向领域分离,社会不再依附于国家权力,社会得到了长足的发展和进步。与此同时,成长起来的社会力量不断彰显对政治参与的渴望,越来越多地参与到政府过程的运作中,不断通过既有的或创造的各种监督渠道和方式倒逼政府的决策和制度变革,改变着政府的施政理念和施政方式。

虽然社会监督的意义和重要性值得肯定和高扬,但是不可否认的事实是有序的、高质量的社会监督仍属于相对少数,社会监督机制发展得还不够稳定和规范。从历史溯源看,传统政治文化中家天下的国家观和传统的权力观造成了我国民主思想发展和实践的土壤贫瘠①;从现实层面来看,父爱主义的执政理念造就了为民做主的为官文化;从体制上看,政治权力体制及其运行造就了向上看的负责机制。

(二)政府过程监督的变化

权力运行制约和监督体系的基本架构一直是党和国家关注的时代性课题,当代中国的政府监督体系自形成以来,经历了几十年的发展,其基本特点是监督主体多元、队伍齐备,且监督权限也相当大。②但是随着社会主义市场经济的进一步深入和社会的多元化发展,腐败、权力滥用等问题也进一步滋长,对我国的政府过程监督提出了新的要求和挑战。为了适应新的形势和要求,政府过程监督也处在不断变化的过程中。

1.政治和政府监督系统的变化

改革开放以来,不断发展的市场经济与不断增长的公民社会,与我国相对集权的政治体制之间的矛盾日益凸显,经济社会的全面转型以及经济新常态的要求,这些无疑都对政治和政府监督提出了新的要求。

第一,从政治背景上来看,过去制约监督机制不健全为腐败现象滋生蔓延提供了土壤,这无疑损害了党和政府的权威,损害了党和政府的合法性基础。因此,为了安然度过改革的"深水区",将权力关进制度的笼子里显得至关重要。伴随着反腐倡廉的开展,党内问责的力度得到了显著加强,党政问责制度也向制度化和法制化迈进。2009 年 5 月 22 日,中共中央政治局审议

---

① 陆亚娜:《我国社会监督存在的问题及其原因分析》,《江苏社会科学》,2007 年第 2 期。

② 李晓广:《论当代中国权力监督体系》,《制度建设》,2005 年第 1 期。

并通过了《关于实行党政领导干部问责的暂行规定》，这是第一部中央级层面上针对党政官员问责的专门法规。当官有责、任职负责、失职问责应成为国家政治生态的一种常态。① 2015 年 10 月 18 日，中共中央颁布实施修订后的《中国共产党廉洁自律准则》和《中国共产党纪律处分条例》，2016 年 7 月，《中国共产党问责条例》正式施行，进一步吹响了全面从严治党的号角。

第二，从人民代表大会制度发展的历史脉络来看，人大的监督权正经历着由虚转实、由弱变强的可喜变化。从法理上看，人大的监督应该是最强有力的，但实践中人大的监督却是普遍处于弱化、虚化状态。为了使人大监督更有效和有为，相关改革和探索从未间断。①人大代表方面的探索。为改变过去人大充当二线干部"中转站"的窘境，一些地方按照十八大的要求优化常委会、专委会组成人员的知识和年龄结构，提高专职代表比例，改革选举程序，增强代表性，抑制官员代表、明星代表、富商代表比例偏高的问题。②2015 年新修订的预算法的实施，标志着人大对预算的审查监督迈入新常态。预算法要求政府细化预算草案，促使人大代表们看得懂，提高预算审查的质量，真正做到看紧政府的钱袋子。③探索人大监督机制方法创新，增强监督刚性实效。以 2016 年全国人大代表赴地方检查道路交通安全执法为例，为获得更加切合实际的情况，执法检查组在听取地方政府汇报、组织一线工作人员座谈的同时，还采取了不打招呼随机检查、暗访电动自行车销售门店、实地考察交警执法情况等方式。②

第三，从地方权力架构层面探索，理顺党委、人大、政府和政协之间的关系。在我国地方权力架构的四套班子中，人大常委会主任通常由同级党委书记兼任，已经成为一种政治风尚和制度模式。③近些年来，这种兼任格局开始被打破，地方人大换届选举中展开地方党委书记与人大主任分设的探索。2005 年成都开始探索实行分设，2007 年陕西县级换届选举结束后除个别地方外基本上实行了分设，2009 年湖北和四川在市县换届中开始这一尝试引起了极大的关注。随后几年，全国其他市县分设的情况越来越多。2015 年 6 月，《中共全国人大常委会党组关于加强县乡人大工作和建设的若干意见》明确指出，县级人大常委会主任实行专职配备。2016 年进行的全国性县级人

① 李阳：《权力监督与制约的制度安排——〈关于实行党政领导干部问责的暂行规定〉的解读》，《江苏行政学院学报》，2009 第 6 期。

② 蒲晓磊：《创新方式方法让人大监督更具刚性》，《法制日报》，2017 年 2 月 28 日。

③ 张书林：《地方党委书记与人大主任应兼职还是分设》，《中国党政干部论坛》，2013 年第 6 期。

大换届选举中,县级人大常委会主任不再由县委书记兼任。改革后,长期以来被外界视为开会走过场、监督虚化的县级人大及其常委会变得相对独立,有了更大的监督空间,走向务实和敢为。

2.社会监督系统的变化

社会监督与信息技术、新媒体的快速结合是社会监督发生的重大变化。信息技术不仅在政府系统内部得到了广泛应用,更为重要的是,还为社会监督政府行为提供了重要的手段。在中国威权统治下,公民社会发育还相对不成熟,社会监督比较落后,但近年来随着新媒体的兴起,社会监督力量不断得到强化,"强国家-弱社会"的格局也正在逐渐变革。2011年我国网民的搜索引擎使用率为79.4%,微博用户环比增幅296%,用户交互式信息配置方式已经取代了传统的信息配置方式。

随着传统的线性传播方式转变为"裂变式传播",新媒体悄然成为制约和监督公共权力的强大舆论力量,如同悬在公权力掌握者头上的"达摩克利斯之剑"。新媒体的即时性、交互性、共享性、海量性等特征,导致政府过程被聚焦、放大、催化和扩散。新媒体的普及,极大地释放了个体,为社会监督提供了自由的平台。新媒体逐渐成为对传统媒体的重要补充并成为制约和监督公权力的基本模式,倒逼政府过程更加开放、透明、民主和科学。

3.法律监督系统的变化

近年来,中央和人大的宪法监督意识明显增强。人大的法律监督也对进一步理顺党、人大和政府的关系具有重要的积极意义。多年来的实践证明,我国人大监督工作每上一个台阶,往往是解放思想、大胆探索,特别是许多地方人大及其常委会创造性地开展工作,致力于监督制度创新的结果。例如,执法检察制度的建立,听取和审议专题工作报告制度的建立,人民代表集体视察和持证视察制度的建立,信访制度的建立,质询制度的建立,"一府两院"官员任命前的相关法律知识考试制度的建立,对"一府两院"及其首长的工作进行检察评议制度的建立,"一府两院"重大事项提请决定和报告制度的建立,预算工作委员会的设立,个案监督制度的建立等,这一系列制度的相继创立和运作,大大增强了人大监督的力度和效果,使我国人大监督工作一步步跨上新台阶,在民主法制建设中发挥了特殊的重要作用。[①]

---

① 余荣根、莫于川:《观念更新、制度创新与人大监督》,《政治体制改革与法制建设》,2000年第3期。

检察系统监督的存在感增强。第一，表现为对一些冤假错案的平反改判，如 2015 年 12 月 21 日，云南省检察院建议云南省高级法院再审的申诉人钱仁风投放危险物质一案宣判。云南省高级法院以事实不清、证据不足，宣告钱仁风无罪。第二，检察院开始将自身的监督权向社会关心关注的环保、公益等领域拓展。2015 年 12 月 16 日，山东省庆云县检察院因该县环保部门不依法履行职责，依法向庆云县法院提起行政公益诉讼。这是全国人大常委会授权检察机关提起公益诉讼试点工作后，全国首例行政公益诉讼案件。第三，检察院作为我国行政问责制中异体问责的一环，近年来，在处理官员腐败、不作为、渎职等问题上都显得越发具有存在感。第四，最高检首提检察体系。2016 年 7 月 20 日，最高人民检察院检察长曹建明在第十四次全国检察工作会议上强调，要以深化司法体制改革为契机，以维护社会公平正义和司法公正为目标，完善检察监督体系、提高检察监督能力。

4.纪律检查委员会的监督凸显

党的十八大以来，中国共产党各级纪律检查委员会在监督中的作用尤其突出，实现了党内监督的全覆盖，呈现了强纪检监督的局面。纪律检查领域的党内法规制度密集制定或修订出台，使得制度的笼子越扎越紧，构建起了系统完备、职责清晰的党内监督体系，促使党要管党、从严治党不断向纵深发展。根据中纪委官方网站的数据统计显示，2013 年，全国纪检监察机关立案 17.2 万件，给予党纪政纪处分 18.2 万人；2014 年，立案 22.6 万件，给予党纪政纪处分 23.2 万人；2015 年，立案 33 万件，给予党纪政纪处分 33.6 万人；2016 年，立案 41.3 万件，给予党纪政纪处分 41.5 万人。

5.国家监察体制拉开帷幕

长期以来，我国的监督体系存在着监督碎片化的问题，监督权出多门、各管一段、监管力量分散，导致多头负责、衔接不畅、效率不高，难以形成监督合力。为整合监督资源，实现对行使公权力的公职人员监督的全覆盖，一场被称为"事关全局的重大政治改革"的国家监察体制改革拉开了帷幕。从 2016 年 11 月，中共中央办公厅印发《关于在北京市、山西省、浙江省开展国家监察体制改革试点方案》，部署在三省市设立各级监察委员会，从体制机制、制度建设上先行先试、探索实践。到 2017 年 11 月，中共中央办公厅印发《关于在全国各地推开国家监察体制改革试点方案》，部署在全国范围内深化国家监察体制改革的探索实践，完成省、市、县三级监察委员会组建工作。2018 年 2 月 25 日，国家监察体制改革迈过关键性的节点，省、市、县三级监察委全部成立。3 月 20 日,第十三届全国人大第一次会议审议通过国家监察法。3 月 23 日,国家监察委员会正式揭牌。从权力结构上,监察委员会和原有的一府两院并列,行使国家监察职能。这一改革探索,将有效形成国家层面的、全方位的监督网络。监察委员会将在党委领导下,对所有行使公权力的公职人员进行监督,既调查职务违法行为,也调查职务犯罪行为。

第二节　政治和政府监督系统及其监督

一、人大的工作监督

人民代表大会制度是我国的根本政治制度, 人民代表大会对政府行使监督权体现了一切权力属于人民的社会主义民主原则。人民代表大会对政府的监督是全面性的最高层次的监督。就监督对象来说,包括政府机关及其工作人员;就监督性质来说,既包括对政府行为的合法性进行的法律监督,又包括法律监督以外的工作监督。不仅监督政府的行为是否合法,而且监督政府的工作是否有效。

(一)人大的工作监督的含义

人大的工作监督, 是对其他国家机关的工作是否正确执行了国家的方针、政策,是否符合人民的根本利益,这些机关及其工作人员是否尽职尽责的情况所进行的监督。[①]人大监督的对象是一切由它产生的国家机关和国家机关工作人员,在国家一级包括国家主席、国务院、中央军委及其组成人员。在广义上,人大的工作监督还包括同级人大对同级人大常委会、上级的人大常委会对下级的人大常委会立法和实施法律情况的监督。

具体而言,人大的工作监督包含以下两种形式:首先,人大对国家行政机关和其工作人员的监督,人大在其中主要扮演监督行政机关执法情况、监督行政法规文件的制定和执行以及监督行政机关日常工作的进行的角色。

---

① 朱光磊:《当代中国政府过程》,天津人民出版社,2002 年,第 236 页。

第十二章

其次,人大对司法机关的监督,这其中主要包括对司法机关的执法情况进行监督、对司法机关的法律解释进行监督、对司法机关的日常工作进行监督。

(二)人大的工作监督的运行方式

在中国,人大的工作监督的运行方式包括以下方面:

1.听取报告

听取和审查同级人民政府、人民法院、人民检察院贯彻执行各项法律、法规及其他方面的工作报告,是权力机关监督的基本方式,每年两会期间,人大都要听取和审查一府两院的工作报告,如表12-1 中即为 2006—2017年全国人大听取一府两院工作报告后所投的反对票情况。国家机关向人大报告工作,是每年一次的人民代表大会的法定议程,也是人大常委会日常工作的重要内容。

表 12-1   2006—2017 年全国人大会议上一府两院工作报告反对票统计

	政府工作报告	最高法工作报告	最高检工作报告
2006 年	17	479	363
2007 年	17	359	342
2008 年	32	521	514
2009 年	42	519	505
2010 年	36	479	411
2012 年	47	475	434
2013 年	90	429	393
2014 年	101	605	485
2015 年	15	378	390
2016 年	18	213	284
2017 年	27	208	239

2.提出质询

质询是人大及其常委会享有的重要监督权。质询是必需的,没有质询就没有监督。但是质询不同于询问,询问在各级人大及常委会中经常出现,是一种通用形式。质询是指人大代表及常委会组成人员依法对本级行政、审判和检察机关及其组成人员提出具有法律强制性的质问和发问。[1]

---

[1]   王骚:《当代中国地方政府》,南开大学出版社,2009 年,第 280 页。

表 12-2　中国有关人大行使质询权的制度设计

质询主体		质询对象	发生时间	提案主体
全国人大		国务院及各部委	全国人大会议期间	一个代表团或 30 名以上代表
全国人大常委会		国务院、各部委及最高法、最高检	常委会会议期间	常委会组成人员 10 人以上
地方各级人大		本级政府及部门、本级法院和检察院	地方各级人大会议期间	10 人以上代表
地方各级人大常委会	省级、自治州、设区的市的人大常委会	本级政府及部门、本级法院和检察院	未规定	常委会组成人员 5 人以上
	县级人大常委会	本级政府及部门、本级法院和检察院	未规定	常委会组成人员 3 人以上

　　宪法、《全国人民代表大会组织法》《地方各级人民代表大会及地方各级人民政府组织法》《各级人民代表大会常务委员会监督法》等法律文件对各级人大及常委会的质询权做出了相应规定(如表 12-2 所示)。人大的质询逐步走向规范化、程序化,质询制度成为各级人大及常委会行使监督权的重要形式。人大行使质询权毫无疑问已经形成了理念共识。全国人大历史上曾经出现过两个标本性的质询案例。一个是 1980 年 9 月,五届全国人大三次会议上,北京代表团一百七十多名代表就新中国成立以来投资最大的"上海宝钢工程建设问题"向当时的冶金部提出质询,这是全国人大历史上第一起质询案。另一个是 2000 年 3 月 8 日,九届全国人大辽宁代表团的几十位全国人大代表,就震惊中外的烟台"11·24"特大海难事故,依法向交通部提出质询。人大代表对交通部部长黄镇东的答复表示"基本满意"。

　　3.执法检查

　　执法检查就是对法律实施情况进行检查监督, 它是人大常委会的一项监督权力。以全国人大常委会的执法检查为例,执法检查的主体是全国人大常委会和全国人大的专门委员会;对象是国务院及其部门、最高人民法院和最高人民检察院;内容是法律实施主管机关的执法工作;方式是组织执法检查组,到各地检查法律实施的情况,作为评价有关部门执法情况的依据;目的是为了督促法律实施主管机关改进执法工作,促进法律的有效实施。执法检查成为近年来全国人大常委会行使监督权的一种重要形式。

　　例如为全面检查固体废物污染环境防治法(以下简称"固废法")贯彻实施情况,推动党中央重大决策部署贯彻落实,推进环境质量改善,保障人民群众健康,全国人大常委会执法检查组于 2017 年 5 月启动开展"固废法"执法检查。"固废法"执法检查组由全国人大常委会委员长张德江担任组长,陈昌智、沈跃跃、张平、艾力更·依明巴海副委员长和环资委陆浩主任委员担任副组长,成员由全国人大常委会委员、相关专门委员会组成人员和部分全国人大代表共48人组成。6月至8月,执法检查组分为5个小组,分别赴陕西、湖南、山西、天津、浙江、广西、江苏、福建、上海、吉林等10个省(区、市)开展执法检查工作,检查组深入到33个地市(区),共召开22次座谈会,听取了地方政府和有关部门的汇报,实地察看了112个单位和项目。

4.视察工作

人大代表视察是代表法规定的县级以上各级人大代表在闭会期间进行的一项重要活动。人大代表视察是了解和检查本级或者下级国家机关和单位工作情况、执行代表职务的重要方式。视察的目的是了解有关情况,并为开好代表大会会议做准备,同时推进有关国家机关和单位的工作。代表视察的主要内容包括:根据人大将要审议的议题进行调查研究,了解法律或者法规的实施情况,了解人大及常委会决议、决定的贯彻执行情况,了解人民政府、人民法院、人民检察院的工作情况,了解人民群众的意见和要求等。人大代表视察时,可以向被视察单位提出建议、批评和意见,但不直接处理问题。如2014年2月27—28日,在陕西,共有十二届全国人大代表41人,其职责是调查掌握十二届全国人大一次会议以来陕西省经济社会发展情况和国家机关工作情况,通过视察了解人民群众的意见和要求,掌握大量第一手资料,为出席十二届全国人大二次会议做好准备。

5.撤销法规

规范性文件是指规定公民、法人、组织行为的,有一定法律效力或行政效力的文件。对于规范性文件,我国监督法规定,本级人大常委会可以审查本级人民政府的决定、命令是不是符合法律、法规规定。如果不符合法律法规规定,人大有权撤销。根据宪法和法律规定,全国人大常委会有权撤销以下两类规范性文件:一是国务院制定的同宪法、法律相抵触的行政法规、决定和命令;二是省、自治区、直辖市国家权力机关制定的同宪法、法律、行政法规相抵触的地方性法规和决议。如2017年12月,全国人大常委会首次向社会晒出对行政法规、地方性法规和司法解释开展备案审查工作的成绩单。

6.进行罢免

人大有依法提出罢免案和罢免国家机关组成人员的权利,这是宪法和法律赋予人大的罢免权。人大作为权力机关行使的对政府、人民法院、人民检察院组成人员的罢免权,是最有力的监督方式。我国的代表法规定,全国人大代表有权依照法律规定的程序,提出对全国人大常委会组成人员、国家主席、副主席、国务院组成人员、中央军委组成人员、最高人民法院院长、最高人民检察院检察长的罢免案。县级以上的地方各级人大代表有权依照法律规定的程序,提出对本级人大常委会组成人员、政府组成人员、法院院长、检察院检察长的罢免案。乡、民族乡、镇的人大代表有权依照法律规定的程序,提出对本级人大主席、副主席、乡长、副乡长、镇长、副镇长的罢免案。

除了上述几种监督方式外,实践中人大机关还通过组织特定问题的调查委员会、办理公民来信来访等方式监督国家机关的工作。通过以上几种监督方式,人大的工作监督得以正常的运行。但是由于现实国情,人大的工作监督依然存在宪法监督虚置,对政府成员行为的责任监督不够,监督的强制性和日常性、全面性不足等弊端。

二、党组织的监督

(一)党组织监督的含义

党政军民学,东西南北中,党是领导一切的。中国共产党在我国社会中的领导地位,决定了中国共产党的监督及各层级的党组织监督是我国最高层次的政治监督。行政机关必须接受中国共产党的领导和监督,这是宪法确定的一个基本原则。党组织的监督对维护和监督执政党权力的正常运行以及防范不正常用权的意义十分重大,具有规范和约束权力、有效抑制腐败、积极促进和发展党内民主,加强科学管理的重要作用。①党的十一届三中全会以来,党政职能逐步规范化,为切实加强党对行政机关的监督创造了前提条件。各级党的纪律检察委员会的主要职责,就是管好党纪、协助党委搞好党风建设,教育和监督在行政机关中任职的党员干部,督促他们贯彻党的路线、方针、政策,严格遵守国法政纪,依法行政,维护国家、集体和群众的利益,恢复和发扬党的光荣与优良作风。

---

① 文丰安:《党内监督科学化之理性审视》,《西南民族大学学报》(人文社科版),2015 年第 1 期。

(二)党组织监督的运行方式

西方国家政党对国家机关的监督主要是通过两方面的内容进行的:通过舆论进行监督;通过议会监督政府和司法机关。在我国,党组织监督是实现党的领导的重要手段,包括各级党委、各级纪检部门和基层党组织的监督。

1.中国共产党监督的内容

监督国家机关党组及其党员工作人员执行党的路线、方针、政策和国家法律、法规,了解执行中存在的问题和情况,提出具体的意见和建议;监督党员工作人员,对违反党纪的党员工作人员进行党纪制裁;监督国家机关及其党员工作人员的思想、法纪、道德情况。

2.党组织对国家机关监督的方式多种多样

可以对国家机关的工作情况进行全面检查,也可以就某一方面工作或某一部门工作进行检查;可以列席国家机关工作会议进行监督,也可以通过检查在国家机关担任一定职位的党员干部工作情况进行监督;可以单独进行检查,也可以与同级国家机关联合对下级国家机关的工作进行监督检查,等等。但这些监督做出有关人与事的处理决定时,必须仅限于国家机关党组和党员的范围,超出这个范围应交给相应的权力机关、行政部门和司法部门处理,以防止越权监督。

3.党组织监督运行的典型方式

在我国,党组织监督的运行主要依托中国共产党的政治监督和纪律监督两种方式实现。

首先,党的政治监督是指党的各级组织都是监督的主体,都有监督的任务。党的政治监督主要包含两个方面。

一是党对权力结构中各个要素的监督。中国共产党与其他国家机关、民主党派是领导与被领导的关系,这种关系同时也包含了监督与被监督的关系。这一监督的程序性特点,主要是强化法制环境的建设、政策约束和干部调配,监督各个国家机关的决策和决策的执行是否符合人民的根本利益和党在一个时期的基本路线、方针、政策,是否坚持了社会主义的民主法治原则等。

二是党对人民团体和各种群众组织的监督。中国共产党和工会、共青团、妇联之间是领导关系,同时也是监督关系。各个层次上的科技协会等社会结构性或功能性较强的社会团体群众组织,也与党存在监督和被监督的关系。

其次,党的纪律监督也叫党内监督,是中国共产党强化党员约束的主要方式。党的十八大报告指出:"加强党内监督、民主监督、法律监督、舆论监督,让人民监督权力,让权力在阳光下运行。"①由于中国共产党党员占据了国家机关和社会团体的主要职位或在其中发挥重要影响,因此,纪律监督同时成为中国共产党监督其他国家机关和社会团体的有效方式。在我国,党的纪律监督主要通过以下程序运行:

(1)党内选举监督。具体包括:审查选举人和被选举人是否具备相应的资格;审查被选举人的提名是否符合规定的程序和条件;推举专门的监票人和计票人,监督选票的印刷;监督选举的全过程;当场公布选举的结果,封存选票。如果发现选举中存在舞弊行为,则当场宣布投票无效。

(2)党内的组织发展和干部任用监督。具体包括:检查组织发展和干部任免工作是否严格遵守共产党员的标准和党员干部的条件;检查有无组织审查中的材料;检查新党员的发展是否经过有批准权的党组织的批准,干部任免是否按照管理权限进行审批;检查批复是否宣布执行。

(3)党内议事监督程序。具体包括:审查议案的提出是否符合规定,重要议案须以书面方式提交有关党组织审议;在审议过程中,与会党员或领导班子是否充分发表意见;检查讨论审议中的各种意见是否记录在案。

(4)党内决策监督程序。具体包括:审查提供决策的方案的客观性和可行性;监督是否履行了法定的表决程序;表决结果是否如实记载;是否贯彻少数服从多数的原则;检察决定的内容是否与中央的方针、政策和国家的法律、法规相抵触或相矛盾。②

三、政协的监督

(一)人民政协监督的含义

人民政协的监督是中国共产党在革命、建设、改革中,民主党派积极同

---

①　《中国共产党第十八次全国代表大会文件汇编》,人民出版社,2012年,第1页。

②　王骚:《当代中国地方政府》,南开大学出版社,2009年,第99页。

中国共产党合作形成的政治传统。当前,作为两会机制之一的人民政协是我国政治生活中重要的活动主体。人民政协的监督是指人民政协对党和政府的大政方针、重要事务以及群众生活等方面的重大问题通过政治协商进行建议、批评、检察的活动。政协的监督具有广泛的代表性和较大的实用价值以及相当大的实践意义。人民政协的民主监督是发展社会主义民主的需要,对公民有序的政治参与起到重要的保障作用,也是巩固和扩大爱国统一战线的需要。通过政协协商,可以广泛吸收人民群众和社会各界人士参加国家和社会事务的管理,从而有利于决策的民主化和科学化。

(二)人民政协监督的运行方式

随着民主监督逐步向制度化、规范化迈进,围绕民主和团结两大主题,人民政协积极履行民主监督职能,针对党和国家的方针政策、国家重要事务提出了许多重要的意见和建议,对党和政府科学化、民主化决策起到重要作用,在社会上产生了较好的影响,是我国民主政治发展的重要表现。

人民政协有其特有的监督的内容和方式,人民政协监督的内容包括:对国家机关制定的重要方针政策及贯彻执行情况进行监督,对国民经济和社会发展计划及财政预算的制定和执行进行监督,对国家宪法、法律、法规的实施情况进行监督,对国家机关及其工作人员履行职责情况进行监督。人民政协的监督方式有:提建议案,列席会议,组织考察,对口协商,专题调查。政协还可以通过接受群众的询问、要求、批评、建议和申诉,转交有关部门处理的方式进行监督活动。

(三)人民政协监督存在的突出问题

由于制度和机制等方面的原因,人民政协发挥民主监督存在的问题毋庸讳言。相比较而言,在人民政协的政治协商、民主监督和参政议政三大职能中,民主监督是薄弱环节,协商容易监督难,"政协发发言、表表态""说了也白说"等现象在许多地方确实存在。

人民政协民主监督方面存在的问题是多层面的,概括而言,主要有以下三点:第一,在政治实践中,由于对政协民主监督的认识不统一造成的民主监督的意识不强;第二,由于相关的体制、机制配套的缺乏,导致人民政协的民主监督无法纳入制度化的轨道，以保证民主监督规范、有序和有效的运行。[①]第三，由于政协的民主监督不是刚性的权力监督，其监督的效果不是靠政协的主观意志就能够解决的，政协的民主监督要想取得更大的成就，离不开被监督者的理解、支持和配合。因此，政协的民主监督与其他形式的民主监督缺乏横向合作成为制约政协民主监督进一步发展的一大因素。[②]

四、监察委员会的监督

(一)监察委员会监督的含义

行政监察是国家各级行政监察机关依法对国家行政机关及其工作人员和国家行政机关任命的其他人员执行国家法律、法规、政策和决定、命令的情况以及违法违纪行为进行的监督、纠举、惩戒，是具有法律效力的专门活动。[③]从法律意义上来说，行政监察是行政机关的一种自我纠错制度，是一种自律性监督，即从国务院到地方各级人民政府组成统一的相对独立的行政系统实行的监督，也可以称为政府的内部监督或自身的监督。

在过去，按照《行政监察法》的规定，行政监察的对象范围过窄，主要是行政机关及其工作人员，因此，还有相当一部分行使公权力的公职人员处于监察机关监督不到的空白地带。国家监察法的通过和各级监察委员会的组建，标志着从行政监察到国家监察的转变，也是探索全面监督的新举措。

监察委员会是行使国家监察职能的专责机关，依照国家监察法对所有行使公权力的公职人员进行监察，调查职务违法和职务犯罪，开展廉政建设和反腐败工作。监察委员会对6类监察对象进行监察：一是中国共产党机关、人大及其常委会机关、政协各级委员会机关、一府两院、监察委员会、民主党派机关和工商业联合会机关的公务员，及参照《公务员法》管理的人员；二是法律、法规授权或者受国家机关依法委托管理公共事务的组织中从事公务的人员；三是国有企业管理人员；四是公办的教育、科研、文化、医疗卫生、体育等单位中从事管理的人员；五是基层群众性自治组织中从事管理的人员；六是其他依法履行公职的人员。

(二)监察委员会监督的运行方式

从部门地位上，各级监察委员会和一府两院平行，国家机构变为一府一委两院，以权力结构设计的独立性保障监察权行使的独立性。过去，行政监察难以有效开展的原因之一，在于监察部门在法律上缺乏必要的独立性，监察部门只是位于各政府部门之中，财政和人事没有相对独立性，每当与政府部门产生利益冲突时往往因保护行为而使监察失去效果。①新成立的各级监察委员会，是实现党和国家自我监督的政治机关，不是行政机关，也非司法机关，将独立行使监察权，不受行政机关、社会团体和个人的干涉。

合署办公是监察委员会的运行模式。国家监察委员会和党的纪律检查委员会合署办公，是原纪检监察合署办公的升级换代，意味着合署办公的单轨运行模式向双轨运行模式的转变。名义上虽然都是合署办公，但是单轨模式主要突出党内的执纪问责监督，监察职能难以得到发挥。双轨模式下，监察内设机构从原纪检监察室剥离出来，设置衔接紧密、制约有效的监察内设机构，形成党纪检查和国家监察并行的内设机构格局。

(三)监察委员会职能定位和权限

监察委员会作为行使国家监察职能的专责机关，不是行政监察、反贪反渎、预防腐败职能的简单叠加。监察委员会在党的直接领导下，代表党和国家对所有行使公权力的公职人员进行监督，既调查职务违法行为，又调查职务犯罪行为。各级监察委员会在履行职责的过程中，既要加强日常监督、查清职务违法犯罪事实，进行相应处置，还要开展严肃的思想政治工作，进行理想信念宗旨教育，做到惩前毖后、治病救人，努力取得良好的政治效果、法律效果和社会效果。

根据国家监察法第四章所列条款，监察委员会的主要权限包括：谈话、讯问、询问、查询、冻结、搜查、调取、查封、扣押、勘验检查、鉴定、留置等。

---

① 简骊萱：《现行行政监察权进一步完善探究》，《人民论坛》，2016 年第 14 期。

五、审计部门的监督

(一)审计监督的含义

审计监督是根据会计记录等有关经济资料和国家的法律法规，由国家审计机关依法审核和稽查被审计单位的财政财务收支活动、经济效益和财政法纪的遵守情况，做出客观公正的评价，并提出审计报告加以经济管理。[①]审计是一种经济活动，其主体是国家的审计机关或政府授予认可的其他财会机构，审计的客体是经济中的财政、财务收支活动及被审计单位的经济效益，审计的手段是依法进行审核、稽查。

审计可以从不同的角度来划分种类：按照审计的目的，可分为财政财务审计、经济效益审计、财政法纪审计；按照从事审计任务的机构和人员的隶属关系，可分为外部审计和内部审计；按照进行审计的时间，可分为事前审计和事后审计；按照组织审计的形式可分为就地审计、报送审计、委托审计和其他审计方式。

(二)审计监督的重要性

审计监督的重要性是不言而喻的，国家审计作为国家政治制度的重要组成部分，是为满足国家治理的客观需要而产生和发展的，发挥着国家治理的基石和保障作用。国家审计是党和国家监督体系的重要组成部分，是推进依法治国的重要手段。

第一，保障依法独立行使审计监督权是贯彻依法治国方略的内在要求。审计制度是中国特色社会主义法治体系的组成部分：审计监督权是宪法确立的，审计的依据、程序和标准都是法定的，这就要求审计机关牢固树立法治理念和法治思维，严格依照法定权限、程序行使权力，做到依法审计、客观公正。

第二，保障依法独立行使审计监督权是落实党和国家要求的迫切需要。

[①]　吴爱明主编：《当代中国政府》，中国人民大学出版社，2005年，第265页。

通过对公共资金使用、公共权力行使和公职人员履职情况的审计监督,推动国家重大政策措施和决策部署贯彻落实,促进理好财、用好权、尽好责,并服务于人大预算监督的需要。

第三,保障依法独立行使审计监督权是实现改革发展目标的重要举措。只有保障审计监督依法独立,审计才能排除各种因素的干扰和掣肘,实事求是地揭示问题,客观公正地提出建议,切实成为改革发展、完善国家治理的推动力量。

(三)审计监督的运行方式

党的十八届四中全会通过的《中共中央关于全面推进依法治国若干重大问题的决定》提出,要完善审计制度,保障依法独立行使审计监督权,对公共资金、国有资产、国有资源和领导干部履行经济责任情况实行审计全覆盖。依法履行审计职责,充分发挥审计作用,全面推进依法治国,更好服务于推进国家治理体系和治理能力现代化。①因此,审计监督的过程中应该遵循审计监督的程序。

第一,审计计划。即各级审计机关编制年度审计计划,报上级审计机关和本级人民政府。在计划中,确定审计对象和审计方式,并以书面的方式向被审计单位下达审计通知书。

第二,审计准备。审计机关组织审计小组,配备审计人员,集中翻阅被审计单位报送的资料,大体了解和掌握被审计单位的基本情况,从而制定详细的审计方案。

第三,审计实施。审计人员与被审计单位领导和当事人详细核对有关情况,核对账簿和账表,做到账簿和账表相符。在查账、比较和分析工作中发现问题,详细记录,归类整理,并就有关问题与被审计单位领导交换意见。

第四,审计终结。将审计报告送交被审计单位领导、财务和其他相关部门阅读,在被审计单位提出书面意见后,审计机关做出审计结论,并通知被审计单位执行。

---

① 刘家义:《保障依法独立行使监督权》,《人民日报》,2014 年 12 月 3 日。

第三节　法律监督系统及其监督

一、人大的宪法监督、法律监督和预算监督

当代中国的法律监督包括宪法监督，全国和地方人民代表大会及其常委会对其他国家机关的法律监督和预算监督三个基本组成部分。[1]这三个部分组成了我国法律监督系统的基本组织要件。

(一)人大的宪法监督的运行方式

全国人大常委会是现行宪法明确规定的宪法监督机关，解释宪法、监督宪法实施是宪法赋予的职权。在我国，宪法监督是指宪法授权或宪法惯例认可的机关，以一定方式进行合宪性审查，取缔违宪事件，追究违宪责任，从而保证宪法实施的一种宪法制度。根据我国现行宪法和立法法的相关规定，我国已经初步建立起了一种非专门化、非司法化的宪法监督制度。[2]在我国，人大的宪法监督的运行主要依靠全国人大常委会的宪法监督和地方人大常委会的宪法监督。

1.中央层面人大及其常委会的宪法监督

在中央层面，全国人大常委会是全国人大的常设机关，根据宪法和立法法、监督法等法律的规定，它的宪法监督职权大致也可以分为以下三类。

第一，对有关国家机关组成人员的违宪行为进行监督。根据宪法的规定，全国人大常委会在全国人大闭会期间，根据国务院总理的提名，可以决定部长一级官员和国务院秘书长的人选；根据中央军事委员会主席的提名，可以决定中央军委其他组成人员的人选；根据最高人民法院院长和最高检察院检察长的提名，可以任免两院其他组成人员。全国人大常委会行使的上述人事决定和任免权，就包含了对提名人选是否具有违宪行为的审查监督

---

① 朱光磊：《当代中国政府过程》，天津人民出版社 2002 年，第 234 页。

② 刘茂林、陈明辉：《宪法监督的逻辑与制度构想》，《当代法学》，2015 年第 1 期。

权。与前述全国人大行使的人事权进行比较,可以发现,对"一府两院"和中央军事委员会组成人员的宪法监督职权,主要地,甚至是绝对地掌握在全国人大而不是它的常委会手中,由此也可以得出一个基本结论:全国人大行使宪法监督职权的重点,应当放在由它产生的国家机关组成人员身上。

当然,全国人大常委会毕竟是全国人大的常设机关,它对中央一级国家机关组成人员的宪法监督职权仍然有广泛的空间。比如,它可以灵活地运用询问、质询、特定问题调查等方法开展监督,可以对应当由全国人大进行罢免的重要人员的违宪问题进行预先调查,并向全国人大会议提出进行监督的具体议案。

第二,对有关国家机关的违宪行为进行监督。根据宪法和立法法、监督法等法律的规定,全国人大常委会对国家机关违宪行为的监督,既包括对中央国家机关违宪行为的监督,也包括对地方国家机关违宪行为的监督。对中央国家机关的监督主要是听取专项工作报告、执法检查、对法规和其他规范性文件进行备案审查、特定问题调查等。对地方国家机关的监督主要是对地方性法规等是否符合宪法进行监督。与全国人大相比,全国人大常委会宪法监督职权的重点应当放在国家机关上。

第三,由全国人大授予的其他宪法监督的职权。比如,全国人大可以将应当由它进行宪法监督的职权授予全国人大常委会行使。

2.地方层面人大及其常委会的宪法监督

宪法规定,全国人大及其常委会监督宪法的实施,在实践中长期存在一种误解,认为只有全国人大及其常委会才具有宪法监督职权。实际情况并非如此。宪法第99条还规定,地方各级人民代表大会在本行政区域内保证宪法的遵守和执行,地方组织法第44条规定,地方各级人大常委会在本行政区域内保证宪法的遵守和执行。由此可见,地方各级人大及其常委会在本行政区域内也具有宪法监督的职权。

地方人大及其常委会是我国人民代表大会制度结构中的基础性部分,是地方国家政权机关体系的核心,在监督宪法实施、维护宪法权威中具有重要作用,因此应当十分重视地方人大及其常委会对宪法监督职权的运用。

人民代表大会制度的政治体制,一个根本性特点就是,有一个最高国家权力机关全国人民代表大会,和它的常设机关全国人大常委会。全国人大及其常委会集中掌握国家最高权力,居于其他国家机关之上,在国家机关体系中处于核心地位。因此,从国家机构的层面看,设计宪法监督制度的底线,就是要保证全国人大及其常委会在宪法监督中处于核心地位,具有"最后说了算"的权力。①目前我国人大的宪法监督存在的若干问题都是背离了这个基本点而引发的。

(二)人大的法律监督

执政党的重大决策举措要经过人民代表大会加以讨论通过才能变成国家的法律,这是民主监督的一个重要方式。中国的一切国家机关和武装力量,各政党和各社会团体,各企事业组织,以及每一个公民都必须遵守宪法和法律,而全国人大及其常委会负责监督宪法的实施。因此,中国共产党在遵守宪法和法律方面,也同样应该接受全国人大及其常委会的监督。宪法规定, 地方各级人大在本行政区域内负责监督一切组织和公民的遵守和执行宪法、法律、行政法规方面的行为,防止和纠正任何违宪、违法、违规的行为。因此,中国共产党的地方组织也应该接受同级地方人大的监督。"共产党组织对人大实行政治领导,人大对共产党组织进行宪法监督,这是相辅相成的。"

党要接受人大的监督,但这种监督不是对党组织进行工作监督,而是宪法法律监督。人大及其常委会的监督有工作监督与法律监督两个层面,前者主要是对由它产生的国家机关("一府两院")而言,后者涵盖了政党、人民团体、企事业单位和所有公民。人大的监督对象主要是国家行政机关、审判机关、检察机关。党组织不是人大法定的监督对象,人大显然不能对党组织进行工作监督,但却可以采取适当方式进行法律监督。

1.人大进行法律监督的方式

在我国现有权力高度整合的政治体制框架内, 人民代表大会要真正发挥好对执政党组织及其党员的监督作用,建立、完善有效的监督渠道是一个重要课题。基于实践经验,人大的法律监督的运行主要体现在以下几个方面。

第一,人大通过立法活动,对党制定的路线、方针、政策实施监督。党的领导主要是政治的、思想的、组织的领导,就是路线方针政策的领导。

第二,人大通过国家机关主要领导干部的任免活动和任内监督,对党推荐的重要领导干部进行管理和监督。

第三,通过执法检查、听取和审议工作报告,对政府、人民法院、人民检

---

① 刘松山:《健全宪法监督制度之若干设想》,《法学》,2015 年第 4 期。

察院的工作进行监督，进而实现人大对这些国家机关中党组织和党员贯彻执行法律的行为予以监督。①

2.人大进行法律监督的效果

第一，执政党与人大的关系而言，党处于领导地位，对监督人大全面贯彻执行党的路线、方针、政策负有重要责任。

第二，在各级人大的组成人员中，中共党员占据核心和主导地位，从历届全国人大代表的构成看，中共党员一般占代表总数的65%左右；在地方各级人大这个比例甚至还要更高一些。

第三，从人大代表的产生方式和人大代表的活动方式看，人大不是按党派设置党团而是按区域设置代表团（只有解放军代表团是按职业设置的）。因此，来自各党派的人大代表不以党派的身份出现，而是以代表团为单位参加人大的活动。中共在各级人大常委会设置党组，人大在召开全体会议期间还成立临时党委，各代表团成立临时党支部，并通过党组织贯彻执政党的意图。中共设在人大的党组织不同于西方国家的议会党团，虽然在为贯彻政党意图服务这一点上是相同的，但中共组织在人大运作中的作用却是西方的议会党团所不能比拟的。在中共主导人大运作的前提下，"全国人大常委会内设一个最高专门监督机构"，"受全国人大（常委会）领导，对全国人大（常委会）负责"。

因此，人大监督权的优化应该从以下几个方面着手：维护与权力内容相匹配的主体地位，提升全国人大的监督能力；完善"党委创议-人大审议"的程序设计，落实对决策权的监督；坚持结果绩效与过程规范并重，强化对执行权的监督；构建内部双向监督和外部监督网络的协同机制，确保监督权受监督。②

（三）人大的预算监督

近年来，预算监督成为人大监督的重心。人大的预算监督体现的是一种花钱问效的理念。把住政府的钱袋子，确保管好政府的账本，使政府对人民负责，确保每一分钱都用在刀刃上，实现公共财政"取之与民，用之于民"。宪

---

① 冯照光：《浅论人大的法律监督及渠道》，《民主与法制》，2006年第2期。
② 陈国权等：《权力制约监督论》，浙江大学出版社，2013年，第219页。

法规定,全国人民代表大会有"审查和批准国家的预算和预算执行情况的报告"的职权。经过这一批准手续,国家预算草案才成为具有法律效力的国家预算。全国人大履行这一批准手续的主要程序包括:

1.审议前的准备工作

在全国人大年度例会召开之前的一个月,全国人大财政经济委员会要听取国民经济和社会发展计划及计划执行情况,听取国家预算及预算执行的汇报,听取国家发改委、财政部、中国人民银行、国家统计局等十多个部门关于经济工作情况和本年度工作计划进展情况的介绍。委员们结合自己调查研究了解到的情况进行讨论,并提出意见和建议。财经委员会对有关事项进行初步审查。

2.国务院向全国人大全体会议提出报告并做出说明

在全国人大每年一度的全体会议上,国务院(财政部)应向会议提交下列报告或文件:关于国家预算及预算执行情况的报告、国家预算收支表(草案)、国家预算执行情况收支表(草案)、国务院(国家发改委)还要同时提供:国民经济和社会发展计划及计划执行情况的报告、国民经济和社会发展计划指标(草案)。

3.全国人大会议审议和批准

各代表团对报告和有关材料进行审查。为便于开展这一业务性相当强的审查工作,财经委员会要进行详尽的审议,并负责向大会主席团提出相应的审查报告。该报告经主席团审议通过后,大会全体会议进行表决。目前,尚未出现过国家预算草案未得到全国人大批准的现象。表决通过后,国家预算草案即成为具有法律性的正式文件,是国家预算执行的依据,各级政府要对此负责。

4.国家预算的调整

预算一经人大审查批准后,就具有了约束力,政府应当严格执行。但是预算是对未来一定时期内相关工作的一种安排和部署,在执行过程中难免出现因客观形势发生变化,导致预算难以继续执行或者继续执行而造成严重后果的情况。因此,需要对预算进行调整。

所谓国家预算调整,是指经全国人大批准的中央预算,在执行中因特殊情况增加支出或者减少收入,使原批准的收支平衡的预算的总支出超过总收入,或者使原批准的预算中举借债务的数额增加的部分变更。预算调整方案由财政部门负责具体编制,调整方案应当列明调整的原因、项目、数额、措施及有关说明,经国务院审定后,提请全国人大常委会审查和批准。

根据全国人大常委会《关于加强中央预算审查监督的决定》的规定,因特殊情况必须调整中央预算时,国务院应当编制中央预算调整方案,并于当年7月至9月之间提交全国人大常委会。2008年由于汶川地震,就调整了2008年中央预算,并建立地震灾后恢复重建基金,国务院向全国人大常委会提交了《关于提请审议2008年中央预算调整方案(草案)的议案》,经十一届全国人大常委会第三次会议审查,决定批准2008年中央预算调整方案。

5.全国人大对国家预算执行情况的监督

近年来,全国人大财经委员会每个季度都邀请国务院综合部门和某些专业部门作关于国民经济和发展计划、国家预算执行情况的介绍,其中包括工作进展情况和存在的问题。听取介绍后,财经委员会都要进行综合研究,分析形势,肯定成绩、找出问题,向国务院有关部门提出建议,并向委员长会议报告。

预算是财政的核心,现代预算制度是现代财政制度的基础,是国家现代治理体系的重要内容。①随着十二届全国人大常委会第十次会议审议通过新预算法,这对于人大的预算制度来说,其监督的范围必将向更深更广的方向发展。为了实行新预算法和相应到来的更高要求,人大的预算监督在接下来的运行过程中要在以下几个方面进一步落实加强:加强预算编制的科学性;实行全口径的预算模式;增强预算编制的科学性、预算活动的公开性和规范性。在这样的背景下,人大的预算监督将走向新常态。

二、检察院的监督

(一)人民检察院监督的定义

人民检察院是我国的法律监督机关,它通过行使检察权,对国家机关的工作人员和公民是否遵守宪法和法律进行监督,以保证宪法和法律的统一实施。②尤其在新旧体制转换时期,通过加强和完善我国的检察监督机制,对

---

① 刁义俊:《新预算法与人大预算审查监督》,《国家行政学院学报》,2015年第4期。

② 王骚:《当代中国地方政府》,南开大学出版社,2009年,第286页。

那些滥用职权、贪赃枉法、贪污受贿的人坚决依法制裁,对稳定社会经济秩序,保证国家经济建设顺利进行有重大作用。在我国,人民检察院的监督主要包括人民检察院对政府的监督和对人民法院的监督。

(二)人民检察院监督的运行方式

在我国,人民检察院的监督方式的运行主要依托人民检察院对政府的监督和人民检察院对人民法院的监督这两种方式运行。人民检察院对政府的监督包含以下内容。

1.法纪监督

这是人民检察院对国家工作人员违反刑法、侵犯公民民主权利和渎职的犯罪行为进行的监督。法纪监督是为维护国家的法律、法规得到统一实施,为保护公民的民主权利和人身权利而进行的。根据《中华人民共和国刑事诉讼法》和其他有关法律,人民检察院的法纪监督范围主要有以下方面:严重破坏国家政策、法律、法规、规章统一实施的重大犯罪案;侵犯公民民主权利案,如破坏选举、非法剥夺公民的宗教信仰自由等;渎职案,如泄露国家重要机密案、玩忽职守案等;人民检察院认为需要自己直接受理的其他案件。对这些案件,均由人民检察院的法纪检察部门负责侦查。如果认为已构成犯罪,符合逮捕条件,要依法追究刑事责任,就由人民检察院有关部门按法律规定逮捕,向法院提起公诉;若构不成犯罪,则按其违法、犯错误的情况,转交相关部门处理。

2.经济监督

这是人民检察院对国家工作人员利用职务之便或其他人在经济领域的犯罪行为实施的监督。根据我国刑事诉讼法和其他有关法律规定,我国检察院对以下经济犯罪案实行监督:国家工作人员利用职务之便贪污公共财产的案件;国家工作人员的收受贿赂案;违犯国家税法法规,偷税、抗税情节严重的案件;挪用国家救灾、抢险、防汛、优抚、救济款物,致使国家和人民利益遭受重大损失案;违法商标管理法规,假冒其他企业已注册商标案;滥伐盗伐森林案等。这几类经济案件的犯罪主体有的是国家工作人员,有的是与国家工作人员相勾结,人民检察院通过对这些案件行使检察监督权,对构成犯罪的依法逮捕,向法院提起公诉并出庭支持公诉。

3.侦查监督

这是人民检察院对公安机关侦查工作是否合法实行的监督。如发现公安机关在侦查过程及批捕中有违法情况时,则通知其予以纠正。侦查监督的主要内容有:对于公安机关提请逮捕的案件进行审查,决定是否批准逮捕;对公安机关侦查终结已送起诉或免予起诉的案件,进行审查,决定是否起诉或免予起诉;通过审查批捕、起诉以及直接参与重大案件的现场勘验;受理申诉等对公安机关侦查活动是否合法进行监督。

4.监所检察

这是指人民检察院对于刑事案件判决、裁定的执行和监狱、看守所、劳改机关的活动是否合法所进行的监督。如果发现有违法情况,则通知执行机关或监狱、看守所、劳改机关的主管司法行政部门加以纠正。

5.司法建议

除上述内容外,检察机关还可以根据办案时发现的财务管理、行政管理等方面的问题,向法案单位及主管部门提出加以改进的意见和建议。

(三)对法院的监督

人民检察院对人民法院的监督是人民检察院对人民法院的审批活动是否合法实行监督,包括刑事审判监督、民事审判监督和行政审判监督。出庭的检察人员发现审判活动有违法情况时,有权向法庭提出纠正意见。如果由于违反诉讼程序和侵犯当事人的诉讼权利而影响裁决和裁定的正确性,则由检察机关提出抗诉。人民检察院发现刑事判决、裁定的执行有违法情况的,应当通知执行机关予以纠正。人民法院在交付执行死刑前,应当通知同级人民检察院派员临场监督。

根据媒体的不完全统计,党的十八大以来近三十起得以纠正的冤错案件中,至少有七起是经检察机关提出再审建议或抗诉后,法院再审改判无罪的。这些案件包括:河北王本余强奸杀人申诉案、广东徐辉强奸杀人申诉案、陕西王江峰抢劫申诉案、云南钱仁风投毒申诉案、福建许金龙等 4 人抢劫申诉案、贵州杨明故意杀人申诉案以及海南陈满杀人放火申诉案。①

---

① 《检察机关抗诉、再审建议或成冤案平反新常态》,澎湃新闻网,2016 年 3 月 13 日。

第四节 社会监督系统及其监督

一、公民监督

公民监督是我国社会主义监督体系的重要组成部分，是其他监督机制发挥作用的基础，是对公共权力运行有效制约的必然要求。公民监督的威力无比强大，完善和加强公民监督，对于构建权力监督体系，强化权力制约机制具有十分重要的意义。

(一)公民监督的含义

公民监督亦称群众监督，是指公民个人基于宪法和法律所赋予的权利和高度的责任感，对国家机关及其工作人员所进行的监督。其根本目标在于及时有效地监督国家机关及其工作人员严格遵守法律、法规和其他各项制度，制止他们利用职权侵犯国家和人民的利益，帮助他们纠正工作中的缺点和错误，维护自己的正当权益，参与国家管理活动。公民监督是公民基本权利的实现形式之一，是社会主义民主的重要体现，其实质是社会对国家的监督、人民对国家公职人员的监督、主人对公仆的监督，也常常表现为遵纪守法者对违法乱纪者的监督。

有学者提出，公民监督有两种类型，一种是具有正式法律效力的监督，可被称为正式监督；另一种是不具有正式法律效力的监督，可被称为非正式监督。正式监督，是指公民享有对由他产生的国家机关公职人员的罢免权；非正式监督，是指公民有对一切国家机关及其工作人员提出批评、建议和申诉、检举、控告的权力。前者又被称为选民监督，后者被称为群众监督。

(二)公民监督的运行方式

公民监督的途径是多种多样的，在我国，公民监督的运行主要依托于举报、信访、控告与申诉、批评建议和选民监督。

1.举报

举报是近十几年来发展起来的一种新的公民监督形式，也是公民监督的一种主要形式。公民根据发现和了解的情况，及时向有关单位和部门举报，有助于及时揭露以权谋私、行贿受贿等违法违纪行为，对于反腐败、打击贪污受贿等犯罪活动、加强公共部门和公职人员的廉政建设，有着十分重要的意义。

2.信访

信访是对特定含义"来信来访"或"写信上访"的简称，它是指公民通过来信来访向国家机关和有关部门提出要求、建议，监督国家公务人员的一种有效方式。

作为公民监督的一种具体形式，信访监督的特点主要表现为参与信访监督的主体广泛，中华人民共和国的每一位公民都可以成为信访监督的主体；信访监督关注的问题直接关系到群众的切身利益，是社会的热点问题；信访监督的时效性比较强，监督的行为比较及时、迅速；信访所反映的问题往往真实，可信度较强。

信访监督的内容比较宽泛，涉及法律实施、政策执行、党政机关工作人员的违法违纪及道德品质等多方面的问题。

实践充分证明，信访监督作为宪法规定的公民的民主权力，已经成为人民群众参与管理国家事务、监督国家工作人员的一种有效方式，取得了十分显著的监督成效。国家机关和相关部门应进一步重视信访监督，强化信访监督意识，秉公办理群众的来信来访，使信访监督渠道更加畅通，监督作用更加充分。

3.控告与申诉

控告指公民向有关国家机关申诉、告发某种违法职责或犯罪行为，包括诉说自己的冤屈，它是公民的一项基本权利；申诉指公民向国家机关申诉自己的合法权益被违法失职行为侵犯，要求撤销这种行为，追究实施违法职责行为者的责任，恢复被侵犯的合法权益。二者的主要区别表现在，前者只是控诉告发某种行为，而不一定提出与自身权益有关的要求；而后者则是提出恢复其被侵犯的合法权益的某种要求。控告与申诉监督，是指公民个人的合法权益受到侵害、受到不公正的处分和处罚时，向有关机关以口头或书面形式控告违反党纪、政纪、法律者，申诉自身权益受到伤害，要求处理或重新处理的行为。

4.批评、建议

批评、建议监督，是指公民通过来信来访等形式对国家机关、社会团体、企事业单位及其工作人员，在决策、施政和具体工作上的举措得失发表意见、反映情况、提出批评和建议的行为。它是载入宪法的公民的基本权利之一，是社会监督的最重要的形式，同时也是人民当家做主的体现。

公民实施批评、建议监督，反映了公民强烈的社会责任感和参政议政的自觉性和积极性。公民提出的批评和建议，通常不与自己的直接利益有关，而是为了维护社会公共利益，是关心国家公共事务、人民群众的整体利益和共同利益的表现。

在实际过程中，公民的批评、建议监督形式，通常是通过上述、走访、借助社会舆论等方式来实现的。有学者认为，人大代表在代表大会上提出的议案和建议，也是公民批评、建议监督的一种重要途径。

国家机关及相关部门应认真对待公民的批评、建议监督、对于公民提出的批评和建议应认真受理，即使是比较尖锐的批评，只要是善意的、中肯的、具有针对性的，就应以欢迎的态度积极对待，以保持公民批评监督的积极性。

5.选民监督

选民监督是选民对其所选举的代表进行罢免的一种监督制度。选民监督是有宪法和法律依据的。我国宪法和选举法对代表的监督罢免有一些原则规定：各级人民代表应当与原选举单位和选民保持密切的联系，听取和反映人民的意见和要求，县级（不含县）以上的人民代表受原选举单位的监督，县级以下的人民代表受选民的监督，选民和选举单位都有权随时罢免选出的代表。

目前，由于我国选民直接选举的范围比较小，只限于县、乡两级人大代表。所以，选民监督的范围比较小，作用有限，但选民监督有十分重要的意义。各级人民代表在行使国家权利，决定国家重大事务中，担负着重大责任，为此，法律赋予人大代表许多权利，如表决权、选举权、提案权、罢免权等，这些权利对于人大代表来说是不可放弃的权利，必须依法行使。但是在现实生活中，有些人大代表不负责任地放弃这些权利，因此非常有必要实行选民监督。为此，应进一步完善选民监督机制，包括进一步明确罢免范围，拓宽选民监督渠道，使选民进一步增强监督意识，以确保选民监督机制发挥应有的作用。

二、群团组织的监督

群团组织的监督如同人民政协监督一样，是社会监督中的一种十分重要的形式，在社会公共生活监督中发挥着积极的作用。

(一)群团组织监督的概念

群团组织是为某种共同利益或共同交往的需要依法登记、批准成立的社会、群众组织。社会组织包括人民团体和群众自治组织以及各种专业、行业性群众组织。在我国，人民团体主要有工会、共产主义青年团、妇女联合会。群众性组织有城市居民委员会和农村村民委员会、工厂的职工代表大会等。各种专业行业性群众组织有学生联合会、律师协会、记者协会、个体劳动者协会、保护消费者协会，等等。社会组织特别是工会、共产主义青年团和妇女联合会是党联系群众的桥梁和纽带，是国家政权的重要的社会支柱。这些社团作为一种群众性的组织，在一定程度上与某些群众有着直接而广泛的联系，代表和反映着特定部分群众的利益和要求，因此往往对国家机关制定某些政策及执行某些法律情况有着特别的关注，对其发挥监督作用。

所谓群团组织的监督，就是指各种人民团体、群众自治组织以及各种专业、行业性群众组织为维护各自所代表的群众的特殊利益。对国家机关及其工作人员执行法律和政策的情况提出建议和批评、对国家机关及其工作人员出现的违背、侵犯群众权利的行为进行谴责等活动的总和。

在群团组织中，工会、共产主义青年团、妇女联合会是现阶段我国最为重要的群众性政治团体，分别作为党领导的工人阶级、先进青年、各族各界妇女所代表的群众组织，是广大群众有组织、有纪律、有领导地参政议政的民主渠道。这种组织监督也就成为人民群众有组织的、直接的民主监督的重要形式。

(二)群团组织监督的运行方式

群团组织监督的内容是十分宽泛的。例如，对立法和执法情况的监督，对国民经济和社会发展计划的制定和执行情况的监督，对企业单位在内部劳动就业、劳动合同、劳动保护及行政领导的监督等。由于每一社团分别代表着特定部分群众的特殊利益,因此,其监督的具体内容也存在着一些差异。

工会作为广大职工的群众组织,其监督的主要内容有:第一,对国民经济和社会发展规划实行监督。代表广大职工参与国民经济和社会发展规划的制定,反映职工群众的意见和建议,协助政府和人大做出正确的决策。同时还要教育和动员全体职工为实现国民经济和社会发展计划献计献策,充分发挥主力军的作用。第二,对国家立法和执法情况进行监督。工会有选派代表参与各级人民代表大会立法的权力,因此工会可以通过参与立法工作来实现对立法的监督。第三,对企事业的经营方针和重大决策进行监督。工会和职工代表大会定期听取企事业单位领导者的工作报告,审议企事业的经营方针和工作规划,审议企事业的管理制度和管理方案,对职工福利待遇等重大事项参与决策。第四,对国家机关和企事业单位的工作人员进行监督。及时向有关单位反映职工对国家机关工作人员的意见和看法,提出建议。同时还要对企事业单位的工作人员,特别是领导者的工作作风进行监督。这主要表现在三个方面:①监督企事业单位领导干部能否从本单位的实际出发,正确贯彻执行党的路线、方针和政策;②监督企事业领导干部是否执行职代会通过的决议,检察决议的执行情况;③民主评议企事业单位领导干部,检察他们的工作业绩。

共产主义青年团、青年联合会、学生联合会等青年组织,在保护青年和学生的利益、反映青年和学生意见和要求方面发挥着重要的监督作用。其中,共产主义青年团作为先进青年的群众组织,其监督分为内外两部分。内部监督主要包括对各级共产主义青年团组织执行团的决议和团内管理情况的监督;外部监督即对社会的监督,主要包括协助党和政府处理、协调社会上各种有关的利益关系。例如,向党和政府反映青年及学生对法律和党的路线、方针、政策的制定以及执行情况的意见、观点和建议,监督法律、法规和党的路线、方针和政策的贯彻执行,揭发、检举违法乱纪等错误行为,等等。

妇女联合会在实施社会监督中以维护妇女、儿童利益为要旨,其监督的内容突出地表现在积极维护妇女、儿童利益方面。例如,在实施宪法、法律规定的男女平等,保护妇女、老人和儿童的权益,保护婚姻自由等政策方面有着广泛的监督权,可在国家制定法律、法规及相关政策和措施时提出建议,并对相关法律的实施情况进行监督,对国家工作人员的违法违纪行为提出批评意见,要求相关部门依据法律和制度进行严惩。

　　村民委员会、居民委员会和工厂的职工代表大会等是基层群众的自治组织,也是我国发展民主生活的一种好的形式,这些组织依法享有广泛的监督权。根据《村民委员会组织法》,村民委员会的监督内容主要是向人民政府反映村民的意见、要求和提出建议。《城市居民委员会组织法》则规定居民委员会的监督内容主要有:向人民政府或者它的派出机关反映居民的意见、要求和提出建议,对政府不合法的行政命令和摊派行为进行抵制,对违法、腐败和官僚主义严重的政府机关干部向有关部门进行反映,要求纠正或进行惩处。

　　各种专业性、行业性的社会群众组织,可以代表各自所代表的那部分群众的利益,在各自的领域向党和国家有关部门提出批评和建议,对国家机关工作人员的违法违纪行为进行揭露和谴责,并要求有关部门进行查处。

　　总之,我国群团组织的监督权力是广泛的,监督内容是多方面的。只要人们切实重视群团组织的监督作用,同时社团组织能够加强自身建设,切实代表群众的利益,反映群众的意见和呼声,就能发挥更强大、更有效的监督作用。

三、新闻媒体的监督

(一)新闻媒体监督的含义

　　新闻媒体是以新闻为主要表现形式的大众媒体。传统的新闻媒体包括印刷媒体(报刊)和广播媒体(广播电台、电视台),而随着互联网的兴起,网络媒体,亦称新电子媒体,成为新媒体类型。

　　新闻媒体监督,是指报刊、广播、电视等大众传播媒体对各种违法乱纪行为,特别是国家公职人员的违法犯罪行为、渎职腐败行为所进行的揭露、报道或评论。普遍认为新闻媒体监督权是公民的知情权、新闻自由权、言论自由权、表达权以及监督权引申出来的一种权利,是公民政治权利的一种延伸。可见,新闻媒体是"以权利制约权力"的典型方式。新闻媒体监督属于社会监督,是不具有国家性质的监督,没有法律的强制效力,是一种间接监督。

(二)我国新闻媒体监督的形式

　　我国的新闻媒体监督主要有三种形式。

　　1.新闻监督

　　一方面,通过举办记者招待会、新闻发布会,让国家机关向新闻界提供有关活动情况,使新闻界了解国家机关工作动态,从而起到监督作用。这种监督提高了国家机关工作的透明度,增加了对国家机关工作人员的压力。另一方面,新闻界对国家机关各项工作实施监督,如通过揭露国家机关工作人员违法失职或决策失误等,引起公众对国家机关及其工作人员的监督和批评。

　　2.民意测验

　　即通过对一些重大社会问题了解民众的反映,为有关部门提供指定政策的参考依据。通过这种方式,新闻媒体可以以第三方的立场客观地将社会民众对某一社会话题或焦点事件的态度、意见、看法、倾向等进行测量,以反映社会舆论。例如2013年中央电视台财经频道独家节目"2012—2013年经济生活大调查",公布了全国十大最具幸福感的省会城市和直辖市排名。

　　3.社会协商对话

　　社会协商对话机制目前正在逐步健全和完善,现实社会中协商对话的渠道和途径多种多样。这些协商对话渠道的建立,对于建立党、政府和社会之间的互动关系起到了纽带作用。相对于其他渠道,新闻媒体具有它们无法比拟的优势。这些优势至少表现在这样一些方面,如无时不有的经常性、无所不及的广泛性、无可遮掩的透明度、内容丰富的集纳性。在信息化、媒体化、网络化时代,新闻媒体作为社会协商对话的主通道,正在积极发挥着对话的服务者、反映者、组织者和引导者等多重角色。①

第五节　党的十八大以来政府监督体系的改革实践

　　党的十八大以来,党和国家持续健全监督体系,权力运行制约和监督得到强化,监督成果丰硕。根据国家统计局的调查,社会公众对党风廉政建设和反腐败工作满意度从党的十八大前的75%,上升到2016年的92.9%。

---

① 喻国明:《新闻媒介与协商对话》,《内蒙古社会科学》,1988年第5期。

一、建立健全党内监督体系

办好中国的事情,关键在党。党的执政地位和领导地位,决定了党内监督在监督体系中始终是第一位的。近百年的党建经验揭示,党要管党,从严治党。如果党内监督缺失,其他监督必然缺失,如果党内监督失效,其他监督必然失效。强化党内监督是全面从严治党的重要保障。

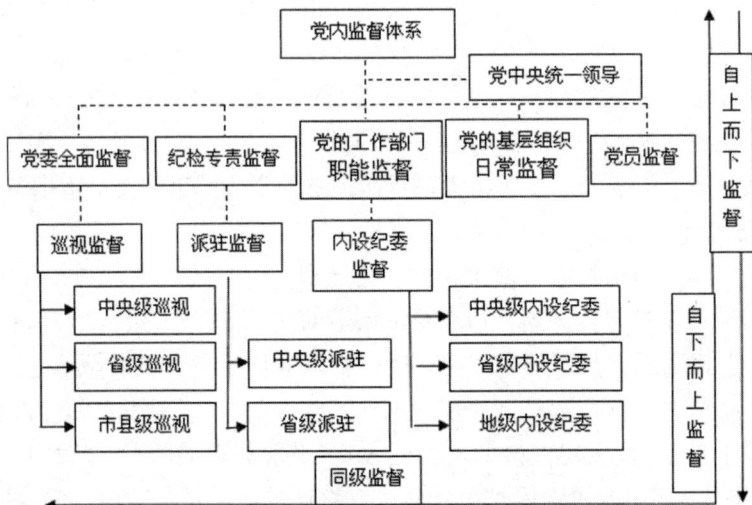

图 12-1 十八大以来党内监督新格局

2016 年 10 月,党的十八届六中全会审议通过的《中国共产党党内监督条例》是当前规范党内监督的重要党内法规,在党内监督制度体系中处于基础性的地位,指导着党内监督的改革和实践。根据该条例的要求和指导,建立健全党中央统一领导,党委(党组)全面监督,纪律检查机关专责监督,党的工作部门职能监督,党的基层组织日常监督,党员民主监督的党内监督体系(如图 12-1 所示)。

党的十八大以来,经过 5 年多的监督实践,党内监督之网已经基本形成纵横交错、全覆盖、全时段、全层级的动态联动监督格局。[①]从自上而下监督来看,建立了三级巡视制度,形成了巡视和巡察的组合拳式监督。与此同时,

---

① 李斌雄、张银霞:《中共十八大以来强化党内监督的新发展》,《北京航空航天大学学报》(社会科学版),2018 年第 2 期。

创新派驻监督形式，主要在中央和省级层面设置派驻监督，并向基层市县延伸。从自下而上监督来看，注重党的基层组织的日常监督和党员的监督作用。在平行层面上的同级监督，强调各级纪检机构的执纪问责监督功能，2016年开始的中央和省级政府对直属的部、委、局、办等机构的内设纪委机关进行优化调整，作为执纪问责的第一道关口。

二、党内监督全覆盖，聚焦关键少数

党的十八届三中全会部署了"两个全覆盖"：其一是派驻纪检机构全覆盖，其二是巡视工作全覆盖。党内监督无禁区、零容忍，坚持违纪必究、执纪必严，老虎苍蝇一起打，上不封顶，党纪面前没有特权、没有例外。基本实现了党内监督的全覆盖，无禁区，不留死角。现实中，对"一把手"的监督一直是党内监督的盲区和弱点、难点。十八大以来查处的腐败案件中，"一把手"占据了相当大的比重。[①]《中国共产党党内监督条例》中规定，"党内监督的重点对象是党的领导机关和领导干部特别是主要领导干部"。习近平总书记强调"要把对一把手的监督、管理作为重中之重"。

据统计，我国公务员队伍中党员的比例超过80%，县处级以上领导干部中党员的比例超过95%。[②]因此，监督公务员正确用权是党内监督应有之义。周永康、薄熙来、徐才厚、郭伯雄、孙政才、令计划、苏荣等一批大老虎的落马，印证了党中央反腐的决心，没有所谓的"铁帽子王"、没有免死的"丹书铁券"。据媒体统计，党的十八大以来，截至2018年5月初，落马的省部级以上官员共158人；其中，党的十九大以来半年余时间，落马的省部级以上官员13人。[③]直面党内监督存在的突出问题，关键是聚焦党员领导干部尤其是高级干部这个"关键少数"。为政之要，重在择人，抓住"关键少数"这个"牛鼻子"，管好领导干部，彰显了党要管党、从严治党的决心。

---

① 刘诗富：《十八大以来党内监督的理论成果、实践探索与现实思考》，《甘肃理论学刊》，2016年第6期。

② 习近平：《在十八届中央纪律检查委员会第六次全体会议上的讲话》，《人民日报》，2016年1月12日。

③ 中国经济网：《十八大后落马省部级及以上高官名单》，中国经济网，http://district.ce.cn/newarea/sddy/201410/03/t20141003_3638299.shtml。

第十一章

三、强纪检,巡视巡察成为监督常态

巡视巡察是具有中国特色的一种监督制度。当前,中央和省一级有巡视,市县一级有巡察,巡视巡察上下联动,中纪委和省纪委的巡视指导巡察,市县纪检部门巡察中发现的突出问题, 及时反映到省级或以上纪检部门的巡视中。

党的十八大以来,纪委巡视巡察制度成为强化监督、反腐败工作中的一大亮点,并取得了非凡的成绩。从统计来看,中央高度重视巡视,中央政治局和中央政治局常委会总计召开 23 次会议研究部署巡视工作。十八届中央共组织进行 12 轮巡视,实行"三个不固定""一次一授权",从源头上保障巡视的效果。在五年多的巡视实践中,纪检部门以问题为导向,坚持常规巡视和专项巡视相结合,创造性地启用了回头看、机动式、巡查式、点穴式、交叉式、夜查式等方式方法,通过"板块轮动、分类安排"扎实推进巡视全覆盖,强化巡视的威慑力和实效性, 发挥了习近平总书记提出的政治"显微镜""探照灯"的作用。

回顾党的十八大以来的五年多时间,不仅 277 个中管地方、部门和企事业单位党组织巡视全覆盖顺利完成,各省、自治区和直辖市党委在中央的坚强领导和示范引领下完成了 8362 个省辖地方、部门和企事业单位党组织巡视全覆盖,65 个中央单位探索开展巡视工作,同时,各省区市建立市县巡察制度,推动巡察工作向基层延伸,初步实现了"全国一盘棋"。巡视巡察的常态化和制度化,推动了巡视巡察稳步进行。

党的十九大报告指出,"要深化政治巡视,坚持发现问题、巡察威慑不动摇,建立巡视巡察上下联动的监督网"。党的十九大将巡视全覆盖要求写进党章,并专列一条。2018 年 2 月 28 日,中共中央办公厅印发了《中央巡视工作规划(2018—2022 年)》,制定了未来五年中央巡视的总体规划、路线图和任务书。十九大后,首轮中央巡视全面展开,15 个巡视组正在对 30 个地方、单位党组织全面进行政治体检。

四、建章立制,扎紧制度的笼子

据不完全统计,新中国成立以来,中央共制定颁布、目前有效的党内法规和规范性文件 640 件(2012 年 6 月前 487 件,之后 153 件)。中央纪委制定颁布、目前有效的党内法规和规范性文件 407 件(其中以中央名义发布的 84 件,中央纪委名义发布的 323 件)。[①]由此可见,我们已经建立起了相对完备的监督制度体系。但是,这些党内法规无法有效发挥监督作用的原因在于,不能与国家法律形成衔接,法规虽多但缺乏系统性和协调性,各自为战。再就是,已有的党内法规权威性不足,操作性不强。

党的十八大以来,党中央始终坚持加强党内法规建设,坚持以制度管人、管权、管事,最大限度地减少制度漏洞,先后修订和制定了多项重要的党内法规和规范性文件,及时将实践中监督的成效以制度固化下来,并指引着监督改革发展的方向。

党的十八届六中全会通过《关于新形势下党内政治生活的若干准则》,明确进一步完善权力运行制约和监督机制,形成有权必有责、用权必担责、滥权必追责的制度安排;规定实行权力清单制度、公开权力运行过程和结果、健全不当用权问责机制、加强对领导干部的监督等;要求党的各级组织和领导干部必须在宪法法律范围内活动,自觉按法定权限、规则、程序办事,决不能以言代法、以权压法、逐利违法、徇私枉法,保证把人民赋予的权力真正用来为人民谋利益。

另外一个重要党内法规,是党的十八届六中全会通过的《中国共产党党内监督条例》明确规定,党的领导机关和领导干部特别是主要领导干部是党内监督的重点对象,构建起党中央统一领导、党委(党组)全面监督、纪律检查机关专责监督、党的工作部门职能监督、党的基层组织日常监督、党员民主监督的党内监督体系。

五、建设与探索权威高效的监督体系

高效的监督体系,意味着在政府过程中,各种监督主体、监督方式相互联系、有机运转。[②]

在过去,政府过程中建立起了各种监督方式,这些监督方式对政府过程的顺利运转、对权力的有效规范形式在不同的方面发挥着各自的作用。但是

---

①　马勇霞:《完善中国特色社会主义监督机制》,《学习时报》,2016 年 5 月 3 日。
②　马怀德:《让监督体系发挥最大合力》,《人民日报》,2018 年 1 月 9 日。

这些监督方式多是单打独斗，力量较为分散，缺少相互之间的贯通、衔接和有效地结合。

党的十八大以来，党和国家不断创新监督方式，发力构建党内监督与国家机关监督、民主监督、司法监督、群众监督和舆论监督等相互衔接的体系。在体制机制上，在党的统一领导下，将各种监督机构之间的制度进行有效地梳理，形成各种监督力量之间的有效衔接，尽可能地减少各类监督职能之间的冲突。在党内外监督的贯通方面，创新理念，有效利用新媒体，设立微信公众平台、政务 App、"随手拍"一键举报等形式，搭建起多样化的平台和渠道，有效衔接起政民之间的互动。

国家监察体制改革的探索和实施，是党和国家从顶层设计层面健全监督体系的一大措施，其根本目的是着力构建党内监督与国家机关监督、党的纪律检查与国家监察有机统一的监督体制。深化国家监察体制改革，正是要将执纪和执法贯通起来，实现党内监督和国家监察的无缝对接、同向发力、形成监督合力。

思考题：

1.为什么要对政府过程进行监督？

2.简述我国政府过程监督体系的组成部分。

3.非国家机关对国家权力进行监督包括哪几种形式？

4.简述网络时代社会监督的特点和变化。

5.从当前我国人大对政府的监督现状探讨人大代表专职探索的可能性与困难性。

参考文献

1. [古希腊]柏拉图:《理想国》,商务印书馆,1957年。

2. [古希腊]亚里士多德:《政治学》,商务印书馆,1997年。

3. [意]尼科洛·马基雅维利:《君主论》,商务印书馆,1997年。

4. [英]霍布斯:《利维坦》,商务印书馆,1982年。

5. [英]洛克:《政府论》(上、下),商务印书馆,1996年。

6. [法]孟德斯鸠:《论法的精神》(上、下),商务印书馆,1997年。

7. [法]卢梭:《社会契约论》《论人类不平等的起源和基础》,商务印书馆,1997年。

8. [美]汉密尔顿等:《联邦党人文集》,商务印书馆,1981年。

9. [法]托克维尔:《论美国民主》(上、下),商务印书馆,1988年。

10. [英]密尔:《代议制政府》,商务印书馆,1982年。

11. [美]古德诺:《政治与行政》,华夏出版社,1987年。

12. [美]熊彼特:《资本主义、社会主义与民主》,商务印书馆,1979年。

13. [美]达尔:《民主理论的前言》,生活·读书·新知三联书店,1999年。

14. [美]哈耶克:《自由宪章》(上、下),生活·读书·新知三联书店1997年。

15. [美]亨廷顿:《变化社会中的政治秩序》,生活·读书·新知三联书店,1989年。

16. [美]罗尔斯:《正义论》,中国社会科学出版社,1988年。

17. [美]诺齐克:《无政府、国家和乌托邦》,中国社会出版社,1991年。

18. [美]伊斯顿:《政治生活的系统分析》,华夏出版社,1999年。

19. [美]布坎南:《自由市场与国家》,北京经济学院出版社,1988年。

20. [美]萨托利:《民主新论》,东方出版社,1993年。

21. [英]戴维·赫尔德:《民主的模式》,中央编译出版社,1998年。

22. [美]西摩·马丁·李普塞特:《政治人——政治的社会基础》,上海人民出版社,1997年。

23.[美]戴维·奥斯本等:《改革政府——企业精神如何改革政府部门》,上海译文出版社,1996年。

24.[美]罗斯金等:《政治科学》(第6版),华夏出版社,2001年。

25.[美]里普森:《政治学的重大问题——政治学导论》(第10版),华夏出版社,2001年。

26.[美]迈耶等:《比较政治学——变化世界中的国家和理论》(第2版),华夏出版社,2001年。

27.[美]拉西特等:《世界政治》(第5版),华夏出版社,2001年。

28.[美]亨利:《公共行政与公共事务》(第7版),华夏出版社,2002年。

29.[美]帕顿等:《政策分析和规划的初步方法》(第2版),华夏出版社2001年。

30.[日]青木昌彦:《比较制度分析》,上海远东出版社,2002年。

31.[意]萨尔沃·马斯泰罗内主编:《欧洲政治思想史》,社会科学文献出版社,1998年。

32.[意]萨尔沃·马斯泰罗内主编:《当代欧洲政治思想》,社会科学文献出版社,1998年。

33.[意]萨尔沃·马斯泰罗内著:《欧洲民主史》,社会科学文献出版社,1998年。

34.[美]麦格雷戈·伯恩斯:《领袖论》,中国社会科学出版社,1996年。

35.[美]阿尔蒙德:《比较政治学》,上海译文出版社,1987年。

36.[英]罗素:《西方哲学史》,商务印书馆,2001年。

37.[美]泰罗:《科学管理》,中国社会科学出版社,1990年。

38.[法]法约尔:《工业管理与一般管理》,中国社会科学出版社,1990年。

39.[美]西蒙:《管理行为》,北京经济学院出版社,1994年。

40.[德]马克斯·韦伯:《经济与社会》,商务印书馆,1997年。

41.[美]F.J.古德诺:《政治与行政》,华夏出版社,1987年。

42.[美]奥斯特罗姆:《美国公共行政的思想危机》,上海三联书店,1999年。

43.陈向明:《质的研究方法与社会科学研究》,教育科学出版社,2001年。

44.应国瑞:《案例学习研究》,中山大学出版社,2003年。

45.吴恩裕:《西方政治思想史论集》,天津人民出版社,1981年。

46.徐大同主编:《20世纪西方政治思潮》,天津人民出版社,1994年。

47.王沪宁主编:《政治的逻辑:马克思主义的政治学原理》,上海人民出版社,1994年。

48.王浦劬主编:《政治学基础》,北京大学出版社,1995年。

49.房宁:《政治学分析教程》,首都师范大学出版社,1995年。

50.王逸舟:《西方国际政治学:历史与理论》,上海人民出版社,1997年。

51.杨祖功等:《西方政治制度比较》,世界知识出版社,1992年。

52.朱光磊:《当代中国政府过程》(第3版),天津人民出版社,2008年。

53.朱光磊等:《现代政府理论》,高等教育出版社,2006年。

54.张志坚主编:《中国行政管理体制和机构改革》,中国大百科出版社,1994年。

55.蔡定剑:《中国人大制度》,社会科学文献出版社,1992年。

56.白钢、赵寿星:《选举与治理——中国村民自治研究》,中国社会科学出版社,2001年。

57.于建嵘:《岳村政治》,商务印书馆,2001年。

58.夏书章:《行政管理学》(第5版),高等教育出版社、中山大学出版社,2013年。

59.吴爱民等:《当代中国政府与政治》,中国人民大学出版社,2010年。

60.浦兴祖:《中华人民共和国政治制度》,上海人民出版社,2005年。

61.谢庆奎:《当代中国政府与政治》,高等教育出版社,2003年。

62.杨光斌:《中国政府与政治导论》,中国人民大学出版社,2003年。

63.阎小波:《当代中国政府与政治》,南京大学出版社,2005年。

64.鄢圣华:《中国政府体制》,天津社会科学院出版社,2002年